Alexander Mark

ERFOLGREICH
als Therapeut,
Heilpraktiker und Coach

Meiner geliebten Frau Michaela,
die schon seit
dem 14. Februar 1997
die Muse meines Lebens ist

Alexander Mark

ERFOLGREICH als Therapeut, Heilpraktiker und Coach

Das Grundlagenwerk für eine gewinnbringende Praxis

MOMANDA

Wichtige Hinweise

Die im Buch veröffentlichten Empfehlungen wurden von Verfasser und Verlag sorgfältig erarbeitet und geprüft. Eine Garantie kann dennoch nicht übernommen werden. Ebenso ist die Haftung des Verfassers bzw. des Verlages und seiner Beauftragten für Personen-, Sach- und Vermögensschäden ausgeschlossen.

Diese Publikation enthält ein paar Links auf Webseiten Dritter. Wir übernehmen auch für deren Inhalte keine Haftung, da wir uns diese nicht zu eigen machen, sondern lediglich auf deren Stand zum Zeitpunkt der Erstveröffentlichung dieses Buches hinweisen.

Auch wenn eine gendergerechte Sprache wünschenswert ist, gibt es aus Sicht des Verlages bisher keine befriedigende, gut lesbare Lösung. Der leichteren Lesbarkeit zuliebe haben wir zumeist von der Doppelung männlicher und weiblicher Formen nach dem Muster »der … oder die …«, »er bzw. sie« usw. Abstand genommen. Selbstverständlich liegt es uns fern, dadurch den weiblichen Teil der Bevölkerung zu benachteiligen.

Obwohl an ein paar Stellen nur die »Heilpraktiker/-innen« (bzw. ihre »Patienten«) erwähnt wurden, wird allen anderen Therapeuten sowie allen Coachs und Beratern der Transfer auf die eigene Situation leicht möglich sein.

•••

Anmerkungen des Autors

Um Dich, liebe Leserin, lieber Leser, zu würdigen, als würde ich Dir einen persönlich gehaltenen Brief schreiben, habe ich die Großschreibung von »Du« und der entsprechenden Pronomen gewählt.

Auf etliche besonders wichtige Gedanken wirst Du in diesem Buch mehr als einmal treffen. Die Wiederholung entspricht meiner Absicht, Dir das Wesentliche plausibel darzulegen und es Dir zu erleichtern, die Essenz gleichsam in Deinen Zellen zu verankern.

• Textbearbeitung/Lektorat & Layout/Gestaltung: **Birgit-Inga Weber**
• Cover: **Guter Punkt, München**
• Notizzettel S. 107 u.re., 155–157 u.a., 170 u.a., 178, 184 o., 190 u.a., 268 u.a., 272 u.li., 283–286 u.a., 417, 420 u.a., 423: **Shutterstock**
• Foto S. 222: **Pete Linforth/pixabay.com** • Notizblock S. 91: **Monfocus/pixabay.com** • alle anderen Grafiken: **biw/Momanda**
• Gesamtherstellung: **Bernhard Keller** • Druck: **CPI Moravia Books**

ISBN 978-3-95628-035-1

Du kannst alles haben, sein und tun …

»Du kannst alles haben, sein und tun,
wenn Du unwiderruflich
die Entscheidung getroffen hast
und bereit bist,
den Preis dafür zu bezahlen.«

(Alexander Mark)

Inhalt

Das Grundlagenwerk für eine gewinnbringende Praxis

Das Grundlagenwerk für eine gewinnbringende Praxis

Das Grundlagenwerk für eine gewinnbringende Praxis

Vorwort

von Prof. Dr. Oliver Pott

Alexander Mark und ich teilen eine weit über zehnjährige Unternehmerfreundschaft und zudem eine Eigenschaft, die ziemlich selten ist in jenem schnelllebigen Geschäft, das man heute als Online-Marketing, Informationsbusiness oder Coaching bezeichnet: Beständigkeit und dauerhafte Präsenz. Wenn man uns auf den einschlägigen Veranstaltungen ankündigt, von uns spricht und schreibt, dann fällt oft der Begriff des »Urgesteins«. Das ist ein wunderbarer Begriff, wenn man ihn richtig besetzt. Ich möchte in diesem Vorwort zu Alexanders neuem Buch gerne ausführen, was ich damit meine.

Ich habe Alexander kennengelernt, als das Online-Marketing in Deutschland mit großer Kraft Fahrt aufnahm. Zu dieser Zeit, die nur deshalb heute so lange her erscheint, weil sie inzwischen so ereignisreich war, gab es noch keine Smartphones, das Internet war weit von seiner heutigen gesellschaftlichen Relevanz entfernt, und wir waren in jedem technischen und strukturellen Aspekt stets Pioniere für neue Technologien, Herangehensweisen und Ideen. Die Möglichkeiten, die das Marketing über onlinegestützte Kanäle bot, waren gleichermaßen berauschend, wie sie noch gegangen werden mussten. Ich hatte mein erstes Online-Unternehmen erfolgreich an den Markt gebracht, digitale Infoprodukte als einer der Ersten in Deutschland erfolgreich forciert und war mittendrin, mir den Titel des Onlinepioniers zu erarbeiten. Einige tolle Kooperationen haben in dieser Zeit ihren Anfang genommen, und viele boten mir damals Projekte an – tatsächlich in so großer Zahl, dass etliche dabei gar nicht auf meinem Schreibtisch landeten, sondern von meinem Team für mich gefiltert wurden.

Eine der Kooperationsanfragen, die es dann doch auf meinen Schreibtisch schafften, war aufsehenerregend, weil sie mit einem ausdrücklichen Gruß des großen Brian Tracy auf wunderbarem Büttenpapier an mich gerichtet war. Dieses Schreiben war von Alexander Mark verfasst und mit dem Hinweis auf die Möglichkeit versehen, gemeinsam die Vermarktung der amerikanischen Lernplattform »iLearning Global« über meine Kanäle zu unterstützen. Alexander hatte meine Aufmerksamkeit gewonnen.

An die Geschichte dahinter erinnere ich mich recht genau. Alexander war erfolgreicher Therapeut mit höchsten Stundensätzen und hatte für sich entdeckt, was auch mich seit meinen Anfängen antreibt: dass er seine persönliche Freiheit stützen und ausbauen konnte, indem er Infoprodukte vermarktete – und nicht nur Zeit gegen Geld tauschen wollte. Es war ihm gelungen, für Brian Tracy eines der damals ambitioniertesten Projekte in Deutschland zu vertreiben und die Amerikaner durch seinen schnellen und sogar für amerikanische Verhältnisse auffällig großen Erfolg auf sich aufmerksam zu machen. Dieses Streben nach Freiheit, die Begeisterung für das Online-Marketing und sein absolut professionelles und zielorientiertes Projekt ließen uns schnell eine erste Kooperation vereinbaren, und er besuchte mich in meinem Büro.

Gemeinsam führten wir Standards im Online-Marketing ein, die heute als selbstverständlich gelten dürfen: Wir erstellten beispielsweise sehr erfolgreich die ersten Webinare und haben dieses Instrument zum Erfolg geführt, gegen die Beschränkungen der damaligen Technik, die heute zum Repertoire jedes guten Online-Marketers gehört. Auch die Idee, eine frühe Form von Abosystem anzubieten und auf einer technischen Plattform einzubinden, ist mit dieser Zeit und der Kooperation mit Alexander verbunden; dafür hat »iLearning Global« das Bewusstsein geschärft und Wege erschaffen. Heute zählen solche Abosysteme zu den besten Möglichkeiten, sein Wissen lukrativ im Markt zu platzieren. Viele Wege, die heute wie selbstverständlich beschritten werden, wurden in dieser Zeit gesucht und gegangen. Und oft war Alexander Mark einer der Vorreiter, sodass wir beide von der gemeinsamen Kooperation immer lernen und profitieren konnten.

Dass wir heute nicht etwa die vergessenen Pioniere sind, sondern die Urgesteine dieser Branche genannt werden, liegt auch daran, dass die Begeisterung für das Online-Marketing und der unbedingte Wille, stets das Ohr auf der Schiene der Entwicklung zu haben, uns seither weiter begleiten. Alexander steht dabei für mich nach über zehn Jahren und verschiedenen gemeinsamen Projekten wie kein Zweiter für die Kunst, seine Kunden durch sein schier unerschöpfliches Fachwissen und seine besondere Art, mit den Menschen umzugehen, für sich zu gewinnen und bei sich zu halten – im besten Sinne und zum großen Nutzen seiner Leser, Zuschauer und Kunden. Ich kann daher nur jedem raten, ihm aufmerksam zuzuhören, wenn Alexander sein Wissen über Marketing, seine einzigartige Kunst, Wissen zu vermitteln, und den Weg zu einem eigenen, erfolgreichen Business in helfenden und heilenden Berufen endlich in einem umfassenden Buch teilt.

Dr. Oliver Pott

Vorwort

von Brian Tracy

2008 wurde ich auf einen jungen Deutschen aufmerksam, der für eine international expandierende US-Firma, für die ich beratend tätig war, unglaubliche Erfolge erzielte. Neugierig geworden, diesen jungen Mann namens Alexander Mark persönlich kennenzulernen, lud ich ihn zwei Monate später zu einem Seminar ein, das ich in Gent, Belgien, gab.

Mein erster Eindruck sollte mich nicht täuschen. Ich begegnete einem blitzgescheiten, hochmotivierten und sehr charismatischen Menschen, der innerhalb dieser internationalen Firma zum erfolgreichsten Leader Europas aufstieg. Es folgten weitere Begegnungen in den USA, außerdem veranstalteten wir gemeinsame Seminare und Webinare in Deutschland.

Im Nachhinein betrachtet ist es einer der ganz besonderen Höhepunkte unserer Zusammenarbeit, dass wir in Deutschland miteinander Pioniere waren, auf dem Gebiet von Webinaren. Durch unsere gemeinsamen Veranstaltungen von Webinaren wurde dieses Format in Deutschland überhaupt erst einer breiteren Öffentlichkeit bekannt.

Dieser überaus positive Eindruck, den ich von Alexander habe, wird von den begeisterten Teilnehmern und Teilnehmerinnen seiner Seminare und Webinare absolut bestätigt. Sie sagen von ihm, dass er ein begnadeter Lehrer ist, sie schwärmen von seinem Humor und seiner Menschlichkeit, von seiner unglaublich großen Allgemeinbildung, von seiner Fähigkeit, sich in Menschen einzufühlen. Und von seiner Art, einfach die Ärmel hochzukrempeln und ganz unkompliziert die kompliziertesten Probleme so zu lösen, dass es hinterher völlig einfach aussieht. Dem kann ich mich nur anschließen. Wer das umsetzt, was Alexander lehrt, wird erfolgreiche Resultate haben.

Natürlich gibt es bei Menschen, die selbstständig sind, keine Erfolgsgarantien. Aber das, was einer Erfolgsgarantie am nächsten kommt, ist, sich weiterzubilden und kontinuierlich zu lernen.

Mein Motto lautet: »The more you learn, the more you earn.«

Doch nicht nur die Bereitschaft zu lernen ist wichtig, sondern auch die Quelle, von der Sie lernen. Bei Alexander Mark können Sie sich sicher sein, eine Quelle gefunden zu haben, die nicht nur die derzeitig besten Ideen zum Marketing beinhaltet, sondern dieses Wissen auch mit eigener Erfahrung durchdrungen hat. Dies ist ein Buch von einem genialen, erfolgreichen Praktiker – für Praktiker, die noch erfolgreicher werden wollen.

Es gibt viele Bücher zum Thema »Marketing und Erfolg«. Einige dieser Bücher habe ich selbst geschrieben. Und viele Bücher auf dem Markt orientieren sich an meinen Büchern. In den vergangenen 35 Jahren habe ich Tausende von Seminaren zum Thema »Marketing« gehalten und weit über 500.000 Menschen im Thema »Marketing« trainiert.

Das Besondere an Alexander ist, dass er aus der eigenen Praxis als Therapeut und Coach spricht. Bei ihm können Sie lernen, wie Sie Ihre Praxis auf eine Weise zum Erfolg führen, dass Ihre Klienten sich bei Ihnen allerbestens aufgehoben fühlen. Ich halte Alexander Mark für einen der besten Experten Europas, wenn es um das Thema »Marketing für selbstständige Menschen in beratenden und helfenden Berufen« geht.

Meine Empfehlung: Wenn Sie es ernst damit meinen, Ihre Praxis zum Erfolg führen zu wollen, dann sollten Sie dieses Werk unbedingt ausgiebig studieren.

Brian Tracy

Danksagung

Ein solches Werk kann niemand alleine auf den Weg bringen. Ich möchte an dieser Stelle all denjenigen ausdrücklich danken, ohne die dieses Buch, in dieser Form, nicht seinen Weg hinaus in die Welt hätte antreten können.

An erster Stelle danke ich meiner Frau Michaela, die bereits an mich und meine Fähigkeiten glaubte, als ich noch in unserer Freiburger Studentenzeit in orangefarbenen Hosen verträumt in den Sonnenuntergang blinzelte und von all dem, was ich hier in diesem Buch mit Dir teile, noch keine Ahnung hatte.

Dann bedanke ich mich sehr bei unseren gemeinsamen fünf Kindern, die viel Verständnis dafür haben, wenn ihr Vati projektmäßig stark beansprucht ist und in diesen Zeiten einfach weniger für sie da ist.
Rachel-Raphaela, Milan-Emanuel, Nicolas-Samuel, Sophia-Magdalena und Simon-Daniel: Ihr seid großartig!

Ich danke meiner Mutter, die mir für immer die Liebe zur Sprache geschenkt hat und immer bei mir ist, sobald ich Worte zu Papier bringe.

All den Teilnehmerinnen und Teilnehmern der ersten Runde im Jahrestraining »Strategischer Heilpraktiker« gebührt mein tiefer Dank: Der kontinuierliche Dialog mit Euch hat mich zu neuen Problemlösungen inspiriert.

Besonderer Dank gebührt meiner Geschäftspartnerin Patricia Junk, ohne die eine solche Firma, wie *Praxis mit Erfolg* es heute ist, niemals hätte aufgebaut werden können. Besonders sei ihr gedankt für ihre Flexibilität und Spontanität, wenn auf die letzte Minute alles wieder anders war als zuvor.

Ich danke sehr Bernhard Keller, meinem Verleger, und seiner Frau Barbara. Beide haben die großartige Fähigkeit, ein Buch bereits zu sehen, bevor es überhaupt geschrieben ist. Und Bernhard hat die Strukturen dafür geschaffen, dass dieses Buch in die Welt hinauskommen kann.

Nicht genug danken kann ich an dieser Stelle auch meiner Lektorin Birgit-Inga Weber, die all die Ideen und Strategien, die ich in diesem Buch vermittle, in eine übersichtliche, wohlstrukturierte Reihenfolge und Form gebracht hat sowie sehr wachsam darauf geachtet hat, dass die Sprache dieses Buches dem Inhalt würdig ist.

Sehr viele der Ideen, die Du in diesem Buch findest, verdanke ich meinem großen Lehrmeister und Mentor Brian Tracy, der für mich seit nunmehr 12 Jahren eine riesige Quelle der Inspiration ist. Unvergessen werden die Live-Seminare bleiben, die ich mit Brian in Deutschland veranstalten konnte. Und unser letztes Treffen in San Diego im Juni 2019 wird mir sehr in Erinnerung bleiben: In diesen fünf intensiven Tagen übergab mir Brian essenzielle Grundlagen seines jahrzehntelangen Erfolges, der bis heute ungebrochen ist.

Um etwas Großes auf die Beine zu stellen, braucht man inspirierende Unternehmerfreunde und einen großartigen Mastermind. Ich schätze mich glücklich, beides seit nunmehr über 10 Jahren in Prof. Dr. Oliver Pott zu finden.

Ich bin überzeugt: Das Wichtigste für den eigenen Erfolg ist, einen Mentor zu haben, der bereits an Dich glaubt, bevor Du es selber tust. Ich habe das Glück, einen solchen Mentor zu haben. Tom Murphy begleitete mich in diesem Sinne über viele Jahre hinweg. Als ich Tom, inzwischen über 85-jährig, im Sommer 2019 auf seinem Anwesen an der kalifornischen Pazifikküste besuchte, sagte er mir, er habe schon bei unserer ersten Begegnung gewusst, dass ich sehr erfolgreich sein würde.

Ich hatte auf meinem Weg die einzigartige Chance, von vielen außergewöhnlichen Meistern zu lernen. Einige sind inzwischen verstorben, doch ihr Wissen lebt in mir weiter. All diesen genialen Lehrern gebührt mein tiefster Dank: Stephen Covey (†), Jay Abraham, Peter Müller-Egloff (†), Ivan Misner, Bill Bartmann (†), Tony Robbins, Cloe Madanes, Jo Coudert, Richard Bandler, Stephanie Frank, Chet Holmes, Brandon Dangerfield, Peter Orban, Bob Proctor, Paul Martinelli, Wayne Dyer (†), Les Brown, Bodo Schäfer, John Maxwell, Michael Beckwith, Tony Alessandra, Patricia Fripp, Dan Kennedy, Jim Rohn, Frank Kern, Brendon Burchard, Mary

Morrissey, Mark Victor Hansen, Jack Canfield, Zig Ziglar, Barbara Sher, Inge Reisch, Jim Cathcart, John Gray, Tom Murphy.

Viele große Denker lebten, bevor ich sie persönlich treffen konnte. Doch was sie geschrieben haben, inspiriert mich immer wieder besonders, darunter: Rudolf Steiner, Platon, Wallace Wattles, Napoleon Hill, Earl Nightingale, Viktor Frankl, Charles Haanel, Fritz Riemann, Peter Drucker, Maxwell Maltz, Milton Erickson, Virginia Satir.

Und nicht zuletzt: Was wären wir, wenn wir nicht geführt würden, aus einer Welt, die unsere wahre Heimat ist. Danke.

Alexander Mark

Einleitung

Gewusst, wie ...

Auch wenn eine Spur naiver Idealismus dazugehören mag – in unserem Unternehmen *Praxis mit Erfolg* sind wir unerschütterlich davon überzeugt: Es ist das Mächtigste und Beste, was Du in dieser Welt tun kannst, anderen Menschen zu helfen, Heilung zu finden. Daher möchte ich Dich mit diesem Buch leidenschaftlich gern auf die Spur bringen, Dich als Experte bzw. als Expertin zu positionieren, der/die anderen noch besser helfen kann als bisher.

Manchmal magst Du Dir vorkommen wie in einem Kampf von David gegen Goliath: Draußen in der Welt sind Millionen von Menschen, die trotz gesundheitlicher Probleme so gut wie keine Ahnung von der Arbeit der Heilpraktiker/-innen bzw. Naturheilkundler/-innen haben und keine Alternative zur Schulmedizin sehen. Die Gesundheits- und Pharmaindustrie setzt jedes Jahr Abermilliarden um, und die etablierten Institutionen schöpfen gerne die mit Riesensummen gefüllten Töpfe staatlich gelenkter Gelder für sich alleine ab.

Wer auf Heilpraktiker/-innen setzt, zählt noch zur Avantgarde, zur Vorhut, die Trends anbahnt. Trotzdem waren die Zeiten für Heilpraktiker/-innen nie besser als heute. Gesundheit, gesunde Ernährung etc. werden immer mehr zum Mainstream, wie auch die zunehmenden Naturkostläden zeigen.

Und Coaching? Als ich meinen Weg vor gut 25 Jahren begann, gab es »nur« Therapeuten, das heißt, wenn sich jemand persönlich weiterentwickeln wollte, ging man zu einem Therapeuten – was immer mit einem gewissen Makel von Krankheit verbunden war. In diesem Sinne gehörte ich zu den ersten Therapeuten Deutschlands, die erkannten, dass der Wunsch nach persönlicher und auch beruflicher Weiterentwicklung keine Krankheit, sondern ein legitimes und universelles Bedürfnis von Menschen ist. Und so wurde ich einer der allerersten Coachs in Deutschland.

Doch auch in der Therapie selbst hat sich viel getan. Obwohl die gesetzlichen Krankenkassen nur sehr beschränkt die Kosten für Psychotherapie übernehmen, nämlich die klassischen Methoden Verhaltenstherapie, tiefenpsychologisch fundierte Psychotherapie und Psychoanalyse, ist in jüngerer Zeit eine Vielzahl unglaublich effektiver Therapiemethoden hinzugekommen, die sich ebenfalls auf dem freien Markt behaupten müssen.

Ganz gleich, ob Du Therapeut/-in, Heilpraktiker/-in oder Coach bist:

Derzeit gilt vermutlich noch, dass Dein Budget minimal ist, Dir fehlte bislang das Know-how, wie Du in diesem Markt als Außenseiter überhaupt Gehör finden kannst.

In patienten- bzw. klientenarmen Praxiswochen tröstest Du Dich noch mit dem Hoffnungsmarketing, d.h. mit der etwas blauäugigen Zuversicht, es würden schon von alleine wieder Patienten oder Klienten auftauchen. Doch Du irrst, wenn Du glaubst, es sei allein das Wichtigste, Kunden in Deiner Praxis zu behandeln. Die Hauptaufgabe Deiner Praxis ist es zunächst, kontinuierlich neue Patienten/Klienten zu gewinnen und sie so sehr (hundertprozentig) zufriedenzustellen, dass sie sich langfristig an Dich halten und Dich gerne weiterempfehlen.

Lass mich die Frage nach den Experten-Kniffen mit einer Anekdote verdeutlichen:

Ein Bischof besucht ein Dorf, wo zu seinen Ehren ein Entenschießen veranstaltet wird. Eine Ente wird in die Luft geworfen, ein Jäger schießt und trifft, sodass der Vogel in einen Weiher stürzt. Ohne Zögern und zum Erstaunen des geistlichen Würdenträgers geht der Jäger auf dem Wasser, um die Ente zu holen, und kehrt mit trockenem Gewand zur Gesellschaft zurück.

Der Bischof beschließt: »Das kann ich auch – die nächste Ente hole ich!«

Doch beim Versuch, übers Wasser zu gehen, sinkt er sofort hinein. Während der Bischof tropfnass aus dem Weiher steigt, flüstert einer der Dorfbewohner: »Glauben hat er ja schon. Aber er weiß halt nicht, wo die Steine liegen.«

Glaube allein ist nicht genug – Du brauchst das nötige Know-how, damit Du Deine Vorhaben erfolgreich umsetzen kannst.

Ich möchte Dir die Steine zeigen, auf denen Du sicher in Dein neues Leben gelangen kannst. Anderen mag es dann wie ein Wunder vorkommen, was Du zuwege bringst, doch in Wahrheit hast Du lediglich die entscheidenden Strategien und Regeln kennengelernt und befolgt.

Es ist eine historische Chance: Wir müssen uns nicht mehr an unseren Beruf anpassen. Es muss nicht mehr sein, dass eine »Nachtigall« zum Bäcker wird und deshalb mitten in der Nacht aufstehen muss oder dass jemand einen Bürojob ausübt, obwohl er kaum stillsitzen kann und viel lieber Postzusteller wäre.

Früher musste man sich wie die Schwestern von Aschenbrödel, die ihren Fuß in den Schuh hineinzwängen wollten, ein Stück der Ferse abhacken, sprich: seine Persönlichkeit amputieren, um sich mit den beruflichen Vorgaben kompatibel zu machen. Heute können wir uns einen passenden Beruf aussuchen und die Umstände innerhalb des Berufs sogar noch angenehm gestalten.

Hast Du mit Deinem helfenden, heilenden bzw. beratenden Beruf eine Tätigkeit gefunden, die (zu) Dir passt? Dann kannst Du Deine Praxis gewissermaßen an Deinen Fuß anpassen. Ich werde Dir in diesem Buch zeigen, was dazu nötig ist.

Lass Dich vollkommen auf die Beschäftigung mit Dir selbst ein

Sei darauf vorbereitet, dass Du hier keinen stringenten Fahrplan bekommen wirst, kein fix und fertiges System, das Du von Punkt zu Punkt exakt abarbeiten und abhaken kannst, um – auf der letzten Seite angelangt – Erfolg in allen Lebensbereichen zu haben. Wir sind alle höchst individuell, haben unterschiedliche Voraussetzungen und leben in verschiedenen Umständen usw. Daher ist es im Rahmen dieses Buches – anders als in einem persönlichen Coaching – nicht möglich, Schritt-für-Schritt-Anleitungen zu geben, die noch dazu für alle gleichermaßen wie angegossen passen.

Stattdessen stelle ich hier Leitlinien, Naturgesetze und universelle Gesetze vor, die Du für Deinen individuellen Plan berücksichtigen musst, um Erfolg haben zu können. Ich werde dabei wichtige Gedanken mehrfach aufgreifen und sie quasi mit teilweise unterschiedlichen Formulierungen umkreisen, um Dir ihre Bedeutung wirklich einprägsam darzubieten. Wir können sie im Grunde gar nicht oft genug wiederholen, damit sie auch Dein Unterbewusstsein erreichen und dort – sofern Du es möchtest – ihr fruchtbares Werk vollbringen.

Ich kann Dir nur empfehlen, dieses Buch als Handwerkszeug einzusetzen:

Unterstreiche, markiere, versieh es mit eigenen Memos; wir haben extra dafür breite Ränder angelegt.

Halte in einem Ringbuch oder Notizheft schriftlich fest, welche Impulse Du auf welche Weise umsetzen wirst.

Nimm Dir die nötige Zeit, um die Aufgaben (»To do«) bzw. Fragen zu beantworten.

Nach meiner Erfahrung mit meinen Kursteilnehmern, Klienten und Klientinnen sind diese Aufgaben enorm wichtig für Dein berufliches und persönliches Vorankommen, denn hier beschäftigst Du Dich mit Dir selbst, mit Deinem (momentan vielleicht eher unbefriedigenden) Status quo und mit Deinen erwünschten Veränderungen.

Je tiefer und öfter Du Dich auch emotional darauf einlässt und die Antworten ggf. neu formulierst, desto stärker wird sich Deine erwünschte positive Veränderung herauskristallisieren. Indem Du über den Menschen nachdenkst, der Du bist und der Du sein willst, und dieses erwünschte Bild von Dir in Deinem Geist aufbaust, schaffst Du neue Gehirnzellen und -verbindungen – die unverzichtbare Basis für Deinen angestrebten Erfolg.

Gönne Dir durchaus viele Monate, vielleicht sogar ein ganzes Jahr, um das vorliegende Buch gründlich zu studieren und die daraus gewonnenen Erkenntnisse auf Deine eigene Situation anzuwenden. Du wirst keinen großen Gewinn aus dem Buch ziehen, wenn Du es nur durchliest, ohne Dich zugleich *intensiv* auf die Beantwortung der Fragen und Aufgaben einzulassen! Erspare Dir die Enttäuschung eines ausbleibenden Erfolgs, indem Du dieses Buch nutzt, um Dich sehr umfassend und tief mit Dir selbst als Persönlichkeit und als Experte/Expertin für Naturheilkunde bzw. als Therapeut/-in oder Coach zu beschäftigen.

Außerdem bieten wir Onlinekurse und Onlinebetreuungen rund um das Thema »Strategische/r Heilpraktiker/-in« an; Informationen dazu findest Du unter *www.gewinnbringende-praxis.de.*

Massive Handlungen

Wenn Du irgendwo Lockangebote zum Online-Marketing siehst, mit schlüsselfertigem System, mach einen großen Bogen darum! (Ich kenne mich mit der Branche aus.) Verlass Dich nicht auf all jene Leute, die Geschäftsgeheimnisse haben, denn sie werden sie nicht im Internet preisgeben, sondern selbst die Gewinne abschöpfen. Im Zeitalter von Computerautomation, Software und billiger Outsourcing-Arbeit in Entwicklungsländern: Wenn ein Online-Guru-Marketer einen Weg findet, aus 1 Euro 1,50 Euro zu machen, wird er ein System nach dem anderen aufbauen, und es wird hundertmal effizienter sein, als was Du oder ich jemals machen könnten.

Ein Referenzpunkt, der hilft, die Spreu vom Weizen zu trennen, stammt aus J.K. Rowlings »Harry Potter«: Harry fand ein Buch mit magischen Kräften und erinnerte sich an eine Warnung von Mr Weasley, dem Vater von Ron, Harrys bestem Freund: »Vertraue nie einem magischen Objekt, wenn du nicht sehen kannst, wo sein Gehirn sitzt!«

Verlass Dich beim Aufbau Deiner Praxis nicht auf magisches Denken! Sei skeptisch gegenüber Geräten mit teuren Leasingraten oder sonstigen fragwürdigen Angeboten wie schlüsselfertigen Programmen. Frag Dich: Wo hat dieses angebotene »magische Objekt« sein Gehirn?

Du musst auch *mir* nicht glauben, obwohl ich davon überzeugt bin, dass Du erstaunlich große, positive Veränderungen erleben wirst, wenn Du die Empfehlungen in diesem Buch konsequent an Deine Erfordernisse anpasst und in die Tat umsetzt. Folge trotzdem stets Deinen eigenen inneren Impulsen.

Wie es schon in 1. Thessalonicher 5,21 heißt: *»Prüft aber alles und das Gute behaltet.«*

- Sei darauf vorbereitet: Du brauchst doppelt so viel Entschlossenheit und Energie, wie Du jetzt glaubst!

- Du brauchst Neugier: »Ah …, was will mir das zeigen?«

- Ein kleiner »Fehler« ist keine Katastrophe; er kann Dich lehren, zukünftig bessere Entscheidungen zu treffen bzw. geeignete Schritte zu gehen.

- Und lass Dich nicht entmutigen, wenn etwas nicht (gleich) so funktioniert, wie Du es Dir vorgestellt hast.

Das Gesetz von Ursache und Wirkung

Jede Ursache hat eine Wirkung, und jede Wirkung hat eine Ursache. Jede Aktion erzeugt eine bestimmte Energie, die mit gleicher Intensität zu ihrem Erzeuger zurückkehrt. Die Wirkung entspricht der Ursache in Qualität und Quantität.

Aristoteles

Gesetz von Ursache und Wirkung

Diese oft zitierte Regel zählt tatsächlich zu den wichtigsten Gesetzen im Universum. Sie wurde zuerst von Aristoteles ca. 350 v. Chr. formuliert, zu einer Zeit, als seine griechischen Landsleute an Schicksal sowie an die Willkür der Götter glaubten und hofften, dass ihnen die Götter wohlgesonnen blieben, während sie gleichzeitig deren Zorn fürchteten. Aristoteles wischte diesen Glauben zur Seite und lehrte, dass alles von einem objektiven Gesetz bestimmt werde – selbst wenn die Menschen es nicht durchschauten –, und nicht von Glück, Zufall oder dem Eingreifen der Götter. Damals war dieser Gedanke revolutionär.

Dieses Gesetz zu verstehen, hat mein Leben völlig verändert, ebenso wie das Leben von jedem Einzelnen, der es wirklich zu begreifen beginnt.

Sagen wir es mit Aristoteles: Deine Praxis ist nicht infolge von Glück, Schicksal oder Zufall erfolgreich oder nicht erfolgreich – nein, der Erfolg ist planbar und vorhersehbar. Er beruht auf dem Gesetz von Ursache und Wirkung, das Du zu Deinen Gunsten beeinflussen kannst.

Im Übrigen ist auch ein Misserfolg letztlich nichts anderes als die Wirkung einer bestimmten Ursache.

Deine Aufgabe als Praxisinhaber/-in ist es, zu entscheiden, was Du wirklich willst, und dann die Kette von Ursache und Wirkung in Gang zu setzen, um das erwünschte Ergebnis zu bekommen. Wenn Du beachtest, was die besonders erfolgreichen Praxisinhaber/-innen tun, wirst Du mit gesetzmäßiger Sicherheit ebenfalls erfolgreich sein. Vielleicht nicht auf Anhieb, denn Du brauchst eine gewisse Lernkurve, aber schließlich wird es Dir gelingen.

Nutzt Du all Deine Chancen? Da geht noch viel mehr!

Mach aus Deinem Leben ein Meisterwerk, in dem all die ersehnten Qualitäten vorhanden sind!
Und lass niemals zu, dass Dir irgendjemand den Mut nimmt!

Naturheilkunde versus Schulmedizin?

Um dies vorab entschieden zu klären: Ich verstehe die Naturheilkunde nicht als Alternative zur Schulmedizin; genauso wenig sehe ich in der Schulmedizin eine Alternative zur Naturheilkunde. Eine solche Polarisierung nehmen nur die radikalen Kräfte beider Richtungen vor. Allerdings bin ich davon überzeugt, dass eine wirksame und mächtige Medizin immer den *Patienten in den Mittelpunkt stellen* und für den Patienten das Beste tun muss.

Naturheilkunde und Schulmedizin als gleichberechtigte, komplementäre Bereiche

Mir ist es wichtig, zu betonen, dass ich die Naturheilkunde und die Schulmedizin als *komplementär* betrachte, als *gleichberechtigt* und sich gegenseitig ergänzend. Und wie in jedem erfolgreichen Team üblich, darf immer wieder diskutiert werden, welche Seite für den Patienten zum gegebenen Zeitpunkt die beste ist. Dabei darf es auch heiß hergehen. Und ja, durch die gesellschaftlich und politisch bedingte einseitige Überbetonung des schulmedizinischen Wegs erscheint es mir zuweilen erforderlich, verstärkt für die naturheilkundliche Seite einzutreten, weil sie mehr denn je eine starke Stimme braucht. Deshalb ergreife ich in diesem Buch sehr stark Partei für die Naturheilkunde. Oder anders gesagt: Mit diesem Buch und mit unserer Arbeit bin ich ganz allgemein ein Anwalt der Heilpraktiker/-innen. Ich möchte dazu beitragen, eine Welt zu schaffen, in der die Naturheilkunde gleichberechtigt neben der Schulmedizin respektiert und hoch geschätzt wird.

Wenn ich mit diesem Buch einen Beitrag leisten kann, Deine Position im Gesundheits- oder Coachingmarkt zu stärken und Dir zu helfen, mehr gesellschaftliche Achtung und Anerkennung (auch finanziell!) für Deine so wichtige Arbeit zu bekommen, die Du Tag für Tag leistest, dann ist der Zweck dieses Buches erfüllt.

Die Fragen und To-do-Übungen in diesem Buch

Fragen sollen v.a. dazu dienen, Bewusstsein zu schaffen. Diese Methode habe ich von Sokrates übernommen, der nur mit Fragen antwortete und es auf diese Weise schaffte, das Beste aus Menschen »herauszukitzeln«. Nach seinem Vorbild habe ich die Fragen entwickelt, um bei Dir Bewusstsein anzuregen.

Sokrates
Mit Fragen Antworten

Bei der **schriftlichen Beantwortung der Fragen** wirst Du Dein geistiges Tohuwabohu beruhigen und Dir Klarheit verschaffen; dieser Prozess wird Dir sehr dienlich sein. Ich habe mich dabei auf das Nötige beschränkt; Du kannst gewiss sein, dass es keine Zeitverschwendung darstellt, Dich sorgfältig mit den Aufgaben zu befassen. Sie sind *essenziell* für Deinen Praxiserfolg.

Auf einigen Seiten wirst Du auch Fragen oder Aufgaben finden, die sich nicht direkt auf das Kapitel beziehen. Dennoch dienen sie der Selbsterforschung und sollten von Dir ernst genommen und sorgfältig beantwortet werden.

Schreiben hat dabei eine magische Wirkung! Also mache alle Aufgaben dieses Buchs, indem Du die Antworten handschriftlich auf einer Blattsammlung in einem Ringbuch oder in einem speziellen Notizbuch festhältst.

Manifestiere mithilfe Deiner Handschrift, die eng mit Deiner Persönlichkeit verknüpft ist

Falls Du Deine Antworten nachher abtippen möchtest – in Ordnung. Aber zuerst ist Deine eigene Handschrift erforderlich! Es geht um Deine Persönlichkeit. **Es ist ein magischer Akt der Manifestation, etwas von Hand zu schreiben: sinnlich, haptisch, physisch.**

Mach Dir dieses Buch zu eigen! Unterstreiche, markiere, fülle es mit Anmerkungen. Das stärkt das Verständnis.

Manifestieren mittels Handschrift

Ich wünsche Dir dabei tiefe Erkenntnisse, überraschende Entdeckungen und originelle Ideen, die Deine Praxis sicher und beständig nach vorne bringen.

Diagnose: Woran Deine Praxis vermutlich leidet

Symptomatik

Ist Deine Praxis krank?

Ganz ehrlich?!

Okay, lass es mich so sagen:

Wenn Du nicht genügend Patienten oder Klienten hast, um gut von Deiner therapeutischen oder beratenden Tätigkeit leben zu können, obwohl Deine Praxis schon länger als ein Jahr am Markt ist, dann ist sie, metaphorisch gesprochen, krank.

Die **Symptome** Deiner kränkelnden Praxis können folgendermaßen aussehen:

- Du hast hohe Fixkosten – Praxismiete, eventuell Leasingraten für Geräte usw. –, aber für Deinen Lebensunterhalt, nicht zu reden von Hobbys, Reisen oder sonstigen Extras, bleibt wenig oder gar kein Geld übrig.
- Du brauchst einen Nebenjob, um Dir Deine Praxis überhaupt leisten zu können.
- Eventuell muss Dein/e Partner/-in Dich ein bisschen subventionieren.
- Aufgrund der schlechten Auftragslage Deiner Praxis leidest Du sogar unter Selbstzweifeln und fragst Dich, ob Du überhaupt kompetent bist.
- Du registrierst starke Schwankungen: Mal ist die Praxis gut ausgelastet, mal ist sie zum Verzweifeln leer.

- Und zu allem Überdruss lauern im Hintergrund ein paar Verwandte und Bekannte, die mit ihrer Prophezeiung, dass es verrückt sei, einen sicheren Job aufzugeben, um sich in das Wagnis einer selbstständigen Praxis zu stürzen, anscheinend recht hatten.
- Du investierst sehr viel Geld in Aus- und Weiterbildungen, ohne dass Du genügend Kunden hast, um das neu gewonnene Know-how gewinnbringend in der Praxis einzusetzen.

Stellst Du weitere Symptome fest, die Dir Kopfzerbrechen bereiten? Dann benenne sie und notiere sie auf einem Haftnotizzettel, den Du auf dieser Seite fixieren kannst, oder auf einem Extrablatt.

Irgendwie droht der ursprüngliche Traum von Deiner eigenen Praxis zu einem Albtraum zu werden – obwohl Du Deine Arbeit wirklich liebst. Wenn Patienten/Klienten zu Dir kommen, blühst Du auf, dann gibst Du alles, dann sind die Hindernisse für eine Weile vergessen ..., bis Du erneut große Lücken im Terminkalender findest ..., bis Du auf Deinen Kontostand schaust und es mit der Angst zu tun bekommst.

Also müssen wir eine Diagnose stellen, warum Deine Praxis krank ist. Das heißt, wir müssen zunächst jenes ausschließen, was nicht zu behandeln ist.

Dieses Buch kann nicht jedem helfen: Falls Du fachlich nicht kompetent bist, solltest Du zuerst noch einmal »Zurück auf ›Los‹« und Dich so weiterbilden, dass Du wirklich in der Lage bist, Deinen Patienten/Klienten zu helfen. Aber ehrlich gesagt glaube ich nicht, dass das bei Dir der Fall ist. Denn die Tatsache, dass Du dieses Buch in den Händen hältst, zeigt deutlich, dass Du es mit Deiner Praxis ernst meinst.

Trotzdem brauchst Du mehr Umsatz, stimmt's? Nun, in diesem Fall kann Dir dieses Buch helfen. Vorausgesetzt, ich habe Deine Erlaubnis, zunächst eine etwas kühne Ferndiagnose zu stellen. Zugegeben, es ist nicht hundertprozentig sicher, aber doch sehr wahrscheinlich, dass diese Diagnose auch auf *Deine* Praxis zutrifft.

Strategie versus Taktik

Reden wir also Tacheles: Die häufigste Krankheitsursache leerer Praxen ist die Verwendung eines taktischen Ansatzes statt eines strategischen! Es gibt zum einen taktisch denkende, zum anderen strategisch denkende Heilpraktiker, Therapeuten und Coachs.

Kannst Du den Unterschied zwischen »Strategie« und »Taktik« hinsichtlich eines Business bzw. des Marketings beschreiben? (In der Regel wissen drei von tausend Personen Bescheid.)

Ich löse die Frage auf:

Taktischer Ansatz: »Arbeite härter, schneller, länger!«

Eine **Taktik** ist eine bestimmte Handlung, z.B. eine Annonce in einer Zeitung, ein Vorgespräch, die Webseite, ein Messestand, ein Brief usw.

Der Taktiker sprintet drauflos und macht quasi Kurzschlusshandlungen: in möglichst kurzer Zeit alles kreuz und quer.

Es ist, als würde sich ein Landwirt an seine Mitarbeiter wenden und sagen: »Leute, wir müssen mal eben schnell die Ernte fürs ganze Jahr einfahren, wir haben nur zwei Tage Zeit, es gibt viel zu tun, hier sind eure Hacken, Mähdrescher und Traktoren, holt die Ernte ein. Viel Glück.«

Beim taktischen Ansatz musst Du Dich dauernd anspornen: *»Arbeite härter, schneller, länger!«* Aber kannst Du – realistisch betrachtet – noch härter arbeiten, als Du es wahrscheinlich ohnehin schon tust?

Strategischer Ansatz: »Arbeite smart – arbeite klüger!«

Eine **Strategie** ist dagegen ein Plan, der auf ein langfristiges Ziel hin ausgerichtet ist, bzw. die Gesamtwirkung auf den Markt. Dabei wird keine Handlung umsonst gemacht, jede hat einen bestimmten Zweck.

Der strategische Ansatz lautet: *»Arbeite smart – arbeite klüger!«* Die einzelnen Bewegungen werden effektiv ausgeführt. Eine gut geplante strategische Tätigkeitsabfolge zu einem späteren Zeitpunkt kann x-mal effektiver sein als eine planlose Spontanhandlung.

Angenommen, eine Interessentin, d.h. eine *potenzielle* neue Patientin oder Klientin, kommt in Deine Praxis. Was möchtest Du erreichen?

Der **Taktiker** strebt an, sie dafür zu gewinnen, diese Behandlung/Beratung zu buchen, u.U. auch nur einen oder zwei Termine.

Und der **Stratege?** Die Patientin/Klientin soll natürlich ebenfalls buchen, aber im Sinne einer auf Vertrauen basierenden Bindung, weil sie positive Erfahrungen mit der Begleitung macht und langfristig zufrieden ist. Außerdem soll die Kundin idealerweise als Multiplikatorin fungieren, indem sie die Praxis weiterempfiehlt (siehe »Mund-zu-Mund-Propaganda und Social Proof«, S. 321 ff.).

Der **taktische** Ansatz der Kundengewinnung sieht folgendermaßen aus (ja, »Kunden« – denn Patienten und Klienten sind genau *dies* – das dürfen wir niemals vergessen):

1. Du versuchst andauernd, Interessenten zu gewinnen.
2. Du hoffst, dass die Interessenten tatsächlich in Deine Praxis kommen.
3. Wenn sie da sind, behandelst Du ihre Beschwerden in möglichst wenigen Sitzungen, damit es ihnen wieder einigermaßen gut geht.
4. Dann hoffst Du, dass sie Dich weiterempfehlen …
5. … und dass sie bald – zumindest beim nächsten gesundheitlichen Problem – wieder zu Dir kommen.

Und was sagen die Patienten/Klienten nach (sehr) wenigen Sitzungen?
»Danke, ich melde mich wieder.«

Beim taktischen Ansatz – wir nennen ihn »Hoffnungsmarketing« – ist Deine ganze sorgenvolle Energie auf die Frage »Wie komme ich an neue Patienten/Klienten?« gerichtet. Genau das ist die Krankheit Deiner Praxis: die kurzfristige Fokussierung auf Kundengewinnung, ohne einen dahinterliegenden strategischen Plan.

Hast Du Dir jemals selbst die Fragen gestellt:
»Wie sieht mein langfristiges Ziel aus?
Welche Gesamtwirkung will ich auf meinen Markt haben?
Welchen Eindruck möchte ich hinterlassen?«

Wer strategisch vorgeht, lässt die Taktiker hinter sich

Nein? (Oder: Ja …, aber ohne dass Du danach auch die passenden Handlungen umgesetzt hast?) Dann muss ich Dir sagen: Solange Du bloß an Deinen Taktiken arbeitest, solltest Du bedenken, **dass Strategie über Taktik siegt – jeden Tag.** Du solltest im Voraus denken! Sei ein brillanter

Lieber unperfekt starten als perfekt warten …

Stratege – und ich sage Dir, dann wirst Du die Taktiker quasi rechts überholen; sie werden nicht imstande sein, mit Dir zu konkurrieren.

Die Botschaft lautet: *Planen, planen, planen.*

Aber Achtung, verwechsle nicht »planen« mit »zögern«! Der beste Plan wird Dir nichts nützen, wenn Du ihn nicht möglichst bald testest und währenddessen optimierst.

Beispiel »Strategische Ziele«

Machen wir mal eine Stippvisite in einem anderen Metier: Stell Dir vor, Du wärst Handelsvertreter/-in eines wirklich guten Produktes.

Auf die Frage, was bei einem Kundenbesuch passieren soll, würdest Du sagen: »Ich will einen Verkauf abschließen.«

Ich würde dann nachhaken: »Ist das alles?«

Und Du würdest fragen: »Ähm …, was gibt es denn sonst noch?«

Ja, was gibt es denn sonst noch?

1. Möchtest Du, dass man Dir vertraut?
2. Möchtest Du respektiert und als Experte wahrgenommen werden?
3. Ist Markentreue ein strategisches Ziel?
4. Wie sieht es mit einer Strategie aus, dank der Du bevorzugt wirst, wenn Dich ein Konkurrent zu übertrumpfen versucht?
5. Wie souverän gehst Du mit Preisvergleichen um?
6. Bist Du glücklich über Empfehlungen?
7. Wie wäre es mit Dringlichkeit, damit der Kunde sofort kauft?

Nun haben wir im Grunde sieben verschiedene strategische Ziele. Hättest Du einen Plan, wie Du als Vertreter/-in jedes dieser Ziele erreichen würdest?

Im Übrigen: Dieselben Fragen bzw. strategischen Ziele gelten auch für Dich als Therapeut/-in oder Coach! Deshalb solltest Du Dir (allein oder mit Deinem Team) die Zeit nehmen und »brainstormen«, wie Du jedes dieser strategischen Ziele erreichen könntest. Du wirst erstaunt sein, wie es die Macht Deiner Taktiken dramatisch beeinflusst.

Am Beispiel des zuerst genannten strategischen Zieles lautet also die Überlegung:

Auf welche Weise – d.h. mit welchen Taktiken – kannst Du erreichen, dass man Dir (zu Recht) vertraut?

Ein strategisches Ziel: »600 Prozent mehr Umsatz«

Ich kann hier von einem Unternehmen berichten, das nur ein zusätzliches strategisches Ziel zu jeder taktischen Interaktion mit dem Käufer hinzufügte und damit seinen Umsatz innerhalb eines Zeitraums von vier Jahren um 600 Prozent steigern konnte:

In einer Stadt eröffneten zwei Möbelgeschäfte zur selben Zeit.
Szene im ersten Laden: Der Kunde interessiert sich für eine Couch, und der Verkäufer zeigt ihm ein Modell nach dem anderen – eine rein taktische Interaktion.

Der Verkäufer im zweiten Laden strebt ebenfalls an, dem Kunden eine Couch zu verkaufen, aber während er den Kunden durch die Ausstellung führt, erzählt er ihm wie nebenbei etwas über das Geschäft: Das Möbelhaus sei ja von zwei Brüdern gegründet worden, deren Devise so und so lautet. Deshalb hätten sie die besten Preise und darüber hinaus ein exzellent ausgebildetes Team. »Ich kann Ihnen etwas über die Qualität dieses Sofas erzählen, wenn Sie Details wissen möchten.«

Das heißt, die Verkäufer »verkaufen« das Image der Firma und deren engagiertes Team, nicht nur die Möbel. Sie verkaufen strategisch das Unternehmen, sodass es über eine Vier-Jahres-Periode hinweg eine große, loyale Kundschaft gewann. Und das beruhte auf bewusster Absicht.

•••

Wie sieht Deine ultimative strategische Position aus – und unterstützen Deine taktischen Maßnahmen diese Position?

Du willst nicht nur (Behandlungen/Sitzungen/Seminare) verkaufen, sondern Du möchtest auch einen, mehrere oder alle der folgenden Punkte erfüllt sehen:

- Du möchtest, dass man Dir vertraut.
- Du willst respektiert und als Experte wahrgenommen werden.
- Treue zu Dir und Deiner Praxis ist ein strategisches Ziel für Dich.
- Du verfügst über eine Strategie, mit der Du bevorzugt wirst, wenn Dich ein Mitbewerber zu unterbieten bzw. zu übertrumpfen versucht.
- Preisvergleiche machen Dich ggf. erfinderisch.
- Du würdest Dich freuen, weiterempfohlen zu werden.
- Der Interessent soll nicht lange zögern, sondern sofort kaufen (Dringlichkeit).

Strategisch planen und taktisch ausführen

Wenn Du beruflich wirklich erfolgreich sein möchtest, musst Du denken und planen wie ein Stratege und implementieren wie ein großartiger Taktiker.

In meinem Webinar-Workshop »Strategie schlägt Taktik« vertiefe ich das und begleite Dich durch einige Übungen, die Dir helfen werden, in Deiner eigenen Praxis zum Strategen zu werden *(www.gewinnbringende-praxis.de/strategie).*

Planwirtschaft versus Marktwirtschaft

Du kennst nun die **Diagnose:** Deine Praxis liegt (höchstwahrscheinlich) deshalb darnieder und Du steckst dauernd in einem absoluten Mangelzustand fest, weil Du mit einem taktischen Ansatz daran arbeitest, Kunden zu gewinnen.

Wo liegt eigentlich die **Ursache** dieser Krankheit?
In der Orientierung an einem nicht passenden Vorbild!

Das (bewusste oder unbewusste) Vorbild von Naturheilpraktikern sowie vieler Anbieter von Psychotherapie und Coaching sind die Ärzte und ihre Praxen. Allerdings machen sich die meisten dabei eine fundamental bedeutende Tatsache nicht klar: Die Praxen von kassenzugelassenen Ärzten und Ärztinnen folgen völlig anderen Gesetzmäßigkeiten! Sie sind Teil eines **planwirtschaftlichen Gesundheitssystems,** in dessen Rahmen die quasi zwangsversicherten Patienten den niedergelassenen Ärzten zugeteilt werden.

Unter niedergelassenen Ärzten herrscht im Prinzip kein Wettbewerb; früher oder später sind im Grunde alle Arztpraxen automatisch voll. Der Patient geht in die Praxis hinein, händigt an der Rezeption seine Chipkarte aus (und gibt oft zugleich die Verantwortung für seine eigene Gesundheit ab) und wird nach einer mehr oder weniger langen Wartezeit vom Arzt oder der Ärztin behandelt. Damit die Praxis rentabel läuft und genug Gewinn abwirft, werden möglichst viele Patienten hindurchgeschleust.

Die Wahrheit ist: Deine Praxis hat keinen Anteil an der Planwirtschaft, sondern unterliegt dem **Wettbewerb innerhalb der Marktwirtschaft!** Damit sie floriert, brauchst Du zahlende Patienten/Klienten, die mit Dir und der Behandlung so zufrieden sind, dass sie …

Deine Praxis ist ein Teil der Marktwirtschaft und »konkurriert« hier mit den Anbietern verlockender Produkte und Dienstleistungen

1. bei gesundheitlichen Beschwerden (wieder) zu Dir kommen,

2. gerne das Geld für die Behandlung bei Dir ausgeben,

3. Dich begeistert weiterempfehlen.

Ist Dir dieser Umstand in vollem Umfang bewusst? Deine eigentlichen Konkurrenten sind weder Deine Kolleginnen und Kollegen noch irgendwelche Mediziner/-innen mit Doktortitel. Deine **wirklich mächtigen Mitwettbewerber** sind die Automobilfirmen und Reiseveranstalter, die Restaurants, Parfümerien, Schuhgeschäfte, Modeboutiquen, Smartphonehändler usw.

Du konkurrierst mit mächtigen Konzernen um das Geld Deiner Patienten/Klienten, die ihr Erspartes lieber für schöne, reizvolle Dinge ausgeben wollen. Sie zahlen doch sowieso schon jeden Monat einen Batzen Geld in ihre Krankenkasse ein, also wollen sie möglichst wenig in die Behebung ihrer physischen oder psychischen Beschwerden investieren.

Das ökonomische Gesetz der Knappheit

Damit ein Produkt oder eine Dienstleistung innerhalb der Marktwirtschaft wertvoll ist, muss sie knapp sein, das heißt, es gibt nur eine relativ geringe Anzahl bzw. ein begrenztes Kontingent im Verhältnis zur Nachfrage.

Das Prinzip von Angebot und Nachfrage ist Dir bekannt: Ist das Produkt oder die Dienstleistung reichlich vorhanden, aber die Nachfrage eher gering, wird der Preis normalerweise klein sein. In der Marktwirtschaft ist das, was im Überfluss vorhanden ist, billig zu haben, wohingegen etwas Rares teuer bezahlt werden muss. Gibt es dagegen nur ein kleines Angebot, aber eine große Nachfrage, kann der Preis wie bei einer Auktion in astronomische Höhen klettern. Nach diesem Prinzip funktioniert eBay – wie überhaupt unsere Marktwirtschaft: Je mehr Leute etwas haben wollen, desto höher kann der Preis steigen.

Für ein geräumiges Haus mit großem Garten in der Uckermark musst Du sehr viel weniger Banknoten hinblättern als für ein Häuschen in Freiburg. Vor allem aus ökonomischen Gründen (Arbeitsplätze) sind mehr Leute bereit, viel Geld für eine Immobilie in der wirtschaftsstarken Region um Freiburg herum auszugeben, während nur wenige Leute ein Domizil in der Uckermark suchen.

Oder stell Dir vor, wie viel (oder besser: wie wenig) Du bei Deinem gewöhnlichen Wocheneinkauf für ein Brot zu bezahlen bereit bist. Anders sähe es aus, wenn Du auf einer unerwartet langen Wanderung keinen Proviant dabeihättest und fünf Stunden vor der nächsten bewirtschafteten Hütte sehr hungrig würdest: Jetzt würdest Du wahrscheinlich für ein Brötchen sogar mehr Geld ausgeben als bei Deinem normalen Wocheneinkauf für einen ganzen Brotlaib.

Beim Umbau oder der Schließung eines Ladengeschäfts wird ein Ausverkauf veranstaltet: Dabei werden die Preise so weit erniedrigt, dass über den reduzierten Preis die Nachfrage nach den Produkten kontinuierlich steigt.

Auf Deine Praxis bezogen: Gelingt es Dir, in einem Spezialgebiet das Renommee eines Experten bzw. einer Expertin zu gewinnen, welche/r die gesundheitlichen Probleme oder die Lebensanliegen der Klienten besser lösen kann als die meisten anderen Kollegen, sind freie Behandlungstermine bei Dir sehr rar und Deine Preise können entsprechend hoch sein.

(Siehe auch das »Gesetz der Kompensation« im Unterkapitel »Fünf Arten, Geld zu verdienen«, S. 299 ff. bzw. S. 303 f.)

Damit die Patienten/Klienten überhaupt zu Dir kommen, müssen oft zwei (im Grunde betrübliche) Bedingungen erfüllt sein, die außerhalb Deines Einflussbereichs liegen:

- Zum einen muss es ihnen »schlecht genug« gehen, damit sie bereit sind, das wenige Geld, das sie übrig haben, zähneknirschend in die Wiederherstellung ihrer Gesundheit (oder vorerst zumindest in die drastische Linderung ihrer Beschwerden) zu investieren. Wenn sie zu Dir kommen, sind sie, metaphorisch gesprochen, auf einer Skala von –10 bis +10 durchaus im Zustand »minus 10«!
  Wenn Du als Coach tätig bist, gilt analog: Das Problem der Klienten muss brennend genug sein.

- Zum anderen müssen sie die Hoffnung, Hilfe im planwirtschaftlichen Gesundheitssystem zu erlangen, aufgegeben haben und nach einer Alternative suchen. Was Du ihnen im Gegensatz zu den planwirtschaftlich arbeitenden Ärzten geben kannst, sind in jedem Fall *Zeit* und *intensive Beziehung.*
  Für Coachs gilt: Die Klienten können ihr Problem nicht mehr z.B. mithilfe von Ratgeber-Büchern lösen.

Apropos »Skala« ... Dein bisheriger taktischer Ansatz sieht folgendermaßen aus: Du behandelst Deine Patienten/Klienten so lange, bis sie wieder auf der »Nulllinie« sind. Insgeheim hoffst Du, dass sie bei der Stange bleiben wollen – sprich: Dich in Deiner Praxis konsultieren –, um mehr in Richtung »plus 10« zu gelangen. Dann, so hoffst Du vielleicht, würdest Du mehr Behandlungen verkaufen.

Aber ehrlich: Aus eigener Erfahrung weißt Du inzwischen, dass das nur in äußerst seltenen Ausnahmefällen geschieht. Gleichzeitig hegst Du die scheinbar verwegene Hoffnung, dass sie Dich weiterempfehlen – was sie aber nicht tun werden, solange sie nicht vollauf zufrieden sind. Und die Wahrheit lautet: Sie werden erst dann hundertprozentig zufrieden sein, wenn Du sie auf (annähernd) »plus 10« begleitet hast. Mit Deinem bisherigen taktischen Ansatz hast Du jedoch keine Chance, sie auf dieses hohe, optimale Level zu begleiten, weil sie ja nicht mehr zu Dir kommen, sobald sie auf der Nulllinie sind. Also wird es Dir an Empfehlungen fehlen, sodass Du weiterhin mühsam nach neuen Interessenten Ausschau halten musst, damit Du Dich einigermaßen über Wasser halten kannst.

Um mithalten zu können, musst Du Dir wirklich etwas einfallen lassen …

Fassen wir kurz zusammen, warum Deine Praxis (höchstwahrscheinlich) kränkelt:

1. Du orientierst Dich am planwirtschaftlichen Modell der Arztpraxen.
2. Du konkurrierst mit sehr mächtigen Konsum-Konzernen um jeden Euro Deiner potenziellen Patienten/Klienten.
3. Du versuchst vergeblich, mit einem taktischen Konzept dagegen anzugehen.

M&M&M – Menschen, Marktwirtschaft und Marketing

Von der Industriegesellschaft in die Ära der Information

Der Wechsel vom Industriezeitalter ins Informationszeitalter hat Grundlegendes verändert. Die Voraussetzungen für Erfolg im Job haben sich gewandelt – nicht nur für Angestellte, sondern auch für Selbstständige und Freiberufliche in eigener Praxis. Wer nach den alten Regeln weiterlebt, wird allmählich zwangsläufig verlieren – und sei es nur, dass er weit weniger verdient, als es ihm eigentlich möglich wäre; er erhält nicht (mehr) die Anerkennung, die er sich vermutlich wünscht, und wird eher nicht mehr viel Spaß an seiner Arbeit haben. Und falls jemand mit einem herkömmlichen Job noch viel verdient, dann oft nur auf Kosten der Freizeit, der Gesundheit und der Lebensqualität.

Es ist eine historische Chance, dass wir inzwischen all dies im Beruf haben können: Sicherheit, Spaß, Ansehen, Anerkennung, ausreichend Freizeit, Sinn, ein anständiges Einkommen.

Bedauerlicherweise werden auch die meisten Kinder nach wie vor gemäß den Regeln des alten Systems erzogen, obwohl sie längst nicht mehr zum Erfolg führen; damit wird den jungen Menschen ein Bärendienst erwiesen. Wer hier ausbricht, erlebt oft noch viel Anfeindung. Aber bedenke: Kritikern und Nörglern wird kein Denkmal gesetzt; stattdessen werden jene verehrt, die gegen den Strom geschwommen sind.

Zählt Deine Praxis noch zu den Industriegesellschaft-Praxen, weil Du die neuen Regeln nicht genügend kennst? Es ist dringend notwendig, Deine Praxis den Erfordernissen der Informationsgesellschaft anzupassen. Im Lauf des Buches wirst Du erfahren, was dazu notwendig ist.

Sechs starke menschliche Bedürfnisse als größte Antriebskräfte

Mache Dir bewusst, dass Deine Patienten/Klienten Menschen mit Bedürfnissen sind – wie Du selbst. Jedes Individuum hat zwei vorherrschende menschliche Bedürfnisse, und das Streben danach, sie zu befriedigen, fungiert als die Hauptantriebskraft im Leben bzw. in einem Lebensabschnitt.

Man kann die eigenen Bedürfnisse sowohl positiv als auch negativ befriedigen. Viele Menschen versuchen ihre Bedürfnisse bedauerlicherweise auf krank machende Weise zu erfüllen.

Es stellt einen gigantischen Schritt dar, wenn Du herausgefunden hast, welches die zwei vorherrschenden Bedürfnisse eines Patienten/Klienten sind. Dieser Mensch auf der Suche nach Hilfe ist sehr verletzlich. Falls er nicht findet, was er braucht, reagiert er überaus empfindlich und enttäuscht; womöglich resigniert er und zieht sich zurück. Du musst ein Bewusstsein für diese Bedürfnisse gewinnen, um sie im Umgang mit Deinen Patienten/Klienten berücksichtigen zu können.

Zunächst führe ich die **vier fundamentalen persönlichen Bedürfnisse** auf, die für unser Überleben notwendig sind.

1. Sicherheit/Gewissheit

Auch wenn seine Ausprägung unterschiedlich ist, ist das Gefühl der Sicherheit das wichtigste Bedürfnis in unserem Lebenszyklus. Als Babys und Kleinkinder sind wir unbedingt darauf angewiesen, dass sich jemand gut um uns kümmert.

Wir brauchen ein Dach über dem Kopf und Nahrung, außerdem das Wissen, dass unsere Mitmenschen uns nicht tätlich angreifen und dass wir bei Krankheit versorgt werden. Auch im Hinblick auf Beziehungen ist das Sicherheitsbedürfnis relevant: Jeder Partner will sich normalerweise darauf verlassen, dass der andere bei ihm bleibt. Zur Sicherheit gehört außerdem, dass wir Schmerz vermeiden und uns in unserer Umgebung so wohl wie nur möglich fühlen wollen.

Wir leben heute sehr komfortabel, viel mehr als unsere Vorfahren. Dadurch ist auch das Sicherheitsbedürfnis erweitert: Es ist in unserer Zeit sehr mit dem Thema »Geld« verknüpft; wir möchten uns nicht bloß das Nötige leisten können, sondern auch so manches Extra, das nicht nur dem Überleben dient.

Mit dem Thema »Sicherheit« sind weitere Gefühle verbunden: Stabilität, Bequemlichkeit, Erdung, Vorhersagbarkeit, Geborgenheit, Geschütztsein.

2. Unsicherheit/Abwechslung

Das Gegenteil des ersten Bedürfnisses …

Wie attraktiv käme uns ein tausendseitiger Roman oder ein dreistündiger Film vor, bei dem von Anfang bis Ende nur »Friede, Freude, Eierkuchen« herrscht? In der Tat brauchen wir auch Herausforderungen, deren Bewältigung uns emotional, physisch und mental wachsen lässt. Wir möchten Überraschungen erleben, heraus aus den Routinen. Das Aufregende sorgt dafür, dass wir uns lebendig fühlen.

Die meisten Menschen streben Unsicherheit und Abwechslung an, möchten aber zugleich Sicherheit und Gewissheit. Allerdings kann sie genau dieser Konflikt krank machen.

Angst, Instabilität, Veränderung, Chaos, Unterhaltung, Spannung, Aufregung, Überraschungen, Konflikte, Krisen ... Menschen haben paradoxerweise das Bedürfnis, genau dies zu erleben. Deshalb mögen sie auch Geschichten, ja selbst Horrorfilme oder Thriller, in denen diese Phänomene vorzufinden sind. Jedoch möchten sie selbst bestimmen, wann solche Ereignisse in ihr Leben treten.

3. Persönliche Bedeutsamkeit

Jeder Mensch möchte sich wichtig fühlen. Wir wollen gebraucht werden und wissen, dass unser Leben einen Sinn hat.

Schon Kleinkinder sind darauf aus, die Nummer eins zu sein – andernfalls äußern sie ihr Missfallen durch Schreien. Als Vater von fünf Kindern kann ich davon berichten, dass Kinder auf sehr besondere Art untereinander konkurrieren, wer die Nummer eins ist. Sogar die Jünger Jesu wetteiferten, wer der größte unter ihnen sei.

Wir sind eingebunden in Hackordnungen und stellen eine Rangliste auf. Im oftmaligen Vergleich mit anderen möchten wir als einzigartig und unverwechselbar verstanden werden. Beim Vergleichen liegt das Augenmerk auf den Unterschieden, nicht auf den Gemeinsamkeiten: »Ich kann's besser ...« Durch Vergleiche spalten wir uns ab von anderen, sind nicht mehr mit ihnen verbunden – was zu Einsamkeit führen kann.

Sind wir zu sehr auf Bedeutsamkeit fokussiert, erregen wir den Ärger unserer Mitmenschen. Du kennst es vielleicht aus den Medien: Einige Leute stilisieren sich sogar als bedeutsam, indem sie sich als Luder präsentieren.

Sooft wir etwas Erstrebenswertes erreicht haben, fühlen wir uns bedeutsam. Allerdings kann man sich auch bedeutsam fühlen, wenn man andere schlechtmacht und demütigt. Ein krasser Fall: Sogar ein bewaffneter Angreifer kann sich im Ernstfall sehr bedeutsam fühlen, denn er entscheidet womöglich über Leben und Tod.

Man kann auch Bedeutsamkeit erlangen, indem man versagt. Das Streben nach Bedeutsamkeit kann zu einer regelrechten Erfolgsblockade führen. Das heißt, hinter Erfolglosigkeit kann das Bedürfnis nach Bedeutsamkeit stecken. »Ich bin nicht so wie die anderen, bei mir funktioniert das nicht – bei allen anderen, aber nicht bei mir, ich schaffe das nicht.«

Schau Patienten/Klienten an, die (unbewusst) womöglich nicht gesund werden wollen. Manche hegen die Idee: »Ich bin besonders, ich bin einzigartig, bei mir wirkt die Arznei nicht, bei mir hilft die Massage nicht, bei mir hat die Behandlung nicht angeschlagen ...« Oder auch: »Ich brauche eine maßgeschneiderte Therapie.«

Sich als unsichtbar und unwichtig zu erachten, kann paradoxerweise ebenfalls eine Form von Streben nach Bedeutsamkeit sein.

Die positive Seite der Bedeutsamkeit besteht darin, dass wir unsere Standards immer wieder erhöhen. Ohne das Bedürfnis, bedeutsam zu sein, wärst Du nicht Heilpraktiker/-in oder Coach geworden und würdest nicht danach streben, Deine Praxis zu verbessern. Dieses Bedürfnis hilft uns zu wachsen.

Bedeutsamkeit kann sich auch darin äußern, dass jemand gut für seine Familie sorgt und sich intensiv um seine Kunden kümmert. Wer seine Arbeit für wichtig hält, fühlt sich bedeutsam. Manche leisten einen wichtigen Beitrag zum Wohl der Menschheit, um sich bedeutsam zu fühlen. Andere gewinnen dieses Gefühl, indem sie materiell sehr reich sind.

Mit Bedeutsamkeit verknüpfte Begriffe sind: Stolz, hohe Standards, Erfolg, Leistung, Perfektion, Disziplin, Wettbewerb, aber auch Zurückweisung.

4. Liebe/Verbindung

Da sich der 1. und der 2. Punkt vermeintlich widersprechen, wirst Du Dich auch nicht über dieses weitere Gegensatzpaar wundern: Der Absonderung durch das Streben nach Bedeutsamkeit (3. Bedürfnis) steht das Bedürfnis nach Liebe und Verbindung gegenüber.

Jeder Mensch braucht das Gefühl, geliebt zu werden und dazuzugehören. Das zieht sich wie ein roter Faden durch unser gesamtes Leben. Werden Kinder nicht berührt und gehalten, dann sterben sie. Menschen fühlen sich mit ihrer Familie, mit ihrer Community, mit dem Stamm, mit der Sippe verbunden.

Diese Liebe ist überlagert worden durch das Konzept der romantischen Liebe (das in etlichen Kulturen nicht existiert): der *eine* Mensch, der uns sein Leben widmen wird und bei dem wir uns *ganz* fühlen – und/oder umgekehrt.

Angestrebte Gefühle: Gemeinsamkeit, Leidenschaft, Geborgenheit, Einheit, Begehren, Zärtlichkeit, Wärme.

•••

Über die vier persönlichen Bedürfnisse hinaus gibt es die **transpersonalen/transzendenten Bedürfnisse,** die unsere Seele hegt und die unserer menschlichen Erfüllung (bzw. dem Glück) dienen. Nicht jeder findet einen Weg, diese Bedürfnisse so zu stillen, dass es ihn wirklich und nachhaltig befriedigt. Doch indem wir uns auf etwas fokussieren, das größer ist als wir selbst, werden die meisten unserer Probleme und Quellen unseres Schmerzes und unserer Krankheit weniger wichtig.

5. Wachstum

Jedes Kind strebt danach, zu wachsen, und hat Freude daran. Merkmal des Lebens ist u.a. Wachstum – sonst stirbt man. Wenn wir uns weigern, zu wachsen, sterben wir. Wer dort stehen bleiben möchte, wo er gerade steht, wird sterben. Wir müssen uns intellektuell, emotional, spirituell entwickeln und uns verändern. Mit jeder Erfahrung wachsen wir emotional. Lebenserfahrung lässt uns auch intellektuell wachsen.

Das Bedürfnis nach Wachstum ist immens und lebensnotwendig. Die größte (und oft verborgene) Triebfeder auf der Reise des Patienten/Klienten ist ein nicht erfülltes Wachstumsbedürfnis. Jede Krankheit, jede

Sehnsucht und Suche ist ein Ausdruck davon, dass das System zu wachsen aufgehört hat, obwohl es nach Wachstum strebt.

Ein Problem bei der Selbstvermarktung der meisten Heilpraktiker: Die Werbung für alternative Therapien, die auf dieses Bedürfnis nach Wachstum anspielt, funktioniert meistens nicht! Ich habe (ungelogen) Tausende von Heilpraktiker-Webseiten gesichtet: Sie setzen zu sehr auf das Thema »Wachstum« bzw. unterstellen den Patienten, wachsen zu wollen.

Vorsicht, sprich beim Patienten/Klienten nicht direkt sein (noch unbewusstes) Bedürfnis nach Wachstum an!

Das Gleiche gilt für Coaching-Klienten: Sie wollen z.B. abnehmen, mehr Geld verdienen, erfolgreicher sein – aber nicht Bockaden lösen, ihre Kommunikationsfähigkeiten verbessern oder zu ihrer Selbstliebe finden.

Beachte: Es gibt ein offizielles Problem und ein inoffizielles Bedürfnis, aber der bewusste Verstand darf/will davon nichts wissen. Man muss mit diesem Bedürfnis guerillamäßig umgehen; es darf in der Werbung nicht direkt kommuniziert werden, höchstens zwischen den Zeilen durchscheinen.

Ein Patient/Klient kommt mit einem »offiziellen Problem« zu Dir. Deine gesamte Kommunikation muss auf dieser Ebene ablaufen; das offizielle Problem muss angesprochen werden. Doch viele Heilpraktiker, Therapeuten und Coachs begehen den Fehler, bereits einen Schritt weiter zu sein (und mit der Tür ins Haus zu fallen), indem sie dem Patienten/Klienten beizubringen versuchen, was er »wirklich« braucht.

Der unangenehme Hautausschlag ist das drängende Symptom, weswegen der Patient zu Dir kommt. Das Bedürfnis Deines Patienten ist: Du sollst diesen unangenehmen Hautausschlag »wegmachen«, und zwar auf ganz natürliche Art und Weise. Du weißt mehr als Dein Patient. Du weißt z.B., dass ein Hautausschlag zurückzuführen sein könnte auf die Notwendigkeit, innerlich zu wachsen und sich von der Außenwelt besser abzugrenzen. Das darfst Du aber nicht im ersten Gespräch so benennen. Denn sobald Du dieses inoffizielle Bedürfnis Deines Patienten aussprichst, vergraulst Du ihn. Er ist noch nicht so weit. Er will einfach den Hautausschlag weghaben. Er weiß (noch) nicht, dass die Haut ein Spiegel seines seelischen Zustandes ist. Das darf, möchte und sollte er selber entdecken.

Andererseits wird Dein Patient nicht zufrieden sein, wenn Du nichts zu bieten hast, was dieses inoffizielle Bedürfnis anspricht. Es ist ein bisschen so wie mit dem Versteckspielen: Dein Patient will gefunden werden, aber nicht sofort. Und er will sozusagen »in seinem wahren Innersten« gefunden werden.

Entsprechendes gilt im Coaching: Dein Klient will z.B. einfach, dass er endlich seinen beruflichen Durchbruch erlebt. Aber erst einmal will er nichts davon wissen, dass er tiefliegende Erfolgs-Sabotageprogramme hat, die ihm immer kurz vor dem Durchbruch ein Bein stellen.

Als Heilpraktiker/-in oder Coach hast Du einen Plan für Deinen Patienten/Klienten; Du siehst schon das große Ganze bzw. den Weg. Aber Du musst mit diesem Menschen umgehen, ohne ihn zu überfordern. Du nimmst Dich selbst zurück und gibst ihm den Raum, die Dinge selbst in sich zu entdecken – nur dann ist Eure Kommunikation wirkungsvoll. Im Idealfall kommt Dein Patient/Klient selbst darauf, dass es seine größte Sehnsucht ist, zu wachsen, und dass ihm Deine Behandlung oder Beratung geholfen hat, dies zu entdecken.

Ja, es ist eine diffizile Gratwanderung. Patienten/Klienten wehren sich nicht gegen Veränderung, sondern dagegen, verändert zu werden!

6. Dem großen Ganzen dienen/einen Beitrag leisten/Altruismus

Das höchste menschliche Bedürfnis besteht darin, über die eigenen Bedürfnisse hinauszugehen und anderen etwas zu geben. Jedes Menschenleben ist unvollkommen, das nicht in irgendeiner Weise einen Beitrag leistet zu etwas, das größer ist als man selbst. Wir wollen etwas zurückgeben und positive Spuren in der Welt hinterlassen. Wir möchten dem, was größer ist als wir selbst, mit unseren besten Fähigkeiten dienen. Das eigene Ego wird dabei transzendiert. Das ist nicht mit Selbstlosigkeit zu verwechseln; wer selbstlos agiert, hat keinen Zugang mehr zu seinen Fähigkeiten. Es geht darum, sich selbst einzubringen und mit dem, was man hat und kann und ist, seinen Beitrag zu leisten.

Du gibst Zeit, erfüllst eine ehrenamtliche Aufgabe, kümmerst Dich um Deine gebrechlich werdenden Eltern, schenkst einem sehr armen Patienten eine Behandlung bzw. einem Klienten eine Beratung, spendest

Geld für wohltätige Zwecke usw. Du brauchst das Gefühl, etwas Gutes getan zu haben, um glücklich zu sein.

Lass Dich vom folgenden »Geheimnis« leiten, aber kommuniziere es nicht direkt gegenüber Deinem Patienten/Klienten:

Die Erfüllung dieses sechsten Bedürfnisses kann sehr effektiv alle anderen Bedürfnisse mit erfüllen.

Man hat z.B. Abwechslung im Leben, wird sich bedeutsam fühlen und das spirituelle Band kreieren, indem man das Leben anderer verbessert. Gleichzeitig wächst man dabei.

Ich meine, Dein wirkliches Motiv, Therapeut/-in oder Coach zu sein, liegt möglicherweise darin, dass Du genau das tun willst: anderen Menschen das zurückgeben, was Du in Deinem Leben bereits an Wachstum und Heilung empfangen hast.

»Verkehrte« Bedürfnisbefriedigung

Die Kehrseite des Ganzen: Wir haben Wege gefunden, unsere Bedürfnisse auf eine Weise zu erfüllen, die nicht im Sinne des Erfinders, jedoch zuverlässig und berechenbar ist.

Überlege nur mal, welche sechs menschlichen Bedürfnisse eines stark übergewichtigen Menschen durch sein Muster, mehr als nötig Essen zu konsumieren, erfüllt werden:

1. Er wird sich sicher fühlen, weil ihm die Nahrung das (physische und emotionale) Überleben gewährt;
2. er lebt sein Bedürfnis nach Abwechslung (der Speisen) aus;
3. er kann sich infolge seiner Leibesfülle als einzigartig empfinden;
4. im Moment des Essens stillt er sein Bedürfnis, versorgt und geliebt zu werden – man sagt, wer sich ungeliebt fühlt, kompensiert dies z.B. durch Süßigkeiten usw.

Auf einer Skala von 0 bis 10 werden diese Bedürfnisse des übergewichtigen Menschen aller Wahrscheinlichkeit nach mit der Stärke 9 oder 10 erfüllt.

Es heißt, wenn eine Sache/Tätigkeit mindestens drei Bedürfnisse auf einem Level von 8 erfüllt, wird man süchtig danach. Diese Sucht ist berechenbar: »Ich bin der Chef. Ich mache den Kühlschrank auf, ich bestimme den Zeitpunkt …, ich wähle …, ich entscheide mich für …« Hier hat jemand eine Möglichkeit gefunden, mit maximaler Kontrolle seine menschlichen Bedürfnisse zu erfüllen. Verstehe, wie mächtig das ist!

Wer die Erfahrung macht, dass das kompensatorische Verhalten zwar kurzfristig befriedigt, aber die Leere nicht wirklich füllen kann, wird noch mehr desselben tun. In diesem Mechanismus sind Deine Patienten/Klienten gefangen; er hält sie krank bzw. hilflos. Trotzdem können sie das Verhalten nicht bleiben lassen. Sie wissen noch nicht, dass ihre Bedürfnisse auf andere Art gestillt werden könnten, wenn sie von dem Verhalten abließen.

Das gilt demnach auch fürs Rauchen, für Alkohol- und übermäßigen Zuckerkonsum usw. In unserer Zeit und Gesellschaft sind all diese Ersatzkompensationen im Grunde für jeden leicht zugänglich. Die gesuchte und ersehnte Entspannung ist in dem Moment da, in dem man sich diese(s) Bedürfnis(se) erfüllt. Durch eine kompensatorische, krank machende Bedürfnisstillung wird jedoch das Bedürfnis nach Wachstum ignoriert.

Es ist Aufmerksamkeit erforderlich, dass wir selbst, die Therapeuten, in den Phasen abseits unserer Praxistätigkeit unsere Bedürfnisse nicht durch Ersatzhandlungen kompensieren, sondern dafür wohltuende Wege finden.

Dieses »Werkzeug« des Wissens um die menschlichen Bedürfnisse verleiht Dir als Behandler/-in ein großes Potenzial, wenn Du es nicht nur oberflächlich, sondern in der Tiefe verstehst.

Siehe auch eine andere Darstellung der Bedürfnisse im Unterkapitel »Die intrinsischen (inneren) Antriebskräfte Deiner Zielgruppe«, S. 158 ff.

• • • To do • • •

** **Wie haben Deine potenziellen Patienten/Klienten ihre Bedürfnisse bisher erfüllt (vielleicht sogar auf eine krank machende Weise)?**

Sicherheit

Unsicherheit/Abwechslung

Persönliche Bedeutsamkeit

Liebe/Verbindung

Wachstum

Dem großen Ganzen dienen/einen Beitrag leisten/Altruismus

** **Hand aufs Herz:**
Wie erfüllst Du Deine eigenen Bedürfnisse?

Sicherheit

Unsicherheit/Abwechslung

Persönliche Bedeutsamkeit

Liebe/Verbindung

Wachstum

Dem großen Ganzen dienen/einen Beitrag leisten/Altruismus

• • •

Wie Deine Patienten/Klienten wirklich »ticken«

Die größten Unternehmen geben allein in Deutschland jährlich Milliardenbeträge aus, um zu recherchieren, was ihre Kunden wirklich wollen, wie sie sich verhalten, was sie kaufen, was sie bereit sind, dafür zu bezahlen. Die gesamte Produktentwicklung zielt darauf ab. So weit, so gut.

Hast Du Dich mal gefragt, was Deine Patienten/Klienten denn wirklich wollen – außer eben, gesund, entspannter, besser organisiert, erfolgreicher zu werden? Wie »ticken« sie?

Ich habe viel Zeit investiert, um genau das herauszufinden.

Dein Praxiserfolg hängt entscheidend davon ab, dass Du berücksichtigst, wie Deine potenziellen Patienten und Klienten denken und Entscheidungen fällen. Wie erläutert, bist Du in einem Markt tätig, der einem sehr hohen Wettbewerb unterworfen ist. Nachdem die Menschen ihre Miete oder ihren monatlich abzustotternden Kredit für den Hausbau sowie ihre Versicherungen, Steuern usw. bezahlt, den Kühlschrank gefüllt und die Förderung ihrer Kinder finanziert haben, bleibt nur ein bestimmter Betrag übrig. Um dieses restliche Geld konkurrieren sehr viele. Und warum sollte Dein Patient/Klient überhaupt Geld für eine Therapie oder Beratung ausgeben, wenn das stadtplanwirtschaftliche, staatliche Gesundheitswesen ihn dazu zwingt, Monat für Monat einen erheblichen Teil seines hart verdienten Arbeitslohns in eine Zwangskasse einzubezahlen?

In welche Richtung in unserer Wirtschaft das Geld der Konsumenten fließt, ist das Resultat von Millionen von Entscheidungen der Konsumenten – Käufer, die ihre Bedürfnisse befriedigen.

Deine Aufgabe ist es daher zunächst, die wirklichen Bedürfnisse Deiner potenziellen Kunden zu ermitteln und Dein Praxisangebot damit in Einklang zu bringen. Du musst diese Bedürfnisse optimalerweise besser befriedigen können als alle Deine Mitbewerber.

Du siehst, es ist wichtig, zu verstehen, was Deine Kunden motivieren könnte, Geld in Dein Therapie- oder Beratungsangebot zu investieren.

Ein Grund dafür wäre: Heilpraktiker, Therapeuten, Coachs können z.B. schon deshalb sehr effektiv sein, weil sie auf die *Beziehung zum Patienten/Klienten* Wert legen, ihm nicht nur kurz die Hand schütteln und dann mehr auf den Computermonitor schauen als in sein Gesicht. Deine Patienten/Klienten sollen sich bei Dir wohlfühlen und spüren, dass Du ganz bei ihnen bist, während sie in der Praxis sind.

Also, lass uns über die Bedürfnisbefriedigung hinaus noch weiteren Einblick in die menschliche Natur gewinnen. Wie ticken Menschen auf einer tieferen Ebene?

Ob Du es glaubst oder nicht: Ihr Verhalten wird von den gleichen Motiven getriggert – und das hat sich in den letzten Hunderttausenden von Jahren nicht geändert.

Kleiner Crashkurs in Wirtschaftspsychologie

Damit Du es Dir auch wirklich einprägst, lass es mich wiederholen:

Während unser Gesundheitssystem der Planwirtschaft folgt (wobei der Staat festlegt, wie viel für welche Leistung berechnet werden kann, welche Budgets es gibt usw.), musst Du Dich als Heilpraktiker/-in dagegen mit den Regeln der Marktwirtschaft arrangieren – ungeachtet der Frage, ob das eher gut oder schlecht für Dich ist. Entsprechendes gilt für andere Therapeuten und für Coachs.

Lass uns also gemeinsam einen Crashkurs in den »Basics« der Wirtschaftspsychologie machen.

Ökonomie funktioniert auf der Grundlage von sieben menschlichen Eigenschaften, die alle Völker und Kulturen gemeinsam haben, und zwar über die gesamte Menschheitsgeschichte.

Du kennst vermutlich Menschen, bei denen zumindest eine, wenn nicht mehrere dieser Eigenschaften besonders stark ausgeprägt zutage treten. Aber wenn wir ehrlich sind, müssen wir zugeben, dass wir alle etwas davon in uns selbst tragen …

Menschen (sprich: auch Deine Patienten/Klienten) sind gierig

Stell Dir vor, Du bekommst ein Jobangebot – mit der Chance, für ein und denselben Arbeitsplatz zwischen zwei Jahresgehältern wählen zu dürfen: Variante a: 60.000 Euro; Variante b: 120.000 Euro. Welche der Alternativen würdest Du wählen?

Nun, da die Voraussetzungen des Jobs identisch sind, würdest Du mit ziemlicher Sicherheit die Variante b bevorzugen, richtig? Und warum?

Wenn Menschen die Wahl haben, ziehen sie es vor, lieber mehr zu haben als weniger. Ein Lieblingswort von Menschen ist: »Mehr ...!« Wie Herbert Grönemeyer singt: »Oh, ich kauf' mir was, kaufen macht so viel Spaß, ich könnte ständig kaufen gehn, kaufen ist wunderschön ...«

Preisfrage: Wie nennen wir es, wenn Menschen (immer) mehr (und noch mehr) wollen?

Klar, ich will niemanden beleidigen ..., aber sprechen wir das Adjektiv objektiv und wertungsfrei aus: Mehr zu wollen als bisher – das ist gierig.

Einerseits sind Menschen bei ihren ökonomischen Wahlentscheidungen gierig. Anderseits möchten die politischen und religiösen Machthaber die Menschheit seit Jahrtausenden in die Schranken weisen und ihnen unangemessene Skrupel einreden, denn wer ein schlechtes Gewissen hat, lässt sich leichter beherrschen.

Damit ich nicht missverstanden werde: Ich befürworte es absolut nicht, wenn jemand seine Gier so auslebt, dass er anderen schadet! Doch manche Menschen leben diese »Gier« dergestalt aus, dass sie nach »originellen« Möglichkeiten suchen, um *mehr* Menschen zu dienen, und mehr Geld verdienen, indem sie ihren Mitmenschen helfen. Sie können nur deshalb viel für andere tun, weil sie über viel Vermögen verfügen (und im Sinne des Wortspiels gilt umgekehrt: Wer viel *vermag,* hat normalerweise viel *Vermögen*). Das ist eine gute Sache – eine gute Art, die menschliche Gier auszuleben.

Es ist eine wunderbare Art von Gier, wenn Du in Deiner Praxis möglichst viele Patienten/Klienten haben möchtest, denen Du helfen kannst.

Menschen (sprich: auch Deine Patienten/Klienten) sind faul

Stell Dir als Nächstes vor, Du kannst 120.000 Euro im Jahr verdienen, indem Du eine schwierige Tätigkeit ausübst, oder dieselbe Summe mit einer leichten Arbeit. Welche Variante würdest Du Dir aussuchen? Weil alle Menschen ähnlich ticken, würdest Du sehr wahrscheinlich die leichtere Arbeit wählen statt die anstrengende. Warum solltest Du Dir das Leben absichtlich und unnötig erschweren?

Diese Wahl beruht auf einer psychologischen Gesetzmäßigkeit – dem *Gesetz des geringsten Widerstandes,* das uns auch in der Natur begegnet: Wasser fließt nicht von allein bergauf, sondern immer bergab, und schlängelt sich an Hindernissen vorbei. Die Eigenschaftswörter »bequem« und »faul« sind in diesem Zusammenhang völlig neutral.

Wer den leichten Weg wählt anstelle des anstrengenden, macht es sich bequem; er ist gewissermaßen faul, sowohl im persönlichen als auch im beruflichen Bereich.

Im Prinzip ist es nicht verkehrt, faul zu sein: Wenn die menschliche Neigung zur Faulheit dazu führt, die Technik immer weiter zu entwickeln, sodass es gelingt, Abläufe schneller, leichter und womöglich präziser erledigt zu bekommen, nützt es der ganzen Menschheit.

Auf der anderen Seite gilt: Falls sich Faulheit darin manifestiert, dass jemand nur andere für sich schuften lässt, während er selbst die Hände in den Schoß legt, mangelt es ihm an guter Qualität.

Menschen (sprich: auch Deine Patienten/Klienten) sind ungeduldig

Stell Dir des Weiteren vor, Du könntest die 120.000 Euro Jahresgehalt schon im Voraus am 1. Januar bekommen – oder erst nach getaner Arbeit, an Silvester. Was wäre Dir lieber?

Wahrscheinlich tendierst Du wie die meisten Menschen dazu, jetzt gleich über das Geld verfügen zu wollen. (Wer weiß, ob Du es später überhaupt noch bekommst?)

Das Gleiche gilt für jede Belohnung. Wenn Du Kinder hast, wirst Du feststellen, dass sie in dieser Hinsicht sehr ehrlich sind: Lieber sofort eine Kugel Eis als erst morgen, selbst wenn Du in Aussicht stellst, dass sie dann sogar zwei Kugeln bekommen, sofern sie bis dahin auf das Eis verzichten.

Wir alle sind ungeduldig, sowohl im persönlichen als auch im beruflichen Leben. Solange sie niemandem Schaden zufügt, kann Ungeduld vorteilhaft für den Einzelnen und für die ganze Gesellschaft sein: Angesichts der globalen Klimaerwärmung erachte ich es z.B. als eine gute Ungeduld, möglichst schnell den globalen Ausstoß von CO_2 radikal zu senken. Oder wenn Patienten/Klienten leiden, kann eine gewisse Ungeduld seitens des Therapeuten dazu führen, dass unnötige Umwege vermieden werden.

Menschen (sprich: auch Deine Patienten/Klienten) sind ehrgeizig

Alle menschlichen Handlungen sind darauf gerichtet, unsere Lebensumstände zu verbessern.

Weshalb nimmst Du freiwillig an einem Workshop teil oder warum liest Du dieses Buch?

Weil Du Deine Lebensumstände verbessern möchtest.

Und wenn Du genau hinschaust: Dies ist auch der einzige Grund, warum Menschen etwas kaufen, was jenseits der absolut notwendigen Grundbedürfnisse liegt. Solange eine Handlung keine Verbesserung verspricht, werde ich einfach sitzen bleiben und nichts tun. Da versiegt jeglicher Ehrgeiz.

Selbst wenn jemand auf dem Chaiselongue auch bloß den Arm ausstreckt, um nach der Fernbedienung zu greifen und das TV-Programm zu wechseln, liegt sein Motiv in der Verbesserung seiner momentanen Lebensumstände.

Das bedeutet, alle Menschen sind in gewisser Weise »ehrgeizig«: Sie möchten dauernd ihre eigenen Lebensumstände optimieren.

Außerdem sehnen wir uns nach Anerkennung durch andere Menschen. Wir wollen gut dastehen: vor uns selber, vor unseren Eltern, vor unseren einflussreichsten Lehrern, vor den Kollegen usw.

Menschen (sprich: auch Deine Patienten/Klienten) sind selbstbezogen

Jeder Mensch weiß nur für sich selbst, was ihm gefällt und was ihn glücklich macht. So wie jeder Einzelne von uns immer seine Lebensumstände zum Guten verändern möchte, hat auch jede menschliche Handlung das Ziel, das persönliche Glück zu verbessern.

So gesehen sind alle Individuen selbstbezogen und handeln aus ihrer eigenen Perspektive heraus: Sofern sie die Chance dazu haben, suchen sie sich das Essen aus, das ihnen schmeckt; sie leben mit dem Partner zusammen, in den sie sich verliebt haben. An dieser Selbstbezogenheit ist nichts verkehrt.

Unser gesamtes Wirtschaftssystem basiert darauf, die persönlichen, individuellen Bedürfnisse von zig Millionen Kunden zu befriedigen.

Da Du eine erfolgreiche Praxis haben willst, ist es Deine Aufgabe, Dein Behandlungs- oder Beratungsangebot mit den persönlichen Bedürfnissen Deiner potenziellen Patienten/Klienten in Einklang zu bringen. Du wirst sehr erfolgreich sein, wenn Du die »selbstbezogenen« Bedürfnisse Deiner Kunden besser befriedigen kannst als alle anderen.

Menschen (sprich: auch Deine Patienten/Klienten) sind unwissend

Wir wissen, dass es heutzutage mehr denn je unmöglich ist, alles zu wissen. Kein Normalsterblicher ist allwissend. Professoren, Hochbegabte, Koryphäen, Nobelpreisträger etc. – niemand weiß alles.

Es wäre eine Illusion, zu glauben, Du könntest erst dann handeln, wenn Du alles weißt. Du könntest lebenslang und hoch konzentriert alles studieren – trotzdem würdest Du niemals alles wissen. Und deshalb wirst und kannst Du Dir hinsichtlich eines Themas nie absolut sicher sein. So gesehen ist jeder Mensch auf jedem Gebiet bis zu einem gewissen Grad unwissend. Das ist menschlich, nicht verwerflich. In (mehr oder weniger großer) Unwissenheit zu handeln, ist vollkommen normal.

Menschen (sprich: auch Deine Patienten/Klienten) sind egozentrisch

Wir können Entscheidungen nur auf Grundlage unseres eigenen, persönlichen Standpunkts und Weltbilds treffen. So gesehen sind wir alle egozentrisch. Du kannst die Welt nur durch Deine eigenen Sinne erleben bzw. durch Deine eigenen Augen sehen. Wir erleben die Welt so, dass wir selbst der Mittelpunkt unserer eigenen Welt sind; wir spielen die Hauptrolle, während alle anderen Menschen für uns Nebenfiguren im Drama unseres eigenen Lebens sind. So wie wir selber Nebenfiguren im Leben der anderen sind. Das ist völlig normal. Deshalb dachten die Menschen früher, die Erde stehe im Mittelpunkt.

Beim Errechnen eines persönlichen Horoskops wird immer vom genauen Ort und exakten Zeitpunkt der Geburt des betreffenden Menschen ausgegangen. So gesehen bedeutet »egozentrisch«, dass wir in unserem eigenen Leben absolut im Mittelpunkt stehen. Das dürfen wir nie vergessen.

Menschen (sprich: auch Deine Patienten/Klienten) sind eitel

Weil wir ausnahmslos alle ein (mehr oder weniger ausgeprägtes) Ego haben, suchen wir Bestätigung, Anerkennung, Lob und Hochschätzung durch andere, um uns unseren Wert zu bestätigen. Jeder ist empfindlich, wenn es darum geht, wie Mitmenschen ihn sehen und ihn behandeln. So gesehen ist jeder Mensch eitel. Eitelkeit ist eine normale menschliche Eigenschaft, ja sogar eine wichtige Grundlage menschlichen Verhaltens.

Auf der anderen Seite gilt Eitelkeit in unserer Zeit als nicht besonders sozial akzeptiert – im Gegensatz z. B. zur Epoche des Barocks, wo Eitelkeit geradezu zelebriert wurde. Deshalb verbergen Menschen so gut es geht die eigene Eitelkeit. Sie zeigen es natürlich nicht, wenn sie in ihrer Eitelkeit gekränkt wurden. Das bedeutet aber nicht, dass Menschen nicht eitel wären; sie verbergen es nur.

Deshalb musst Du auf der Hut sein, die Eitelkeit Deiner Patienten/Klienten nicht zu verletzen. Sie werden es Dir weder zeigen noch sagen, falls Du es getan hast; sie konsultieren das nächste Mal einfach einen anderen Therapeuten oder Coach.

Sie sind, was sie sind

Auch wenn es ungewohnt und uncharmant klingt: Wir Menschen sind gierig, faul, ungeduldig, ehrgeizig, selbstbezogen, unwissend, egozentrisch und eitel – bis zu einem gewissen Grad. Wie gesagt: ohne jede Wertung! So *sind* Menschen eben auf der psychologischen Ebene.

Die einzelnen Eigenschaften sind an sich weder gut noch schlecht. Sie lassen sich allerdings zum Vorteil oder aber zum Nachteil vieler anderer Mitmenschen ausleben. Der größte »Heilige« und der größte »Sünder« – beide haben die gleiche psychologische Grundausstattung.

Wie lebst Du diese sieben menschlichen Eigenschaften aus?

Mutter Theresa wurde im September 2016 heiliggesprochen. Sie war auch faul, gierig, ungeduldig, sie wollte auch mehr, schneller, preisgünstiger, leichter … Aber sie wollte dies, um Menschen zu helfen, die an der Schwelle des Todes standen. Und alles, was sie tat, basierte auf dem Motiv, mehr Menschen schneller, besser und auf möglichst leichte, einfache Weise zu helfen. Daran ist nichts Verkehrtes, im Gegenteil.

Auf der anderen Seite gibt es leider immer noch mehr als genug Diktatoren: Sie bauen Protzpaläste für sich und ihre Familie und schaffen Milliardenbeträge auf geheime Konten im Ausland, während ihr Volk hungert. Sie bringen die gleichen psychologischen Eigenschaften auf negative Weise zum Ausdruck.

Hauptmerkmal der Weisheit: sekundäre Konsequenzen bedenken

Menschliches Verhalten ist auf die primären Konsequenzen ausgerichtet: Wir wollen rasch und auf möglichst einfache Weise Verbesserungen haben und unser Glück erreichen. Die sekundären Konsequenzen werden dabei gern ignoriert; sie sind das Resultat, das aufgrund einer primären Konsequenz eintritt.

Die meisten Probleme im Leben rühren daher, dass wir die sekundären Konsequenzen nicht adäquat bedacht haben. Die sekundären Konsequenzen zu bedenken ist allerdings das Hauptmerkmal der Weisheit.

Ein krasses Beispiel: Jemand trinkt ein paar Gläschen mit Freunden, will aber sein Auto nicht vor Ort stehen lassen, weil er es am nächsten Tag braucht. Prompt verunglückt er infolge eines durch die Promille bedingten Fahrfehlers … und ist von einer Sekunde auf die nächste für den Rest des Lebens behindert. Im schlimmsten Fall wurden noch andere Menschen schwer verletzt oder sogar getötet. Die primäre Konsequenz des Alkoholgenusses ist, mit den Freunden Spaß zu haben (und am nächsten Morgen bequem ins eigene Auto steigen zu können), aber die sekundäre Konsequenz hat in diesem Fall katastrophale Ausmaße.

In einer Praxis musst Du kontinuierlich die primäre gegenüber der sekundären Konsequenz abwägen.

Metaphorisch gesprochen: Du musst wie ein Schachspieler stets ein paar Züge vorausdenken. Diese Fähigkeit ist die Messlatte für Deine Intelligenz und Weisheit.

Hier kommt das **Modell des Zweckmäßigkeitsfaktors** ins Spiel, das ich von meinem Mentor Brian Tracy lernen durfte (Brian sagt immer, der Zweckmäßigkeitsfaktor sei das Ergebnis von über 30 Jahren Erforschung menschlicher Psychologie und menschlichen Verhaltens). Es macht plausibel, warum sich Menschen – bzw. Deine Patienten/Klienten – in einer bestimmten Weise verhalten.

Hier ist die Definition, auf die ich Dich bereits vorbereitet habe und die im Prinzip die meisten normalen, aber auch unnormalen Verhaltensweisen von Menschen erklärt:

Menschen sind gierig, faul, ungeduldig, ehrgeizig, selbstbezogen, unwissend und eitel. Deshalb suchen sie immer den schnellsten und einfachsten Weg, um das zu bekommen, was sie wollen, ohne sich Gedanken über die sekundären Konsequenzen zu machen.

Das Modell des Zweckmäßigkeitsfaktors fasst absolut das Verhalten von Patienten/Klienten zusammen – sei es bei Dir oder in anderen Praxen.

Es erklärt ganz allgemein das Verhalten von Menschen bzw. Konsumenten, egal in welcher gesellschaftlichen Schicht, in welcher Einkommensklasse, mit welchem Bildungsstand, in welchem Markt, in welchem Land, in welcher Kultur, mit welcher Weltanschauung. Das Gesetz ist universell gültig.

Gesamtstrategie, die vom richtigen Menschenbild ausgeht

Erfolgreiche Praxisinhaber kennen dieses Zweckmäßigkeitsgesetz; sie respektieren es und machen es zur Grundlage ihrer Gesamtstrategie für den Praxiserfolg. Sie kämpfen nicht gegen die Schwerkraft an; sie jammern nicht, weil die Klienten so ticken; bei ihnen gilt nicht das Motto »Das Einzige, was stört, ist der Kunde«. Stattdessen entwickeln sie eine Strategie, der dieses Gesetz zugrunde liegt. Sie bringen sich selbst in Einklang mit diesen Gegebenheiten. Sie sind erfinderisch, um ihr Behandlungsangebot für die potenziellen Klienten so attraktiv zu entwerfen, dass es damit harmoniert, wie Menschen eben ticken. Sie nutzen die Gesetzmäßigkeiten, um den Menschen genau das zu geben, was sie brauchen. Und damit werden sie mehr potenzielle Klienten ansprechen als alle anderen Kollegen.

Wenn Du anfängst zu verstehen, wie Deine Klienten wirklich sind, wie sie wirklich denken, was sie wirklich motiviert, und Du alle Deine Praxisaufgaben mit der wahren Natur Deiner Klienten in Harmonie bringst, dann ist Dein Erfolg garantiert.

Denke also bitte sowohl beim Lesen dieses Buches als auch bei der Umsetzung in Deinem Praxisalltag daran: Unser Bestreben und Handeln als *strategisch* agierende Heilpraktiker/-innen und Coachs basiert darauf, wie Deine Kunden ticken – und nicht darauf, wie wir uns wünschen, dass sie ticken sollten.

Proaktiv statt reaktiv

Meistens kommen Patienten/Klienten mit der Erwartung, der Therapeut oder Coach werde ihm helfen, dass der Umstand, den er nicht haben will, weggeht; sie sind oft in einem sehr deprimierten Gefühlszustand und haben den Kontakt mit dem, was sie wirklich (sein) wollen, und zum Tiefsten ihrer Seele verloren; sie reagieren auf Dinge, die sie nicht wirklich wollen, und können ihr Leben nicht mehr in die Hand nehmen. Wer wütend herumläuft, erlaubt einer Sache, die er nicht will, den eigenen Gefühlszustand zu diktieren. Ein Patient erlaubt zunächst einer Krankheit, sein Leben zu dominieren; der Klient gibt dem Problem so viel Macht, dass er es alleine nicht bewältigt und sein eigentliches Ziel nicht erreichen kann.

Als Heilpraktiker/-in oder Berater/-in ist es Deine Aufgabe, Menschen von einem re-aktiven Zustand in ein pro-aktives Dasein zu begleiten. Die erste Aktion in der Praxis muss also sein, diese Individuen in eine proaktive Verfassung zu bringen: Sie müssen erkennen, dass sie kein Opfer sind, sondern selbst kleine und sogar große Schritte unternehmen können, um aus ihrem jeweiligen Zustand herauszugelangen.

Bleibe Du selbst in einer proaktiven Verfassung und sei der Leuchtturm, der Hoffnung schenkt

Egal, wo Du momentan mit Deiner Praxis stehst, ob Du von Geldsorgen heimgesucht wirst oder unter Bergen an Administrativem stöhnst: Beim Aufbau und bei der Führung Deiner Praxis geht es darum, immer wieder die Entscheidung zu treffen, selbst in einem proaktiven Zustand zu sein. Denn genau das brauchen Deine Klienten von Dir, dem Leuchtturm: die Ausstrahlung, dass Du es im Griff hast – ganz gleich, was das Leben mit Dir auch macht –, einschließlich Deiner Gefühle; Du erlaubst nicht den äußeren Umständen, Dich in Verfassungen zu stürzen, die Dir nicht guttun. Du bist und agierst im »Hoffnungsbusiness«!

Du solltest in der Lage sein, Deine Kunden in einen Zustand zu bringen, in dem sie etwas »sehen«, das noch nicht da ist, aber da sein wird, wenn sie proaktiv werden. In einem proaktiven Zustand setzen sie ihre Imagination und Intuition ein, ihr Durchhaltevermögen und ihre Entschlossenheit, um etwas in die Welt zu bringen – in diesem Fall vor allem eine positive Lebenseinstellung und Gesundheit.

Ein 5-stufiger Problemlösungsprozess

»Hindernisse und Schwierigkeiten sind Stufen, auf denen wir in die Höhe steigen.«

(Friedrich Nietzsche)

In diesem Kapitel führe ich Dich durch einen 5-stufigen Problemlösungsprozess, mit dem Du …

- Dein drängendstes Problem identifizierst,
- erkennst, warum Du darin feststeckst,
- eine einzigartige Lösung dafür findest,
- die genauen Schritte identifizierst, die Du gehen musst, um zur Lösung zu gelangen,
- und klar erkennst, was der nächste (erste) Schritt sein muss.

Natürlich ist dieser Prozess, der zu einer absoluten »Wunderpille« für Dich (und für Dein Marketing) werden kann, dafür gedacht, dass Du ihn auch mit Deinen Patienten oder Klienten durchgehst. Doch zuvor musst Du ihn bei Dir selbst ausprobieren.

Im Lauf dieses Kapitels werde ich Dich nach Deinem drängendsten Problem fragen: Wo steckst Du im »Sumpf« fest? Du hast nur dann ein Problem, wenn Du noch keine Strategie entwickelt hast, mit einer bestimmten Situation umzugehen; die Situation überfordert Dich emotional, sie stürzt Dich in einen Konflikt zwischen den »zwei Seelen in Deiner Brust«:

Wofür entscheidest Du Dich, wenn alle verfügbaren Wege mit gravierenden Nachteilen verbunden sind? Probleme bedeuten, dass Du neue Lösungen finden musst.

Viele Menschen haben so große Angst, im »Sumpf« zu versinken, dass sie sich nicht mehr über ihre Komfortzone hinauswagen. Dabei kann ein Sumpf im Grunde doch zu den interessantesten Orten der Welt zählen.

Du wächst und reifst, indem Du Deine Komfortzone verlässt, Dir dadurch das eine und andere Problem einhandelst und es schließlich meisterst. Die Lösung des Problems zeigt, dass Du eine Strategie zu seiner Bewältigung gefunden hast.

Ein Problem kann nicht mit derselben Denkweise gelöst werden, wie es entstanden ist

Du weißt (gemäß Albert Einstein), dass ein Problem nicht auf derselben Ebene gelöst werden kann, auf der es entstanden ist, sondern nur auf einer darüber liegenden Ebene.

Behalte die Frage nach Deinem drängendsten Problem einmal im Hinterkopf, während ich Dir nun den Problemlöseprozess zeige. Er mag Dir simpel erscheinen, doch Einfachheit ist nun gerade hilfreich; denn Dein voller Methodenkoffer überfordert Dich, solange Du mitten im Problem steckst. Der Prozess besteht aus den folgenden Fragen:

1. Was ist das drängendste Problem (von allen Deinen Problemen)?
2. Was ist Deine einzigartige Lösung?
3. Warum steckst Du fest?
4. Wie ist der Prozess?
5. Was wirst Du als Erstes tun?

1. Was ist das drängendste Problem (von allen Deinen Problemen)?

- *Bedenke: Hinter einem Problem steckt ein Ziel bzw. ein neuer Wachstumsschritt.*
- *Das Problem hindert die Person am Erreichen des Ziels … oder hilft ihr dabei, das Ziel zu erreichen.*

Solange Du Dich auf das Problem einschießt, wirst Du es nicht lösen. Deine Physiologie (Körperhaltung, Mimik) spricht dabei Bände. Du meinst: »Wenn ich dieses Problem nicht hätte, dann könnte ich … (dieses oder jenes tun).« Doch das Problem ist letztlich »nur« etwas, das zwischen Dir und Deinem Ziel steht, als hätte sich eine Wolke vor die Sonne geschoben; Dein Blick reicht nur bis zum Problem, welches das dahinter liegende Ziel verstellt.

Das Problem dient also als Hinweis auf Dein Ziel – im Grunde ist es ein Geschenk, das Dich auf Dein Ziel aufmerksam machen möchte. Und so könnte es Dir dabei helfen, das Ziel zu erreichen, indem Du Dich fragst, welches Ziel Du eigentlich hast.

Die Frage in Anbetracht eines Problems lautet daher:
»Welches Ziel möchte ich erreichen?«

2. Was ist Deine einzigartige Lösung?

Du bist in Deinem Zielbewusstsein sehr darauf fixiert, ein Problem zu lösen, doch in Wahrheit gilt:

- *Eine Lösung löst nicht nur das Problem.*
- *Denn: Eine gute Lösung ist gleichzeitig auch Zielerreichung.*
  Die Lösung ist die Erreichung des (wahren) Ziels. Also: Ziel = Lösung.

Die Lösung und Dein wahres Ziel sind identisch

Angenommen, das vordergründige Problem hieße: »Zu wenig neue Interessenten in der Praxis.«
Die vordergründige Lösung wäre: »Mehr neue Interessenten.«
Das dahinter liegende Ziel ist: »Eine florierende Praxis führen.«

Beispiel aus der Heilpraxis: Ein Patient kommt wegen seiner allzu oft wiederkehrenden Kopfschmerzen zu Dir. Das Problem sind die Kopfschmerzen; das vordergründige Ziel lautet: »Keine Kopfschmerzen mehr haben.« Doch was ist das dahinter liegende Ziel? Zum Beispiel: »Ein glückliches, beschwerdefreies Leben voller Fitness und Leistungsfähigkeit.«

Beispiel aus der Beratungspraxis: Ein Klient will sich beruflich verbessern. Auf Nachfrage stellt sich heraus, dass hinter dem Wunsch eine tiefe Unzufriedenheit mit der derzeitigen Situation liegt. Wenn Du mit dem Klienten die tieferen Ursachen dafür erforschst, zeigt sich z. B., dass Selbstähnlichkeiten zu vergangenen, aber verdrängten Erfahrungen bestehen. Solange diese nicht gelöst werden, wird auch der »bessere« Job bald als unbefriedigend empfunden werden. Was ist also das wirklich dahinter liegende Ziel? Genau das gilt es herauszufinden – auf eine Art, dass der Klient es erkennen kann.

3. Warum steckst Du fest?

- *Es ist nicht die Schuld des betreffenden Menschen.*
- *Aber es ist seine Verantwortung,
  dass es weitergeht.*

In der Literatur der Grenzwissenschaften ist das Konzept bekannt, jeder sei für seine Gesundheit bzw. für sein Leben selbst verantwortlich. Allerdings werden hier oft »Schuld« und »Verantwortung« verwechselt.

Es ist nicht Deine Schuld, wenn zu wenig Patienten/Klienten in Deine Praxis kommen, aber es liegt in Deiner Verantwortung, zu lernen, wie Du es änderst.

Oder: Jemand ist krank – das ist nicht seine Schuld. Trotzdem ist er dafür verantwortlich, alles Notwendige zu tun, um wieder gesund zu werden.

Oder: Es ist nicht die Schuld des Trinkers, dass wir ein riesiges Angebot an Alkohol haben und er diese Droge in Überfülle verfügbar hat, aber es ist seine Verantwortung, alles dafür zu tun, die Sucht abzulegen und den alkoholbedingten körperlichen Missstand zu beheben.

- *Decke also den Grund auf, warum Du (bzw. jemand anderes) feststeckst.*

4. Wie ist der Prozess?

- *»Prozess« stammt vom Lateinischen »procedere«, das heißt »voranschreiten«.*
- *Der eleganteste Weg ist nicht immer mit dem direkten Weg identisch.*

Das folgende Konzept habe ich von meinem Mentor Stephen Covey übernommen.

Betrachte das Schaubild:

Auf dem Weg zwischen Dir bzw. dem Ist-Zustand (links unten) und Deinem Ziel/Soll-Zustand (rechts oben) liegen etliche Probleme, die auf einem Pfeil eingezeichnet werden.

Im Sinne des »Backwards engineering« (siehe Kapitel »Die Mount-Everest-Methode«, S. 233 f.) betrachtest und definierst Du zunächst das Ziel und skizzierst dann den Weg »rückwärts«: Was ist zu tun, welche gangbaren Schritte sind zu bewältigen, damit dieses Ziel schließlich erreicht wird?

Um zu wissen, wie der Prozess aussieht, entwirfst Du also einen Stufenplan aus 3–7 Stationen von »hinten« nach »vorne«, der nachher in umgekehrter Reihenfolge zu durchschreiten ist.

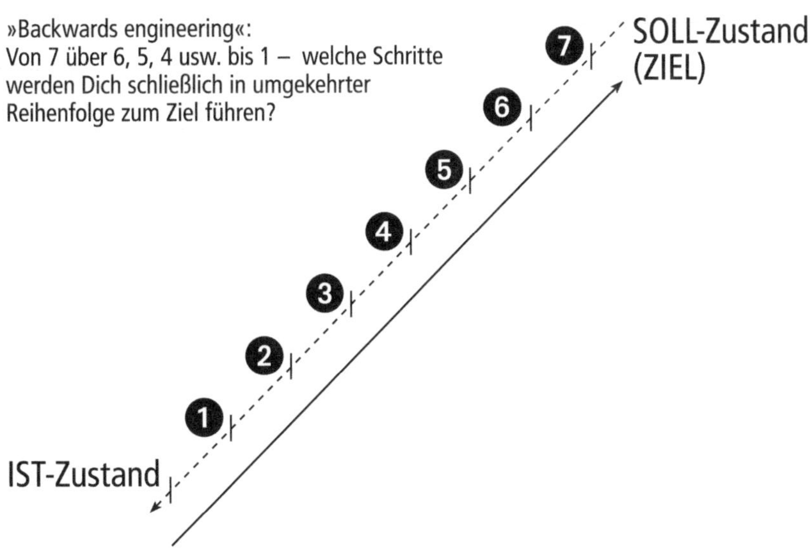

Beispiel:
Eine florierende Praxis führen

Vom Ziel ausgehend hin zum ersten Schritt (wobei das Folgende hier nur eine grobe Skizze einiger Stationen darstellt):

7. Möglichst viele Behandlungen/Beratungen durchführen und die Patienten/Klienten binden, bis sie wirklich gesund sind bzw. ihre Ziele erreicht haben, statt als Therapeut/Coach nur »Feuerwehr« zu spielen.
6. Jeweils einen strategischen, »Resultat-orientierten« Behandlungs- bzw. Beratungsplan anbieten.
5. Mit jedem Patienten/Klienten ein ausführliches Gespräch über seine wirklichen Ziele führen.
4. Sicherstellen, dass die einzelnen Patienten/Klienten auch wirklich kommen.
3. Jeweils einen Termin mit den Patienten/Klienten vereinbaren.
2. Dafür sorgen, dass die Patienten/Klienten überhaupt die Praxis bzw. das Angebot finden.
1. Für sich selbst klären, welche Stärken man hat, welche Zielgruppe man behandeln will usw.

Einer der Vorteile des anfänglich entworfenen Stufen-Behandlungsplans eines Patienten/Klienten ist auch, dass Du gegenüber diesem Kunden einen Schritt nach dem anderen darlegen und später als bewältigt abhaken kannst, um Fortschritte zu verdeutlichen.

»Ordnung« – auf Lateinisch: »ordo« – bedeutet »Reihenfolge«; das heißt: Ordnung entsteht, indem Du alles Nötige in eine sinnvolle Reihenfolge bringst; Du schaffst eine Struktur, aus der Klarheit erwächst.

Memo

Beispiel:
Das Verhältnis zu einem anderen Menschen verbessern

Angenommen, Du hast ein Problem mit einem anderen Menschen. Dann bedenke, dass Du Dein Gegenüber nicht so »hinbiegen« kannst, wie es Dir gefiele. Sobald Dir die Lösung klar ist – z.B. »Mit diesem Menschen (wieder) gut zurechtkommen« –, kannst Du nur selbst dieses **Lösungsbild beständig im Geist halten** und zugleich nach bestem Wissen und Gewissen sowie im Vertrauen auf die göttliche Hilfe **kleine, behutsame Schritte unternehmen,** die Dich früher oder später dieser Lösung entgegenführen.

Das heißt, Du gehst vom Lösungsbild aus (»Mit diesem Menschen wieder gut zurechtkommen«), dann schaust Du, was der letzte Schritt ist, der dazu führen würde (z.B. ein Treffen, bei dem Ihr Euch aussprecht und versöhnt), und überlegst Dir die Schritte, die davor nötig sind.

> *Welcher Schritt müsste diesem Schritt vorangehen?*
Möglich wäre: eine unwiderstehlich freundliche Einladung zu einem solchen Gespräch überbringen.

> *Welcher Schritt müsste wiederum diesem Schritt vorangehen?*
Du müsstest z.B. dieser anderen Person innerlich vergeben.

> *Und welcher Schritt müsste diesem Schritt vorangehen?*
Du müsstest dich innerlich in die Lage und Denkweise der anderen Person einfühlen, um zu verstehen, warum sie ebenfalls verletzt ist.

> *Welcher Schritt müsste diesem Schritt vorangehen?*
Du müsstest dich von deiner eigenen Verletztheit für eine Weile lösen usw.

So fährst Du mit Deinen Schritt-für-Schritt-Überlegungen fort, bis Du beim ersten Schritt angelangt bist.

Auf diese Weise kannst Du sehr große, ehrgeizige Ziele herunterbrechen in kleine, gangbare Schritte.

Beispiel aus meiner Coaching-Praxis: Einjähriger Auslandsaufenthalt ohne Hindernisse

Eine Klientin von mir hatte einen gut dotierten Job in einem großen Unternehmen, wollte aber mit ihrer Patchwork-Familie ein Jahr lang im Ausland leben. Sie hatte große Heilserwartungen an dieses Jahr im Ausland, allerdings gab es viele Unwägbarkeiten. Das größte (Schein-)Problem war: Der Exmann und Vater von zweien ihrer Kinder rastete aus, weil er dann die Kinder so lange nicht sehen würde. Weitere Probleme auf dem Weg lauteten allerdings: Die Söhne rebellierten, weil sie ihre Freunde nicht verlassen wollten; die Klientin sorgte sich, dass sie ihren Job verlieren könnte usw.

1. Schritt: Frage an die Frau: »Was wollen Sie überhaupt? Was ist Ihr tieferes Ziel?« Solange sie schwankt und zweifelt, werden ihr die anderen nicht folgen.
2. Schritt: Die Klärung muss auf den *jetzigen* Partner ausgedehnt werden: »Was wollen Sie beide haben?«
3. Schritt: Die Kinder sollen ins Boot geholt werden und Klarheit gewinnen.
4. Schritt: Sobald diese Schritte geklärt sind, wird auch der Vater der Kinder (Exmann) keinen großen Widerstand mehr leisten; dann kann für ihn ebenfalls eine Lösung gefunden werden.
5. Schritt: Nun kann die Klientin beruflich dafür sorgen, dass ihr die einjährige Abwesenheit nicht schadet.

Allein der zweite Schritt war hier so durchschlagend erfolgreich, dass die Kinder, die erst im nächsten Schritt an der Reihe gewesen wären, mittlerweile ungeduldig fragten, wann sie denn endlich starten würden.

•••

Im Hinblick auf die Arbeit mit Deinem Patienten/Klienten ist also herauszufinden: *Was ist sein größtes, drängendstes Problem?*

Wenn es Dir gelingt, dieses drängendste Problem besser in Worte zu fassen als der Patient/Klient selbst, und Dir klar ist, welches Ziel dahintersteckt, weißt Du auch, wie Du ihm helfen kannst, dieses Ziel zu erreichen. (Siehe »Die ›Interessenten werden Patienten‹-Erfolgsformel«, S. 165 ff.) Daraufhin schilderst Du ihm anhand einer Skizze, welche Schritte dabei (unter Deiner Anleitung) zu gehen sind.

5. Was wirst Du als Erstes tun?

- *Was ist der nächste logische Schritt nach der Erstellung des Stufenplans?*
- *Es gilt, durch eine Handlung dafür zu sorgen, dass der Prozess umgesetzt wird.*

Merke: Sobald Du die Schritte zur Lösung Deines Problems festgelegt hast, solltest Du sehr zügig – im Grunde *sofort* – etwas tun, um in die Umsetzung zu kommen. Nicht auf morgen verschieben! Ein winziger Anfangsschritt ist besser als gar keiner.

Setze die Schritte sehr zeitnah um

Das Gleiche gilt natürlich für Deinen Patienten/Klienten: Du gibst ihm gleich eine Hausaufgabe, damit er aus dem Sumpf herauskommt. Dadurch wird sich seine Schwingung verändern, sodass sein Energielevel ansteigt und ggf. weitere Ideen aufkommen können.

Und achte darauf, dass Du erreichbar bist, wenn Dein Patient/Klient den Motivationsschub hat, den Prozess zu starten.

To do

**** Was ist aktuell Dein drängendstes Problem?**

- Welche unterschiedlichen Stationen könnte der Lösungsweg haben? (Skizziere mindestens drei, aber höchstens sieben Stationen.)

**** Was ist das drängendste Problem Deines idealen Patienten/Klienten?**

- Welches Ziel steckt hinter diesem Problem?
- Welche Schritte sollte der Lösungsweg hin zum Ziel haben?
- Welche Hausaufgabe für den nächsten Schritt wirst Du diesem Patienten/Klienten geben?

**** Überlege Dir die Antwort auf diese Fragen jeweils auch für andere Patienten/Klienten, die Dir in Deiner Praxis besonders am Herzen liegen.**

Profi-Strategien – Teil 1

»Der Weg zum Erfolg besteht darin, massive, entschlossene Handlungen zu unternehmen.«

(Anthony Robbins)

PROFI-STRATEGIE

Die geeignete mentale Einstellung

Das Gesetz der Anziehung wird oft irrtümlich gelehrt und falsch verstanden. Viele Menschen sind durch das verkehrte Verständnis ausgebrannt, weil das, was von unreifen Propheten gelehrt (und von den »Schülern« u.U. teuer bezahlt) wurde, sie nicht zum Erfolg geführt hat. Es reicht nicht, nur auf eine bestimmte Art zu denken und zu visualisieren. Die erwünschte Veränderung muss das *Unterbewusstsein* durchdringen, und der Prozess muss darüber hinaus mit geeigneten *Handlungen* verknüpft werden – nichts geschieht von allein! Auch Koryphäen wie Bob Proctor, der an »The Secret« beteiligt war, *arbeiten* seit Jahrzehnten unaufhörlich an ihrer Persönlichkeit.

Alles hat seinen Ursprung im Geist: Zuerst ist eine Idee erforderlich, danach kann die Kreation erfolgen

Im ersten Vers des Johannes-Evangeliums heißt es: *»Im Anfang war das Wort, und das Wort war bei Gott, und Gott war das Wort.«* Alles, was jemals geschaffen wurde, hatte seinen Ursprung im *Geist*. Das gilt auch für alles, was Du in Deinem Leben bzw. als Heilpraktiker/-in oder Coach schaffst.

Bevor Du die Praxis aufbaust, die Du führen möchtest, musst Du zum einen an Deiner Persönlichkeit bzw. an Deiner mentalen Einstellung arbeiten und zum anderen die Praxis und Deinen Erfolg zunächst in Deinem *Geist* kreieren.

Eine wesentliche Frage: Welches Selbstbild hegst Du?

Vielleicht hast Du bereits mehr oder weniger umfassende Kenntnisse, welche *inneren* bzw. *mentalen* oder *geistigen* Veränderungen bei Dir nötig sind, um überhaupt Erfolg haben zu können. Du hast eventuell Bücher über Mental- und Bewusstseinstraining gelesen. Deshalb will ich den Informationsfluss, der sich im engeren Sinn um die Verbesserung Deiner Praxistätigkeit dreht, an dieser Stelle nicht unterbrechen, sondern biete Dir erst gegen Ende dieses Buches im Teil »Deine Persönlichkeit, Dein Charisma« und den zugehörigen Kapiteln eine Art »ausführlicher Zusammenfassung« all dessen, was für eine »Umprogrammierung« Deines Geistes wissenswert ist. Du kannst die Lektüre der betreffenden Seiten (S. 373 ff.) selbstverständlich auch jetzt gleich vorziehen und erst danach an dieser Stelle des Kapitels fortfahren.

•••

Wahrscheinlich wirst Du gegenüber den Schritten und Meilensteinen, die auf dem Weg zu Deiner Praxis zu meistern sind, einen Widerstand empfinden. Aber damit es zum nächsten Stadium vorangeht, sind mutige, vertrauensvolle Schritte nötig. Die Angst vor Veränderung bzw. vor dem Neuen kann Dir auch als Wegweiser dienen.

Manchmal sieht es viel, viel schwieriger aus, als man es sich vorgestellt hat. So ist die Natur unseres Lebens. Allerdings erfordert es eben Energie, Mut und Anstrengung, eine Dienstleistung von höchster Qualität aufzubauen.

Halte Dir stets Dein »Warum« vor Augen

Jeder, der etwas Neues aufbaut, nimmt ein Risiko wahr, vielleicht auch Unbehagen und Angst: Neue Lebensstadien beginnen, wenn ein Teenager zum ersten Mal für längere Zeit sein Zuhause verlässt, wenn ein Paar frisch zusammenlebt, wenn Eltern ein Neugeborenes haben usw.; man weiß nicht mehr genau, wie infolge der Veränderungen zukünftig die eigenen Bedürfnisse erfüllt werden – das erweckt Angst. Auch die Eröffnung oder grundlegende Umgestaltung einer Heil- oder Beratungspraxis kann die Nerven strapazieren.

Sooft wir Neuland betreten, werden wir zögerlich, verkrampft und zurückhaltend. Wenn die Verkrampfung zunimmt, beschädigt das unser (Gott-)Vertrauen, und unser Geist wird abgelenkt, sodass wir uns nur noch auf die Risiken und Herausforderungen konzentrieren.

Es liegt in der Natur des Menschen, durch beängstigendes Neuland schneller hindurchzufahren. Doch das Gegenteil ist gefragt: Passe Deine Geschwindigkeit der Sichtweise an und fahre bei Nebel langsamer.

Beim Betreten von unbekanntem Territorium halte Dich an Deine eigenen Referenzpunkte: an Dein »Warum«, an Deinen starken Glauben an Dich selbst, an Deine Erfahrungen, die Deinen Glauben immer wieder bestätigen, so wie die Beine eines Tischs die Tischplatte unterstützen. Alle gut funktionierenden Dinge in Deiner Praxis solltest Du als Referenzpunkte nehmen, um Dir selbst die Bestätigung zu geben.

Erkunde regelmäßig Dein »Warum«. Siehe auch den folgenden Abschnitt sowie das Unterkapitel »Sechs Komponenten, um ein Held/eine Heldin zu werden«, Punkt 5: »Dein ›Warum‹«, S. 448 ff.

Dein »Warum«

Warum wolltest Du Heilpraktiker/-in, Therapeut/-in oder Coach werden?
Welche Antworten treffen auf Dich zu?

Du wolltest ...

- Freiheit haben
- (viel) Geld verdienen
- eine Lebenskrise meistern
- eine Alternative zur Schulmedizin, mit der Du unzufrieden bist
- Berühmtheit erlangen
- Deine Lebensumstände verbessern
- Anerkennung bekommen
- von alldem ein bisschen
- vor allem Menschen dienen und ihnen das geben, was sie im tiefsten Inneren wollen: Heilung
- ....
- ....
- ....

Es ist sehr wesentlich, dass Du Dich immer wieder fragst:
»Was will ich wirklich?«
Du trägst so viele »Hüte« auf einmal: Du bist Unternehmer/-in, Heiler/-in, Coach, Buchhalter/-in, Werbetexter/-in, Putzkraft usw. Bekommst Du entsprechend viel Anerkennung? Oder hast Du mittlerweile resigniert?

Um aus einem reaktiven in einen proaktiven Zustand zu kommen, musst Du Dir immer wieder die Frage stellen:
»Warum mache ich das eigentlich? Was ist mein tiefstes ›Warum‹?
Was will ich wirklich?«
Die Antwort wird Dich inspirieren und Dich dazu bewegen, trotz Ängsten und Zweifeln wieder aufzustehen.

PROFI-STRATEGIE

Glasklare Absichten

Warum solltest Du klare Absichten haben?

Verschaffe Dir Klarheit, sowohl im Geist als auch in Deinem persönlichen Umfeld

1. Du brauchst ein Ziel, um Dich als Persönlichkeit zu entwickeln – ein wichtiger Grund, warum Du hier auf der Erde bist. Es geht darum, auf dem Weg zu diesem Ziel der Mensch zu werden, der Du sein musst, um es zu erreichen.

2. Klare Absichten helfen Dir, Deinen Patienten oder Klienten verständlich zu machen, wie Du ihnen helfen kannst.

Das Fehlen klarer Absichten wird zu einem riesigen Erfolgssaboteur. Unklare Absichten halten Dich davon zurück, Deine Träume zu leben; sie sind die Quelle von Energieverlust und Verwirrung. Unklare Absichten verwischen Deine Marke, die doch eine klare Botschaft herüberbringen soll.

Entscheidungshilfe – eine Übung nach Virginia Satir

Stell Dir vor, um Deinen Hals hinge eine Kette mit einem kostbaren zweiseitigen Medaillon. Auf der einen Seite steht: *»Das, worum du mich bittest, will ich dir gerne geben. Deshalb ist meine Antwort: JA.«*
Der Text auf der Rückseite lautet: *»Das, worum du mich bittest, will ich dir im Moment nicht geben. Deshalb ist meine Antwort: NEIN.«*
Das Medaillon hat die magische Fähigkeit, sich immer so zu drehen, wie es der aktuellen Situation angemessen ist. Bei jeder Entscheidung brauchst Du mit Deinem geistigen Auge nur auf Dein Medaillon hinabzublicken und die Antwort abzulesen.

Meine Mutter arbeitete als Übersetzerin und Dolmetscherin, später als Waldorflehrerin, außerdem in Genf als Deutsch- und Englischlehrerin für Leute, die eine Business-Ausbildung absolvierten. Andererseits war meine Mutter eine sehr gute Astrologin; sie hatte das Metier von ihrer Tante gelernt: Die Menschen schickten ihre Geburtsdaten sowie eine Handschriftenprobe; meine Mutter rechnete »von Hand« das Horoskop aus und erfasste die Persönlichkeit ihrer Klienten auf 5–10 Seiten so gut, dass diese Menschen völlig verblüfft waren.

Ich bin also Astrologe in dritter Generation. Im Wintersemester 1993 fing ich in Freiburg zu studieren an: Geschichte und Anglistik, später auch Germanistik. Doch ich verlor zunehmend den Spaß daran. Am Freiburger Institut für die Grenzgebiete der Psychologie und Psychohygiene, wo es so gut wie jedes Buch gab, das jemals über Astrologie veröffentlicht wurde, verfiel ich sozusagen der Astrologie, anstatt über Sprachen und Geschichte zu forschen. Mit 25 gab ich die ersten Beratungssitzungen.

Als ich in jüngerer Zeit meine ersten Flyer von damals begutachtete, sträubten sich mir die Haare, denn sie waren absolut nicht authentisch. Ich fragte mich: »Warum komme ich in den Flyern nicht herüber?« Die Erkenntnis war schmerzhaft: Ich hatte nicht für die Klienten geschrieben, sondern wollte meiner Mutter gefallen; ich hatte so geschrieben, als bräuchte ich ihren Segen und ihre Anerkennung.

Auch meine späteren Flyer als Paar- und Familientherapeut geben mir aus heutiger Sicht Anlass für Entsetzen: Ich erwähnte z.B. mit keiner Silbe meine Fähigkeit, astrologische Analysen zu machen. Stattdessen war ich eher darauf aus, meine Lehrer stolz zu machen: Ich verwandte ihre Sprache und verschwand dahinter.

Schiele nicht auf die Anerkennung vonseiten irgendwelcher Autoritäten, sondern sei *Du selbst,* sei authentisch

Wir sollten Mut wagen und uns glasklar zum Ausdruck bringen, anstatt uns zu verbergen! Trau Dich, authentisch zu sein und Dich authentisch auszudrücken – ohne die Absicht, irgendwelchen Autoritätspersonen gefallen zu wollen.

Sonst geht es Dir wie mir. Ich hatte zwei gegensätzliche Absichten: Zwar wollte ich die Welt mit meiner Praxis verändern und war stolz darauf, innerhalb von zwei Stunden mehr über eine Person aussagen zu können als die meisten Psychotherapeuten nach 15 Stunden Kontakt mit dem Klienten; ich war stolz darauf, »zaubern« zu können und in Trance mit dem Klienten in Beziehung zu sein. Doch im Gegensatz zu meiner Mutter, die die Horoskope schriftlich fixierte, war mir das zu mühsam (wofür ich mich ziemlich schämte); ich wollte die Bedeutung des Horoskops in der persönlichen Beziehung mit dem Klienten entwickeln und ihm schließlich eine Aufzeichnung der Sitzung mitgeben.

Es dauerte mehr als drei Jahre, bis ich besser dazu stehen konnte. Und noch länger dauerte es, meinen Konflikt aufzulösen zwischen meiner Herangehensweise und dem Wunsch, meiner Mutter zu gefallen. Ihre Anerkennung blieb mir übrigens bis zuletzt versagt.

Bei meiner Heilpraxis dauerte es 5–6 Jahre, bis ich mich traute, ein Schild aufzuhängen, auf dem ich mich als Astrologe outete.

Eine weitere widersprüchliche Absicht bildete in meinem Denken die Honorarfrage: Während meine Mutter wenig für die Horoskope verlangte, weil sie der Ansicht war, mit ihrer geschenkten Gabe kein Geld verdienen zu dürfen, waren meine Einnahmen als Astrologe relativ hoch, weil ich meine Arbeit für wertvoll erachtete. Doch wie gewonnen, so zerronnen: Ich ging oft in die Stadt und gab das Geld aus, weil ich ja den Konflikt in mir trug, es gemäß den Maßstäben meiner Mutter nicht verdient zu haben.

Findest Du Dich darin wieder? Wo bist Du nicht vollkommen authentisch? Wo hegst Du widersprüchliche Absichten? Solange zwei Absichten in Dir wohnen, beherbergst Du einen Erfolgssaboteur.

Prüfe, inwiefern Du wie Goethes Faust sagen musst: »Zwei Seelen wohnen, ach!, in meiner Brust ...«

• • • To do • • •

* **Forsche nach, ob die Probleme in Deiner Praxis möglicherweise von widersprüchlichen Absichten herrühren. Inwiefern begrenzt Du Dich selbst, sodass Du nicht Dein volles Potenzial leben kannst?**

• • •

Es gibt viele konkrete Ängste; sie sind nicht irrational, sondern beruhen auf Erfahrungen. Es erfordert Mut, etwas anders zu machen als die anderen. Die Angst vor Ausgrenzung ist nach wie vor groß; früher war es eine schlimme Strafe, von der Gemeinschaft ausgestoßen zu werden. Viele mutige Pioniere der alternativen Medizin wurden (und werden noch immer) vom Establishment verspottet, verfolgt, verleumdet, beruflich kaltgestellt.

Habe die Courage, Dein »Licht« zu zeigen

Solange Du nicht aus Deiner jetzigen Rolle ausbrichst, hast du widersprüchliche Absichten, denn der/die erfolgreiche Heilpraktiker/-in bzw. Coach steht in krassem Kontrast zu Deiner bisherigen Rolle. Willst Du Deinen Traum wirklich aufgeben, »nur« um nicht verachtet zu werden? Jesus Christus sagte, wir sollen unser Licht nicht unter den Scheffel stellen (Matthäus 5,15) – sonst erstickt es und verlischt. Der Mut wird Dich dagegen zum Leuchtturm, zu einem Licht in der Welt machen.

Setze glasklare Absichten für Dich selbst, ohne jegliche Widersprüche, als würdest Du sie in Granit meißeln. Das wird Deine Handlungsmaxime. Deine Wirklichkeit wird jederzeit durch Deine Absichten geschaffen.

To do

**** Mehr Mut wagen**

1. Schreibe einige eher *harmlose* Situationen auf, in denen Du mutiger sein könntest.

2. Schreibe einige *anspruchsvollere* Situationen auf, in denen Du mutiger sein könntest.

3. Notiere einige Situationen, in denen Du *über Dich selbst hinauswachsen* und allen Mut zusammennehmen müsstest, den es bräuchte, um wirklich authentisch zu sein.

**** Der 3-Stufen-Prozess für klare Absichten**

- **Stufe eins:**
  Identifiziere drei Deiner wichtigsten Absichten hinsichtlich Deiner Praxis.
  (Beispiel: »Ich habe die klare Absicht, mindestens 20 Behandlungen/Beratungen pro Woche zu geben.«)

- **Stufe zwei:**
  Identifiziere möglichst viele widersprüchliche Absichten, die mit den Absichten unter Stufe eins im Konflikt stehen. Wahrscheinlich stecken dahinter mehr oder weniger bewusste Ängste.
  (Beispiele: »Wenn ich eine Warteliste habe, kann ich nicht mehr kurzfristig Patienten helfen, die dringend Hilfe brauchen.« Oder: »Ich darf kein besserer Astrologe sein als meine Mutter. Und ich darf meine Lehrer nicht übertreffen.« Oder: »Sogenannte austherapierte Fälle bedeuten eine riesige Verantwortung. Manche vermuten dahinter eine Abzocke durch die HPs; man wird angreifbar vonseiten der Schulmedizin.«)

- **Stufe drei:**
  Welche Ängste stecken hinter den widersprüchlichen Absichten der Stufe zwei?
  Tipp: Du kannst für sämtliche widersprüchliche Absichten nachspüren, welche Ängste jeweils dahinter verborgen sind.
  (Beispiel: »Es wäre eine Erleichterung für mich und könnte mich weiterbringen, eine Kooperation einzugehen, aber ich habe Angst, sie womöglich wieder lösen zu müssen – also verzichte ich lieber darauf.«)

PROFI-STRATEGIE

Konzentration auf die Stärken

Wir wollen in unserem heilenden und helfenden Beruf unser Bestmögliches geben; wir wollen in der Welt eine positive Spur hinterlassen; wir wollen ein Leuchtturm in der Brandung sein, der zuverlässige Orientierung bietet für die Schiffe, die unterwegs sind. Als Heilpraktiker/-in oder Coach bist Du so ein Leuchtturm, ob Du es weißt oder nicht: Du vertrittst kompromisslose Gesundheit und optimistische Lebenstüchtigkeit und stehst dafür ein, dass ein Mensch nicht nur finanziell, sondern auch ideell in seine Gesundheit bzw. in sein persönliches Wohlbefinden investieren muss, wenn er sich nicht mehr als Opfer fühlen will. Du möchtest das Leben anderer positiv verändern.

Damit Du würdig bist, dieses berufliche Privileg zu haben, musst Du die Grundlage dafür schaffen: eine Praxis aufbauen, die den Heilung- und Ratsuchenden nur jeden möglichen Vorteil geben kann, damit sie im Tiefsten ihres Seins und Wesens Heilung finden. Dabei konkurrieren wir mit Kräften in der Welt, die nicht für Heilung stehen, sondern eher darauf aus sind, kurzfristige Lösungen zu schaffen und vorübergehende Befriedigung zuwege zu bringen statt nachhaltige.

Betrachte Dich als eine Quelle der Energie, der Kreativität, die in Deiner Praxis zum Einsatz gelangen. In kleinen, aufeinander aufbauenden Schritten bilden wir eine Brücke von dem »Ort«, an dem Du gerade stehst und was Du zu tun liebst, zu dem Ort, an dem Deine perfekten Patienten oder Klienten sind, damit Du ihnen genau die Hilfe geben kannst, die sie brauchen, um ihr Leben auf glücklichere Weise zu führen. So wirst Du in der Lage sein, das Leben vieler, vieler Menschen positiv zu berühren. Unsere Welt braucht heute Heilung mehr als alles andere.

Deine Stärken sind in diesem Zusammenhang von großer Bedeutung. Wir sind alle mit mehr Gehirnzellen geboren worden, als wir eigentlich brauchen, und haben seitdem wieder Gehirnzellen verloren, sonst würde uns die Welt überfordern. Je älter Du wirst, desto mehr wirst Du zu jemandem, der Handlungen auch automatisch ausführen kann. Dein Gehirn ist sozusagen »stromlinienförmig«, Du hast bestimmte neuronale Verknüpfungen gebildet. Bei Tätigkeiten, die Du gut handhabst, sind die Verknüpfungen stärker als bei anderen, die Dir weniger geläufig sind: In Deinem Nervensystem gibt es – metaphorisch gesprochen – Hochgeschwindigkeitskabel oder Superautobahnen, aber auch hauchfeine Drähtchen oder schmale Schleichpfade.

Unser Schulsystem konditioniert uns, dass niemand »nur« an einer bestimmten Stelle begabt sein sollte, sondern wir die Energie gleichmäßig auf verschiedene Fachbereiche verteilen bzw. unsere Schwächen möglichst eliminieren sollen. So entsteht eine durchschnittliche Welt ... Konzentriere *Du* Dich stattdessen darauf, Deine Stärken zu leben!

Kultiviere Deine Stärken und diene auf diese Weise einer »mittelmäßigen« Welt

Beachte, dass »Stärken« beileibe nicht dasselbe sind wie »Interessen«. Was Dich leidenschaftlich interessiert, ist nicht unbedingt identisch mit Deinen Stärken. Viele von uns haben Scheuklappen hinsichtlich ihrer Stärken; andere erkennen unsere Stärken u.U. besser als wir selbst. Vielleicht fühlen wir uns sogar von den Dingen, in denen wir stark sind, gelangweilt?

Beachte, dass Deine Stärken nicht mit Deinen Interessen identisch sein müssen

Und merke: Deine Praxis ist nicht immer der Ort, an dem Du Interessen verwirklichen kannst – obwohl es wünschenswert ist, dass Du Dich weiterbildest und etwas tust, das Dich interessiert. Aber damit Du eine naturheilkundliche oder beratende Praxis sehr erfolgreich führen kannst, müssen alle Wahrscheinlichkeiten von Anfang an so aufgebaut werden, dass sie zu Deinen Gunsten gestellt sind; das Hinderliche muss minimiert und das Förderliche maximiert werden. Deshalb musst Du Dich auf Deine Stärken fokussieren, selbst wenn Dir das eine oder andere langweilig vorkommen sollte.

To do

Entdecke Deine verborgenen Schätze

Diese verborgenen Schätze in Dir können Dir Erfolg, Anerkennung, Glück, Erfüllung, eine Praxis voller zufriedener Patienten/Klienten und Geld bringen. Gehe mithilfe der folgenden Fragen auf Schatzsuche:

- Was sind Deine besonderen Talente, die Du schon seit Deiner Kindheit besonders gerne magst?
- Wofür bekommst Du immer wieder Komplimente?
- Welche Qualitäten machen Dich so einzigartig, dass sich Menschen daran erinnern? Zähle möglichst viele auf.
- Was tust Du in Deinem Privatleben mit Vorliebe? Was könntest Du den ganzen Tag mit Liebe und Hingabe tun?
- Wenn Du nach Deiner Arbeit gefragt wirst – wovon kannst Du immer erzählen, ohne dass es Dich ermüdet?
- Extra-Aufgabe: Sammle Feedback von außen. Frage Menschen, mit denen Du Dich besonders gut verstehst und bei denen Du Dich sicher fühlst: »Was schätzt du eigentlich an mir?« Du sollst Dich ein wenig aus dem Fenster lehnen und ein (kalkuliertes) Risiko eingehen; wisse jedoch, dass Du bei dieser Übung u. U. gekränkt werden könntest. Entdecke dabei den Wert der »Perlen«, mit denen Du spielst. Verliere Deine Unbewusstheit hinsichtlich Deiner eigenen Schätze.

Nur wenn Du wirklich bedeutungsvolle Werte schaffst und eigene Wertschöpfung hineinbringst, ist Dein Angebot solide und integer.

Schaffe einen echten Wert für Deine Kunden, indem Du alle Deine starken Qualitäten einbringst, die Du zu bieten hast

Fokussiere Dich auf Wert, also auch auf Dienst! Wenn Du als strategisch denkende/r Heilpraktiker/-in oder Coach den Menschen einen wirklichen Wert gibst, nutzt Du Dein eigenes Gehirn, Dein eigenes Herz, Deine Worte, Deine Kommunikation auf einer menschlichen Ebene. Das ist die Quelle des Wertes, den Du für Menschen schaffst.

»Versuche nicht,
ein Mensch des Erfolgs zu werden,
sondern versuche vielmehr,
ein Mensch von Wert zu werden.«

(Albert Einstein)

Du musst verstehen, wer Du wirklich bist! Was ist das Wertvollste, was (ausgerechnet) *Du* Deinen Patienten/Klienten anbieten kannst? Indem Du dieses Bewusstsein in Dir entdeckst, findest Du heraus, womit Du Deinen Patienten/Klienten dienen kannst.

Was ist das Wertvollste, was (ausgerechnet) Du Deinen Kunden darbringen kannst?

Mein Mentor Brian Tracy ist beseelt von dem Gedanken, Wert zu schaffen. Er hat mir beigebracht: **Konzentriere Dich auf Deine Stärken!** Für Deine Schwächen kannst Du eine Lösung finden, aber konzentriere Dich auf Deine Kernkompetenzen!

- Wie kannst Du Deinen Patienten/Klienten noch wertvoller dienen?
- Wie kannst Du Deine Praxis so aufbauen, dass es um Wert geht, um Dienst?
- Wie kannst Du den größten Wert Deiner Praxis einsetzen, nämlich Deine Stärken?

Wert schaffen hat nichts damit zu tun, zu »rackern«. Nicht das Ausmaß der Anstrengung schafft den Wert, sondern der Nutzen für andere.

Du fragst jetzt vielleicht: »Wie kann ich einen Wert schaffen, wenn ich gerade erst anfange? Bin ich gut genug – auch im Vergleich mit anderen Kollegen?«

Die Wahrheit ist: Du bist genau dort richtig, wo Du jetzt stehst!

Höchstwahrscheinlich ist das, was Du selbst am wenigsten als »besonders« wertschätzt, eine Qualität, die den größten Wert hat. Ich nenne das den »Andersen-Effekt«: Hans-Christian Andersen schätzte seine Märchen überhaupt nicht; er wollte als Romancier und Opernlibrettist in die Geschichte eingehen. Aber wie ist es heute? Gerade seine Märchen werden nach wie vor gelesen, erzählt, verfilmt und im Theater gespielt.

To do

Trittsteine zu Deinen Praxis-Stärken

** **Nimm unbedingt Deinen »Zauberstab« (einen Bleistift, Füller, Kugelschreiber) und schreibe Deine Antworten, Deine Trittsteine auf, um Deine Praxis passgenau auf Dich abzustimmen. Nimm Dir für die Ermittlung der Trittsteine (Fragenkomplexe 1–5, S. 86–90) gerne jeweils ½–1 Stunde an verschiedenen Tagen.**

1. Was kannst Du gut?

- Notiere 30 Dinge (aus allen Lebensbereichen), die Du gut kannst.
- Wähle daraus Deine Top 5.
- Von diesen 5 Stärken: Wie (und wo) hast Du diese Stärken bisher eingesetzt?
- Bei welchen Stärken hast Du vielleicht gezögert, sie einzubringen?
- Wie könntest Du diese 5 Top-Stärken anwenden, um den Wert Deiner Behandlung bzw. Beratung zu steigern?

2. Welche Erfahrungen bringst Du mit?

- Notiere 20 Deiner Vorerfahrungen, z.B. Deinen bisherigen beruflichen Hintergrund, Aus- und Weiterbildungen, familiäre Erfahrungen.
- Hast Du Dich bisher gescheut, diese Erfahrungen in Deiner Praxis zu nutzen?
- Wie könntest Du Deine Erfahrungen fruchtbar einbringen?
- Wie (und wo) hast Du diese Erfahrungen bisher schon eingesetzt?
- Wie könntest Du diese Erfahrungen so einbringen, dass sie für Deine Patienten/Klienten interessant sind?

Beispiele:

Weil Du Deine Tätigkeit als Bankkauffrau zunehmend schrecklich fandest, willst Du nichts mehr damit zu tun haben. Aber bedenke, es könnte eine Ressource darin verborgen sein, die Du gut für Deine Praxis brauchen kannst!
Es kann sinnvoll sein, die Verbindungen weiterzupflegen, die Du in Deinem vorigen Beruf hattest.

Ich komme aus einer dysfunktionalen Familie, beide Elternteile haben mehrere gescheiterte Beziehungen hinter sich. Und ich wurde Paar- und Familientherapeut, habe also meine schwierigen familiären Erfahrungen zur Ressource gemacht.

Memo

3. Über welche »Menschen-Erfahrungen« verfügst Du?

- Kennst Du Menschen aus bestimmten Bereichen und/oder hast Du schon einmal mit ihnen zusammengearbeitet:
  - Menschen aus bestimmten Berufen/Branchen?
  - Menschen aus verschiedenen Weltanschauungen, Vereinen, Glaubensrichtungen etc.?
  - Führungskräfte, Selbstständige, Beamte etc.?

Beispiele:

In meiner Jugend fand ich es peinlich und beschämend, mit meiner Mutter durch den Schlosspark von Karlsruhe zu gehen, wo sie jederzeit stehen bleiben und einen Baum umarmen konnte. Ich wuchs in einem Haushalt auf, in dem »konspirative« Treffen für Pershing-II-Raketen-Blockaden und Friedensdemonstrationen stattfanden. Meine Mutter war in zweiter Generation eine Astrologin; ich bin mit Spiritualität aufgewachsen. Früher hätte ich davor weglaufen können. Heute denke ich: Was für ein Geschenk habe ich da mitbekommen!

Vielleicht warst Du einmal selbst eine Führungskraft und weißt deshalb ziemlich gut, wie solche Leute ticken, sodass Du der/die ideale Heilpraktiker/-in oder Coach für sie wärst.

- Bedenke: Falls Du tatsächlich Erfahrungen mit solchen Menschen gemacht hast, verfügst Du über besondere »Insider«-Kenntnisse!
  - Wie (und wo) hast Du diese »Insider«-Kenntnisse bereits eingesetzt?
  - Hast Du Dich bisher vielleicht gescheut, diese »Insider«-Kenntnisse in Deiner Praxis nutzbar zu machen?

- Wie könntest Du sie fruchtbringend anwenden?
- Wie könntest Du sie so einbringen, dass sie für Deine Kunden interessant sind? (Stichwort: Wert schaffen!)

- Trau Dich, Du selbst zu sein und alle Deine Ressourcen in Deinem Leben einzubringen!

4. Welche Handlungen machst Du gern (oder ungern), welche Fähigkeiten bringst Du ein: Hobbys, Beziehungen, Arbeit, Gesundheit, Sprachkenntnisse, Kommunikation usw.?

- Welche Fähigkeiten hast Du entwickelt? Schreibe alles auf, was Dir dazu einfällt, auch wenn Du denkst, es sei unwichtig oder es sei nicht besonders.

- Alles, was Du kannst, ist für Dich selbstverständlich, so als wäre es »gar nichts«, und Du kannst Dir kaum vorstellen, dass jemand anderes, für den das nicht selbstverständlich ist, gerade diese Fähigkeit bewundert.

Beispiele:

- *Hast Du eine besonders stark ausgeprägte Intuition?*
- *Machst Du manuelle Therapie – und Du spürst genau, an welche Stellen Du Deine Hände hinbewegen musst?*
- *Weißt Du in einer Gesprächstherapie zur richtigen Zeit am richtigen Ort das Richtige zu sagen?*
- *Hast Du eine besondere Gabe, zuzuhören?*

5. Welche Probleme löst Du gerne?

- Für welche Probleme findest Du leicht eine Lösung?
- Bei welchen Problemen fühlst Du Dich unsicher?
- Mit welchen Problemen magst Du Dich überhaupt nicht befassen?

Beispiele:

- *Vielleicht siehst Du jemanden mit einem verspannten Rücken und würdest ihn mal total gern »in die Mangel nehmen«.*
- *Oder: Wenn ich eine Naturheilpraxis anschaue, juckt es mich richtig in den Fingern, hier und da Tipps für eine intelligente Praxisführung zu geben.*

• • •

Du brauchst Wege, wie Du Deine Zeit auf das verwendest, was Du richtig gut kannst. (Beachte dabei das Pareto-Prinzip im Kapitel »Die 80-zu-20-Regel«, 92 ff.) Tue nur noch etwas, das von Wert ist und Wert schafft! Es gibt Tätigkeiten, die Du besser kannst als 90 Prozent der Bevölkerung, und auf diese Stärken solltest Du Dich konzentrieren.

Baue Deine Praxis um Deine Stärken herum auf, nicht um Deine Schwächen. Dann wirst Du Dich wohlfühlen und Deine Patienten/Klienten überzeugen.

Jay Abraham – Geschäftsführer, Konferenzredner, Autor, im Jahr 2000 von »Forbes« als einer der fünf führenden Trainer in den USA gelistet – sagte: *Menschen, die erfolglos bleiben, konzentrieren sich auf ihre Schwächen, um aus »schlecht« ein »na ja« zu machen. Erfolgreiche Men-*

schen konzentrieren sich dagegen auf ihre Stärken, damit »sehr gut« zu »exzellent« wird, und so erreichen sie unglaubliche, absolut außergewöhnliche Ergebnisse und verdienen damit jede Menge Geld.

Und bedenke: Ein Karatemeister ist kein Meister, weil er 4000 unterschiedliche Schläge und Tritte beherrscht, sondern weil er eine Handvoll Schläge und Tritte 4000-mal trainiert hat.

Also vervollkommne Deine Stärken!

To do

** **Nimm ein Blatt Papier und schreibe auf:**

»Ab sofort konzentriere ich mich auf meine Stärken, und diese sind …«

- Liste unter diesem Selbstverpflichtungssatz jene fünf Stärken auf, die Dir am wichtigsten sind.
- Konzentriere Dich von jetzt an auf diese Stärken und baue sie weiter aus.
- Hänge den Zettel als Memo auf – an einer Stelle, auf die mehrmals am Tag Dein Blick fällt.

PROFI-STRATEGIE

Die 80-zu-20-Regel

Die Erbsen in Paretos Garten – 80:20 und die Beseitigung des Überflüssigen

Im Jahr 2002 hat die Erkenntnis eines gerissenen und umstrittenen italienischen Ökonomen und Soziologen mein Leben für immer verändert: Das bahnbrechende Werk »Economia politica e società« von Vilfredo Pareto (1848–1923) enthielt ein zu seiner Zeit wenig beachtetes Gesetz der Einkommensverteilung, das später nach ihm benannt wurde: »Pareto-Gesetz« oder »Pareto-Verteilung« – im letzten Jahrzehnt auch zunehmend als das »80-zu-20-Prinzip« bezeichnet (es wird allerdings manchmal auch »90-zu-10-Prinzip« genannt).

Pareto zeigte, dass der Wohlstand einer Gesellschaft extrem ungleich, wenn auch innerhalb der Gruppen sehr regelmäßig verteilt ist: 80 Prozent des Reichtums und des Einkommens sind im Besitz von 20 Prozent der Bevölkerung.

Wohlstand ist, wenn kleine Anstrengungen
große Ergebnisse bewirken.
Armut ist, wenn große Anstrengungen
kleine Ergebnisse bewirken.

(Georg David)

Die gleiche mathematische Formel lässt sich auch außerhalb der Ökonomie anwenden; tatsächlich ist diese Verteilung fast überall anzutreffen. So wurden zum Beispiel 80 Prozent der Erbsen in Paretos Garten von

20 Prozent der Pflanzen hervorgebracht, die er dort gesetzt hatte. Schau in Deinen Kleiderschrank: Du wirst ungefähr 20 Prozent Deiner Kleidung zu 80 Prozent der Zeit tragen.

Paretos Gesetz lässt sich auch folgendermaßen abstrahieren: 20 Prozent des Inputs, d.h. des Einsatzes bzw. Gesamtaufwands, sorgen für 80 Prozent des gesamten Outputs, also der Ergebnisse.

Als der Unternehmer und Autor Timothy Ferriss eines späten Abends über Paretos Arbeit stolperte, schuftete er noch 15 Stunden täglich, 7 Tage in der Woche und fühlte sich hilflos und total überfordert. Vor die Alternative gestellt, einen Burn-out zu erleiden oder Paretos Ideen auszuprobieren, entschied er sich für Letzteres. Am nächsten Morgen betrachtete er sein Geschäft und sein Leben im Licht dieser beiden Fragen:

- Welche 20 Prozent aller Kunden oder Vorkommnisse verursachten 80 Prozent seiner Probleme und seines Kummers?

- Und welche 20 Prozent aller Maßnahmen sorgten für 80 Prozent der erwünschten Ergebnisse – und somit für ein Glücksgefühl?

Einen ganzen Tag lang ignorierte er alle anderen, scheinbar so dringenden Dinge und analysierte seine Situation so umfassend und leidenschaftslos, wie er konnte. Er stellte alles auf den Prüfstand: von seinen Freunden über seine Kunden bis hin zu seinen Freizeitaktivitäten. In den folgenden 24 Stunden traf er eine Reihe von simplen, aber zum Teil emotional schmerzhaften Entscheidungen, die sein Leben für immer veränderten und ihn in die Lage versetzten, den Lebensstil zu genießen, den er heute pflegt.

Schon die erste seiner Entscheidungen ist ein großartiges Beispiel dafür, wie dramatisch und schnell eine solche Radikalkur Rendite abwirft: Er hörte auf, 95 Prozent seiner Kunden zu kontaktieren, und warf weitere 2 Prozent aus seinem Verteiler. Damit blieben noch die restlichen 3 Prozent: die Top-Kunden, an deren Profil er sich bei der Neuakquise orientieren konnte. Von seinen mehr als 120 Großhandelskunden sorgten gerade einmal fünf für 95 Prozent des Umsatzes. Da die erwähnten fünf regelmäßig bestellten, ohne dass er ihnen nachtelefonieren, sie überzeugen oder beschwatzen musste, hatte er demnach 98 Prozent seiner Zeit damit zugebracht, den restlichen Kunden hinterherzujagen.

In den folgenden Wochen wandte er das 80-zu-20-Prinzip auf Dutzende von weiteren Bereichen an. Darunter zum Beispiel Werbung: Er forschte nach, welche Werbemaßnahmen 80 Prozent oder mehr aller Bestellungen generierten, bestimmte ihre Gemeinsamkeiten, verstärkte die erfolgreichen und ließ den ganzen Rest bleiben. Seine Werbekosten reduzierten sich um mehr als 70 Prozent, wohingegen sein Umsatz um 66 Prozent bzw. seine Einnahmen aus Direktverkäufen innerhalb von acht Wochen von 15.000 auf 25.000 Dollar anstiegen.

Mehr als 250 internetbasierten Vertriebslösungen, die wenig abwarfen, kündigte er die Zusammenarbeit. Stattdessen konzentrierte er sich auf die zwei Vertriebspartner, die für 90 Prozent seines Einkommens verantwortlich waren. Sein Managementaufwand in diesem Bereich sank von 5–10 Stunden pro Woche auf 1 Stunde pro Monat. Das über seine Online-Partner erzielte Einkommen erhöhte sich im gleichen Zeitraum um mehr als 50 Prozent.

•••

Obwohl Deine Praxistätigkeit nicht mit dem Metier von Ferriss vergleichbar ist – tritt auf die Bremse und denke daran: Die meisten Aufgaben, die Du erledigst, bringen nichts!

Welche 20 Prozent Deiner Kunden verursachen relativ wenig Energieaufwand und lassen Dich trotzdem 80 Prozent Deiner Resultate erfahren (auch im Hinblick auf Dein Einkommen)?

Auf Deine Praxis bezogen besagt die Pareto-Regel also: 20 Prozent Deiner Patienten/Klienten machen 80 Prozent Deines Umsatzes aus; die anderen 80 Prozent Kunden machen 20 Prozent Deines Umsatzes aus. 20 Prozent Deiner Kunden verursachen 80 Prozent Deines Aufwandes, und das sind nicht unbedingt jene, die die meisten Resultate bringen, sondern die eher schwierig sind und Dich zur Verzweiflung bringen: Erwäge, diese Leute freundlich woandershin zu empfehlen … (siehe »VIP-Liste mit ›Crème de la Crème‹-Patienten und -Klienten«, S. 136 ff.).

Geschäftig sein ist eine Art Faulheit – Faulheit des Denkens –, und daraus resultiert blinder Aktionismus. Es ist wirklich sehr leicht, sich mit endlosen Details zu verzetteln.

Hör auf, wahllos Dinge zu tun, um etwas zu tun. Mag sein, dass Du etliches ausprobieren musst, um herauszufinden, was den größten Nutzen bringt, bevor Du in einem neuen Umfeld oder Projekt das Wesentliche vom Unwesentlichen trennen kannst. Aber das sollte nicht länger als 1–2 Monate in Anspruch nehmen. Wenn Du also jetzt sofort startest, ist Dein Quantensprung nicht mehr weit.

Vermeide blinden Aktionismus und wahllose Betriebsamkeit

20 Prozent dessen, was Du tust, stehen für 80 Prozent Deiner Resultate. Wenn Du Dich auf diese 20 Prozent konzentrierst, um sie sehr gut zu meistern, wird Deine Praxis plötzlich boomen.

Wovon wirst Du Dich trennen? Worauf wirst Du verzichten?

Um einen Quantensprung zu machen und endlich Deinen Traum zu leben, musst Du vor allem lernen, *Entscheidungen* zu treffen.

Zeitmanagement-Illusionen

Zeitmanagement dient nicht dazu, noch mehr Aufgaben in Deinen Tag zu quetschen. Es bringt Dich nicht weiter, noch mehr zu tun und Deine verfügbare Zeit mit vermeintlicher Geschäftigkeit zu verplanen. Ob Du es glaubst oder nicht: **Nur indem Du weniger Unnötiges tust, wirst Du mehr erreichen. Eliminiere überflüssige Tätigkeiten!**

Setze Prioritäten: Wofür willst Du überhaupt Zeit aufwenden?

Metaphorisch gesprochen: Reite keine toten Pferde!

Und lass Dich nicht hetzen. Zeitmangel ist vor allem ein Mangel an Prioritäten. Tue all jenes, was für Dich effektiv ist, und tue es mit Sorgfalt, Spaß und Liebe.

So bist Du produktiv

Als Erstes definiere Dein Ziel! Bevor Du loslegst, solltest Du unbedingt wissen, wohin Du gelangen möchtest. Was ist Dein Ziel im Leben, wohin willst Du wirklich und was genau möchtest Du erreichen?

Sei beim Kreieren Deiner Zielvorgabe so konkret wie nur irgend möglich. **Deine Ziele müssen emotional (nicht logisch) sein, damit sie Dich von innen heraus motivieren und Dir ein großartiges Gefühl geben,** vor allem wenn Du sie erreichst. Male Dir Dein Traumleben aus. Sei dabei großzügig, denke groß, denn wenn der in Aussicht stehende Lohn für Deine Bemühungen nur mittelmäßig ist, wird auch die Anstrengung nur durchschnittlich. Am erfolgreichsten angelt man dort, wo die wenigsten Angler sitzen.

To do

**** Notiere jetzt Deine Ziele. Als Leitschnur überlege:**

- »Wer möchte ich sein?«
- »Was möchte ich tun?«
- »Was möchte ich haben?«

Du hast Deine Zielvorgaben aufgeschrieben? Gut, nun, da Du Dein Ziel definiert hast und weißt, was Du als Nächstes mit Deiner Zeit anfangen willst, musst Du Dir auch Zeit dafür »freischaufeln«. Der Trick besteht natürlich darin, es ohne Einkommenseinbußen, ja idealerweise sogar mit einer Einkommensverbesserung zu tun.

Ich gebe Dir Tipps, wie Du Deine persönliche Produktivität um 100–500 Prozent und sogar um das Zehnfache steigern kannst. Die Prinzipien sind dabei für Angestellte und Unternehmer gleich. Allerdings unterscheidet sich der jeweilige Zweck der gesteigerten Produktivität sehr.

Angestellte steigern ihre Produktivität, weil sie ihre Verhandlungsposition verbessern wollen. Damit können sie zweierlei erreichen: erstens eine Gehaltserhöhung und zweitens einen Karrieresprung innerhalb der

Firma. Bevor sie sich erlauben können, beispielsweise nur noch 20 Stunden pro Woche zu arbeiten, müssen sie ihren Quantensprung *gedanklich* machen und sich von den bei ihrem Arbeitgeber geltenden Prinzipien befreien.

Doch lass uns noch zwei Begriffe definieren: »effektiv« und »effizient« – kennst Du den Unterschied?

Effektiv zu sein bedeutet, dass Du nur noch die Dinge tust, die Dich näher an Deine Ziele bringen.

Effizient zu sein bedeutet, eine Aufgabe, ob sie nun wichtig ist oder nicht, mit so geringem Aufwand wie möglich zu erledigen.

In unserer Gesellschaft wird von Dir erwartet, dass Du effizient bist, ohne nach der Effektivität zu fragen. Allerdings wird etwas Unwichtiges nicht zu etwas Wichtigem, indem Du es gut oder sogar exzellent erledigst, und erst recht nicht zu etwas, was Dich Deinem Ziel näher bringt. Eine Aufgabe wird nicht dadurch wichtiger, dass sie viel Zeit und Aufwand erfordert.

Auch in einer Praxis solltest Du Dich fragen: Machst Du die Dinge effektiv oder effizient? **Effektiv zu sein bedeutet im Grunde, nur noch das zu tun, was Dich näher an Deine Ziele bringt.**

Denke immer daran: *Was* Du tust, ist sehr viel wichtiger als *wie* Du es tust! Oder wie Bodo Schäfer sagen würde: Bevor Du überlegst, wie Du Steine schnellstmöglich von irgendwo nach München transportieren kannst, überlege erst mal, ob Du überhaupt Steine nach München befördern willst oder doch lieber Diamanten in die USA oder ob Du überhaupt irgendetwas irgendwohin überführen willst.

Keine Frage: **Effizienz ist wichtig ..., allerdings auch wertlos, wenn Du sie nicht auf die Erfüllung der richtigen Aufgaben anwendest.**

Profi-Strategie

EPA =

Einkommen-produzierende Aktivitäten

Dank des Pareto-Prinzips weißt Du: 80 Prozent unseres Verdienstes entstehen durch 20 Prozent unserer Aktivitäten. Auf Dein Einkommen bezogen heißt das, dass Du vermutlich bislang 80 Prozent Deiner Arbeitszeit nicht optimal einsetzt bzw. schlimmstenfalls sogar »verplemperst«. Diese 80 Prozent sind die Summe aller Tätigkeiten, die nicht direkt den Umsatz bzw. Dein Einkommen beeinflussen. Beispiele sind: Ordnung machen, ein Ablagesystem erstellen, für ein gutes Betriebsklima sorgen, Blumen für die Praxis kaufen, gewisse Telefonate, bestimmte Lektüren, Buchhaltung, ein Großteil der Post, E-Mails, Chatnachrichten …

Wahrscheinlich sagst Du jetzt: »Aber diese Sachen müssen doch auch erledigt werden!«

Ja, Du hast recht, langfristig kann keine Firma erfolgreich sein, wenn solche Jobs vernachlässigt werden. Andererseits brauchst Du z.B. (so gut wie) keine Buchhaltung, wenn Du kein Einkommen hast, oder?

Überlege, ob Du Aufgaben, die Dir schwerfallen und die unverhältnismäßig viel Aufwand erfordern, besser delegieren solltest

Die entscheidende Frage lautet: *Wann* erledigst Du die 80-Prozent-Aufgaben – bzw. noch besser gefragt: *Wer* erledigt sie? Warum nicht eine externe Firma z.B. mit der Buchhaltung beauftragen?

In jedem Job gibt es einige wenige entscheidende Aufgaben, die letztlich die Höhe des Einkommens bestimmen: die »Einkommen-produzierenden Aktivitäten«. Auf sie solltest Du Dich immer zuerst konzentrieren! Lerne, weniger Wichtiges aufzuschieben.

Erfolgreiche Menschen erledigen die 20-Prozent-Tätigkeiten, die 80 Prozent des Einkommens generieren, sofort und schieben die unlukrativen 80-Prozent-Tätigkeiten auf die lange Bank oder delegieren sie einfach.

Vertage Belangloses – bis es sich vielleicht sogar (von selbst) erledigt hat

Ich nenne es die »Napoleon-Bonaparte-Strategie«: Napoleon soll seine Post nur einmal im Monat angeschaut haben: Falls die Briefe nach einem Monat noch aktuell waren, beantwortete er sie; die meisten waren zu diesem Zeitpunkt bereits obsolet, sodass er sie wegwerfen konnte.

Warum stehen die meisten Menschen wohl ihrem finanziellen Quantensprung im Weg, indem sie zuerst die unwichtigen 80-Prozent-Tätigkeiten erledigen?

Na ja, oft machen sie ihnen mehr Spaß; sie erscheinen einfacher; vor allem aber lassen sie sich nicht so gut kontrollieren oder messen wie die restlichen 20 Prozent. Der letzte Punkt ist wahrscheinlich der ausschlaggebende: Bei einer kontrollierbaren Tätigkeit können Dir leichter Fehler nachgewiesen werden. Die meisten Leute haben aber Angst vor Fehlern und Misserfolg.

To do

** **Schreibe innerhalb von einer Minute auf:**
Was sind Deine Einkommen-produzierenden Aktivitäten, das heißt, welche Handlungen und Tätigkeiten stehen in direktem Zusammenhang mit Deinem Einkommen?

(Bei Angestellten gilt dasselbe Prinzip: Wofür wirst Du bezahlt? *Beispiel:* Wenn Du in der Auftragsbearbeitung tätig bist, bemisst man Deine Leistung wahrscheinlich nach der Anzahl der bearbeiteten Aufträge.)

Du bist fertig mit Deinen Notizen?

Bei Dir als Therapeut/-in oder Coach gehören zu den EPA:

- in erster Linie die Behandlungen bzw. Beratungen,
- alles, was dazu führt, dass Menschen in Deine Praxis kommen,
- alles, was für den kontinuierlichen Fluss der Menschen in Deine Praxis förderlich ist.

Notiere die folgende Profi-Strategie auf einen Zettel und hänge ihn auf, um diesen wichtigen Schritt zu meistern:

- **Erledige die Einkommen-produzierenden Tätigkeiten immer sofort.**
- **Unterscheide unbedingt die 20-Prozent- von den 80-Prozent-Tätigkeiten.**

Wenn Du die Einkommen-produzierenden Tätigkeiten zuerst erledigst, bist Du nicht mehr im Stress. So kannst Du gewährleisten, dass Du bei den entscheidenden Aktivitäten bestmögliche Resultate erzielst.

Gönne Dir nach der Erfüllung der Einkommen-produzierenden Tätigkeiten eine kurze Pause, ruhe Dich für ein paar Augenblicke auf Deinen Lorbeeren aus und genieße Deinen Erfolg. Und dann arbeite an Deiner Positionierung.

Eliminiere die unwichtigen 80-Prozent-Tätigkeiten: zuerst die möglichen und dann auch noch die unmöglich erscheinenden. Was Du nicht unter den Tisch fallen lassen kannst, delegierst Du.

Rechnungen zu schreiben gehört in jedem Fall zu den EPA, aber Du kannst diese Aufgabe delegieren. Frage Dich jedoch, bevor Du eine Aufgabe an jemanden abgibst: »Kann ich sie nicht einfach streichen ..., kann ich sie nicht doch eliminieren?«

Falls bei solchen Aufgaben etwas schiefläuft, mach Dir keine Gedanken – der Schaden ist minimal, weil Du die wirklich wichtigen Dinge bereits erledigt hast.

Eine wichtige Einkommen-produzierende Aktivität: Solange Deine Praxis noch nicht *genügend* Empfehlungen bekommt, solltest Du mindestens zwei Stunden täglich dafür aufwenden, neue Interessenten zu gewinnen. Und das gilt nur für diejenigen, die bereits über ein gewisses Maß an Patienten/Klienten verfügen. Wer nur wenig oder kaum Bestandskunden hat, sollte jeden Tag mindestens vier Stunden nur Neukundenakquise betreiben, denn das ist für diesen Heilpraktiker oder Coach zu dem Zeitpunkt die eigentliche und wichtigste EPA. Sie ist eine unabdingbare Voraussetzung, um den finanziellen Quantensprung zu machen.

Wenn es denn sein muss, iss den »Frosch« möglichst früh, das heißt, erledige immer zuerst die wirklich wichtigen Aufgaben, vor denen Du womöglich sogar Angst hast oder die unangenehm sind.

Frage dich: *»Was würde ich jetzt tun, wenn ich sicher wüsste, dass es nicht schiefgehen könnte?«*

Hier eine kleine Anekdote zum Thema »Frosch«:

Mark Twain, berühmt für seinen schrägen Humor und u.a. wegen seiner Bücher über Tom Sawyer und Huckleberry Finn, sagte: »Eat a live frog first thing in the morning and nothing worse will happen to you the rest of the day.« (Frei übersetzt: »Bevor du morgens irgendwas anderes tust, verspeise als Allererstes einen lebendigen Frosch, dann hast Du das Schlimmste an diesem Tag hinter dir, egal was noch kommt.«)

Aus dieser Anekdote hat Brian Tracy ein ganzes Buch gemacht mit dem Titel »Eat that frog«. Die Kernaussage des Buches: Erledige jeden Morgen als Allererstes gerade die Aufgabe, die Dir am unangenehmsten ist und/oder vor der Du Dich am meisten fürchtest. Sonst verbringst Du den ganzen Tag mit diesem ungeliebten Job im Nacken, und das frisst Deine ganze Energie. Hast Du dagegen gleich das Unangenehmste und Wichtigste erledigt, wirst Du dadurch unglaublich motiviert für den Rest.

Ich war so unvorsichtig, meiner Frau diese Geschichte zu erzählen. Seitdem finde ich ab und zu morgens auf meinem Schreibtisch einen Zettel mit der Überschrift »Dein Frosch für heute«, und darunter steht die Aufgabe, die sie für mich angedacht hat – mit einem Herzchen.

Manchmal wäre es klüger, seine Weisheiten für sich zu behalten …

PROFI-STRATEGIE

Parkinson'sches Gesetz

Der nächste Punkt, der zu beachten ist: das Parkinson'sche Gesetz – oder wie meine Mutter zu sagen pflegte: das »Pappteller-Syndrom«.

Meine Mutter hatte mich einst als Kind zu einer Lesung von Luise Rinser mitgenommen, in deren neuem Buch an irgendeiner Stelle Pappteller vorkamen. Nach der sehr berührenden Lesung hatte das Publikum Gelegenheit, der berühmten Autorin Fragen zu stellen. Ein Mann erhob das Wort und fragte, ob es 1950 überhaupt schon Pappteller gegeben habe. Und man will es kaum glauben: Das Publikum verstrickte sich 50 Minuten lang in eine entsprechende Diskussion, anstatt die knappe Zeit mit diesem leuchtenden Stern der deutschen Literatur für tiefgehende Hintergrundfragen zu ihrem Werk zu nutzen.

Bei einem meiner Webinare hat sich mal ein Teilnehmer an einem Rechtschreibfehler auf einer Folie »aufgehängt«, statt die Zeit für die eigentliche Aufgabe zu nutzen, die ihn weitergebracht hätte. Auch so ein »Pappteller«.

In einer Menschenmenge wird anstelle des Wichtigsten sehr oft das Unwichtigste diskutiert, weil die meisten davon Ahnung haben.

Das Parkinson'sche Gesetz besagt:

!

»Arbeit dehnt sich in genau dem Maß aus, wie Zeit für ihre Erledigung zur Verfügung steht.«

Vermeide es, Deine Zeit mit Lappalien und unnötigen Diskussionen zu verschwenden!

In diesem Zusammenhang müssen wir auf ein bestimmtes Phänomen zu sprechen kommen …

Die 8-Stunden-Illusion

Als Angestellter kannst Du nur bedingt etwas dafür, wenn Du Deine Zeit mit Unsinn vertrödelst; in unserer Gesellschaft ist es die Regel, dass jeder während einer 8-Stunden-Schicht in der Firma präsent sein soll. Der größte Haken daran: Weil wir 8 Stunden Arbeitszeit vorweisen müssen, füllen wir diese 8 Stunden auch aus. Hätten wir 15 Stunden, würden wir sie ebenfalls ausfüllen, ohne im Endeffekt mehr geschafft zu haben.

Aber jetzt hast Du Dein neues Ziel vor Augen und willst Deinen Quantensprung machen. Deshalb müssen wir etliches infrage stellen und wirklich effektiv werden.

Als Praxisinhaber/-in brauchst Du ohnehin nicht 8 Stunden am Tag zu arbeiten, um überaus erfolgreich zu sein. Und schon gar nicht, um genug Geld zu verdienen, damit Du gut davon leben kannst. Wenn es Dir behagt, könntest Du 12 Stunden am Tag arbeiten, Dir aber dafür ein verlängertes Wochenende gönnen. Allerdings könnten 8 Stunden pro Woche u.U. mehr als genug sein. Okay, ich erwarte nicht, dass Du mir das jetzt schon glaubst. Ich vermute, dass Du das Gleiche denkst, was ich selber lange Zeit dachte: Der Tag habe einfach nicht genug Stunden.

Hast Du für eine Behandlung 1 Stunde vorgesehen, wird die Behandlung so lange dauern. Sie wird sich über 2 Stunden hinziehen, wenn Du 2 Stunden anberaumt hattest. Angenommen, Du würdest 70 Euro pro Stunde nehmen (was eigentlich zu wenig ist – Du solltest mindestens 90 Euro bekommen), aber eine Behandlung auf 30 Minuten reduzieren, dann würdest Du für sie nur 35 Euro berechnen. Unser System sagt, wir müssten uns in helfenden und heilenden Berufen nach Zeit bezahlen lassen. Aber warum? Du könntest stattdessen für die *Resultate* der Behandlung bezahlt werden (siehe Modell 3 im Kapitel »Money, Money, Money – Dein Honorar«, S. 310). Du musst auch nicht Zeit überziehen. Deine Behandlungen bekommen womöglich eine ganz andere Qualität, sobald Du Dich auf das Wesentliche konzentrierst, ohne Dein Honorar zu kürzen.

Stell Dir vor, Du musst die Praxis in 2 Stunden verlassen, weil Du einen wichtigen Abgabetermin hast, für den Du noch einige Punkte erledigen musst – und bei allem Zeitdruck taucht nun auch noch ein »Notfall«-Patient auf ... Dann würdest Du es mit hoher Wahrscheinlichkeit und wunderbarerweise schaffen, all die noch zu erledigenden Punkte sogar in 1 Stunde zu bewältigen, um die andere Stunde voll und ganz Deinem Notfall-Patienten widmen zu können.

Das ist das Parkinson'sche Gesetz:

Die scheinbare Wichtigkeit und die Komplexität einer Aufgabe dehnen sich genau in dem Maß aus, wie Zeit für ihre Erledigung zur Verfügung steht. Auf magische Weise beeinflusst der anvisierte Fertigstellungstermin, wie lange Du brauchst, um eine bestimmte Aufgabe zu erfüllen.

Das Resultat Deiner Tätigkeit ist bei einer kürzeren Abgabefrist wahrscheinlich von gleicher (oft sogar noch besserer) Qualität, weil Du konzentrierter arbeitest.

Ich treffe mich mit meinen Klienten gerne in einem wöchentlichen Turnus. Gebe ich ihnen nämlich zwei Wochen, um meine Empfehlungen umzusetzen, werden sie zwei Wochen dafür brauchen.

Als sich meine Frau auf ihr Staatsexamen vorbereitete, stand ihr nur sehr wenig Zeit zur Verfügung, denn unsere erste Tochter war damals noch sehr klein. Ich kümmerte mich um unser Kind, während Michaela lernte, aber länger als ein paar Stunden ohne Mama ging es nicht. Die wenigen Stunden, die meiner Frau zur Vorbereitung auf die Prüfungen blieben, nutzte sie äußerst effektiv, ohne sich durch irgendwas ablenken zu lassen. Wir mieteten sogar extra einen kleinen Raum für damals 170 Mark nahe der Uni. Dort konnte sie sich auf das Wesentliche konzentrieren: Sie wählte zuerst die besonders relevanten Themen aus, war super fokussiert – und bestand als junge Mutter ihr Examen mit Note 1.

Provokant formuliert: **Wer mehr Zeit haben und mehr erreichen will, muss die Aufgaben nicht schneller erledigen, sondern weniger tun.**

Das kannst Du mit den beiden gerade erläuterten Methoden für mehr Effektivität und Praxiserfolg erreichen.

Sowohl das 80-zu-20-Prinzip als auch das Parkinson'sche Gesetz sind wichtig für Deinen Quantensprung und Deinen Erfolg.

* 80-zu-20-Prinzip:
Reduziere die Aufgabe auf das Wesentliche!

* Parkinson'sches Gesetz:
Verkürze Deine Arbeitszeit, um die Aufgabe innerhalb kürzerer Zeit sogar noch effektiver zu meistern!

In meinem Online-Workshop »Die Effektivitäts-Geheimisse der erfolgreichen Praxisinhaber« *(www.gewinnbringende-praxis.de/zeitmanagement)* zeige ich Dir, wie Du in viel weniger Zeit viel mehr erreichst.

Du brauchst Zeit für die Patienten- bzw. Klientengewinnung – das ist ein integraler Bestandteil Deiner Praxis. Du brauchst Zeit für Aktivitäten, die die Menschen auf Dich und Deine Arbeit aufmerksam machen. (Erinnere Dich: Du bist innerhalb der Marktwirtschaft tätig, nicht im Rahmen der Planwirtschaft wie die Ärzte.)

• • • To do • • •

** **Stell Dir die jeweils geschilderte hypothetische Situation vor. Das wird Dir beim Erstellen der beiden Listen (To-do- und *Not*-to-do-Liste) helfen:**

- Schreibe Deine (kurze) **To-do-Liste** auf.

  - Auf Anweisung Deines Arztes darfst Du nur 2 Stunden *am Tag* (in Deiner Praxis) arbeiten ... Was würdest Du machen? Welche Patienten/Klienten würdest Du empfangen? Würdest Du alle behandeln/beraten? Würdest Du sie behandeln wie bisher oder auf eine bestimmte andere Weise?

  - Stell Dir vor, Du dürftest nur noch 2 Stunden *pro Woche* arbeiten. Was würdest Du jetzt machen? *(Anregung: Anstatt Patienten zu behandeln, würdest Du vielleicht junge Kollegen unterrichten, wie Du behandelst.)*

- Und jetzt das Gegenteil: Notiere die Posten auf Deiner ***Not*-to-do-Liste** (d.h. all das, was Du unterlassen sollst).

  - Wenn Dein Leben davon abhinge, dass Du vier Fünftel aller zeitraubenden Aktivitäten in der Praxis aufgibst ... Welche wären das?

** **Beantworte nun auch die folgende Frage schriftlich:**

- Womit verplemperst Du Deine Zeit, um das scheinbar gute Gefühl zu haben, dass Du ja arbeitest und produktiv bist? Nenne mindestens drei Beispiele.

• • •

Gewöhne Dir an, Dich vor jeder Tätigkeit zu fragen:

»Wäre ich mit meinem Tag zufrieden, wenn dies das Einzige wäre, was ich heute erledige?«

Klammere bei Deiner Antwort die Behandlung der Patienten oder Beratung der Klienten aus, denn selbstverständlich wärst Du damit zufrieden. Beziehe die Frage auf alle anderen Tätigkeiten, z.B. die Ausarbeitung eines Vortrags über ein Gesundheitsthema oder das Schreiben eines Skripts für ein 5-minütiges Video für Deine *Webseite*°° oder das Aufarbeiten aller liegen gebliebenen Rechnungen etc. Und frage Dich immer wieder: *»Gibt es eine Abkürzung, um das zu erreichen? Wessen Hilfe kann ich in Anspruch nehmen?«* Es gibt z.B. sehr gute Dienstleister, die die komplette Abrechnung für Dich übernehmen. Denke immer daran, Dein Beruf ist es, Menschen zu begleiten. Darauf solltest Du Dich konzentrieren.

[°° Hinweis: Unsere Firma *Praxis mit Erfolg* bietet z.B. einen zweitägigen Prozess an, in dem eine solche *Webseite* erstellt wird, ein dafür passendes Positionierungs-Video geskriptet, direkt gefilmt und geschnitten wird. Unsere Klienten gehen also mit einer fix und fertigen, einsatzbereiten Webseite wieder nach Hause (siehe *www.gewinnbringende-praxis.de/webseite-check*).]

Hefte einen **Memozettel** mit der folgenden Frage an eine Stelle, die mehrmals pro Tag in Dein Blickfeld fällt, und lass Dich von Deinem Terminkalender daran erinnern:

»Erfinde ich gerade Dinge, die ich tun muss, um das wirklich Wichtige zu vermeiden?«

Multitasking

Erledige eine Aufgabe nach der anderen – nicht parallel, nicht gleichzeitig

Um diesen Punkt kurz und bündig zu klären: Multitasking funktioniert nicht, wenn Du wirklich einen Quantensprung machen willst – Punkt. Erledige Deine Einkommen-produzierenden Aktivitäten jeweils mit vollkommener Hingabe, ohne Ablenkung! (Siehe auch Kapitel »Konzentration«, S. 118 ff.)

Zeitplanung

Gehe *Du selbst* hinsichtlich jedes einzelnen Tages in Deinem eigenen Leben in die Führungsrolle!

Lass nicht andere Menschen über Deine (Lebens-)Zeit bestimmen

Und damit nicht andere Leute über Deine Termine und Entscheidungen regieren: Frage nicht mehr nach der Meinung anderer und fang an, selber Lösungen vorzuschlagen. Mach Schluss mit dem ewigen Hin und Her und triff eine Entscheidung – sowohl im privaten als auch im beruflichen Umfeld.

Beginne mit kleinen Dingen. Wenn Dich jemand fragt: »In welches Restaurant sollen wir gehen?«, oder: »Welchen Film wollen wir sehen?«, oder: »Was machen wir heute Abend?« usw., frag nicht zurück: »Tja, hm, was willst du denn machen?«, sondern biete sofort eine Lösung an.

Übernimm die Führung auch als Heilpraktiker/-in oder Coach. Entlasse Deine Patienten/Klienten nicht mit einem vagen »Sie melden sich dann, wenn Sie mich wieder brauchen«, sondern vereinbare gleich einen Kontrolltermin für den Fortschritt mit ihnen. Mach klare Ansagen!

Eine Coaching-Geschichte

Ein guter Freund stellte mir mal die Frage: »Wie machst du das eigentlich: Du verdienst gut, hast vier Kinder [seit Längerem sind es nun fünf] und verbringst viel Zeit mit deiner Familie?!«

Er wollte unbedingt von mir zu seinem Quantensprung begleitet werden. Also sagte ich zu ihm: »Okay, die eigentliche Frage ist doch: Wie

kann man in möglichst wenig Zeit ein möglichst gutes Einkommen erzielen, oder?«

Er nickte überrascht. »Ja, eigentlich schon.« Dieser Freund ist verheiratet und hat eine kleine Tochter; er machte in der Firma viele Überstunden und hatte niemals Zeit. Seine Finanzen sind ganz gut geordnet, aber klar, er würde durchaus gern eine halbe Million im Jahr verdienen.

Ich gab ihm eine recht simple Aufgabe: Mindestens dreimal täglich sollte er sich selber prüfen: »Bin ich gerade produktiv ... oder nur aktiv?«

Er begriff diese Frage im Lauf der Zeit immer besser und brachte sie präzise auf den Punkt:

»Erfinde ich gerade wichtige Dinge, die ich unbedingt erledigen muss, um das wirklich Wichtige zu vermeiden?«

Daraufhin eliminierte er alle Aktivitäten, die er bisher als »Krücken« gebraucht hatte, und fing an, sich wirklich auf Resultate zu fokussieren; er vermied es, sich mit Lappalien, »Krücken« und Scheinaufgaben abzulenken.

Merke: Fleiß ist oft nichts weiter als der Versuch, einer bedeutungslosen Arbeit eine Wichtigkeit zu verleihen, die sie gar nicht hat.

Frage Dich: »Bin ich gerade produktiv ... oder nur aktiv?«

Jetzt wurde meinem Freund sogar eine Gehaltserhöhung angeboten. Er lehnte ab und bat darum, seine Arbeitszeit pro Woche um 10 Stunden reduzieren zu können. Weil er jetzt Spitzenergebnisse brachte, wollte ihn sein Arbeitgeber nicht verlieren und willigte ein. Und das war der Quantensprung: Nun hat mein Freund montags frei, und freitags fährt er schon vor der Mittagspause ins verlängerte Wochenende mit seiner Familie.

•••

Sei gnadenlos ehrlich mit Dir selbst! Du kannst Deine Produktivität vervielfachen – in kürzerer Zeit.

Gleich erfährst du, wie Du die tägliche Informationsflut souverän beherrschst, damit Du Dich auf das Wesentliche beschränken und Deine Zeit frei einteilen kannst. Wir stellen Dich jetzt auf die informationsarme Ernährung der Quantensprung-Champions um.

PROFI-STRATEGIE

Informationsdiät

Ich schlage Dir vor, Dir ab sofort die unheimliche Fähigkeit zur *selektiven Ignoranz* zuzulegen. **Es ist enorm wichtig, dass Du all jene Informationen und Unterbrechungen ignorierst oder umleitest, die irrelevant oder verzichtbar sind, mit denen Du nichts anfangen kannst oder die Dich nicht weiterbringen.** Die meisten Informationen fallen unter alle diese Kategorien.

Der erste Schritt besteht in einer Informationsdiät. So wie der moderne Mensch zu viele Kalorien, noch dazu ohne Nährwert, konsumiert, nimmt er zu viele Daten auf. Meist handelt es sich dabei ohnehin um Daten, die er nie verwerten wird.

Ich habe im Jahr 2001 meinen Fernseher mit einem »Zu verschenken«-Schild auf die Straße gestellt. Das Teil fand innerhalb von 30 Minuten einen neuen Besitzer.

Einmal wöchentlich blättere ich für eine halbe Stunde die Wochenzeitung »Die Zeit« durch und überfliege die Schlagzeilen. Die Wochenzeitung hat für die Leserschaft sowieso schon eine Vorauswahl der wichtigsten Nachrichten getroffen. Wunderbar, das reicht mir vollkommen.

Diese selektive Ignoranz hat mir in den letzten zwei Jahrzehnten kein einziges Mal Probleme bereitet. Eine wirklich wichtige Nachricht wird man ohnehin erfahren, weil andere Leute im Umkreis darüber reden.

Was Informationen angeht, die sich *praktisch* umsetzen lassen, lese ich wochenlang in einem einzigen Buch. Ich kaue praktisch Seite für Seite, manchmal sogar nur Absatz für Absatz. Früher las ich sehr viele Bücher, doch irgendwann stellte ich fest: Je ergebnisorientierter ich die Bücher las, desto weniger konnte ich davon umsetzen. Viele Leute lesen gehaltvolle Fachbücher, als wären es Romane.

»Die Wissenschaft des Reichwerdens« von Wallace Wattles lese ich seit fast 15 Jahren, und das Werk hat nicht einmal hundert Seiten. Falls Du je mein Buch »Die Reichtumsblaupause – Die spirituellen Hacks für

Wohlstand und Erfolg« liest, solltest Du Dir ebenfalls Zeit für die Lektüre nehmen, um alles zu verarbeiten und auch wirklich umzusetzen. Diese Methode des Lesens hat mir ein Benediktinermönch beigebracht; er nennt sie *»Text kauen«*.

Für den Medienverzicht im Sinne einer Informationsdiät gibt es eine fantastische »analoge« Alternative, nämlich ein persönliches Gespräch mit anderen. Zudem ist es sowieso vorteilhaft, jemanden zu kontaktieren, dem bereits etwas gelungen ist, das Du erst noch erreichen willst. Oft vergisst man, wie wirkungsvoll ein Gespräch sein kann. Probiere es aus!

Blende alle ablenkenden Informationen aus, die Dir Deine Energie rauben würden. Hefte eine entsprechende Memo an den Monitor Deines Computers, damit Du regelmäßig an Deine Selbstverpflichtung erinnert wirst. Es wird garantiert einen Punkt in Deiner Entwicklung geben, wo Du von der nächsten tollen Sache »da draußen im Internet« in Versuchung geführt wirst: das neue Dies, das neue Das, die neue Superduper-Strategie hier, das neue Mega-Programm dort. Wenn es Dich beruhigt, lege einen Ordner auf Deinem Computer an, in dem Du alles »Tolle« ablegst, ohne Dich weiter damit zu befassen, und komme irgendwann (vielleicht) darauf zurück (oder auch nicht). Am Anfang Deines Weges zu einer gewinnbringenden Praxis ist weniger wirklich mehr.

Ich habe hart daran gearbeitet und ein ganzes Jahr lang einen guten Teil meiner Kraft hineingesteckt, einerseits alles Wesentliche für Dich zusammenzustellen und andererseits die Dinge aus dem »Programm« zu werfen, die Dich sonst nur ablenken, Dir Deine Energie rauben und Deine Zeit verschwenden würden – all den Firlefanz, der Dich Zeit, Energie und Geld kosten würde, ohne dass Du am Schluss die Früchte davon ernten könntest. Diese Schlüssel-Puzzleteile, die Du in diesem Buch bekommst, damit sie Dich auf dem Pfad zu Deinem Erfolg leiten, und zwar so effizient wie möglich – sie brauchen Deine ganze Aufmerksamkeit, sie sind anstrengend, Du musst Dich immer noch ganz schön engagieren. Aber solange Du Dich an meine Empfehlungen hältst, wird es viel weniger aufwendig und kräfteraubend sein. Wenn ich Dir mit diesem Buch etliche Jahre Chaos und Orientierungslosigkeit ersparen kann – fantastisch, dann bin ich hocherfreut.

Aktionen im Rahmen der Informationsdiät

* Beginne sofort mit dem Medienfasten.

Die Welt bekommt nicht einmal einen Schluckauf, geschweige denn geht sie unter, wenn Du nicht mehr am Informationstropf hängst.

Mit der »Pflaster-Methode« kannst Du Dich am leichtesten aus der Medienabhängigkeit befreien: Löse Dich mit einem beherzten Ruck davon! Sprich: mit einer (mindestens) einwöchigen Fastenkur.

Gehe jetzt auf Entzug. Von morgen an gelten für die nächsten Tage folgende **Regeln:**

- Keine Zeitungen, Zeitschriften, Hörbücher oder Radiosendungen mit informativem Inhalt (Musik, die Dich aufbaut, ist jederzeit erlaubt)
- Keine Nachrichtenseiten im Internet
- Kein Fernsehen
- Keine Bücher – abgesehen von einem einzigen, das Dich wirklich weiterbringt (ich empfehle Dir gerne »Denke nach und werde reich« von Napoleon Hill)
- Kein wahlloses Surfen im Internet (Zeitlimit festlegen!)

Sei konsequent und streng mit Dir selbst. Ich kann Dir zwar Anleitungen geben, aber umsetzen musst Du sie selbst.

Gewöhne Dir an, Dich zu kontrollieren:

»Ist diese Information unmittelbar und definitiv wichtig für mich? Werde ich sie ab sofort anwenden?«

Wenn Du auch bloß eine der beiden Fragen verneinen musst, brauchst Du die Information nicht. Informationen sind nutzlos, wenn sie nicht tatsächlich benötigt werden oder vergessen sind, bevor Du die Chance hattest, sie umzusetzen.

*** Übe Dich in der Kunst der Nichtvollendung.**

Wenn Du einen Artikel liest, der sich nach einigen Zeilen als »Quark« oder »alter Kaffee« herausstellt, verbanne ihn in die Altpapiertonne. Taugt der Kinofilm nichts, den Du mit Deiner Freundin anschaust, dann macht, dass Ihr da rauskommt, bevor noch mehr graue Zellen absterben.

Hab keine Skrupel, die langweiligen und unproduktiven Dinge einfach abzubrechen …, sofern sie nicht gerade Dein Chef von Dir verlangt.

PROFI-STRATEGIE

Fokuszeit

Wir sind eine siebenköpfige Familie, ich habe viele Interessen und Neigungen. Ohne das Prinzip der Fokuszeit zu integrieren, wäre ich in meinem Leben nie an den Punkt gelangt, wo ich jetzt stehe.

Stell Dir vor, der Feierabend steht bevor; Du hast 8 Stunden Arbeit hinter Dir und streichst gerade die letzte Aufgabe auf Deiner To-do-Liste. Und Du fühlst Dich gut.

Wäre es nicht großartig, endlich die wirkungsvollen Geheimnisse zu kennen, um alles, was Du Dir für heute vorgenommen hast, auch wirklich zu erreichen – trotz all der Unterbrechungen und Störungen?!

Die meisten Menschen gehen ihre To-do-Liste einfach falsch an. Die ganze Zuversicht, das Tagespensum zu bewältigen, nützt nichts, wenn sie morgens 37 Posten auflisten … und sie dann von oben nach unten abarbeiten. Hoffnung wird niemals Deine To-do-Liste erledigen. Das Vertrackte ist nämlich: Dein Gehirn denkt meistens erst mal an all die Kleinigkeiten, die zu erledigen sind. Deshalb landen auf Deiner To-do-Liste die Peanuts ganz oben. Und wenn es ganz dumm läuft, hast Du am Ende des Tages 5 (von 37) winzige »Erdnüsse« geknackt, aber die wirklich bedeutsamen, fruchtbaren Tasks am Ende der Liste sind wieder unerledigt geblieben. Kommt Dir das bekannt vor?

Mit der Profi-Strategie »Fokuszeit« erledigen die Supererfolgreichen jeden Tag ganz einfach die allerwichtigsten Aufgaben.

Wusstest Du, dass es – abgesehen von der »offiziellen« Arbeitszeit – vier unterschiedliche Arten von Zeit gibt? Ja, in der Tat; sie heißen:

a) Familien-und-Freunde-Zeit
b) freie Zeit
c) flexible Zeit
d) Fokuszeit

Die **Familien- und Freunde-Zeit** [Punkt a)] erfordert wohl keine Erläuterung. (Falls doch, wäre es ein Indiz, dass Du ein echtes Problem hast ...)

Was Punkt b) betrifft: Wahrscheinlich stöhnst Du insgeheim: »Ey, Alexander, welche **freie Zeit?** Ich habe praktisch keine.« Trotzdem ..., Du kannst freie Zeit für Dich schaffen! Zeit, die frei ist von jeglichem »Müssen«, z.B. an einem Sonntagvormittag ausschlafen und dann gemütlich frühstücken und ein Buch lesen. Du kannst diese freie Zeit in Deinen Kalender eintragen.

Du notierst im Kalender schließlich auch, dass Du am Dienstag per Blumenkurier einen Geburtstagsstrauß an Deine Tante schicken, um 13.45 Uhr Deinen Jüngsten zum Schwimmtraining fahren, um 14.30 Uhr Deine Schwester zum Flughafen begleiten und dies und das und jenes erledigen musst – dabei vergisst Du womöglich Dich selbst. Natürlich sollst Du Dich selbst auch auf Deine To-do-Liste setzen. Also reserviere in Deinem Kalender am ... von ... bis ... Zeit für Dich und kümmere Dich um Dich selbst!

Punkt c) ist die **flexible Zeit,** für die Du Verabredungen treffen kannst, in die Du Termine legst, in der Du am Telefon sein kannst, in der Du erreichbar bist. Du trägst diese Stunden blockweise in Deinen Kalender ein, z.B. jeden Tag von 11 bis 13 Uhr. Oder passt es für Dich von 14 bis 17 Uhr besser?

d) Am wichtigsten (für Dein Business) sind Blöcke von **Fokuszeit,** die Du jeden Tag in Deinen Kalender einträgst. Hier schaffst Du Dir Zeit für die unbedingt bedeutenden Posten auf Deiner To-do-Liste. Wichtig ist dabei zu bedenken: Die Zeit, die Du mit Deinen Patienten/Klienten verbringst, ist die selbstverständliche Ausübung Deines Berufes. Bei der Fokuszeit geht es darum, dass Du Dir zusätzlich Zeitblocks schaffst, in denen Du ***an*** Deiner Praxis arbeitest und nicht ***in*** Deiner Praxis. Denn nur so hast Du genügend Zeit und Raum, um mit Deiner Praxis wirklich zu wachsen. Leider vernachlässigen fast alle Selbstständige in eigener Praxis genau diesen Punkt. Wie sorgst Du nun dafür, dass Du Dir diese Fokuszeit nimmst?

Ich gehe dabei vor wie die meisten Supererfolgreichen: Sie machen das Telefon aus, schalten ihr E-Mail-Programm ab, schließen die Tür und verbieten sich jede Art von Unterbrechung.

In der Fokuszeit fokussierst Du Dich auf die Erfüllung Deiner brandheißen Aufgaben. Falls Du immer noch das kleine Problem siehst, wie Du 37 Punkte auf Deiner To-do-Liste wuppen sollst, obwohl Du nur 1 Stunde Fokuszeit hast – hier ist der geeignete Profi-Trick:

Aufgrund Deiner sehr knappen Fokuszeit musst Du Deine Aufgabenliste wirklich nach *Priorität* ordnen! Vergiss nicht: Nummer eins, Dein wichtigster Punkt, könnte beim Akt des Auflistens ziemlich weit unten gelandet sein.

Deine Fokuszeit

- Ermittle die allerwichtigsten Tasks auf Deiner Liste und ordne sie nach ihrer Priorität.
- Notiere in Klammern hinter jeder Aufgabe, wie viel Zeit Du mit ihr verbringen willst.
  Achtung, ich sage nicht, dass Du aufschreiben sollst, wie lange Du *vermutlich* für die Erledigung dieser Aufgabe brauchen wirst!
  Ich sage: Wie viel Zeit *willst* Du mit dieser Aufgabe verbringen?
  Denke an das Parkinson'sche Gesetz (siehe S. 102)!

Hier kommt natürlich ein bisschen Mathematik ins Spiel: Wenn Du 1 Stunde Fokuszeit eingeplant hast, kannst Du z.B. vier Aufgaben zu jeweils 15 Minuten erledigen. Oder eine Aufgabe à 20 Minuten plus eine à 40 Minuten usw. Du musst Dich jedenfalls entscheiden, welche der Aufgaben auf Deiner Liste die wichtigsten sind, und Dich dann darauf fokussieren, sie in dieser Zeit zu erledigen. Fokuszeit ist tatsächlich für die Aufgaben vorgesehen, deren Erledigung einen wesentlichen Unterschied für Dich ergibt.

Den restlichen Dingen auf Deiner Liste musst Du erlauben, sich von selber zu erledigen … Ich garantiere Dir: Du wirst produktiver sein, Du wirst mehr Geld verdienen, Du wirst mehr freie Zeit haben, sobald Du diese sehr einfache Strategie anwendest.

Und all denjenigen, die noch glauben, sie könnten unmöglich diese Zeit in ihrem Kalender einplanen, kann ich nur sagen: Du *musst* es einfach tun!

Diese Strategie wird schon seit Langem angewendet. Wenn Du telefonisch einen Arzttermin vereinbaren willst, bietet Dir die medizinische Fachangestellte einen Tag und eine Uhrzeit an. Und ich weiß nicht, wie das bei Dir ist – ich habe jedenfalls noch nie gesagt: »Äh, nein, ich möchte gerne am Samstagvormittag kommen.« Ich kann mir auch keine Praxishelferin vorstellen, die daraufhin sagt: »Ach so, klar, kein Problem, Frau Doktor XY verschiebt sehr gerne ihr Golfturnier für Sie. Weil … sie möchte sicherlich lieber Sie treffen als Golf spielen.«

Du musst Deine Fokuszeit respektieren! Und sollte z.B. ein alter Schulfreund anrufen, weil er gerade mit dem Flieger aus Marokko gelandet ist und spontan einen Kaffee mit Dir trinken will, obwohl es in Deine Fokuszeit fällt, sagst Du: »Tut mir leid, schade, da bin ich schon verplant. Ginge es vielleicht morgen um … Uhr?« Das ist die einzige Antwort, die Du geben darfst, wenn Du Dich selbst achtest und Dir Deine Fokuszeit wichtig ist.

Trage ab sofort Fokuszeit in Deinen Kalender ein. Beginne mit 1 Stunde – meinetwegen auch nur mit einer Viertelstunde. (Überleg mal, die Badezimmertür machst Du schließlich auch zu …, also fange sofort an, Dich täglich für eine Fokuszeit zurückzuziehen.) Ich garantiere Dir, Du wirst Dein Projekt fertigstellen.

Eine meiner Klientinnen fühlte sich mit all ihren Aufgaben total überfordert. Ich hatte nur eine einzige Sitzung mit ihr, und ich vermittelte ihr die Quintessenz dessen, was ich von Stephanie Frank, einer US-amerikanischen Trainerin, gelernt habe: Fokuszeit … Telefon abstellen, E-Mails ignorieren, die Tür zumachen und so lange konzentriert am Projekt arbeiten (das man bisher nicht fertigbekommen hat), bis es beendet ist.

Am nächsten Abend schickte mir die Klientin eine Skype-Nachricht: »Alexander, es ist unglaublich, aber ich habe heute mein Projekt fertiggestellt. Es hat mich nur zwanzig Minuten gekostet, ein Projekt zu vollenden, an dem ich schon seit sechs Monaten arbeite!« Und das Beste war, dass sie mit diesem einen *Projekt schließlich mehr Umsatz machte als mit sämtlichen Projekten des letzten Jahres zusammen.*

To do

- Nimm jetzt Deinen Terminkalender und trage Deine Fokuszeit für morgen und für die ganze Woche ein.
- Und vergiss nicht, Deine freie Zeit für Dich selbst auf Deine To-do-Liste zu setzen.

Übrigens: Es macht Dich bei Patienten oder Klienten nicht unattraktiver, wenn Du signalisierst, dass Du zu der von ihnen gewünschten Zeit bereits verplant bist (sie müssen nicht wissen, dass Du zu diesem Termin z.B. Deine Familienzeit festgelegt hast).

Wie fühlt es sich für Dich an, wieder Regent/-in über Deine eigene Zeit zu sein?

Deine Ausstrahlung wird sich verändern. Du wirst nicht mehr als jemand wahrgenommen werden, der bedürftig ist, sondern ein eigenes Leben und einen eigenen Plan hat.

PROFI-STRATEGIE

Konzentration

Charles Haanel schreibt in seinem Buch »The Master Key System«, die Möglichkeiten richtig gelenkter Aufmerksamkeit seien so erstaunlich, dass sie dem nicht eingeweihten Neuling als kaum glaubhaft erscheinen würden. Die Kultivierung von Konzentration sei das Erkennungsmerkmal jedes erfolgreichen Menschen und es sei die bedeutendste persönliche Fähigkeit, die man sich aneignen kann.

Die Macht der Konzentration könne besser verstanden werden, wenn man sie mit einer Lupe vergleiche, durch die die Sonnenstrahlen gebündelt werden: Solange die Lupe verschoben wird und die Strahlen von einer Stelle zur anderen geleitet werden, besitzen sie keine besondere Stärke. Wird die Lupe aber absolut ruhig gehalten, sodass die Strahlen eine Zeit lang auf eine Stelle fokussiert werden, zeigt sich die Wirkung schnell.

Konzentration statt Multitasking: Bündele die Energie – und der winzige Funke wird zum Feuer

So ist es auch mit der Kraft der Konzentration: Solange Du sie durch Multitasking bzw. durch Gedanken, die von einem Objekt zum nächsten oder von einer Tätigkeit zur nächsten wandern, zerstreust, wird sich kein gescheites Ergebnis zeigen. Bündele diese Kraft dagegen durch Aufmerksamkeit und Konzentration für eine bestimmte Zeit auf ein einziges Ziel, und bald wird das »Feuer« entzündet.

Große Finanziers lernen, sich mehr und mehr von der Masse zurückzuziehen, damit sie mehr Zeit haben zum Planen, zum Denken und zum Erschaffen der richtigen geistigen Stimmungslage.

Erfolgreiche Geschäftsleute demonstrieren das ständig. Eine einzige Idee mag mehrere Millionen wert sein, doch sie bringt nur denjenigen einen Gewinn ein, die es auch verstehen, durch Aufmerksamkeit und Konzentration den zündenden Funken zu erzeugen.

Napoleon Hills Kofferpacken-Strategie

Napoleon Hill (1883–1970) wurde auf einen spektakulären Fall aufmerksam: Ein Mann war unschuldig zu einer hohen Gefängnisstrafe verurteilt worden.

Weil Hill ein starkes Gerechtigkeitsgefühl hatte, beschloss er, diesen Mann freizubekommen. Er beauftragte jemanden, seine Arbeit zu Hause zu übernehmen, und meldete sich bei seinen Freunden und seiner Familie für unbestimmte Zeit ab. Mit gepacktem Koffer fuhr er in die Stadt, in der sich das betreffende Gefängnis befand, und bezog ein Hotelzimmer. Dem Gouverneur des Bundesstaates erklärte er, dass er mit einem einzigen Ziel gekommen sei und so lange bleiben werde, bis er alles getan habe, damit besagter Mann freigesprochen und aus dem Gefängnis entlassen würde.

Napoleon Hill hatte sehr gut recherchiert und herausgefunden, dass der Häftling trotz seiner Unschuld für seine Mithäftlinge ein Bildungsprogramm gestartet hatte: Dadurch gab es sehr viel weniger Unruhen; die Häftlinge wurden besser auf ein Leben nach Abbüßung der Haftstrafe vorbereitet und konnten besser resozialisiert werden. Napoleon Hill stellte in Aussicht, dass dieser Mann bereit sei, für alle Gefängnisse in diesem Bundesstaat solche Kurse zu organisieren und weitere Häftlinge dafür auszubilden. Auf diese Weise machte er es dem Gouverneur auch schmackhaft, ein solches Programm sehr wirksam in den bevorstehenden Wahlkampf integrieren zu können.

Der Gouverneur sah den Nutzen und unterschrieb auf der Stelle die Entlassungspapiere. Napoleon Hill konnte nach nur wenigen Tagen wieder heimwärts fahren. Er hatte sich auf einen längeren Aufenthalt eingestellt und war bereit gewesen, sich auf diese *eine einzige* Angelegenheit zu konzentrieren.

•••

Genau das ist die Profi-Strategie der Supererfolgreichen: Mach es wie Napoleon Hill – packe gedanklich Deinen Koffer. Schreibe auf, welche Aufgabe bzw. welches Projekt Du Dir vornimmst und welches Ziel Du anvisierst. Konzentriere Dich immer nur auf eine einzige Sache!

Natürlich kannst Du, wie der Milliardär Bill Bartmann sagt, viele Gelegenheiten nutzen und mehrere Geschäfte tätigen. Aber, so sagt er, immer nur *eines nach dem anderen.*

Als ich das zum ersten Mal praktiziert habe, hatte ich sage und schreibe sechs wissenschaftliche Arbeiten zu verfassen. Ich mietete ein Haus im Elsass – ohne Telefon und Internet, ja sogar ohne ein Handy, weil das Gebäude in den Vogesen im Funkloch lag –, packte meine Familie und annähernd 50 Bücher zum Recherchieren ein und zog mich dort jeden Tag für mehrere Stunden zurück. Nach vier Wochen hatte ich alle sechs Arbeiten fertig – davor hätte ich sechs Wochen für eine einzige Arbeit gebraucht, sofern ich sie überhaupt in der Zeit fertiggestellt hätte.

To do

** Vielleicht hast Du ein Projekt, das im Grunde seit Monaten »kurz vor dem Abschluss steht« und Dir höchstwahrscheinlich sogar Geld einbringen würde.
Schreibe auf, worum es sich handelt, und triff die Entscheidung, diese Aufgabe mit 100 Prozent Fokus und Konzentration zu Ende zu führen! Du kannst Dir dazu die folgende Bekräftigung aufschreiben:

»Ich bin in der Lage, ein Projekt konzentriert zu planen, es unverzüglich und fokussiert auszuführen und es zum Erfolg zu bringen, bevor ich ein anderes Projekt beginne.«

Du siehst, Du brauchst nicht 4000 Schritte zu einem Quantensprung, und Du brauchst Dich nicht mit Peanuts zufriedenzugeben. Es sind ein paar simple **Profi-Strategien:**

- Die geeignete mentale Einstellung aneignen
- Glasklare Absichten umsetzen
- Auf Deine Stärken konzentrieren
- 80-zu-20-Prinzip bedenken
- Einkommen-produzierende Aktivitäten bevorzugen
- Parkinson'sches Gesetz beachten
- Informationsdiät einhalten
- Fokuszeit einplanen
- Auf ein einziges Ziel konzentrieren

•••

Einen zweiten (ein wenig anspruchsvolleren) Teil an Profi-Strategien werde ich Dir nachher vorstellen. Wenden wir uns zuvor wieder Deinen Patienten/Klienten zu …

Der Weg der Patienten, bevor sie zu Dir kommen

Die Erfolgsregeln für Heilpraktiker/-innen haben sich in den letzten Jahren dramatisch verändert, und dieser Prozess ist noch nicht abgeschlossen. Viele Praxen werden in den nächsten Jahren leer bleiben, wenn sich ihre Inhaber/-innen nicht an die neuen Gegebenheiten anpassen und ideenreich auf mögliche Kunden eingehen.

Nehmen wir einmal an, dass ungefähr 3 Prozent der Menschen (in Deutschland) auf der Suche nach Naturheilmethoden bzw. interessiert sind an der Konsultation eines Heilpraktikers. Um diese 3 Prozent »wetteifern« allerdings nicht nur Heilpraktiker, sondern auch Ärzte, die naturheilkundliche Therapien anbieten, z.B. weil die Kassenleistungen knapp werden.

Im Prinzip gibt es für Heilpraktiker viele potenzielle Interessenten, nämlich die restlichen 97 Prozent, die noch nicht wissen, dass sie sich auf eine andere Art behandeln lassen könnten. Zur Vision unseres Unternehmens *Praxis mit Erfolg* gehört es, Heilpraktikern und Heilpraktikerinnen zu helfen, auch solche Patienten zu gewinnen, die bisher nicht darüber nachdachten, sich mit alternativen Heilweisen zu beschäftigen. Der Bedarf an Gesundheitsleistungen ist so riesig, dass es unsinnig wäre, sich um die Patienten zu »streiten«, die ohnehin schon für Heilpraktiker aufgeschlossen sind.

Von daher haben Heilpraktiker/-innen eine höhere Mission, nämlich Bewusstsein zu schaffen, wo noch keines herrscht. Bewusstseinsarbeit zählt zum Wichtigsten, was es überhaupt gibt, deshalb haben Heilpraktiker/-innen auch Anspruch auf angemessene Honorare und keinen Grund, Selbstausbeutung zu betreiben.

Skizzieren wir zunächst den Weg des Patienten, dessen Reise an die Heldenreise (siehe »Deine Heldenreise«, S. 426 ff.) angelehnt ist.

Das hier Beschriebene gilt analog für alle helfenden, heilenden und beratenden Berufe.

1. Bedürfnis

Woher kommt der Patient/Klient?

Er hat ein Bedürfnis, das nicht erfüllt ist:

- Auf negative Weise: Der Patient leidet unter Schmerzen, Krankheitssymptomen, schlechten Laborwerten und erkennt, dass es so nicht weitergehen kann und dass er in die Handlung kommen muss.

- Positives Gegenstück: Modethemen wie »Darmreinigung«, »vegane Ernährung« etc. werden in Zeitschriften, Foren, Büchern usw. behandelt, sodass der Patient auf den Gedanken kommt, z.B. eine Darmsanierung oder eine Ernährungsumstellung auf Pflanzenkost könnte ihm guttun, und Enthusiasmus entwickelt.

Das unerfüllte Bedürfnis führt allerdings nur selten dazu, dass der Patient/Klient beschließt, sich Hilfe zu suchen. Um Geld in eine Beratung zu investieren, muss dieses Bedürfnis im Grunde so gravierend sein, dass der Betroffene in eine Krise gerät.

[Siehe auch »Sechs starke menschliche Bedürfnisse als größte Antriebskräfte«, S. 42 ff., und »Die intrinsischen (inneren) Antriebskräfte Deiner Zielgruppe«, S. 158 ff.]

2. Krise

Wie gerät jemand in eine Krise?

Beispiel: Bisher war ein Patient ein »Uhu« – »**U**nter **hu**ndert (Kilo)« –, doch eines Morgens überschreitet die Anzeige der Waage die magische

Schwelle zur dreistelligen Ziffernfolge. Von leichter Panik ergriffen, beschließt er, dies zu ändern.

Andere Beispiele, bei denen der Alarmknopf gedrückt wird, sodass die betroffenen Menschen notgedrungen bereit sind, Hilfe zu suchen:

Jemand bekommt Angstzustände oder nicht auszuhaltende Schmerzen – das unerfüllte Bedürfnis wird ganz stark ins Bewusstsein geholt. Oder ein Paar hat ein ernstliches Beziehungsproblem, sodass eine Scheidung droht. Oder ein Patient hat im Frühjahr Heuschnupfen bzw. einen Allergikeranfall.

Eine Krise kann auch dann entstehen, wenn z.B. die Lektüre eines Buches ein Bewusstsein für bisheriges Fehlverhalten schafft und man es nicht mehr erträgt, gemäß den früheren Vorgaben zu leben. Auch das nicht erfüllte positive Bedürfnis kann also eine Krise auslösen – wenngleich das »negativ unerfüllte« Bedürfnis normalerweise den stärkeren Auslöser darstellt.

Ist genügend Unwohlsein da, sind Patienten/Klienten nicht mehr bereit, diesen Zustand hinzunehmen, und suchen nach Lösungen.

3. Fragen & Suche nach Antworten

Ist die heftige Krise im Bewusstsein des Patienten/Klienten angekommen, beginnt er nach Antworten zu suchen: »Was habe ich, was ist mit mir los?«, »Warum klappt es nicht mit dem Abnehmen?«, »Warum habe ich solche Schmerzen und wie kann ich dafür sorgen, dass sie aufhören?«, »Wie kann ich mein Leben gesünder führen?«, »Wie kann ich endlich mehr Lebensqualität erreichen?«, »Wie komme ich auf die nächste Stufe meiner Entwicklung?«, »Wie kann ich die Beziehung retten?« usw.

Auf der Suche nach Antworten fehlt es Menschen oft an Klarheit, auch hinsichtlich der Formulierung ihrer Fragen; in ihrem Prozess sind sie orientierungslos.

4. Etikettierungen

Sehr viele Menschen wenden sich heutzutage mit ihrem Problem an die weltweite »Kummerkasten-Tante« Google ..., die die Spielregeln völlig auf den Kopf gestellt hat (siehe S. 127).

Erfasse die Tragweite des folgenden Satzes: Menschen gehen heute nicht mehr zum Heilpraktiker, um ihre Frage, was mit ihnen los ist, beantwortet zu bekommen; stattdessen geben sie Suchwörter im Internet ein.

Allein zum Stichwort »Depression« trifft man bei Google z.B. auf ein paar Hundert Millionen Suchergebnisse.

Das heißt übrigens zugleich: Sämtliche Webseiten, auf denen *Du* als Therapeut/-in Antwort zu geben versuchst, sind in Anbetracht dieser enormen Fülle an Informationen im Grunde vergeblich.

Plötzlich mag also dem Ratsuchenden irgendwo eine diagnostische Beschreibung begegnen: ein »Etikett«. Durch die unter Punkt 3 genannten Fragen wird er auf Etikettierungen stoßen, die heutzutage einer Selbstdiagnose nahekommen.

5. Recherche

Nachdem der Patient das Etikett hat, fragt er sich: »Was bedeutet das für mich?« Er befragt andere, er liest Fachtexte, die ihm Auskunft geben könnten, oder holt Rat ein. »Welche Ressourcen könnte ich nutzen? Welche Konzepte gibt es, die mir zu verstehen helfen können, ob das Etikett zu mir passt oder nicht? Muss ich es ernst nehmen?«

Wenn Menschen mit Problemen zu tun haben, die als peinlich empfunden werden, d.h. mit tabubesetzten Themen (Verdauung, Sexualorgane, Hauterkrankungen etc.), verbinden sie sich heutzutage über Google und tauschen sich dort aus – in der Hoffnung, auf diese Weise ein größeres Maß an Anonymität wahren zu können.

6. Autorität

Nachdem der Patient bei der Recherche auf eine einleuchtende Antwort gestoßen ist, entscheidet er sich für eine Autorität, die eine Lösung verspricht und der er folgen kann.

Beispiele: »Ich esse jetzt vegan und glutenfrei«, oder: »Ich steige auf Rohkost um.«

Im Idealfall findet der Interessent eine Autorität, die z.B. einen Newsletter bereitstellt, ein Buch veröffentlich hat und einen Onlinekurs zum Thema anbietet.

7. Handlung

Der Soziologe Niklas Luhmann hat »Macht« als die Fähigkeit definiert, die Lebenswirklichkeit eines anderen Menschen zum Besseren oder Schlechteren zu verändern.

Machtvoll bist Du als Therapeut/-in bzw. Coach, wenn Du Deinen Patienten bzw. Klienten so beeinflussen kannst, dass er das Notwendige tut. Die Autorität hat die Macht, zur Handlung zu motivieren, zur Änderung der Lebensgewohnheiten anzuregen usw.

•••

Nun … Wie sah diese **archetypische Reise des Patienten** im Lauf der letzten Jahrzehnte aus?

Um 1980 gab es noch kaum Literatur über Naturheilkunde, kaum einen Heilpraktiker-Boom. Der Patient ging mit seinem Bedürfnis zum Arzt, der ihm entweder half, die Symptome zu lindern bzw. zu beseitigen, oder aber nicht helfen konnte. Letzteres brachte den Patienten in eine Krise, sodass seine Antwort möglicherweise in dem Entschluss bestand, einen Heilpraktiker aufzusuchen.

Mitte der 1990er-Jahre wurden Selbsthilfebücher im Gesundheits- und Naturheilkundebereich immer populärer. Die erste Anlaufstelle der Patienten nach der Arztpraxis war nicht der Heilpraktiker, sondern der

Buchhandel. Fragen und Antworten fand der Patient im Buch; der Autor wurde zur Autorität. Damals waren die Autoren weniger als heute darauf aus, mithilfe der Veröffentlichungen ihre eigene Praxis zu füllen; sie wollten vielmehr seriös informieren.

Und heutzutage? Keine Frage, der Kenntnisstand der Patienten ist viel größer, weil sie schon mit Vorinformationen v.a. aus dem Internet in der Praxis erscheinen. Oft kommen sie bereits mit einer Selbstdiagnose. Google und YouTube – der weltweit größte, vernetzte Kummerkasten. Menschen vertrauen »Doktor Google« alles Mögliche an; Google stellt die Gesundheitsbranche völlig auf den Kopf. Die Prognose: Viele Praxen werden einen Preiskampf ausfechten bzw. schließen müssen.

Sobald die Krise ausbricht, konsultiert der Patient also das immer verfügbare Google, tippt seine Frage ein und recherchiert; Öffnungszeiten spielen keine Rolle mehr. Über Google findet er genug Anbieter, die Etikettierungen offerieren, und er kann jenen Anbieter auswählen, der ihm am meisten behagt. Unter Umständen bestellt er über Amazon zusätzlich ein Buch, das ihm bereits innerhalb weniger Stunden geliefert wird. Etwas überzogen ausgedrückt: Innerhalb von 24 Stunden ist der Patient ein Experte auf dem Gebiet.

•••

Was bedeutet es, wenn der Patient bereits die Phasen 1–6 selbst »absolviert« hat?

Er sieht den Heilpraktiker als Werkzeug und sagt ihm, was er zu tun hat; der Heilpraktiker ist dann keine Autorität, d.h., er wird dem Patienten voraussichtlich nicht helfen können und auch kein gutes Honorar verlangen können.

Genau das Gleiche passiert anderen Therapeuten oder den Coachs – besonders wenn sie sich auf der Grundlage ihrer Methode positionieren. Dann rufen Ratsuchende an, die nicht an der Person des Therapeuten oder Coachs, sondern an der Methode interessiert sind. Die Kunst ist aber, dass sie Interesse an Dir als Persönlichkeit haben sowie an Deiner Fähigkeit, mit ihnen das Resultat zu erreichen, das sie aus tiefstem Herzen erreichen wollen.

Wie Du diese Falle umgehen kannst, erfährst Du im nächsten Kapitel.

Wie Du der »Doktor Google«-Falle ausweichst

Sei eine Autorität als Praxisinhaber/-in und nutze die gute Beziehung zu Deinen Kunden – sie bewirkt einen bedeutenden Teil des Therapie- bzw. Beratungserfolgs

Worin liegt die Chance der Praxisinhaber/-innen?

Sie müssen ihre Strategie ändern, um ihre Autorität wiederzugewinnen. 40 Prozent des Therapieerfolges haben nämlich nichts mit der Methode zu tun, sondern mit der Beziehung zwischen Patient/Klient und Therapeut. Diese 40 Prozent musst Du in die Waagschale werfen; Voraussetzung dafür ist, dass Du als Autorität wahrgenommen wirst.

Das bedeutet auch: Du musst den Prozess umkehren, indem Du den Patienten »abfängst«, bevor er das Stadium 6 erreicht hat und einer anderen Autorität folgt anstatt Dir. Der ideale Zeitpunkt dafür liegt dort, wo der Patient in die Suche nach Antworten einsteigt (Phase 3, siehe S. 124).

Um nicht in die »Doktor Google«-Falle zu geraten, gibt es zwei miteinander verknüpfte Vorgehensweisen:

1. Abfangen
2. Reset-Strategie

Abfangen und Reset

Beim **Abfangen** sorgst Du dafür, dass Dir der Patient auf der Suche nach Antworten zu einem sehr frühen Zeitpunkt begegnet. Er läuft Dir quasi »in die Arme«. (Siehe dazu S. 147 bzw. 165ff.) So hast Du die Chance, Deinen Patienten den ganzen Weg zu begleiten.

Ein **Reset** ist mächtig, denn er bringt Deinen Patienten letztendlich an einen Punkt zu Beginn seiner Reise, wo er an sein nicht erfülltes Bedürfnis anknüpft. Das heißt, in der ersten Sitzung gelingt es Dir, den Reset auf das Bedürfnis zu machen. Du begleitest den Patienten im Kleinen durch seine Krise hindurch – den ganzen Weg, bis Dich der Patient als Autorität anerkennt und er bereit ist, Deine Behandlung zu »kaufen«.

Beim Reset beginnt der Patient, sein hinter dem Symptom liegendes eigentliches Bedürfnis bzw. seine Bedürfnisse zu verstehen, denn oft sind es eine ganze Reihe von Bedürfnissen, die systemisch miteinander zusammenhängen. Dabei ist es wichtig, dass der Patient *selbst* auf seine unter den Symptomen liegenden Bedürfnisse kommt. (Du kannst ihn nur behutsam und allmählich z.B. durch offene, nicht suggestive Fragen darauf »hinheben«.) Sonst wird er das Gefühl haben, dass Du ihm etwas von Deinem eigenen Weltbild überstülpst.

Zur Reset-Strategie gehört es unbedingt, den Patienten zu einem strategischen Vorgespräch in Deine Praxis zu bitten. Denn bedenke:

- Wer bestimmt über den Zeitpunkt des Anrufs eines Interessenten?
  Der Patient, nicht Du!
  > 1:0 für den Patienten, denn die Regel besagt: Wer den Zeitpunkt bestimmt, hat die Macht!

- Der Erfolg eines Gesprächs hängt oft vom Ort ab. Während Du vielleicht von einem Behandlungszimmer ins andere flitzt, zwischen Tür und Angel stehst oder unter Zeitdruck bist, sitzt der Anrufer bequem zu Hause.
  > 2:0 – Vorteil für den Patienten.

- Und so weiter. Das heißt, wenn Du versuchst, Deinem Patienten am Telefon Fragen zu beantworten, wirst Du leer ausgehen. Ziel des Telefonats muss es sein, diesen Anrufer in Deine Praxis zu bekommen. Alles andere wird Deine Autorität bereits im Vorfeld untergraben. In Deiner Praxis hast *Du* die größtmögliche Autorität.

Vertiefende Informationen sowie Techniken bekommst Du in meinem Online-Workshop »Die Reise des Klienten« *(www.gewinnbringende-praxis.de/reise-des-klienten).*

Die 12 Schritte der strategischen Patientengewinnung

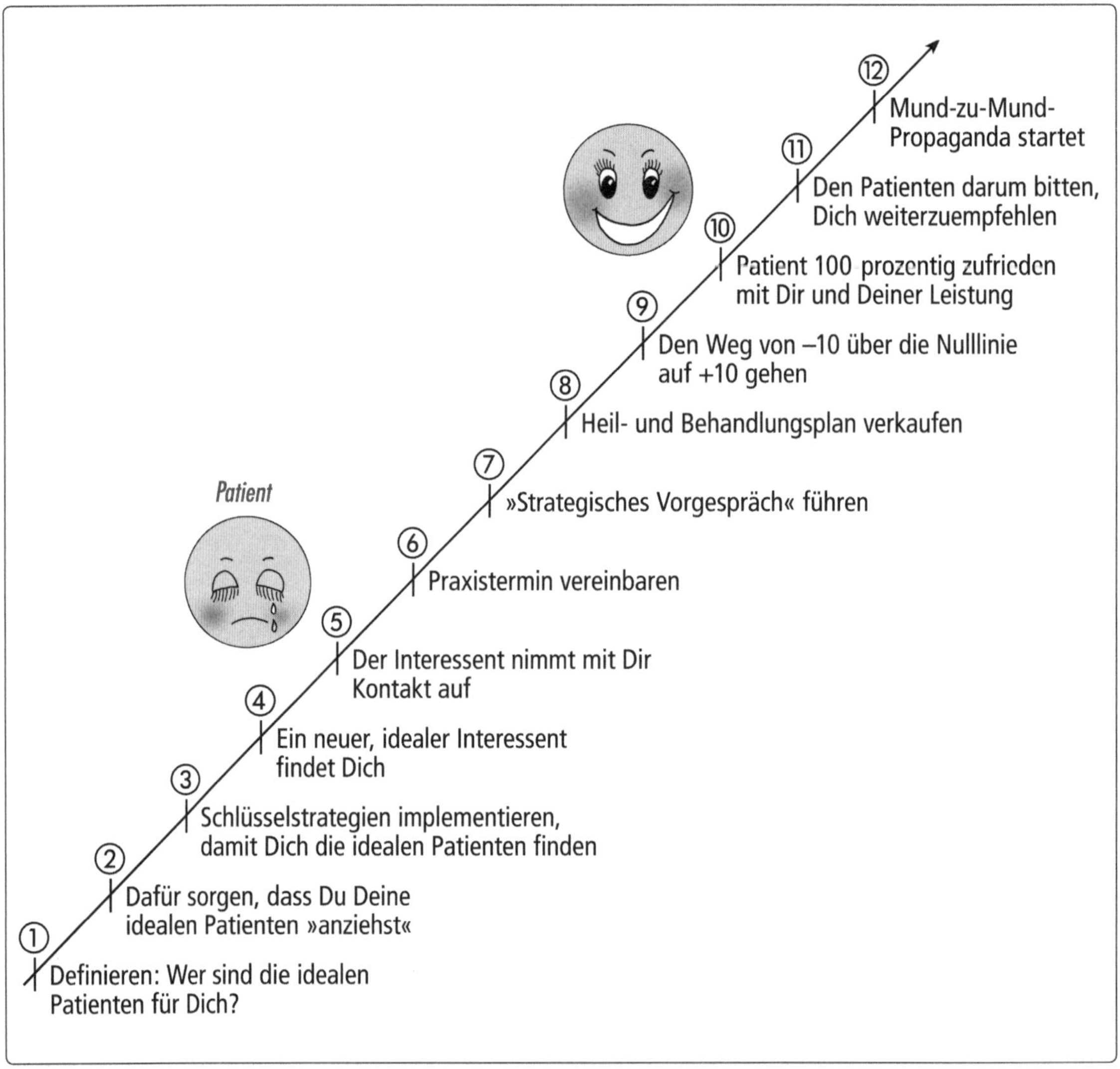

Damit Du schon einmal einen »Plan« vor Augen hast, der Dir als Leitlinie bzw. als »Ariadnefaden« dienen kann, *skizzieren* wir in diesem Kapitel den Weg, den strategisch denkende Heilpraktiker/-innen gehen, um Patienten für ihre Praxis zu gewinnen. In weiteren Kapiteln werde ich ausführlicher auf einige der Stationen eingehen.

Ich schildere hier die idealtypischen Schritte für die Inhaber/-innen einer Heilpraxis. Solltest Du keine Heiltätigkeit ausüben, sondern beratend tätig sein, kannst Du die Schritte mühelos und nahezu 1 zu 1 auf Deine Situation übertragen.

Es sollte Dein Bestreben sein, dass Deine Praxis durch Mund-zu-Mund-Propaganda kontinuierlich wächst. Doch welche Schritte sind erforderlich, damit es überhaupt so weit kommt?

Schritt 1

Du definierst Deine Zielgruppe und zugleich Deine idealen Patienten (siehe »Zielgruppe – der Beginn einer wunderbaren Beziehung«, S. 142 ff.).

Schritt 2

Du sorgst dafür, dass Du diese idealen Interessenten/Patienten anziehst, indem Du Dich so positionierst, dass es die logische Konsequenz dieser Menschen ist, Dich zu konsultieren.

Angenommen, Du hättest (wie viele unserer Klienten und Klientinnen bei *Praxis mit Erfolg*) eine von der Schulmedizin für unheilbar gehaltene chronische Krankheit bei Dir selber geheilt und darüber hinaus bei vielen anderen Patienten, dann wäre es die logische Konsequenz für Patienten mit ähnlichen Beschwerden, zu Dir gehen zu wollen.

Wenn Du außerdem in der Lage bist, **ihre aktuelle Lebenssituation besser in Worte zu fassen, als sie es selbst können,** dann ist es für diese potenzielle Patienten geradezu ein »zwingendes« Bedürfnis, zu Dir kommen zu wollen.

Schritt 3

Du implementierst die Schlüsselstrategien, damit die idealen Interessenten/Patienten Dich finden, d.h., Du nutzt Netzwerke, persönliche Kontakte usw. (siehe z.B. »Profi-Strategien – Teil 2«, S. 250 ff.).

Schritt 4

Ein idealer Interessent/Patient findet Dich.

Schritt 5

Der Interessent nimmt Kontakt mit Dir auf.

Wenn Du strategisch vorgehst, weißt Du ziemlich genau, wie viele Interessenten jeden Monat auf Dein Angebot gestoßen sind: Du kannst z.B. »messen«, wie viele Besucher auf Deiner Webseite waren und wie viele Dich tatsächlich kontaktiert haben.

Erkundige Dich jedenfalls beim ersten Praxisbesuch des Interessenten, wie bzw. über welches Medium er auf Dich gestoßen ist.

Schritt 6

Du lädst den Interessenten in die Praxis ein; Ihr vereinbart einen Termin.

Umgehe es, Dich auf ein längeres Telefonat einzulassen. Lege Wert darauf, dass der Interessent zum Vorgespräch in der Praxis erscheint. Nenne am Telefon keine Preise, weil der Interessent zuerst ein Bewusstsein für die Qualität der Behandlung gewinnen muss. (Siehe »Sechs Schlüsselfragen zur Öffnung der Beziehungstür«: »Schlüssel Nr. 6«, S. 191 ff.)

Hinsichtlich telefonischer Preisauskünfte gibt es eine Ausnahme: der Preis für das strategische Vorgespräch. (Siehe der folgende Schritt 7 bzw. das Kapitel »Das strategische Vorgespräch«, S. 196 ff.)

Schritt 7

Das strategische Vorgespräch

Dieser erste persönliche Kontakt mit dem Interessenten in Deiner Praxis ist extrem wichtig: Es sollte Dir gelingen, dieses Gespräch optimistisch zu gestalten. Dein Patient »muss« die Zuversicht fassen, dass Du ihn von »minus 10« auf »plus 10« begleiten wirst, dann wirst Du alle anderen Schritte ebenfalls meistern. Falls Du die Strategie des ersten Gesprächs nicht schaffst, sind alle anderen Anstrengungen vergebens.

Im ersten Gespräch gilt es, das **Ziel** des Patienten zu identifizieren. Beachte dabei: Das Problem ist manchmal eine Art Sichtschutz für das Ziel. Durch Erkennen und Erreichen des Ziels wird das Problem automatisch gelöst (siehe »Ein 5-stufiger Problemlösungsprozess«, S. 63 ff.).

Der Patient möchte z.B. wieder schmerzfrei gehen können. Und ein **Traum** von ihm könnte es sein, einmal einen Marathon zu laufen und einen der vorderen Plätze zu belegen.

Das »Ziel« ist nicht identisch mit dem »Tagtraum«. Das Ziel liegt um »0«, aber der Traum auf »plus 10«.

Im Hinblick auf ihre Gesundheit haben viele Patienten sogar das Träumen verlernt. In einer Kassenpraxis ist kein Raum für Träume; da ist die schnelle Beseitigung der Symptome gefragt. Als Heilpraktiker/-in solltest Du den Patienten vermitteln, dass Du sie an einen Punkt jenseits bloßer Beschwerdefreiheit begleiten kannst.

Sobald Du das strategische Vorgespräch als »Pforte« für neue Patienten in Deinen Praxisalltag integriert hast, werden es irgendwann alle kennen und schätzen und können Dich schon aufgrund dieses bedeutsamen Ereignisses weiterempfehlen.

Weil dieser Teil Deines Weges mit dem Interessenten/Patienten so immens wichtig ist, gehe ich im Kapitel »Das strategische Vorgespräch« (S. 196 ff.) auf alles Notwendige ein, damit Du diese Aufgabe meisterst.

Schritt 8

Der Patient »kauft« einen Behandlungsplan, den Du ihm vorschlägst: Um das Problem zu lösen, sind bestimmte Schritte erforderlich, die Du für ihn grob skizzierst. So wird Dein Patient zu jedem Zeitpunkt bzw. bei jedem Termin wissen, wo Ihr im Behandlungsplan seid.

Ich werde Dir in diesem Zusammenhang eine Praxis-Erfolgsstrategie vorstellen, die zu meinen geheimen Werkzeugen gehört: die »Mount-Everest-Methode« (siehe S. 230 ff.).

Schritt 9

Optimalerweise begleitest Du den Patienten den ganzen Weg von »minus 10« über die Nulllinie hinaus auf »plus 10«. Die Skizzierung des Behandlungsplans (Schritt 8), der wie eine Vision fungiert, hilft Dir, den Patienten »bei der Stange zu halten«.

Schritt 10

Der »gebundene« Patient vertraut Dir, Deiner Dienstleistung, Deiner Praxis, weil er step by step, Behandlung für Behandlung seine Fortschritte wahrnimmt.

Schritt 11

Du ergreifst den wirklich passenden Moment, den Patienten um Weiterempfehlung zu bitten, bzw. Du nutzt die Chance, die er Dir nahelegt, wenn er von sich aus signalisiert, dass er Dich gerne weiterempfehlen würde. (Siehe Kapitel »Mund-zu-Mund-Propaganda«: »Master-Schritt 2«, S. 332 ff.)

Schritt 12

Der Patient empfiehlt Dich weiter.

Dann beginnen die Schritte mit einem durch die Empfehlung gewonnenen weiteren Interessenten von vorne. Darüber hinaus wohnt einer Empfehlung etwas Magisches inne, weil dieser Mensch bereits mit jemandem gesprochen hat, der Dich und Deine Arbeit hoch schätzt. Du hast auf diese Weise an Autorität gewonnen, noch ohne direkt mit dem neuen Interessenten Kontakt gehabt zu haben.

Im Kapitel »Mund-zu-Mund-Propaganda« (S. 321 ff.) erläutere ich, worauf Du achten musst, um hier die Fäden in der Hand zu behalten und keinen Fauxpas zu begehen.

Praxis-Erfolgsstrategien

PRAXIS-ERFOLGS-STRATEGIE

VIP-Liste mit »Crème de la Crème«-Patienten und -Klienten

1. Wenn/Da Du Deine Arbeit genießt, wirst Du stets das Bestmögliche leisten.

2. Du *bist* Deine Patienten/Klienten. Bedenke: Du *bist* die Menschen, mit denen Du Dich umgibst.

Um den zweiten Punkt zu verdeutlichen: In meiner Teenagerzeit hatte ich z.B. einen Freund, dessen Einfluss nicht sonderlich gut war. Als er eines Tages mit einer Alkoholvergiftung in der Notaufnahme landete, wäre ich um ein Haar mit von der Schule geflogen.

Also wähle Deine Patienten sorgfältig aus, um Dein bestmögliches Potenzial entfalten zu können und Deine Arbeit exzellent zu machen; umgib Dich mit Patienten, die das Bestmögliche aus Dir herausholen, die Dich inspirieren, noch besser zu werden, und Dir Energie geben.

Du wirst u.U. katastrophale Sitzungen erleben, wenn Du hinsichtlich Deiner Patienten keine »Auslese« vornimmst. Du solltest nicht auf dem Standpunkt stehen: »Ich bin froh, wenn überhaupt jemand kommt.« Solange Du das denkst, wirst Du recht haben … Aber ich sage Dir: Die Natur kennt kein Vakuum (siehe auch »Das Vakuum des Reichtums«,

S. 419 ff.). Wenn Du Dich von den Patienten trennst, die nicht mit Dir zusammenpassen, wirst Du mehr Energie für jene haben, die gut für Dich sind. Deine Ausstrahlung und die Schwingung Deiner Praxis werden sich verändern. Auf diese Weise wächst auch die Wahrscheinlichkeit, dass Du weiterempfohlen wirst.

Denk an die Menschen, die Dich zu dem machen bzw. die Dich das sein lassen, was Du wirklich sein möchtest. Wer möchtest Du wirklich sein? Wer bist Du, wenn Du Dein Optimum leistest? Welche Menschen könntest Du inspirieren, welchen könntest Du neue Kraft und Hoffnung geben, wenn Du bei der Arbeit in Deiner höchstmöglichen Schwingung bist?

Welche Deiner jetzigen Patienten sind sozusagen Deine »Crème de la Crème«- bzw. A-Patienten? Von welchen/welchem Deiner Patienten sagst Du z.B.: »Ich möchte am liebsten nur noch solche Patienten haben wie Frau XY, denn sie ist compliant, sie setzt um, was ich ihr sage, sie zahlt unverzüglich, sie kommt pünktlich, sagt keine Termine ab, sie ist ganz erpicht darauf, zu hören, was sie als Nächstes tun darf, sie ist wertschätzend, jammert nicht, sondern freut sich über Fortschritte, sie hat eine so positive Ausstrahlung, wenn sie in die Praxis kommt, sie ist dankbar für neue Impulse, es macht echt Spaß mit ihr.«

Wir werden nun die speziellen Charaktereigenschaften der Patienten herausfinden, mit denen *Du* idealerweise zusammenarbeiten solltest.

Memo

To do

** **Schau Dir Deine derzeitigen »Crème de la Crème«- bzw. A-Patienten/Klienten an. Auf wen freust Du Dich? Mit wem fühlt sich eine Behandlung nicht wie Arbeit, sondern wie ein schönes Ereignis an?**

- Wen behandelst Du mit Vorliebe – so gerne, dass Dir das Zusammensein mit ihnen sogar mehr wert ist als jedes Honorar und dass Du Dir mehr genau solcher Menschen in Deiner Praxis wünschst?

** **Stelle Dir Deine idealen potenziellen Patienten/Klienten vor. Was magst und schätzt Du an ihnen?**

- Welche moralischen und ethischen Werte haben diese Menschen? Inwiefern leisten sie einen Beitrag zum Wohl der Gesellschaft?

** **Welche Art von Patienten/Klienten soll in Zukunft Einlass in Deine Praxis bekommen?**

- Benenne die positiven Eigenschaften, die typischen Charaktermerkmale und die persönlichen Werte Deiner idealen Patienten/Klienten.

Du gibst Deiner Vision einer perfekten Praxis mit Patienten/Klienten, mit denen Du es liebst zu arbeiten, eine Struktur und füllst sie mit Leben, indem Du Dich immer wieder mit den Aufgaben (S. 138) beschäftigst und Deine Antworten ggf. Deinem aktuellen Stand anpasst.

Im Übrigen ist es für das Wachstum Deiner Praxis förderlich, Deine idealen Patienten/Klienten zu ermitteln: Wenn sie Dich weiterempfehlen – was Du anstreben solltest (siehe Kapitel »Mund-zu-Mund-Propaganda und Social Proof«, S. 321 ff.) –, ist die Chance groß, ähnlich ideale neue Kunden zu gewinnen anstelle von solchen, die gar nicht zu Dir passen.

Dein Folgeaufwand wäre sehr groß, x-beliebige neue Kunden zu ergattern; Dir kann nichts daran gelegen sein, nur die *Menge* der Kunden zu erhöhen, wenn Du mit dieser »Sorte« Patient/Klient ungern arbeitest.

Ähnlich wichtig wie die Konzentration auf Deine »Crème de la Crème«-Patienten/Klienten ist die Ermittlung der Kunden, die Du gar nicht haben möchtest bzw. von denen Du Dich am liebsten verabschieden würdest, weil Ihr nach Deinem Empfinden nicht »kompatibel« seid.

To do

**** Überlege: Mit welchen Patienten/Klienten möchtest Du *nicht (mehr)* arbeiten?**

Beispiele: Patienten, die keine Verantwortung übernehmen und nichts ändern, sondern die eher sagen, es helfe alles nichts; Leute, die lieber jammern, anstatt etwas zu ändern; Klienten, die die Veränderung nicht sehen (wollen); Menschen, die Wunderpillen erwarten; Patienten, die chronisch unzufrieden sind und immer etwas zu meckern haben; Leute, die Termine nicht einhalten, unzuverlässig sind; notorische »Ja, aber«-Sager; Patienten, die über vorige Therapeuten herziehen; Leute, die immer meinen, die anderen seien schuld ...

** **Welche Charaktereigenschaften und Verhaltensweisen von Patienten/Klienten möchtest Du *nicht* länger akzeptieren? Was kostet Dich zu viel Energie? Was überschreitet Deine Grenzen?**

** **Schau Dir Deine derzeitigen Patienten/Klienten sorgfältig an: Auf wen von ihnen passt die gerade vorgenommene Beschreibung? Von wem möchtest Du Dich am liebsten trennen?**

** **Wie fühlt sich der Gedanke an, sich von diesen Patienten/Klienten zu verabschieden? Hast Du ein schlechtes Gewissen oder Skrupel, bist Du erleichtert, regt sich Freude in Dir?**

Nimm meine Empfehlung vollkommen ernst: Trenne Dich von diesen unliebsamen Patienten/Klienten, mit denen Dir die Arbeit kein bisschen Freude macht! Um einen bestehenden, aber unpassenden Kontakt zu beenden, teile dem betreffenden Menschen in einem Gespräch freundlich mit, dass Du ihm ggf. den Kollegen XY oder die Ärztin Dr. Sowieso empfiehlst, weil Du ihm anderweitig nicht weiterhelfen kannst.

Weil z.B. einer meiner Seminarteilnehmer eine bestimmte Patientin im Grunde nicht mehr behandeln wollte, war er ausgesprochen erleichtert über ihren Anruf, bei dem sie einen Termin absagte. Und welch eine Koinzidenz: Fünf Minuten später rief eine neue Interessentin an, die zu seiner Zielgruppe gehörte.

• • • To do • • •

** **Nimm Deine Patienten-/Klientenkartei und unterteile sie in die drei Kategorien**
- **A (sehr gut zu Dir passend),**
- **C (unpassend) und**
- **B (weder zu A noch zu C gehörend, d.h. »Limbo-Kunden«).**

Die B-Kunden können (ggf. dank Deines etwas verstärkten Einsatzes) zu A- bzw. »Crème de la Crème«-Patienten/Klienten werden, nachdem Du Dich von den C-Leuten verabschiedet hast. Der Abschied von Letzteren wird einen großen Einfluss auf Deine Praxis haben.

Gehe auf diese Weise alle drei Monate Deine Patienten-/Klientenkartei durch!

* Bist Du sicher, dass Du mit allen auf der B-Kunden-Liste wirklich sehr gerne weiterarbeiten möchtest? Magst Du doch noch jemanden von ihnen lieber auf die C-Liste setzen?

* Welche Ideen hast Du, wie aus jedem Einzelnen der B-Kunden jeweils ein A-Patient/Klient werden könnte?

• • •

PRAXIS-ERFOLGS-STRATEGIE

Zielgruppe – der Beginn einer wunderbaren Beziehung

Nutze Deine volle Schatz- und Werkzeugkiste, anstatt auf eine Methode fixiert zu sein

Ein alter, methodenorientierter Ansatz des vorigen Jahrhunderts lautet: »Ich fokussiere mich auf eine bestimmte Methode.« Doch mit Methodenverliebtheit (die teilweise auf ihren charismatischen Erfindern gründet) kommst Du als Heilpraktiker/-in oder Coach heute nicht weit. Wer sich z.B. als Homöopath positioniert, ist sehr stark vergleichbar mit anderen, die das Gleiche anbieten. Der Psychotherapeut und Kommunikationswissenschaftler Paul Watzlawick sagte einmal, wer als Werkzeug nur einen Hammer hat, sehe in jedem Problem einen Nagel.

Der neue Ansatz heißt:

Definiere Deine Zielgruppe und befasse Dich intensiv mit ihren Problemen und Bedürfnissen.

Diese Zielgruppe braucht keine bestimmte Methode, sondern eine Lösung ihrer Probleme. Es ist gut, zwischen Methoden wechseln zu können oder eine Methode meisterhaft zu beherrschen. Aber Du solltest Dich als Heilpraktiker/-in oder Lebensberater/-in von dem Gedanken lösen, ausnahmslos *allen* zu helfen, die atmen und einen Puls haben.

Es gibt Zielgruppen, denen Du durch Deinen Hintergrund, Deine Lebenserfahrung und spezielle Kompetenz besonders gut dienen kannst. Vielleicht hast Du eine Krankheit überwunden, die Dich nun dazu qualifiziert, anderen mit der gleichen Problematik zu helfen. Oder Du bist Mutter, Deine Kinder sind mittlerweile aus dem Haus, sodass Du anderen Müttern in einer ähnlichen Situation eine gute Ratgeberin bist.

Es sollte für die Zielgruppe stimmig sein, dass Du ihr Hilfe anbietest. Ein Mann wird zu den Problemen von Frauen in den Wechseljahren weniger Zugang haben als eine Frau, die die speziellen Herausforderungen dieser Lebensphase selbst kennt. Umgekehrt wirst Du als Frau, die Männer mit erektiler Dysfunktion beraten will, eher nicht besonders glaubwürdig erscheinen.

Du bist im »Hoffnungsbusiness« tätig: Die Patienten kommen nicht zu Dir, weil Du ein sanfterer Arzt bist, sondern weil sie Dir zutrauen, dass Du ihnen etwas zu geben hast, was sie bisher woanders (trotz ihrer Odyssee im Bereich der Schulmedizin) nicht gefunden haben. Und Du kommunizierst mit Deinen Patienten, ohne sie dazu zu missbrauchen, Dein schwaches Selbstwertgefühl aufzupeppen. In dem Moment, wo Du Deinen Patienten *dienst,* bist Du automatisch »gut«! Du dienst ihnen, indem Du auch ihre Bedürfnisse beachtest und zu befriedigen hilfst. [Siehe auch »Sechs starke menschliche Bedürfnisse als größte Antriebskräfte«, S. 42 ff., und »Die intrinsischen (inneren) Antriebskräfte Deiner Zielgruppe«, S. 158 ff.]

Als Heilpraktiker/-in oder Coach bist Du ein Problemlöser – das ist der einzige Grund, weshalb Du eine Praxis haben solltest. Das wird Dein Leben aber auch interessant machen und Deine Autorität wachsen lassen. Deine vollkommen zufriedenstellenden Antworten auf die Frage »Was können wir jetzt tun?« schenken den Klienten Hoffnung.

Befasse Dich intensiv mit Deiner Zielgruppe und stelle ihre Interessen in den Mittelpunkt

Baue ein Marketing auf, das auf Kundenverständnis beruht! Das bedeutet, Du sprichst nicht (mehr) über Dich, Du brauchst nichts (mehr) zu beweisen, indem Du Deine Qualifikationen betonst, sondern gehst *kundenorientiert* vor und stellst ihre jeweiligen Erfahrungen in den Mittelpunkt. Weil Du Dich spezialisiert und im Voraus intensiv mit dieser Zielgruppe befasst hast, verstehst Du, in welcher Phase sich jedes Individuum gerade befindet und was dieser Mensch haben möchte. Es ist (D)ein Konditionierungsprozess, in dieser Weise zu denken.

Lass uns einmal die Definierung Deiner Zielgruppe mit den Parteiprogrammen vergleichen: Da eine demokratische Partei einen hohen Wählerstimmenanteil abschöpfen will, muss sie eine breite Mehrheit ansprechen und ihre Ziele möglichst in der Schwebe halten, ohne allzu klar Stellung zu beziehen: Einerseits muss sie den Umweltschutz bedenken, andererseits muss sie die Arbeitsplätze in der Automobil- und Zulieferindustrie schützen. Und so weiter. Eine Volkspartei kann nicht gezielt eine eng eingegrenzte Wählergruppe ansprechen. Demgegenüber war das Programm einer Nischenpartei wie der Grünen in ihren Anfängen klar.

Der Ansatz bzw. das Erfolgsrezept Deiner Praxis ist eher mit der Nischenpartei vergleichbar – einer Minigruppe, mit der Du eine messerscharf zugeschnittene Kommunikation führen kannst. Im Prinzip genügen Dir 100 (treue) Patienten oder Klienten – eine überschaubare Anzahl im Vergleich zu rund 80 Millionen Menschen in Deutschland.

Zu speziell sollte Dein Angebot allerdings auch nicht sein. Der Marketing-Experte Gary Halbert nimmt zum Erläutern der Zielgruppe das Beispiel »Golfmarkt«, der in den USA sehr groß ist. Viele hegen eine Leidenschaft fürs Golfspiel und geben eine Menge Geld aus, um sich hier zu verbessern. Ein Anrufer befragte Gary: Er habe eine besondere Nische; er biete recycelte Golf-Tees an (d.h. die in den Boden gesteckten Auflagen zum Abschlagen von Golfbällen).

Ein anderer Anrufer hatte eine Software entwickelt, mit der man verhindern konnte, dass E-Mail-Anhänge versehentlich verschickt wurden, und mit der man sie ggf. auch wieder zurückholen konnte.

Beachte die Emotionen und Faibles Deiner Kunden

Gary wies beide Anrufer darauf hin, dass ihre Produkte eher nicht die eigentliche **Leidenschaft der Menschen ansprechen,** doch gerade dieses **»emotionale« Kriterium** sei wichtig für den Erfolg der Produkte. Beim Golfspiel verbessert sich z.B. die Technik (bzw. das Handicap) eher nicht durch die Art des Golf-Tees.

Darüber hinaus gilt es bei der Auswahl einer Zielgruppe Folgendes zu bedenken:

Als ich in Freiburg Soziale Arbeit studierte, nahm ich als wissenschaftliche Hilfskraft an einer Studie in einer nahe gelegenen Stadt teil. Ich bekam eine lange Liste mit Hunderten von Telefonnummern älterer Menschen, die von der Oberbürgermeisterin in einem Brief auf meinen Anruf oder Besuch vorbereitet worden waren. Obwohl meine Interviewpartner 70 Jahre und älter waren, sah keiner von ihnen eine Dringlichkeit in dem Problem, um das es in der Studie »Wohnen im Alter« ging; niemand interessierte sich für Barrierefreiheit etc.

Das heißt, ein Problem ist erst wirklich von Interesse, wenn man es selbst hat, selbst wenn vorhersehbar ist, dass dieses Problem im eigenen Leben auftauchen könnte. Menschen sind erst bereit, in ein Problem zu investieren, wenn es »auf der Matte steht«. Es ist sehr schwer, *Prävention* zu verkaufen.

Das solltest Du auch bei der Auswahl Deiner Zielgruppe beachten. Wähle Menschen mit drängenden Problemen, die sich bereits schmerzhaft zeigen. Es muss auf der Hand liegen, dass sie einen Riesenvorteil haben, wenn das Problem gelöst wird.

Spezialisiere Dich (voller Begeisterung) auf Menschen mit drängenden Problemen, zumal Prävention eher schwierig zu verkaufen ist

Festlegen der Zielgruppe

Du hast also im Kapitel »VIP-Liste mit ›Crème de la Crème‹-Patienten und -Klienten« Deine *idealen* Patienten/Klienten bestimmt (S. 138). Nun musst Du auch unbedingt Deine *Zielgruppe* festlegen. Der Schlüssel bei dieser Festlegung ist: Du musst Dir über die Antworten auf die folgenden Fragen im Klaren sein:

- Was/wer begeistert Dich?
- Wo ist Deine Leidenschaft?
- Was liebst Du zu tun?
- Was fühlt sich bei Deiner Arbeit eher wie Spiel statt wie Arbeit an?
- Wobei werden die meisten Deiner Talente und Dein Wissen gebraucht?

Zwar scheint bei diesen Fragen der Fokus auf Dir zu liegen, aber der eigentliche Clou ist: Du kannst den Menschen nur dann von ganzem Herzen dienen und sie erfolgreich behandeln oder beraten, wenn Du sehr gerne mit ihnen und ihren Problemen zu tun hast.

Viele Heilpraktiker kommen in ihrer Praxis nicht voran und können nicht ihr Bestes geben, weil ihre Zielgruppe nicht spezifisch genug ist oder weil die Festlegung ihrer Zielgruppe zwar auf einer logischen, vernünftigen, vielleicht lukrativen Entscheidung beruht, aber sie keine echte Begeisterung dafür empfinden.

Eine **Zielgruppe** ist im Idealfall bereits durch eine bestimmte Art der Kommunikation untereinander verbunden bzw. kommuniziert durch ihre spezifischen Sorgen miteinander, z.B. über soziale Netzwerke, durch Blogs, Newsletters, Publikationen, über Vereine, Clubs, Selbsthilfegruppen, Events usw. Das wird die Zukunft sein! Menschen mit ähnlichen Krisen und nicht erfüllten Bedürfnissen bzw. mit ähnlichen Etiketten werden sich immer stärker miteinander vernetzen. Es gibt Kommunikationskanäle für sie, wo sie über ihre Sorgen, Nöte und Interessen sowie tagtäglichen Erlebnisse sprechen.

Was ist der Unterschied zwischen »Zielgruppe« und »Nische«?

- Deine **Zielgruppe** ist jener Teil der Bevölkerung bzw. Menschheit, dem Du am allerliebsten dienen möchtest.
  Beispiele: Mütter von Kleinkindern *oder* erfolgreiche Manager mit Burn-out-Syndrom *oder* Jugendliche mit Depressionen.

- Deine **Nische** ist die spezielle **Dienstleistung,** die Du dieser Zielgruppe anbietest.

Meine Zielgruppe sind Heilpraktiker/-innen und Menschen in helfenden und heilenden Berufen. Angenommen, Deine Zielgruppe sei damit identisch. Aber während unsere Nische bei *Praxis mit Erfolg* darin besteht, diese Zielgruppe dabei zu unterstützen, ihr Angebot so zu vermarkten, dass es sich für sie selbst nicht »komisch« anfühlt, konzentrierst Du Dich auf eine andere Dienstleistung, z.B. könntest Du darauf spezialisiert sein, HPs bei der Abrechnung/Rechnungserstellung und Überwachung der Zahlungseingänge/Mahnwesen zu unterstützen.

Obwohl ich im Rahmen dieses Buches meist von »Zielgruppe« spreche, solltest Du im Hinterkopf behalten, dass damit auch Deine Nische, d.h. die Deiner Zielgruppe angebotene spezielle Dienstleistung, gemeint ist.

Verabschiede Dich von dem Mythos, je größer Deine Zielgruppe sei, desto mehr Kunden würdest Du in Deine Praxis bekommen. Die Wahrheit lautet, dass Deine Zielgruppe ganz spezifisch zugespitzt werden sollte, damit sich viele Patienten/Klienten für Deine Praxis interessieren. Eine klare Positionierung ist wichtig!

Warum Du eine Zielgruppe definieren solltest

- Unter ihnen findest Du die Patienten/Klienten, die das Beste aus Dir herausholen werden, sodass Du Deine Sternstunden erlebst.
  Es reicht nicht, zu sagen: »Ich bin glücklich, wenn ich genug Patienten habe und genug Geld verdiene.« Du willst *mehr!*
  Die erfolgreichen Therapeut(inn)en haben gelernt, wie ihre Kunden denken, welche Bedürfnisse und Fragen sie haben. Deinen Patienten soll es durch die Behandlungen bei Dir besser gehen als jemals zuvor, weil Du ihnen auf ideale Weise helfen kannst.

- Du weißt, wo Du Deine potenziellen Kunden findest, wo sie sich begegnen und was Du ihnen anbieten musst, um überzeugend anzukommen. Du weißt, welche Sprache sie sprechen, welche Assoziationen Du ansprechen musst und worauf Du Deine Marketing-Aktionen konzentrieren solltest. Du weißt, welche Zeitschriften sie lesen und wer die einflussreichen Menschen innerhalb ihres Netzwerkes sind.
  Die Metapher sei erlaubt: Willst Du bestimmte Fische fangen, musst Du an einen Ort gehen, wo sie sich tummeln (vgl. »Abfangen«, S. 128).

- Du entdeckst die Netzwerke, in denen sich die Mitglieder der Zielgruppe mit anderen gleichgesinnten Menschen verbinden.
  Beispiel: Junge Mütter haben bereits Netzwerke etabliert, seien es PEKiP- oder Krabbelgruppen o.Ä.
  Es ist ein Leichtes für Dich, in diese netzwerkinterne Kommunikation hineinzukommen, wenn Du hier etwas Relevantes zu sagen hast.

- Du legst Dich auf die Zielgruppe fest, und diese Menschen schätzen das. Die Zielgruppe weiß, dass Du Dich begeistert mit ihren Anliegen befasst und Lösungen zu finden hilfst.

To do

** **Schließe Deine Augen. Stell Dir vor, es wäre Abend, in naher Zukunft, in der Du sehr erfolgreich bist und gerade einen großartigen Praxisarbeitstag hinter Dir hast. Du wurdest von Deinen Patienten/Klienten als Autorität wertgeschätzt, hast gesehen, wie sich ihr Gesichtsausdruck aufgehellt hat, weil sie Erkenntnisse hatten, und konntest ihnen bei der Lösung ihrer Probleme helfen; Du hast erlebt, wie sie gesundheitliche Durchbrüche hin zu »plus 10« hatten.**

* Wie fühlt sich das an?

* Welche Patienten/Klienten waren bei Dir?
- Waren es überwiegend Senioren oder Leute im Alter zwischen 30 und 50, viele Jugendliche oder vor allem Kinder? »Nur« Männer oder ausschließlich Frauen?
- Eher bodenständige Leute oder sehr spirituelle oder ...?
- Handwerker/-innen, Akademiker/-innen oder ...?
- Mit welchen Problemen sind sie zu Dir gekommen?

* Welche Deiner Stärken hast Du eingesetzt?

* Schreibe mindestens fünf unterschiedliche Patienten- bzw. Klientenbeschreibungen auf – gemäß dem Muster: »Meine Patienten sind ..., die versuchen ...«
(Beispiele: »Meine Patienten sind berufstätige Männer über 40 in Führungspositionen, die versuchen, ihren Körper wieder in Form zu bringen.« Oder: »Meine Patienten sind Kinder mit atopischem Ekzem, die gemeinsam mit ihren Eltern versuchen, ihr Hautproblem ohne chemische Anwendungen zu heilen.«)

Der Zielgruppen-Zoom-Prozess

Die Spezifizierung in unserer Zeit wird auch dank des Internets immer feiner.

Für die Eingrenzung Deiner Zielgruppe gibt es die verschiedensten Möglichkeiten sowie Kombinationen, z.B. aus den folgenden Bereichen:

- Berufsgruppen, z.B. Lehrer oder Handwerker oder Juristen oder Führungskräfte (beiderlei Geschlechts)
- Demografische Kriterien, z.B. Frauen über 50 Jahren
- Familienrollen, z.B. Mütter oder Väter – oder spezifischer: Mütter von Kleinkindern
- Hobbys, z.B. Sportler (bzw. noch genauer: Tänzer oder Fußballer) oder Musiker
- Lebensweisen, z.B. Menschen, die vegan leben
- Bildungsabschluss, z.B. Akademiker
- Herkunft, z.B. Migranten
- Sexuelle Orientierung, z.B. homosexuelle Paare
- Religion oder Weltanschauung, z.B. Muslime, Juden
- Diagnosen, z.B. Diabetiker, Rheuma-Patienten, Menschen mit Zwangsstörungen oder mit ADS
- Etikettierungen, z.B. Hypersensibilität gegenüber Mobilfunkstrahlung, Arteriosklerose oder Asthma

Erkenne den Unterschied zwischen dem früheren Paradigma, bei dem sich Heilpraktiker mit ihren Techniken angeboten haben (z.B. Akupunktur, Homöopathie und Fußreflexzonenmassage), und der heute erforderlichen Herangehensweise, sich auf eine eingegrenzte Zielgruppe zu spezialisieren, z.B. auf junge Mütter, die gerne Sport treiben und eine Weizenallergie haben.

To do

* **Erstelle Dein eigenes Profil: Zu welchen Zielgruppen gehörst *Du selbst?***

Bedenke, dass Du als Heilpraktiker/-in oder Coach besonders geeignet bist für alle, die Dir und Deinen Interessen ähneln, denn Du hast dann eine Fülle persönlicher Erfahrungen gesammelt und kennst Dich bestens mit ihnen sowie mit ihren Anliegen und Problemen aus.

Beispiel:

1. Deine Zielgruppe: *Mütter mit Kleinkindern.*

2. Wir zoomen jetzt auf die Interessen bzw. die problematische Lebenssituation Deiner Zielgruppe.

   Du wirst Kommunikationskanäle (Webseiten, Portale, Zeitschriften, Bücher etc.) finden, die darauf spezialisiert sind, *diese Mütter zu informieren, z.B. übers Bettnässen, über Wutanfälle an der Supermarktkasse o.Ä.*
   Du kannst über einen Newsletter oder einen Vortrag eine Unterhaltung mit Deiner Zielgruppe beginnen. Deine spezielle Botschaft, die Du in die Welt hinausschickst, bietet Lösungen für dringliche Probleme an, sodass Menschen sich angesprochen und getroffen fühlen.

3. Nun zoomen wir auf die Ziele Deiner Zielgruppe: Was will sie erreichen bzw. bekommen?

   Zum obigen Beispiel: dass das Bettnässen aufhört, allerdings auf eine Weise, bei der die Kinder nicht beschämt oder gar geschädigt werden.

Bei der Zielverfolgung treffen Menschen auf Widerstände bzw. Prüfungen, d.h. Probleme, die sie von dem abhalten, was sie wollen.

Also brauchst Du eine Liste von Problemen, auf die Deine Zielgruppe stoßen könnte: Was hindert die Zielgruppe daran, ihre Ziele zu erreichen?

Zurück zum angeführten Beispiel: Verhaltenstherapeuten empfehlen eine Klingelhose für kleine Bettnässer, aber Deine Zielgruppe will nicht, dass ihr Kind aus dem Tiefschlaf aufgeschreckt wird. Außerdem lehnt die Zielgruppe Medikamente ab, und zu allem Überfluss fühlt sie sich völlig verunsichert von den vielen unterschiedlichen Lösungsvorschlägen aus allen möglichen Fachrichtungen.

•••

Mit den Antworten auf die Fragen im folgenden Fragebogen machst Du keine in Stein gemeißelte Weichenstellung. Es geht darum, Dich daran zu gewöhnen, in einer gewissen Weise zu denken. Auf dem Weg wirst Du noch mehr erkennen und eventuell sogar die Zielgruppe verändern.

Du kannst diesen Gedankenprozess für jede Zielgruppe durchführen, mit der Du leidenschaftlich gern arbeiten möchtest.

Generell gilt: **Konzentriere Dich zunächst auf eine einzige Zielgruppe,** um Dich nicht zu verzetteln und um wirklich profund und detailliert über sie und ihre Anliegen Bescheid zu wissen. **Erst später kannst Du peu à peu (wenige) weitere Zielgruppen hinzunehmen** (siehe Kapitel »Expansion – wie kann Deine Praxis wachsen?«, S. 235ff.).

To do

Deine Zielgruppe

* Welcher Zielgruppe willst Du dienen?

* Warum willst Du (ausgerechnet) dieser Zielgruppe helfen, ihre Probleme zu lösen?

* Was sind ihre gemeinsamen Sorgen und Nöte? Je spezifischer und lebensnäher Du dies definierst, desto besser. *(Beispiel: Menschen mit Zöliakie müssen z. B. bei einer Einladung die Gastgeber darauf hinweisen, dass sie nichts Glutenhaltiges essen dürfen. Das erleichtert das Leben nicht.)*

* Was sind ihre Emotionen?

* Welche (oft leidvollen) Erfahrungen machen die Menschen Deiner Zielgruppe?

* Welche Fragen stellt sich Deine Zielgruppe (teilweise immer wieder)?
  Bedenke hier zugleich existenzielle Erfahrungen wie Schuldgefühle: *»Bin ich selbst schuld an meiner Depression?«* Wenn die Kommunikationsgruppe eines Patienten esoterische Neigung hat: *»Habe ich bestimmte Schicksalsgesetze missachtet und bin deshalb krank?«* Oder in der Psychotherapie: *»Bin ich selbst schuld an dem Missbrauch?«* Oder: *»Warum bin ich so undiszipliniert, dass ich nicht abnehmen kann?«*

* Was sind ihre Bedürfnisse?

* Welche Etikettierungen (oder Modewörter) werden in der Zielgruppe benutzt? (Siehe »Der Weg der Patienten, bevor sie zu Dir kommen«: »4. Etikettierungen«, S. 125.) Sind diese hilfreich oder eher hinderlich?

* Jede Etikettierung beruht auf gewissen Konzepten. Menschen nutzen diese Konzepte, um zu entscheiden, ob das Etikett für sie hilfreich ist oder nicht. Wie kannst Du über diese Konzepte sprechen und demonstrieren, dass Du mit ihnen vertraut bist, sodass die Betroffenen sagen: »Das ist ja sehr interessant!« Es geht um ein kongruentes Verständnis – Du sollst Dir das Wissen nicht nur angelesen haben.

* Auf welchen Wegen bzw. durch welche Kommunikationskanäle kannst Du mit der Zielgruppe über ihre speziellen Anliegen kommunizieren?

* Welchen »Gurus« bzw. Influencern folgt die Zielgruppe? Wer sind die anderen Experten?

* Von einem gewissen Punkt an wollen Menschen, die Dir vertrauen, über ihre Anliegen sprechen: »Was soll ich tun?« Wie fühlst Du Dich bei dem Gedanken, dass sie sich Deinen Rat und eine Lösung durch die Behandlung bei Dir erhoffen?

• • •

Wenn Du als Praktizierende/r eine gute Einsicht in die sieben Phasen [siehe »Der Weg der Patienten, bevor sie zu Dir kommen« (S. 122ff.): »1. Bedürfnis« bis »7. Handlung«] sowie eine spezielle Zielgruppe hast, der Du helfen kannst, dann demonstrierst Du sowohl Dein (großes) Verständnis ihrer Gemeinsamkeiten, ihrer Fragen und (leidvollen) Erfahrungen als auch ein Verständnis der persönlichen Anliegen jedes einzelnen dieser Individuen. Du hast ggf. alternative Etiketten anzubieten und kannst Deinen Blickwinkel einbringen. Dein Verständnis sorgt dafür, dass sie Dir folgen und Handlungen unternehmen.

Der bedeutsame Dialog innerhalb des Zielgruppen-Zoom-Prozesses

Je leichter Deine Zielgruppe erkennt, dass Du über ihre Probleme Bescheid weißt, desto klarer wird ihr sein, dass Du auf eine relevante Weise mit ihr sprichst. Du positionierst Dich auf diese Weise auch als Experte/Expertin (siehe »Ehrliche Schritte zum Expertenstatus«, S. 175ff.). Wie kannst Du bei diesem bedeutsamen Dialog vorgehen?

- Wähle für diese Aufgabe ein sehr typisches Problem Deiner Zielgruppe und gehe damit *schriftlich* den fünfstufigen Prozess durch:

1. Beschreibe das Problem Deines Zielgruppen-Kunden mit emotionalen Worten, beachte also dessen Gefühle und subjektive Erfahrungen und fasse sie in Worte. Vermeide es jedoch unbedingt, zu moralisieren sowie Deine Methoden o.Ä. zu erläutern.

2. Erkläre und definiere das Problem neu. Das bedeutet: Du bist in der Lage, die subjektive emotionale Erfahrung zu verstehen, die jemand hat, der diesem Problem im Leben begegnet. Wie äußert sich dieses Problem und warum existiert es? Jetzt sprichst Du als Experte. Welchem typischen Muster folgt dieses Problem?

3. Entwickle eine Behandlungsstrategie: Stelle den ersten Schritt vor – und sei es »nur« eine Körperübung, ein Heilkraut o.Ä., die *sofort* hilfreich/lindernd wirken – sowie den gesamten Behandlungsplan. Sei dabei kreativ, aber auch realistisch; der Behandlungsplan muss natürlich gut durchführbar sein.

4. Biete ein gelungenes Fallbeispiel aus Deiner Praxis (anonymisiert) oder ein konstruiertes Beispiel und erläutere daran den Verlauf: Problem – Strategie – Lösung.

5. Breite Deinem Klienten die Lösung und deren Vorteile aus.

Es gilt, ein Momentum aufzubauen – Geschwindigkeit, um in Schwung zu geraten und Schubkraft zu haben: Sobald Du Dich mit Deiner Zielgruppe auch nur im Geist beschäftigt hast, wirst Du affin zu ihr – und auf nahezu magische Weise kommen dann womöglich bereits Gelegenheiten auf Dich zu, Kontakt mit solchen Praxisinteressenten zu haben.

Durch Deine Vorbereitung auf die Zielgruppe kommen Deine Klienten in Resonanz mit Dir. Hast Du Dich zufällig mit einem Thema beschäftigt, kann es passieren, dass sich Menschen mit ähnlichen Themen melden. Was hier »zufällig« geschieht, kannst Du als strategisch denkende/r Heilpraktiker/-in oder Coach bewusst planen, indem Du Dich speziell auf Deine Zielgruppe einschwingst und Dich mit ihrer Problematik beschäftigst.

Wenn Du die größten Wünsche Deiner Zielgruppe ermittelt hast, frage bei jedem Wunsch: »Was liegt darunter/dahinter?«

Beispiel eines Patienten, der abnehmen will:
Was liegt darunter?
Er fühlt sich schwerfällig, Bewegung ist mühsam.

Was liegt darunter?
Er will beweglicher sein.

Was liegt darunter?
Er möchte mit den Enkelkindern Federball und Verstecken spielen u. Ä.

Was liegt darunter?
Er befürchtet, seine Enkel so zu langweilen, dass sie nicht mehr gern zu Besuch kommen.

Usw.

Auf diese Weise gelangst Du an den **Kern** der Wünsche. Es ist ein **emotionaler** Grund; Menschen treffen Entscheidungen aufgrund von **Gefühlen.** Der Verstand »segnet« die Gefühlsentscheidung nur noch ab und findet rationale Gründe dafür.

To do

** Benenne (nochmals) die Hauptprobleme Deiner Zielgruppe.
Lege anschließend die wichtigsten Punkte auf dieser Liste fest (vielleicht stehen sie auf Deiner Liste weit unten ...).

** **Zähle die größten Wünsche Deiner Zielgruppe auf.** Frage dann bei jedem Wunsch: *»Was liegt darunter/dahinter?«*

Dein »Avatar«

Die Kreation eines Avatars ist ein Superinstrument. Im Marketing bedeutet dieser Begriff: **eine imaginäre, prototypische Person.**

Auf der Grundlage aller Informationen, die Du in Bezug auf Deine Zielgruppe gesammelt hast, solltest Du jetzt einen solchen Avatar entwickeln.

Tipp: Du kannst bei dieser Übung auch so vorgehen, dass Du an eine ganz bestimmte Person denkst, die sich als Dein perfekter Patient/Klient erwiesen hat. Solltest Du z.B. bereits eine traumhafte Patientin (gehabt) haben, die alle Deine Wunschkriterien erfüllt, kannst Du sie Dir als Avatar vor Augen führen.

Ich entwickle seit bald zwei Jahrzehnten Persönlichkeits- und Weiterbildungsprogramme für Erwachsene. Beim Schreiben kreiere ich mir einen Avatar – einen imaginären prototypischen Teilnehmer – und richte mich ganz nach ihm aus. Ja, der Avatar bekommt auch einen Namen.

Es mag sich verrückt anhören, aber sobald Dein Avatar in Deiner Vorstellung zum Leben erwacht, kannst Du ihm sogar Fragen stellen, z.B. ob er lieber geduzt oder gesiezt werden möchte, ob er eine langsame oder eine Hauruck-Lösung bevorzugt usw.

Beim Ausfüllen des Fragebogens gehe in einen Dialog mit Deinem Avatar: Du wirst empathisch erspüren, wie sein Beziehungsleben, seine Probleme, seine Leidenschaften usw. geartet sind.

In kuriosen Fällen wird sogar innerhalb der nächsten Monate ein leibhaftiger Mensch in Deiner Praxis auftauchen, der Deinem Avatar (bzw. einem Deiner Avatare) verblüffend ähnelt.

To do

Dein Avatar

- Geschlecht:
  [ ] weiblich [ ] männlich
- Alter: .... Jahre
- Vor- und Nachname: ....
- Anzahl der Kinder: ....
- Wohnort: ....
- Bildungsgrad/Ausbildung: ....
- Berufliche Tätigkeit: ....
- Arbeitsplatz: ....
- Einkommenssituation: ....
- Wie geht es ihm/ihr bei der Arbeit? ....
- Wie sieht sein/ihr Beziehungsleben aus? ....
- Hobbys: ....
- Faibles/Leidenschaften: ....
- Ziele: ....
- Gesundheitliche Probleme: ....
- Folgen/Auswirkungen der gesundheitlichen Probleme: ....
- Wie hat er/sie bisher diese Probleme zu lösen versucht? ....
- Welche anderen Probleme hat er/sie? ....
- Wie geht es ihm/ihr mit den Problemen? ....
- Warum sollte er/sie ausgerechnet zu Dir kommen, um Hilfe zu erfahren? ....

Sammle über Deine Zielgruppe so viele Informationen wie möglich, solange Dein Geist sozusagen noch nicht konditioniert, sondern frisch ist. In diesem Fall zählt neben der *Qualität* tatsächlich auch die *Quantität.*

Die intrinsischen (inneren) Antriebskräfte Deiner Zielgruppe

Was treibt die Menschen Deiner Zielgruppe an?

- **Gefühle** sind die Antriebskräfte Nummer eins – auch im Hinblick darauf, dass jemand einen Heilpraktiker oder Coach aufsucht.

  Sei Dir des bedeutenden Unterschieds zwischen einer Ansprache der Gefühle und einer verstandesmäßigen Argumentation bewusst. Die Darbietung von Informationen, z.B. über Webseiten, setzt üblicherweise am Verstand an, nicht am Gefühl. Es gibt so vieles, was man »eigentlich« bzw. »vom Kopf her« anders machen will. Verblüffend, dass wir als Menschen in helfenden und heilenden Berufen selbst nicht alles in idealer Weise tun ... Unser Verstand weiß es, allerdings taugt er nicht als Antriebskraft. Menschen gehen erst dann auf die Suche nach Lösungen, wenn ihre Gefühle involviert sind. Die unerfüllten Bedürfnisse zeigen sich im Gefühlsleben. [Siehe auch »Sechs starke menschliche Bedürfnisse als größte Antriebskräfte«, S. 42 ff., und »Die intrinsischen (inneren) Antriebskräfte Deiner Zielgruppe«, S. 158 ff.]

  Du kennst das »Bioladen-Phänomen«: »Eigentlich« wollen sich alle möglichen Leute von Bioware ernähren, trotzdem kaufen sie letztlich konventionell bei den Discountern ein. Die Argumente für Bioware sprechen meist allzu sehr den Verstand statt die Gefühle an.

  Marketingmaßnahmen, therapeutische Behandlungen und Beratungen müssen die Gefühle ansprechen

  Unser Marketing muss daher die Gefühle ansprechen, statt am Verstand anzusetzen. Und das Gleiche gilt für Behandlungen. Andernfalls gehen die Patienten nach Hause, ohne sich dort an die Empfehlungen des Heilpraktikers zu halten – obwohl sie Geld für die Therapie bezahlen. Das wird zwangsläufig zu Frustration führen, sodass Du diese Patienten früher oder später verlierst. Das Gleiche gilt für Coachs und ihre Klienten.

Welche Gefühle triggern also Deine Patienten/Klienten, sodass sie Dich aufsuchen?

Angenommen, jemand möchte Gewicht verlieren und kommt deshalb in Deine Praxis: Dann musst Du herausfinden, was **das dahinterliegende Gefühl** ist: Weshalb will er abnehmen? **Welche Gefühle liegen hinter seiner Handlung?** (Siehe »To do« hinsichtlich der größten Wünsche Deiner Zielgruppe, S. 156.)

- Welche **Leidenschaften** hat ein Patient/Klient Deiner Zielgruppe?
  Was macht ihn enthusiastisch?
  Womit befasst er sich für sein Leben gern?

- Welche **Werte** hat jemand?
  Wer z.B. partout keine Antibiotika nehmen oder sein Kind nicht impfen lassen möchte, hat einen verinnerlichten Wert, der auf der Weltanschauung beruht, dass weder das eine noch das andere guttue.
  Erst im Nachhinein sucht man nach Verstandesgründen, um die Entscheidung zu rechtfertigen. Der Verstand segnet gewissermaßen nur nachträglich ab, was das Gefühl längst beschlossen hat.

Die Entscheidung beruht auf dem Gefühl – erst danach findet der Verstand »gute Gründe« dafür

•••

- Lass uns nochmals auf die **Bedürfnisse** zurückkommen. (Vgl. »Sechs starke menschliche Bedürfnisse als größte Antriebskräfte«, S. 42 ff.)
  Für die Bedürfnisse könnten wir auch eine etwas andere Darstellung wählen, wenn wir uns auf die folgende Tatsache fokussieren:

  Emotionale und spirituelle Entwicklung bildet für Menschen einen großen Antrieb. In höherem oder geringerem Maße trägt jeder von uns vier Dimensionen der emotionalen und spirituellen Entwicklung in sich – je nach Bewusstsein:

Bedürfnisse

1. Dimension: Bedürfnis, zu kontrollieren und zu beherrschen

Hier haben wir es mit der untersten Ebene der emotionalen und spirituellen Entwicklung zu tun. Wer in dieser ersten Dimension feststeckt, möchte sein Leben und seine Umgebung unter Kontrolle haben (vgl. im Kapitel »M & M & M – Menschen, Marktwirtschaft und Marketing« das 1. Bedürfnis: »Sicherheit/Gewissheit«, S. 43). Im Grunde möchte er auch Einfluss auf andere oder sogar Macht über andere haben.

In dieser Phase herrscht das Bedürfnis vor, sich selbst etwas Gutes zu tun. Beziehungen auf dieser Ebene sind v.a. ausbeuterisch: »Ich hole etwas von dir.«

Das vorherrschende Gefühl ist Angst.

Die Umwelt spiegelt diesen Menschen eventuell wider: Stopp, so geht das nicht – es macht keinen Spaß mit dir, wenn du uns zu kontrollieren versuchst.

In Anbetracht eines geängstigten Patienten können wir uns fragen: Ist ihm die Kontrolle abhandengekommen? Es gilt, solchen Patienten zu helfen, sich von dieser Ebene bzw. von ihrer Angst zu lösen und von selbstsüchtigen Wünschen wegzukommen. Wir holen diese Menschen ohne Verurteilung dort ab, wo sie momentan stehen. Dann können wir ihnen einen Weg zeigen, die Kontrolle auf einer höheren (!) Ebene wiederzugewinnen.

2. Dimension: Bedürfnis, geliebt zu werden und für andere bedeutsam zu sein

Auf dieser Ebene sind Menschen selbstbezogen und v.a. darauf fokussiert, von anderen gebauchpinselt und »betüttelt« zu werden. Das Hauptgefühl ist: Verlangen, emotionaler Hunger. Sie sind wie ein Fass ohne Boden und brauchen dauernd Aufmerksamkeit, Zuwendung und Liebe von anderen.

Zum einen kann es die besten Qualitäten in Menschen hervorbringen, anerkannt und gebraucht zu werden; zum anderen kann es auch in irrationales, selbstsüchtiges Verhalten ausufern bzw. in Rivalität oder Gewalt gegenüber anderen, die (vielleicht vermeintlich) mehr geschätzt und geliebt werden als man selbst.

Kinder in dieser Phase suchen zuweilen sogar Ärger oder Strafe – immerhin gewinnen sie damit die Aufmerksamkeit der anderen.

Ein Mensch entwickelt vielleicht ein besonderes Symptom in der Hoffnung, auf diese Weise das Mitgefühl und die Liebe seines Partners zu bekommen. Wenn Menschen in dieser Phase stecken geblieben sind, scheint es so zu sein, als würden ihre Bedürfnisse niemals erfüllt; immer sind Frustration und Unwohlsein infolge exzessiver Forderungen an die Umwelt bemerkbar. Typisch sind hier psychosomatische Krankheiten.

Wenn Du jemandem in dieser Phase hilfst, seine Krankheit zu überwinden – welche Möglichkeiten hat er dann noch, dafür zu sorgen, dass seine Umgebung ihm die ersehnte Aufmerksamkeit und Zuwendung gibt? Hat er überhaupt ein tiefgründiges Interesse daran, sich von seinen Symptomen zu befreien? Läuft er nach seinem Empfinden Gefahr, mehr zu verlieren als zu gewinnen, wenn er gesund würde? Es wird Dir nicht gelingen, ihm zur Heilung zu verhelfen, solange Du ihn nicht auf der Gefühlsebene erreichst.

Welches Gefühl musst Du bei ihm ansprechen?

Beachte: Menschen haben Angst, Opfer bringen zu müssen und auf etwas Liebgewonnenes zu verzichten. Wer von seinem Patienten/Klienten verlangt, etwas aufzugeben, muss ihm gleichzeitig auf der Gefühlsebene klarmachen, dass er stattdessen etwas Höherwertiges gewinnen wird. Wenn Du jemandem etwas wegnimmst, musst Du ihm etwas Besseres geben. Das heißt, der Patient muss durch Dich die Einsicht gewinnen, dass er durch die Loslösung von seinen Symptomen viel mehr gewinnen als verlieren wird.

Eine »ungute« Gewohnheit kann nur dann erfolgreich und dauerhaft aufgegeben werden, wenn dieser Mensch zutiefst fühlt und am eigenen Leib erfährt, dass er durch den Verzicht etwas Höherwertiges gewinnt

Beispiel: *Eine Migränepatientin war betrübt, als sie ihre ärgsten Symptome verlor und nicht mehr zwei Tage pro Woche in ihrem abgedunkelten Zimmer liegen durfte – obwohl Migräne ja äußerst schmerzhaft und un-*

angenehm ist. Ihr mag nun schon die Perspektive helfen: »Sie brauchen doch keine Migräne, um sich in Ihr Zimmer zurückzuziehen. Wie wäre es, wenn Sie sich jeden Tag eine Stunde genehmigen würden, um sich hinzulegen oder still zu meditieren oder etwas zu lesen?!«

3. Dimension: Bedürfnis, andere zu beschützen und zu lieben

Eine sehr hohe menschliche Triebfeder, die auch oft die Basis für den Wunsch ist, Therapeut/-in zu werden/sein!

Einerseits kann sie unsere höchsten Qualitäten von Mitgefühl, Hingabe, Großzügigkeit, Güte zum Vorschein bringen.

Andererseits ist in ihr eine kleine Saat von Gewalt enthalten, nämlich im Sinne von »besitzergreifend«, »übergriffig« oder »invasiv«. Wie oft hast Du Dir z.B. Gedanken gemacht: »Oh, kann sich Herr A. oder Frau B. überhaupt das Honorar leisten? Kann ich das überhaupt verlangen?«

Das ist die Schattenseite der 3. Dimension: das Gegenüber zu bevormunden, und sei es auch noch so »nett« gemeint.

Früher wurden Kinder bestraft – gewissermaßen »dem Kind zuliebe«, weil es vermeintlich davor geschützt werden sollte, dergleichen noch einmal zu tun bzw. noch größeren Schaden anzurichten.

Oder ein liebender Partner dominiert den anderen, um ihn zu beschützen; er nimmt ihm z.B. ungebeten Entscheidungen ab, um ihn vor (u.U. vermeintlichen) Fehlhandlungen zu bewahren.

Diese Art von Liebe kann krank machen – und sie kann zu viel des Guten sein (»Vergewohltätigung«).

Das Hauptgefühl heißt hier: Verzweiflung. Darüber hinaus spielen Schuldgefühle eine Rolle, außerdem eine latente Gewaltsamkeit gegenüber sich selbst und gegenüber anderen.

Sollten besorgte Eltern bei Dir anrufen, weil ihr Kind »so krank« sei, weist u.U. manches darauf hin, dass die Eltern in der 3. Dimension gefangen sind: Das Kind stößt die Eltern (unbeabsichtigt) in diese Verzweiflung, um ihnen die Gelegenheit zu geben, möglichst viel Mitgefühl und Liebe zu zeigen, die sie auf andere Weise nicht ausleben könnten.

Das Gefühl der Verzweiflung muss bei diesen Klienten angesprochen werden. Man wird ihnen selbstverständlich *nicht* sagen: »Sie sind übergriffig, besitzergreifend, invasiv; Ihr Bedürfnis, Ihr Kind zu lieben, ist überdreht …« Man wird sie behutsam dort abholen, wo sie stehen. Hilf ihnen, ihr exzessives Bedürfnis, zu lieben und zu beschützen, auf die nächsthöhere Ebene zu bringen!

4. Dimension: Bedürfnis nach Reue und Vergebung

Ohne religiös oder moralisch klingen zu wollen: Reue und Vergebung sind menschliche Bedürfnisse. Sterbebegleitung besteht oft wesentlich darin, diese vierte – und höchste spirituelle – Dimension zu erreichen.

Wer in dieser Dimension stecken bleibt, versinkt in Trauer und Depression. Das vorherrschende Gefühl ist Scham. Wer sich schämt, isoliert sich; er schaut nach unten, kann anderen nicht ins Gesicht sehen. Scham bildet einen starken Antrieb für Menschen.

Was kannst Du als Heilpraktiker/-in oder Coach tun? Es gilt dann, dem betroffenen Menschen zu helfen, wieder in die 1. Dimension zu gelangen, *aber auf einer höheren Ebene:* Er soll wieder Kontrolle gewinnen über sein eigenes Leben und seine Umgebung, anstatt exzessiv darauf fokussiert zu sein, welch »böse« Dinge er in seiner Vergangenheit angerichtet hat.

•••

Gesund zu sein bedeutet, quasi aufwärts-spiralförmig immer wieder – wie in einem Kontinuum – durch diese Phasen/Dimensionen hindurchzugehen. Jede darüber liegende Ebene enthält die Heilung für die darunter liegende: Die Du-Orientierung der 2. Dimension hilft, aus der Ich-Orientierung der 1. Dimension herauszukommen. Die *aktive* Du-Bezogenheit der 3. Phase bietet Heilung für die *passive* Du-Orientierung der 2. Ebene usw. – bis der Kreislauf auf der höheren Ebene von Neuem beginnt, indem die Fixierung auf Reue und Vergebung durch die 1. Dimension auf der neuen Ebene der »Spirale« geheilt wird.

In diesen vier Dimensionen befinden sich Patienten/Klienten, die auf die Suche gehen. Typischerweise beginnt ihre Suche, sobald sie in einer Phase hängen bleiben und aus eigener Kraft nicht mehr herauswissen.

To do

* Finde heraus, wann genau Dein perfekter Patient/Klient Deine Behandlung oder Begleitung bzw. Dienstleistung buchen möchte.
- Was »muss« im Leben dieser Person geschehen, damit sie Deine Dienstleistung in Anspruch nimmt?
- Zu welcher Zeit im Jahr bucht dieser Mensch typischerweise Deine Dienstleistung?

PRAXIS-
ERFOLGS-
STRATEGIE

Die »Interessenten werden Patienten«-Erfolgsformel

Die meisten Heilpraktiker sitzen dem Mythos auf, die Patienten kämen von alleine und der Auftrag zu helfen beginne erst dann, wenn der Patient die Praxis betritt. Die Arbeit strategischer Heilpraktiker/-innen setzt dagegen dort an, wo potenzielle Patienten zu suchen angefangen haben: Manche halten Vorträge, haben eine informative Webseite usw. Noch besser ist es allerdings, den Praxis-Elfenbeinturm zu verlassen und dorthin zu gehen, wo sich die Patienten befinden.

Wenn Du auf die Menschen zugehst und sie in ihrer Problemsituation abholst, bevor sie noch recht zu suchen beginnen, werden sie Dir entgegenkommen. Du solltest also den Patienten wohlwollend »abfangen«, bevor er in die Recherche und Selbstdiagnose einsteigt und sich eine andere Autorität sucht, und dann in einen bedeutungsvollen Dialog mit dem potenziellen Interessenten eintreten.

Die **(ethisch gehandhabte) Erfolgsformel** für den darauf folgenden Prozess lautet:

Wenn es Dir gelingt, die Probleme, Bedürfnisse, Sehnsüchte und Ziele Deiner Interessenten besser in Worte zu fassen, als sie es selbst können, dann werden sie Dir hundertprozentig zuhören und Dich als Autorität auf dem Gebiet ernst nehmen.

Hast Du zusätzlich eine einleuchtende und einzigartige Lösung für sie, werden aus Interessenten Kunden, die Dir vertrauen und Dich hoch schätzen; sie werden selbstverständlich mitarbeiten (Compliance), gern und immer wieder (sogar über weite Entfernungen) zu Dir kommen und Dich wärmstens weiterempfehlen.

Selbstverständlich sollst Du ihnen dabei nichts vormachen – daher »ethisch gehandhabte« Erfolgsformel! Scharlatane werden den Leuten den Mund wässrig machen mit tollen Formulierungen, denen die wohlwollende und kompetente Basis fehlt.

Gemäß der Erfolgsformel gilt es, mit Deinem Interessenten/Patienten aufgrund Deines tiefen Verständnisses seiner Bedürfnisse und Probleme die Ziele zu erarbeiten, die er erreichen will. Du musst wissen, wie Du ihn auf die nächste Ebene begleiten kannst.

Das heißt, es ist Deine Aufgabe, »draußen« eine Botschaft zu hinterlassen, die alle Teile Deiner Praxis so ausrichtet, dass Dein potenzieller Patient das Gefühl hat, von Dir verstanden zu werden. Deine Zielgruppe hat ein gemeinsames Problem und steht eventuell miteinander in Kontakt, z.B. eine Gruppe von Frauen in den Wechseljahren, die etliche Kilogramm abnehmen wollen. Oder Eltern von Kindern mit Allergien, die ohne Histamine, Cortison etc. behandelt werden sollen. Oder Angehörige alter Menschen, die unter dem Druck der Pflege zusammenzubrechen drohen.

Zur Erinnerung: Deine ideale Zielgruppe wäre eine, deren Probleme Du aus eigener Erfahrung kennst und die Dir selbst in bestimmter Hinsicht sehr ähnlich ist. (Siehe »Der Zielgruppen-Zoom-Prozess«, S. 149ff.)

Gehe auf Deine Zielgruppe zu, beginne ein bedeutsames Gespräch mit ihr: kompetent-informativ und (echt) empathisch zugleich

Du musst eine bedeutungsvolle Kommunikation mit den Menschen Deiner Zielgruppe initiieren, indem Du verstehst, welche innere (Denken, innerer Monolog) und äußere (Gespräche mit anderen) Unterhaltung bereits geschieht. Du steigst bei der Begegnung mit ihnen in eine Unterhaltung ein. Bedeutungsvoll wird ihnen das Gespräch vorkommen, wenn Du ihre Sorgen und Nöte verstehst; dann gelangst Du ins Herz dessen, was sie erreichen wollen.

Wie kannst Du Deiner Zielgruppe auf die Schliche kommen?

Eine Inversionsphase ist angebracht: **Stürze Dich in die Welt Deiner Zielgruppe, um sie wirklich kennenzulernen und sie zu verstehen. Komm in die »Schwingung« Deiner Zielgruppe, indem Du Dich auch mit ihren Informationsquellen beschäftigst.** Du wirst dabei mehr Informationen sammeln, als Du letztlich brauchen wirst. Sieh diesen Prozess als eine Art Weinlese: Du sammelst die Reben, und später machst Du daraus den allerbesten Wein.

To do

* Gespräche aus erster Hand: Was hast Du in Gesprächen mit Menschen Deiner Zielgruppe gehört bzw. erfahren?

* Notiere die Titel aller Publikationen, Kommunikationskanäle, Medien (Zeitungen, Magazine, Newsletters usw.), die Du für Deine Zielgruppe findest. (Für manche Zielgruppen gibt es eigene Zeitschriften.)

* Schreibe wichtige Headlines (Überschriften) auf, die Du in den Artikeln findest.

* Internetsuche: Liste alle Sucheinträge auf, die die Menschen Deiner Zielgruppe in die Suchmaske von Google eintippen könnten, wenn sie Antworten für ihre Probleme oder Informationen über ihre Leidenschaften suchen. Du kannst Google und YouTube zu Deinem Vorteil einsetzen; noch nie zuvor gab es so viele Möglichkeiten, sich über die Charakteristika und Anliegen bestimmter Therapeuten-Zielgruppen zu informieren, wie heute.

* YouTube – eine gigantische Suchmaschine: Gib die soeben gefundenen Suchwörter bei YouTube ein und schau, welche Videos erscheinen.

* Lies Artikel, Blogs und Foreneinträge, die Deine Zielgruppe betreffen. Das sind wertvolle Informationen über Deine Zielgruppe. Notiere die Schlüsselinformationen und wiederkehrenden Phrasen.

* Liste die Titel von Büchern auf, die sich mit dem Thema befassen. Bei Amazon findest Du unter einem bestimmten Buchtitel Produktinformationen, bei denen auch der »Amazon Bestseller-Rang« angeklickt werden kann: Darüber stößt Du auf die Top-Bestseller-Titel der »Gurus« zum betreffenden Thema. Gehe davon aus, dass viele in Deiner Zielgruppe die betreffenden Experten und Bücher kennen – zumindest vom Hörensagen.

* Sieh Dir fünf dieser Bücher an (wenigstens per »Blick ins Buch« bei Amazon). Schreibe deren Inhaltsverzeichnisse ab, um ein Verständnis zu gewinnen, wie die Autoren das Thema strukturiert haben. Notiere möglichst auch weitere wichtige Informationen, die Du in den Büchern findest.

PRAXIS-ERFOLGS-STRATEGIE

Der größtmögliche Wert für Deine Zielgruppe

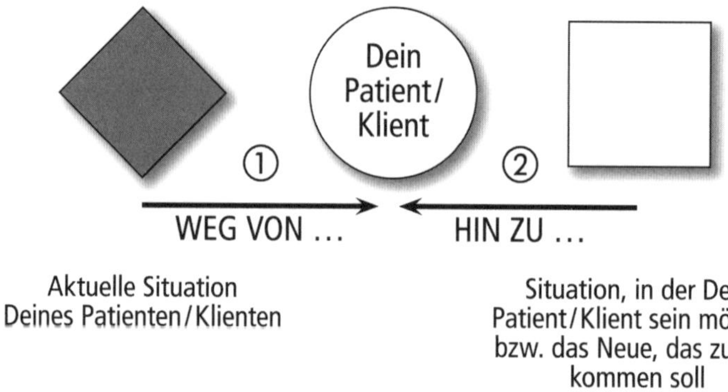

Deine Zielgruppe hat zum einen dringende Bedürfnisse und zum anderen kühnste Träume:

① Die stärkste Motivation (Beweggrund) dieser Menschen ist der Drang, von etwas wegzugehen; hier liegt das dringlichste Problem. Das ist auch der wichtigste Grund, weshalb Du jemandem eine Behandlung »verkaufen« kannst.

② Darüber hinaus lockt der Zustand, den diese Menschen individuell erreichen wollen.

Indem Du beides miteinander kombinierst, verwendest Du die allergrößten Motivatoren überhaupt.

Du solltest unbedingt haargenau herausfinden, von was jeder Einzelne Deiner Patienten/Klienten wegwill und wohin sie jeweils möchten. Unter Umständen unterscheidet sich Deine Sicht von der Deiner Kunden: Nach Deinem fachlichen Ermessen müssten sie von etwas anderem weg, als sie selbst glauben.

Aus der Sicht Deines Patienten/Klienten: Was meint er dringend zu brauchen?

Die Kunst besteht aber auch darin, Deinem potenziellen Patienten/Klienten etwas anbieten zu können, was er *dringend braucht* – nicht was Du glaubst, was er gerne hätte, oder was Du gerne mit ihm machen würdest. Deine eigene Sichtweise musst Du einmal außer Acht lassen, auch Deine Methoden, Deine Fortbildungen, Deine weltanschaulichen Hintergründe. Du solltest stattdessen in der Lage sein, Deine Dienstleistung aus der Perspektive Deiner Zielgruppe anzuschauen und zu erkennen, wovon dieser Mensch, der vor Dir sitzt, wegwill, um zur Erfüllung seiner kühnsten Träume zu gelangen.

Das ist ein Schlüssel fürs Marketing von Selbstständigen in helfenden, heilenden und beratenden Berufen.

Finanzstarke Branchen befassen sich bei ihren Marketingmaßnahmen damit, anderen Menschen ihre Bedürfnisse einzureden, zu suggerieren. Doch das ist nicht Dein Metier – zumal Dir dafür schon das Millionen- oder Milliarden-Budget fehlen würde.

Die Patienten/Klienten brauchen ihre dringlichsten Dinge von Dir *sofort!*

Wenn sie unter Schmerzen leiden, sollen die Schmerzen am besten *jetzt gleich* aufhören. Klienten beim Paartherapeuten wollen z.B., dass die dauernden Streitereien *schnellstens* ein Ende haben.

Natürlich wollen sie auch ihre kühnsten Träume möglichst schnell erfüllt haben, aber im Vergleich mit dem, was sie loswerden wollen, sind die Träume höchstens zweitrangig – das Sahnehäubchen auf dem Weg »weg von ...«.

To do

** **Welche Probleme wollen Deine Zielgruppen-Patienten bzw. -Klienten sofort lösen – wovon wollen sie weg?**
Beispiele: Schmerz, Verspannungen, Schlaflosigkeit, Übelkeit, Schwäche, Erschöpfung, juckende/rissige Haut (quälend, brennend), Verstopfung, Durchfall, Ängste, Stress, Streit ...

** **Wie sehen die kühnsten Träume Deiner Zielgruppen-Patienten/Klienten aus – wohin wollen sie?**
(Die kühnsten Träume können – müssen aber nicht absolut – mit den drängendsten Problemen verknüpft sein.)

** **Welche Vorteile hat Dein perfekter Patient oder Klient davon, sich von Dir behandeln bzw. begleiten zu lassen?**

- Welche Bedürfnisse Deines Patienten/Klienten werden durch Deine Behandlung/Begleitung/Dienstleistung erfüllt?
- Was tut Deine Behandlung/Begleitung/Dienstleistung für Deinen perfekten Patienten/Klienten?
- Wie sehen die besten Resultate aus, die Du für die einzelnen Menschen Deiner Zielgruppe erreichen kannst, wenn sie mit Dir arbeiten?
- Welches dieser Resultate ist die Nummer eins? Beschreibe es detailliert und anschaulich, möglichst anhand eines Beispiels aus Deiner eigenen Praxis.

Die großen versteckten Vorteile

Ob Du es glaubst oder nicht: Es gibt in dem, was Du tust, *versteckte* Vorteile; neben dem Resultat Nummer eins werden Deine Patienten/Klienten noch sehr viel tiefgreifendere Vorteile durch die Arbeit mit Dir haben. Ein wichtiger Schlüssel für Deinen Erfolg liegt darin, diese versteckten Vorteile bewusst zu machen: zunächst Dir selber und dann auch den Menschen, mit denen Du arbeitest.

Lebensbereich Nr. 1: Finanzen

Beispiele für finanzielle Vorteile:

- Erhalt der Arbeitsfähigkeit Deiner Patienten sichert ihr Einkommen.
- Bei Selbstständigen ist jeder Krankheitstag, an dem sie nicht arbeiten können, verlorenes Geld.
- Eine Steigerung der Arbeitskraft kann eine Einkommenserhöhung nach sich ziehen.
- Das Durchbrechen von Erfolgsblockaden kann eine regelrechte Einkommensexplosion auslösen.
- Als Paartherapeut habe ich sehr oft den Paaren gezeigt, wie viel sie eine Scheidung kosten würde – das war wesentlich mehr als der Preis für meine professionelle Begleitung.

Bewusstmachung der Win-win-Situation

Return on Investment: Deine Patienten/Klienten sollten das Gefühl gewinnen, dass es sich für sie lohnt, in Deine Behandlung zu investieren, und dass unter dem Strich der Nutzen Deiner Beratung größer ist als der Preis, den sie dafür bezahlen.

Du kannst es mit einer Partnerschaft vergleichen: Man bleibt so lange bei seinem Partner, wie man das Gefühl hat, mehr zu bekommen, als man investieren muss. Solange beide Partner dieses Gefühl haben, ist alles in Ordnung.

Wenn ein Patient den Eindruck hat, kurz- und langfristig zehnmal mehr herauszuholen, als er einsetzen muss, wird er höchst zufrieden sein.

(Alles, was größer ist als doppelt so viel, ist schon gut.) Der Return on Investment gilt natürlich nicht allein finanziell, sondern umfasst hier vor allem körperliche, seelische, emotionale Verbesserungen und den spirituellen Benefit.

Sei Dir darüber im Klaren, was Deine Kunden wirklich wollen und inwiefern Du ihnen diese hochrangigen Verbesserungen offerierst.

Ich sagte es bereits: Die Menschen kaufen nicht Deine Methode(n), Deine Gerätschaften, Deine Fortbildungen, Deine Heilmittel etc., sondern sie wollen eine Lösung für ihre Probleme; sie kaufen letztlich nichts anderes als Resultate und deren Vorteile in ihrem Leben. Du musst ihnen die versteckten Vorteile Deiner Behandlung auf elegante, unaufdringliche Weise bewusst machen: dass sie einen sehr hohen Return on Investment haben werden; dass die Lösungen, die Du anzubieten hast, ihre Investitionen allemal übertreffen; dass die großen versteckten Vorteile, die Deine Patienten/Klienten bekommen, sogar noch größer sind als das Resultat Nummer eins.

Lebensbereich Nr. 2: Körper und Gesundheit

Mit der Wahrnehmung des körperlichen Wohlbefindens ist es ein wenig heimtückisch: Solange man keine Beschwerden hat, weiß man nicht, dass einem etwas fehlt. Wenn die Beschwerden vorübergehen, fühlt es sich wieder normal an.

Deshalb ist es klug, als Therapeut/Coach zu Beginn der Behandlung eine Bestandsaufnahme durchzuführen, um dem Patienten/Klienten im Lauf der Behandlungssitzungen die erzielten Verbesserungen und Fortschritte wirklich bewusst machen zu können.

Du kannst Dir vorstellen, wie wichtig es für Deinen Erfolg ist, dass Deine Patienten/Klienten ihre Verbesserungen auch tatsächlich mit Deiner Praxistätigkeit in Verbindung bringen.

Beispiele für gesundheitliche Vorteile:

- Es fühlt sich einfach besser an, in einem gesunden Körper zu leben
- Weniger Stress haben – und die positiven Folgen

- Mehr Lebensfreude und Lebensqualität genießen
- Bessere Verdauung – davon profitiert u.a. das Immunsystem
- Gewichtsabnahme – was mehr Wohlgefühl bewirkt
- Wie »nebenbei« verschwinden sogar Schmerzen und Leiden, deren Zusammenhang mit dem Hauptproblem gar nicht offensichtlich war
- Bessere Schlafqualität, die wiederum positive Auswirkungen auf das Leistungsvermögen und das Wohlbefinden hat

Wer z.B. Shiatsu anbietet, sollte die Vorteile nicht anhand der Methode transportieren (auch weil sie in den Köpfen der Menschen eher einen Wellness-Charakter hat), sondern klarmachen, dass der Therapeut Menschen mit chronischen Verspannungsschmerzen hilft, sich ohne pharmazeutische Mittel wieder wohlzufühlen.

Lebensbereich Nr. 3: Psyche und Emotionen

Hier gilt diese Regel noch viel mehr: Es ist sehr schwierig, Fortschritte zu messen, falls Du keine Bestandsaufnahme zu Beginn gemacht hast. Je mehr Deinen Patienten/Klienten alle erzielten Verbesserungen bewusst sind, desto größer ist der wahrgenommene Wert Deiner Begleitung.

Beispiele für psychische/emotionale Vorteile:

- Innerer Frieden
- Verbesserungen in der Partnerschaft
- Mehr Zufriedenheit im Beruf
- Mehr Antriebskraft im Leben
- Höhere Resistenz gegenüber Stress

Lebensbereich Nr. 4: Spiritualität

Dieser Bereich ist sogar noch viel schwieriger zu messen als der psychische/emotionale. Doch als ganzheitlich denkender und arbeitender Mensch weißt Du, dass die Spiritualität niemals aus einem Heilungsprozess ausgeklammert werden darf. Menschen, die ihre Spiritualität verloren haben, gehen durchs Leben, ohne in ihrem Tun einen echten, tragenden Sinn zu erkennen. Diese innere Leere, dieser Mangel ist im Grunde wie die »Hölle auf Erden«. Einen solchen Zustand zu heilen, könnte der größte versteckte Vorteil Deiner Behandlung sein.

Beispiele für spirituelle Vorteile:

- Größeres Kongruenzgefühl im Leben
- Fähigkeit, andere (z.B. Mitarbeiter) zu inspirieren
- Umsetzung der eigenen Träume und Visionen
- Liebevolle Partnerschaft, harmonisches Familienleben
- Das eigene Leben als hundertprozentig sinnvoll empfinden
- Überwindung der latenten Todesangst

To do

** **Welche (eventuell versteckten) Vorteile haben Deine Patienten/Klienten, indem sie mit Dir arbeiten?**

- Finanziell: ....
- Körperlich/gesundheitlich: ....
- Psychisch/emotional: ....
- Spirituell: ....

PRAXIS-ERFOLGS-STRATEGIE

Ehrliche Schritte zum Expertenstatus

Willst Du ein Generalist sein, der alle behandelt, die atmen und einen Puls haben? Oder möchtest Du als **Spezialist/-in** gelten, der/die ein entsprechendes **Renommee** im weiten Umkreis hat? Der Unterschied im Einkommen wird beträchtlich sein; mit der zweiten Option kannst Du so erfolgreich sein wie mit keinem anderen Praxismodell. Erfolg bedeutet für mich nicht nur, viel Umsatz zu haben, sondern sich morgens beim Aufstehen auf einen weiteren wundervollen Tag in der Praxis zu freuen, weil man seine Arbeit und die Patienten/Klienten liebt und sich von ihnen hoch geschätzt fühlt.

Als Mentor ist mir wichtig, dass die von mir ausgebildeten »Strategischen Heilpraktiker/-innen« sich nicht über ihre Methode(n) definieren, sondern sich als Experten und einzigartige Therapeutenpersönlichkeiten positionieren, die weder vergleichbar noch leicht austauschbar sind. Die Methoden sind nur Tools in der Werkzeugbox.

Selbst wenn Du eine Methode vollendet beherrschst: Unvergleichlich und unaustauschbar wirst Du erst dank Deines (Therapeuten-) Charismas

Allerdings besteht ein großer Unterschied darin, ein Experte zu SEIN oder sich bloß als Experte zu positionieren und den äußeren Anschein zu erwecken (gemäß dem amerikanischen Motto »Fake it till you make it« – »Tu so, als ob, bis du es geschafft hast«, das sich für den naturheilkundlichen oder beratenden Bereich, in dem man es mit Menschen zu tun hat, ganz und gar nicht eignet).

Im Folgenden gehe ich also davon aus, dass Du ein Experte bzw. eine Expertin *bist,* der/die es nur noch nicht bewältigt hat, sich als solche/r zu positionieren. Du hast also bereits (so gut wie) *alles* über diese *eine* Sache gelernt, für die Du Dich entschieden hast (siehe Deinen »Zielgruppen-Zoom-Prozess«, S. 149ff., usw.).

Zu Deinem Trost – falls Du zu jenen gehörst, die den eigenen Expertenstatus anzweifeln und glauben, nie gut genug zu sein: Es ist nicht verkehrt, gewisse Selbstzweifel zu hegen, denn sie weisen darauf hin, dass Du Dir Deiner Verantwortung bewusst sowie aufgeschlossen bist, Neues zu lernen und Deine Kompetenz zu optimieren.

»Um zu lernen, brauchst du einen gewissen Grad an Selbstsicherheit, nicht zu viel und nicht zu wenig. Wenn du zu wenig Selbstsicherheit hast, dann wirst du glauben, nicht lernen zu können. Hast du zu viel davon, wirst du glauben, nicht lernen zu müssen.«

(Eric Hoffer)

Ja, es kommt auf die richtige Balance an.

Ich habe dieses Experten-Konzept von meinem Vorbild, einer fiktiven Figur, übernommen, nämlich von Sherlock Holmes: Er kennt sich z.B. mit Chemie, Physik, Psychologie, Zigarren- und Zigarettenasche aus, aber er belastet seinen Kopf nicht mit Themen jenseits seines Fachgebietes. Sein Fachgebiet ist es, der beste beratende Detektiv der Welt zu sein, d.h., niemand ist wie er in der Lage, aufgrund einzelner Evidenzen und Beweisspuren ein großes Ganzes zusammenzusetzen und dadurch Verbrechen aufzuklären. Die Fachgebiete interessieren ihn nur so weit, wie sie mit seinem Grundthema, der Kriminologie, zu tun haben; wahrscheinlich hat die fiktive Figur Sherlock Holmes mehr zur Entwicklung der »echten« Kriminologie beigetragen als vieles andere. Aus den großen Fachbereichen wie Chemie oder Physik interessiert ihn also jeweils nur der relativ kleine Teil, der ihm zur Auflösung eines Falls förderlich ist.

Im Grunde mache ich das Gleiche wie Sherlock Holmes. Mein Interesse gilt der Frage: Wie kann ich Selbstständige in helfenden und heilenden Berufen dabei unterstützen, mit ihrer Praxis sehr viel erfolgreicher zu sein als jemals zuvor und sich zu vermarkten, ohne dass es sich komisch oder sogar unwohl anfühlt? Insofern habe ich eine Vielzahl von Interessengebieten – Online-Marketing, Webseiten-Konzeption, Filmen, Naturheilkundeverfahren, Werbetexten, Geld/Buchhaltung/Bilanzen usw. –, jedoch nur so weit, wie sie mit meinem Grundthema zusammenhängen bzw. es tangieren. Wer wie Sherlock Holmes agiert, kann seinen Kunden alles »aus einer Hand« anbieten.

Ursprünglich begann ich – wie fast alle – mit einer Methode, nämlich der Astrologie. Doch weil ich dabei mit Problemen von Klienten zu tun bekam, die nicht astrologisch zu handhaben sind, befasste ich mich darüber hinaus mit Systemischer Familientherapie. Jenseits dieses Gebiets hatten Menschen Schwierigkeiten mit Blockaden und Mustern, sodass bei mir das Thema »Bioenergetik« hinzukam, darüber hinaus das Holotrope Atmen u.v.a.

Fasziniert von unterschiedlichen Methoden, hast Du wahrscheinlich in Deiner Laufbahn mehr in Deinem Werkzeugkoffer gesammelt, als Du bewerben kannst. In Zukunft sollst Du Dich also nicht mehr mit einer bestimmten Methode positionieren, sondern mit einem bestimmten Resultat, das Du mit vielfältigen Methoden erreichst.

Wirb nicht mit Deinen Methoden (sie sind nur Werkzeuge), sondern mit Deinen Resultaten

Um Dich an eine Schlüsselfrage zu erinnern: »Für welche Zielgruppe erzeuge ich welche Resultate?« Im Hinblick auf Weiterbildungen sollte Dein Filter zukünftig heißen: *»Falls ich diese Weiterbildung besuche – wird sie meine Fähigkeit verbessern (oder womöglich verschlechtern oder nicht beeinflussen), die angestrebten Resultate für meine Zielgruppe zu liefern? Wird sie mein Repertoire hilfreich erweitern, damit ich meiner Zielgruppe vollkommen dienen kann?«* Dabei solltest Du Dich nicht von einer Methodenverliebtheit behelligen lassen, die eventuell von Gründern der betreffenden Techniken auf Dich abfärbt, während Du ihre Kurse besuchst.

Die »schlechte« und zugleich gute Nachricht heißt: **Es gibt keinen anderen Weg, um erfolgreich zu sein, als dass Du Dich in Deinem Bereich – besser: in Deinem Zielmarkt – als Experte/Expertin etablierst und die Koryphäe wirst.** Das bedeutet, Du brauchst nicht zu entscheiden; es gibt hier keine Wahlmöglichkeit, sondern nur den »Engpass«, durch den Du hinausmusst. Tue, was Du liebst und wofür Dich die Menschen wertschätzen.

Als Experte/Expertin ...

- bist Du einzigartig
- hast Du große Autorität
- besitzt Du Glaubwürdigkeit
- gilt Dir das Vertrauen und die Anerkennung der Patienten/Klienten
- wird Deine Botschaft gehört (und befolgt)
  (Als Paartherapeut war meine vorrangige Botschaft: »Versuche zuerst deine/n Partner/-in zu verstehen, bevor du von ihm/ihr verstanden werden willst.«)
- wird Dein Einzugsgebiet riesig (Patienten/Klienten werden von weither zu Dir anreisen)
- wirst Du sehr viel mehr »Crème de la Crème«-Patienten und -Klienten gewinnen, die im Bedarfsfall auch wieder zu Dir kommen werden
- wirst Du höhere Honorare verlangen können
- wirst Du keine Konkurrenz mehr haben (u.U. schicken sogar ratlose Kollegen einen Patienten/Klienten zur Weiterbehandlung zu Dir)
- wirst Du in der Lage sein, Deine Praxis zu skalieren
  (das heißt, Deine Praxis kann nicht unendlich wachsen; da aber Wachstum ein Lebensmerkmal ist, musst Du Deine Praxis skalieren, z.B. in Form von Gruppenprogrammen, Büchern, Seminaren, Infoprodukten, die zeitgleich mehr Menschen erreichen können)
- wirst Du sichtbar
  (das wird im Übrigen auch dafür sorgen, dass sich die naturheilkundlichen bzw. alternativen Angebote innerhalb der Gesellschaft etablieren und sich der Monopolanspruch mancher Schulmedizin-Anhänger relativiert)
- kannst Du in andere Märkte expandieren
- gewinnst Du einen Schub für Dein Selbstbewusstsein
- bist Du als Marke unersetzlich
- ist Deine Praxis schließlich verkaufbar, wenn Du sie irgendwann aufgeben möchtest

Merke:
Wenn Du auf zu vielen Gebieten ein Experte zu sein versuchst, überforderst Du Dich selbst ... und verwirrst Deinen Zielmarkt.

Auch wenn es direktiv klingt: Die Beantwortung der folgenden Aufgaben ist ein Must-do; beantworte sie – wie immer – handschriftlich (siehe »Die Fragen und To-do-Übungen in diesem Buch«, S. 29).

Um Dich als Experte/Expertin auf Deinem Gebiet positionieren zu können, musst Du zuallererst identifizieren, für welche besondere Kompetenz Du in Deinem Zielmarkt bekannt – vielmehr: berühmt – sein willst. Mit »berühmt« meine ich hier, dass Menschen in Deinem näheren Umkreis sagen: »Geh doch mal zu … [Dein Name]!«

• • • To do • • •

Deine Selbsteinschätzung

Bitte sei ehrlich zu Dir selbst und vermeide es, Dich weder zu überschätzen noch zu unterschätzen.

** **Auf welchen Gebieten bist Du Deines Erachtens schon ein Experte/eine Expertin?**

** **Wofür bist Du bereits als Experte/Expertin *bekannt?***

- Was schätzt Du: Wie viel Prozent Deines Umsatzes machst Du mit genau diesem Thema?
- Ist es gerade dieses Thema, wofür Du »berühmt« sein möchtest? Falls ja, was könntest Du tun, um mit diesem Thema in weiterem Umkreis bekannt zu werden?

** **Auf welchen Gebieten musst Du Deine Kompetenzen noch weiterentwickeln?**

- Wie wirst Du die Kompetenzen erwerben, die Du noch perfektionieren musst?

** **Welche Versprechen, die Dich als Experte/Expertin positionieren würden, kannst Du heute schon in Deinem Zielmarkt geben und halten?**
(Wichtig: Natürlich darfst Du als Therapeut/-in keine Heilversprechen machen!)

- Welche Versprechen würdest Du in Deinem Zielmarkt gerne geben und halten, wagst es aber nicht, weil Du Dich noch unwohl damit fühlst?

- Warum fühlst Du Dich damit unwohl? Und was wirst Du tun, um Dich zukünftig damit wohlzufühlen, diese Versprechen zu machen?

** **Was ist das *eine* Gebiet, für das Du gerne bekannt wärst?**

- Über welche Kompetenzen in diesem *einen* Gebiet verfügst Du bereits?

- Welche Kompetenzen fehlen Dir noch für das Expertentum in diesem *einen* Gebiet?

- Was wirst Du unternehmen, um Dir die fehlenden Kompetenzen anzueignen?

** **Definiere Dein Alleinstellungsmerkmal:
Was zeichnet Dich im Vergleich mit anderen Kollegen und Kolleginnen aus?**

Äußere Werkzeuge Deiner Vertrauens- und Glaubwürdigkeit

- **Visitenkarten (die in einer bestimmten Weise aussehen sollten):**
  - Praxis-Logo
  - Dein Name mit Titelbezeichnung
  - Adresse/Erreichbarkeit
  - eventuell Dein Porträtfoto
  - eventuell freier Platz für eine handschriftliche Notiz
  - eventuell ein Weblink (mit erklärendem Stichwort) zu einer eigenen interessanten Info, Meditation, angeleiteten Entspannungsübung o.Ä.

- **E-Mail-Adresse und Webseite:**
  Es versteht sich gewiss von selbst, dass E-Mail-Adressen wie »mausi12@aol.de« oder »1234@hotmail.com« für Fachleute wie Dich nicht akzeptabel sind.
  Du brauchst eine gute, bündige URL für Deine Webadresse (vergleiche unsere Adresse: *www.praxismiterfolg.de*).
  Verwende Fotos, auf denen Deine Praxisräume *mit* Menschen gezeigt werden, keine menschenleeren Zimmer.
  (Siehe auch »Deine Webseite«, S. 360f.)

- **Bilder:**
  Du weißt, Werbung und Marketing arbeiten mit Gefühlen, d.h., mach einen Termin beim Friseur und beim professionellen Fotografen. Teile ihnen mit, wofür Du die Bilder brauchst. Und weise den Fotografen darauf hin, keine angeschnittenen Motive zu liefern; Du willst Spielraum um Dich herum, um die Schnitte selbst machen zu können; Du brauchst Platz für Namen, Slogans, Claims. Packe für die Fotosession diverse Oberteile bzw. Kleidung ein.

Memo

PRAXIS-ERFOLGS-STRATEGIE

Schluss mit den faulen Kompromissen!

Es geht darum, Dich als Marke zu etablieren: wie Du als Experte/Expertin in Deinem Markt bekannt wirst, und zwar auf unwiderstehliche und unvergleichliche Weise und so, dass Du Deiner Zielgruppe in unauslöschlicher positiver Erinnerung bleibst. **Sobald Du Dich als Marke aufgebaut hast, wird diese Marke einen Großteil der Kommunikation übernehmen,** weil sie für Dich sprechen wird.

Es ist nicht damit getan, einen neuen Webauftritt oder ein paar neue Fotos von Dir zu machen. Dich zur Marke aufzubauen, ist mehr als das äußere Brimborium oder ein neuer Wandanstrich. Die Veränderung muss von *innen* her kommen.

- Wer bist Du?
- Wem dienst Du?
- Warum hast Du Dein Lebenswerk ausgerechnet dieser Zielgruppe gewidmet, die Du dann wie ein Magnet anziehst?

Der Kern Deiner Marke ist Dein wahres Selbst

Dein wahres Selbst muss der Kern Deiner Marke sein – genau dies ist es, was Dich von anderen abhebt. Du unterscheidest Dich ohnehin von allen anderen, allerdings kommt das in der Kommunikation noch nicht herüber.

Die meisten Heilpraktiker oder Coachs orientieren sich anfangs – aus Gründen der (vermeintlichen) »Sicherheit« – an den anderen und tun prinzipiell das Gleiche wie alle anderen – es ergibt sich eine homogene Masse. Doch Du findest keine Sicherheit darin, genauso zu verfahren wie alle anderen. Was Du dann tust, »bist« nicht DU.

Sobald Du es aus der Perspektive Deiner potenziellen Kunden anschaust: Ist es hilfreich, einen Wust voller gleichförmiger Heilpraktiker/Coachs zu sehen, die alle das gleiche Auftreten und den gleichen Claim haben? Auf diese Weise werden die Menschen auf der Suche nach alternativer Heilkunde und Beratung nur noch mehr in die Hände der etablierten Hilfsangebote getrieben, die von den Krankenkassen bezahlt werden.

Um einen möglichst breiten Trichter zu haben, in den Deine Patienten/Klienten »hineinfinden«, musst Du etwas anderes tun als alle anderen. Dabei hilft Dir Deine Marke; sie sorgt dafür, dass Du mit Deinen besonderen Fähigkeiten und Talenten und mit Deinem persönlichen Stil gesehen wirst – das, wofür Du als Persönlichkeit stehst.

Es erfordert Mut, anders zu sein als die anderen, die ausgetretenen Pfade zu verlassen, sich vor die Welt zu stellen und mitzuteilen, was man bewirken kann, und ganz authentisch *Du selbst* zu sein. Doch genau dies macht Dich unverwechselbar. Mag sein, dass sich dann einige Menschen von Dir abwenden, doch Du bist keine politische Partei. Du wirst stattdessen die Menschen gewinnen, mit denen Du arbeiten sollst, weil es Deine Bestimmung ist.

Deine Marke definiert Dich, sie steht für Deine Qualität. Das dient als wundervolle Abkürzung, denn sobald Deine Marke bekannt wird, brauchst Du nicht mehr viel »drumherumzureden«; dann wissen die Menschen, wofür Du stehst.

Also gilt es zunächst, Deine Marke authentisch zu definieren – so, dass es Deinem wahren Selbst entspricht.

Komm hinter Deinem Praxisschild hervor, hinter Deiner Methode, Deiner Webseite oder Visitenkarte usw. – das sind alles nur Verstecke. Ich möchte, dass Du voll und ganz präsent bist, mit allem, was Dich ausmacht. Zeige Dich! Solange Du Dich versteckst, bist Du nicht interessant für Menschen, denen zu dienen Deine tiefste Bestimmung ist. Solange Du Dein wahres Selbst zu »verdünnisieren« versuchst, bleibst Du blass und schal … und im schlimmsten Fall unglücklich. Gib Dir die Erlaubnis, mit faulen Kompromissen und Anpassungsversuchen aufzuhören.

Habe den Mut, Dich zu zeigen, und zwar als das Original, die Marke, die Du bist

Prüfe, ob Du bisher aus lauter Überlebenskampf Kompromisse eingegangen bist, die nicht im Einklang sind mit Deiner Essenz.

Was hält Dich bisher davon ab, die Marke zu sein, die Du wirklich bist, und gegen den Strom zu schwimmen?

Dies ist die beste Strategie, mit Deiner therapeutischen und/oder beratenden Arbeit erfolgreich zu sein:

Dein wahres Selbst in Deiner Praxis zu leben!

•••

Lass den folgenden Fragebogen wie eine Art »Läusekamm« sein, an dem alles hängen bleibt, was wie ein fauler Kompromiss aussieht.

To do

** **Bestandsaufnahme der *positiven* Erfahrungen:**
Schreibe zwölf Situationen aus Deiner Praxis auf, in denen Du das Gefühl hattest, lebendig und inspiriert zu sein, und in denen Du Dein wahres Selbst leben konntest. Situationen, in denen Du das wunderbare Gefühl hattest, im Flow zu sein.
(Die Anzahl »zwölf« mag Dir viel vorkommen, doch dadurch wird Dein Gehirn angeregt, mehr aufzulisten, als wenn die Anzahl offen bliebe; Du sprichst dabei einen anderen Teil des Gehirns an.)

- Was ist der gemeinsame Nenner dieser Situationen?
  Was gab Dir das Gefühl, lebendig zu sein?

** **Bestandsaufnahme der *negativen* Erfahrungen:**
Benenne zwölf Situationen aus Deiner Praxis, in denen Du das Gefühl hattest, Dich unter Wert zu verkaufen bzw. nicht wertgeschätzt zu werden; Situationen, in denen Du gegen Deine eigenen Prinzipien verstoßen hast (z.B. aus Angst, einen Kunden zu verlieren) oder faule Kompromisse eingegangen bist.

- Was ist der gemeinsame Nenner dieser Situationen?
  Was gab Dir das Gefühl, Dich selbst verkauft zu haben?

** **Notiere sieben Faktoren aus Deiner Praxis, die darauf hinweisen, dass Du »es« genauso machst wie alle anderen – und zwar auf Kosten Deines wahren Selbst.**

** **Vergleiche die positiven Erfahrungen, in denen Du im Einklang mit Dir selbst gehandelt hast, mit den negativen Erfahrungen, in denen Du Dich selbst »verraten« hast.**

- Was kostet es Dich, wenn Du nicht in Harmonie mit Deinem wahren Selbst handelst?

- Bist Du weiterhin bereit, diesen Preis zu zahlen?
  Warum (nicht)?

** **Was würdest Du gewinnen, wenn Du in Zukunft ausschließlich im absoluten Einklang mit Deinem wahren Selbst handelst?**

- Gibt es etwas, das Du verlieren würdest? Falls ja, was?

** **Wie könntest Du mutiger handeln?**

- Was brauchst Du, um Dich zu trauen, mehr im Einklang mit Deinem wahren Selbst zu handeln?

** **Wie kannst Du dafür sorgen, dass es von jetzt an immer öfter Situationen gibt, in denen Du automatisch im Einklang mit Deinem wahren Selbst handeln kannst?**
Du kannst Selbstvertrauen durch Autosuggestion fördern! Mach es Dir zur Gewohnheit, Mentaltraining durchzuführen und am Abend den Tag Revue passieren zu lassen, um Dich durch positive Bilder und Gefühle ermutigen zu lassen.

** **Wie wirst Du nach außen hin kommunizieren, damit sichergestellt ist, dass Du keine faulen Kompromisse mehr eingehen »musst«?**
Beispiele: offener Blick, aufrechte Haltung, feste Stimme, klare Sprache …

** **Wie wirst Du Dich in Zukunft immer wieder selbst daran erinnern, dass Du nicht mehr bereit bist, Kompromisse einzugehen, die gegen Dein wahres Selbst verstoßen?**
Welchen Anker setzt Du ein, um Dich an Deine Kompromisslosigkeit zu erinnern, sobald Du mit solchen Situationen konfrontiert wirst?
Ein Foto/Bild? Ein Spruch auf dem Schreibtisch? Ein Knoten im Taschentuch? Ein Ring? Ein Stein in der Hosentasche …?

• • •

PRAXIS-
ERFOLGS-
STRATEGIE

Sechs Schlüsselfragen zur Öffnung der Beziehungstür

In diesem kurzen Kapitel rekapitulieren wir Punkte, die wir zum Großteil bereits ausführlicher besprochen haben (Schlüssel Nr. 1–5), und fügen eine weitere Überlegung hinzu (Schlüssel Nr. 6). Prüfe dabei, ob Dir Deine persönlichen Antworten auf die Fragen wirklich schon »in Fleisch und Blut übergegangen« sind.

•••

Es braucht – Pi mal Daumen – sieben Kontakte mit dem Patienten/Klienten, bevor er sich mit Vertrauen auf die Behandlung einlässt. Stell Dir das Tor zur Beziehung mit Deinem potenziellen Patienten/Klienten wie eine Tresortür vor, für die Du sechs Schlüssel brauchst; die Schlüsselfragen funktionieren wie eine sechsstellige PIN, mit der Du auf liebevolle und nachhaltige Weise die Beziehungstür zu Deinen potenziellen Kunden öffnen kannst.

Schlüssel Nr. 1: Welchen (für Dich perfekten) Patienten/Klienten bzw. welche (für Dich perfekte) Patientin/Klientin willst Du ansprechen?

Nimm als Beispiel Kunden, die schon ganz real in Deiner Praxis sind und mit denen Du es liebst zu arbeiten: »Wenn ich doch noch mehr Patienten hätte wie sie …« Im Kapitel »Zielgruppe – der Beginn einer wunderbaren Beziehung« (S. 142 ff.) hast Du Deine Zielgruppe »vorsortiert« bzw. sogar ermittelt. Je spezifischer Deine Antwort ausfällt, desto besser. Und bei Deinen Kunden wird dann unweigerlich die Botschaft ankommen, dass Du sie und ihre Anliegen kennst.

Schlüssel Nr. 2:
Wonach suchen Deine Patienten/Klienten?

Du musst verstehen, wonach Dein idealer Patient/Klient sucht und was für ihn relevant ist – damit Du ein entsprechendes Angebot machen kannst. Siehe Kapitel »Der größtmögliche Wert für Deine Zielgruppe« (S. 168 ff.): Sie wollen »weg von …, hin zu …«.

Patienten auf der Suche neigen dazu, ein paar Schritte zu überspringen. Wer Kopfschmerzen hat, will sie natürlich loswerden … und greift nach einer Paracetamol-Tablette, weil er die Erfahrung gemacht hat, dass sein Problem dann (vordergründig) gelöst erscheint. Dabei gäbe es andere Möglichkeiten des Umgangs mit den Kopfschmerzen; deren Wirksamkeit ist dem Patienten nur noch nicht bekannt.

Shiatsu-Therapeuten wissen z.B., dass durch die Behandlungen die Kopfschmerzen auf immer verschwinden können. Doch es wäre ein Irrtum, zu glauben, die potenziellen Patienten würden nach Shiatsu suchen, um die Schmerzen loszuwerden. Die Methode ist absolut nachrangig; das Hilfsangebot des Praktizierenden muss daher auf die Beseitigung der Symptome abheben, nicht auf irgendeine Technik.

Schlüssel Nr. 3:
Wo suchen die potenziellen Patienten/Klienten nach Dir?

Beispiele: Gelbe Seiten, Erkundigungen im Freundes- oder Verwandtenkreis, Internet, Annoncen usw.

Eine Deiner ersten Fragen an Deine neuen Praxisbesucher sollte grundsätzlich sein: »Wie/wodurch haben Sie zu mir gefunden?« Die »Tür«, die von den meisten benutzt wurde, kann dann von Dir noch besser ausgebaut werden.

To do

**** Schau Dir ggf. nochmals die fünf Schritte zur Problemlösung an (siehe Kapitel »Ein 5-stufiger Problemlösungsprozess«, S. 63 ff.) und beantworte dann die folgenden Fragen.**

- Was ist das drängendste Problem Deiner Zielgruppe?
- Welches Ziel steckt hinter diesem Problem?
- Welche Schritte sollte der Lösungsweg hin zum Ziel haben?
- Welche Hausaufgabe für den ersten/nächsten Schritt wirst Du einem Zielgruppen-Patienten/Klienten geben?

Schlüssel Nr. 4: Wann suchen die Patienten/Klienten nach Dir?

Was muss im Leben dieser Menschen passieren, damit sie genug interessiert sind, Dein Angebot in Anspruch zu nehmen?

Zur Prophylaxe geben die allerwenigsten Leute Geld für einen Heilpraktiker aus; diese Hoffnung solltest Du loslassen. Vielmehr müssen sie sich im Grunde auf »minus 10« fühlen, um zu Dir zu kommen und zu Veränderungen motiviert zu sein, bei denen Du sie unterstützen sollst. Je größer die Gefahr für ihr Leben, je höher die Bedrohung, je unangenehmer ihr Zustand, desto dringlicher wollen sie zu Dir kommen.

Beispiele: Sie suchen nach einem Heilpraktiker, wenn sie eine ärztliche Diagnose erhalten haben, die eine OP nach sich ziehen soll; oder wenn sie einen Hexenschuss haben. Sie suchen nach einem Paartherapeuten, wenn es an Feiertagen einen heftigen Ehestreit gab und die Frau mit Scheidungsabsichten drohte.

Schlüssel Nr. 5:
Warum sollten sich die Patienten/Klienten (ausgerechnet) für Dich entscheiden?

Warum kommen die Menschen in Wahrheit zu Dir? Der Grund wird Dich überraschen: Sie sind »verrückt« genug, nicht alles zu glauben, was das schulmedizinische Paradigma uns einreden will. Sie sind verrückt genug, davon überzeugt zu sein, dass jemand, der weder ein langjähriges Universitätsstudium in Medizin absolviert hat noch Pharmazeutika verschreiben darf und der nur die bescheidenen Mittel der Naturheilkunde anwendet, ihnen besser helfen kann als ein Arzt. Sie kommen zu Dir, weil sie die verrückte Hoffnung haben, Du könntest ihnen helfen, damit ihre kühnsten Träume hinsichtlich ihres Wohlbefindens wahr werden. Gehe mit dieser Hoffnung auf eine verantwortungsvolle Weise um!

Was macht Dich für sie zur besten Wahl? Was ist *einzigartig* an Dir? Inwiefern ist Deine Lösung *einzigartig?* Inwiefern unterscheidet sich Deine Lösung von allen anderen?

Hast Du z.B. ein Standardwerk über ihr Thema geschrieben? Hältst Du Vorträge zu diesem Thema in der Gegend?

Auch als Heilpraktiker-Neuling kannst Du Deine einzigartigen Vorzüge hervorheben. Schau Dir noch einmal die Fragen zur Erforschung Deiner Stärken an (siehe »Konzentration auf die Stärken«, S. 82ff.). Arbeite mit den Ressourcen, die Du bereits hast.

Es ist eine Gratwanderung: Du sollst weder angeberisch auf den Putz hauen noch Dein Licht unter den Scheffel stellen.

Schlüssel Nr. 6:
Wie sollen die Patienten/Klienten mit Dir in Kontakt treten?

•• Telefonisch:

Sobald ein Interessent von Deiner Praxis gehört hat – soll er in der Praxis anrufen? Und falls ja, mit wem soll er dann sprechen?

a) Wenn Du in Deiner Praxis selbst Telefonate annimmst, bist Du immer in einer geschwächten Position, sodass Dein Interessent/Kunde Dir auf einer tiefen Ebene nicht zutrauen wird, ihm bei der Bewältigung seines Problems zu helfen. Bedenke, der Schlüssel zur Macht liegt darin, zu bestimmen, wann etwas wo und wie lange stattfindet! Und Deine Fähigkeit, zu helfen, hängt von Deiner Autorität, von Deiner Macht ab (siehe auch die Definition von Luhmann im Kapitel »Der Weg der Patienten, bevor sie zu Dir kommen«, Punkt 7: »Handlung«, S. 126).

Lass es mich überspitzt darstellen: Der anrufende Interessent hat es sich auf seinem Sofa gemütlich eingerichtet und ruft Dich zu einem Zeitpunkt an, der ihm selbst günstig ist. Dagegen musst Du zum Telefon eilen, weil Du (eventuell zu Recht) befürchtest, Du könntest etwas Wichtiges verpassen, lässt womöglich einstweilen Deinen halbnackten Patienten im Nachbarzimmer liegen und wirst nun von dem Anrufer in Beschlag genommen. Welch ein großes Machtgefälle zu Deinen Ungunsten!

b) Nimm auf jeden Fall Abstand davon, ans Telefon zu gehen, solange Du gerade einen anderen Kunden behandelst oder berätst! Dieser Mensch hat ein Recht darauf, Deine volle Aufmerksamkeit zu genießen.

c) Wenn Du selbst das Telefonat annimmst, signalisierst Du dem Anrufer entweder, dass Du momentan nichts Besseres zu tun hast, sprich: keinen anderen Praxisbesucher hast, also nicht gut gebucht bist; oder dass Du einen anderen Patienten momentan mit seinen Akupunkturnadeln o.Ä. im Stich lässt. Beides wäre denkbar ungünstig.

d) Auch ein Anrufbeantworter erweckt keinen guten Eindruck … und kann darüber hinaus für Dich lästig werden: Der Anrufer könnte z.B. vermuten, dass Du gar nicht da bist oder dass Du Dich vielleicht auf der Terrasse sonnst, also keine Kunden hast. Oder es geht ihm wie mir: Er verabscheut Anrufbeantworter, sodass er sich sträubt, eine Nachricht zu hinterlassen, und Dir Dein Interessent verloren geht. Außerdem könnten manche Patienten/Klienten Bescheid wissen, wann Du außerhalb der Praxis bist, und Dich absichtlich zu dieser Zeit anrufen, um ihren Termin für den nächsten Tag abzusagen.

Eine Ausnahme ist erlaubt: Abends kannst Du den Anrufbeantworter einschalten, um per Bandansage Deine Öffnungszeiten und ggf. andere Anlaufstellen für Notfälle mitzuteilen, jedoch *ohne* die Möglichkeit, eine Nachricht zu hinterlassen, denn sonst stehst Du unter Zugzwang und musst dem Anrufer hinterherjagen.

e) Falls Du Dir keine Sprechstundenhilfe leisten magst: Wir haben eine Firma°° ausfindig gemacht, die auf professionelle Weise Anrufe für Dich entgegennehmen und abwickeln kann, als würden die Mitarbeiter direkt in der Praxis sitzen. Ihre Leistung ist natürlich mit Kosten verbunden, jedoch sehr viel günstiger als eine ganztägige Assistentin.
(°° Falls Du Interesse hast, schicke einfach eine freundliche Anfrage per E-Mail an: *info@praxismiterfolg.de*; wir teilen Dir Näheres mit.)

f) Lass Dich nicht dazu verleiten, am Telefon großartig Fragen zu beantworten oder lange Gespräche zu führen; Du kannst Dich immer darauf berufen, keine Ferndiagnosen stellen zu dürfen.

g) Übrigens: Wer gleich am Telefon auf Deine Preise zu sprechen kommt, ist vielleicht eine Art Schnäppchenjäger; er will einschätzen können, was ihn die Behandlung kostet. Doch wenn Du darüber nachdenkst: Du bist in einem Bereich tätig, in dem Leistungen kaum vergleichbar sind. So wie viele Wege nach Rom führen, gelangt man auch auf verschiedenen Wegen zur Heilung.

Möchtest Du mit Kunden arbeiten, die möglichst wenig Geld für möglichst viel Leistung zu bezahlen gedenken? Sprich also am Telefon nicht über Preise, denn das würde Deine Position schwächen. Womöglich neigst Du sogar dazu, Deinen Preis aus lauter Angst, dieser Interessent komme sonst nicht zu Dir, zu reduzieren.

Mach den Interessenten klar: *»Eine Behandlung ist immer individuell und maßgeschneidert. Im Voraus ist es nicht abzuschätzen, wie viele Sitzungen nötig sind, welche Methoden ich anwende, welches Material gebraucht wird usw. Ich muss einen Patienten zuerst gründlich untersuchen und eine Anamnese machen. Ich möchte Sie bitten, zu einem Vorgespräch zu mir in die Praxis zu kommen: Hier reden wir über Ihre gesundheitlichen Beschwerden. Sie können schauen, ob Sie mir vertrauen, und ich kann einschätzen, ob und wie ich Ihnen helfen kann.«*

Hinsichtlich telefonischer Preisauskünfte gibt es eine Ausnahme: der Preis für das strategische Vorgespräch (siehe Kapitel »Das strategische Vorgespräch«, S. 196 ff.). Es bleibt Dir überlassen, ob Du es generell kostenlos anbietest oder welchen Betrag Du dafür verlangst. Möglich wäre auch eine Verrechnung: *»Das Vorgespräch kostet ... Euro, aber wenn Sie sich für eine Weiterbehandlung entscheiden, rechne ich Ihnen die Kosten für das Vorgespräch an, sodass es letztlich für Sie kostenlos ist.«*

h) Sollte Dich ein Interessent von weither anrufen, um herauszufinden, ob sich die Anreise zu Dir lohnt, kannst Du ausnahmsweise ein *telefonisches* Vorgespräch vereinbaren: Schlage dafür einen Termin vor, der Dir gelegen ist und zu dem Du ihn zurückrufst.

•• Online-Terminkalender:

Per Anrufbeantworter könntest Du auf die Webadresse hinweisen, wo der Kalender zu finden ist; hier sind Möglichkeiten für Akut-Termine vorgegeben und können vom Interessenten belegt werden.

> Betrachte **Deine Praxis als Dein Kraftzentrum.** Das heißt, jede Kommunikation sollte in ein persönliches Gespräch in Deiner Praxis münden. Lade die Interessenten zu einem Ersttermin in Deine Praxis ein und nenne dafür den Preis, falls Du ihn nicht kostenlos anbieten magst (siehe »Das strategische Vorgespräch«, S. 196 ff.).

•• E-Mail:

Ich selbst bin kein Freund von E-Mails. Sie sind zeitaufwendig und setzen die Empfänger unter Bringschuld, weil sie Anfragen beantworten sollen. Vermeide Mails, so gut es geht.

•• Kontaktformular auf der Webseite

Eine Alternative zu E-Mails ist ein gut strukturiertes Kontaktformular auf Deiner Webseite, in dem Du die wichtigsten Punkte/Fragen *vorgibst.* Du solltest das Mitteilungsbedürfnis der Interessenten »kanalisieren« und sie mit der Einfachheit und Treffsicherheit der Fragen beeindrucken, z.B. durch Ankreuzmöglichkeiten, unter welcher Art von Schmerzen sie leiden und zu welcher Uhrzeit sie erreichbar sind etc.

Memo

To do

Schlüssel 1:
Beschreibe nochmals detailliert, welche Patienten/Klienten Du ansprechen willst.

Schlüssel 2:
Wonach suchen sie? Gib Beispiele, wovon sie wegwollen und wohin sie möchten.

Schlüssel 3:
Wo suchen sie nach Dir, wenn sie Dein Angebot nutzen wollen?

Schlüssel 4:
Wann suchen sie nach Dir? Bedenke dabei auch bestimmte Umstände in ihrem Leben, die dazu führen, dass sie Dich brauchen.

Schlüssel 5:
Warum sollten sie sich (ausgerechnet) für Dich entscheiden? Was ist Deine Besonderheit, die Dich von Deinen Kollegen und Kolleginnen unterscheidet?

Schlüssel 6:
Wie sollten sie mit Dir in Kontakt treten? Was sollten sie als Nächstes tun?

PRAXIS-ERFOLGS-STRATEGIE

Das strategische Vorgespräch

Innerhalb der »12 Schritte der Patientengewinnung« habe ich das strategische Vorgespräch als Schritt 7 vorgestellt (siehe S. 130 und S. 133).

Wie ich erst Jahre später bemerkte, hatte ich in meiner Zeit als Paar- und Familientherapeut auf »traumwandlerische« Weise eine Entdeckung gemacht und damit »zufällig« das Richtige getan. Damals – wohlgemerkt: in Zeiten vor dem Internet – hatte ich mich auf Vermittlung eines Freundes darauf eingelassen, sehr viel Geld für einen großen, prominenten Eintrag unter der Rubrik »Paartherapie« in den Gelben Seiten auszugeben. Um im Alphabet relativ weit vorne zu landen, nannte ich meine Praxis »Freiburger Praxis für systemische Paar- und Familientherapie«. Ich erhielt eine Menge Anrufe; die Leute wollten alles Mögliche wissen. Ich hatte noch kein Konzept – ich improvisierte.

- **Mein erster Schritt** war meiner Unsicherheit geschuldet: Ich nahm eine **Vorqualifizierung** der Anrufer vor, d.h., ich wollte zunächst herausfinden ...
  a) ob ich helfen konnte;
  b) ob sich der Anrufer meine Dienstleistung leisten konnte.

  Zu a) Hier stellte ich ein paar »Standardfragen«, z.B.:
  »Ist Ihr Mann schon ausgezogen oder sind Sie noch zusammen?«, »Hat Ihre Frau die Scheidung schon eingereicht oder nur mit Scheidung gedroht?«, »Ist Gefahr in Verzug? Müssen Sie sich vor Ihrem Mann im Frauenhaus verstecken oder war sein Übergriff eine einmalige ›Entgleisung‹?«, »Ist Alkohol im Spiel?« usw.
  Anhand der Antworten fand ich heraus, ob ich helfen könnte. Falls z.B. einer der Partner ein Alkoholproblem hatte, konnte ich *nicht* helfen, weil zuerst die Sucht behandelt werden musste. Hatte einer eine Affäre und war nicht bereit, sie aufzugeben, ergab eine Paartherapie keinen Sinn.

Zu b) Ich vergewisserte mich, ob es den Interessenten klar war, dass die gesetzlichen Krankenkassen die Kosten für Paar- und Familientherapie nicht übernahmen und dass ich die Stunden abrechnen musste. Falls sich herausstellte, dass sie sich mich nicht leisten konnten, verhalf ich ihnen mithilfe eines Handbuchs zu einer kostengünstigeren Beratungsstelle, bei der allerdings mit langen Wartezeiten gerechnet werden musste.

- **Mein zweiter Schritt** war ggf. die **Terminvereinbarung für ein kostenloses Vorgespräch,** um abzuklopfen, ob diese Interessenten und ich einen Draht zueinander hatten und kooperieren könnten.

- **Mein dritter Schritt** bestand darin, sicherzustellen, dass **alle Entscheider zum Vorgespräch kommen.** Das war zuweilen heikel, denn v.a. etliche Frauen hatten zunächst die Hoffnung, die Beziehung hinter dem Rücken ihres Mannes verbessern zu können. (Von dem Trick, den ich dabei anwandte, erzähle ich im Kapitel »Ein gutes Follow-up – der steinige Königsweg«, S. 240 ff.)
  Beide Partner müssen den Prozess, der zum Behandlungsplan führt, miterlebt haben, um ihn nachvollziehen zu können, sonst hilft das ganze Konzept nichts. Vergleichen wir es mit dem Einkauf einer kostspieligen Couchgarnitur, die die Frau ohne Wissen des Mannes gekauft hat: Solange der Mann nur die neue Einrichtung sieht und den Preis erfährt, aber nicht den Ablauf, die Optionen, das Warum beim Shopping miterlebt hat, wird er – gelinde gesagt – eher sehr verhalten reagieren.

Das strategische Vorgespräch – ein sehr machtvolles, nachhaltiges Instrument im Praxisalltag

Mit der Zeit stellte sich heraus: Das strategische Vorgespräch war/ist das »Kronjuwel« meiner Arbeit. Es stellt die Quintessenz aus 20 Jahren eigener Praxiserfahrung dar, das mächtigste Instrument in meinem Repertoire. Ich habe kistenweise Mini-Disks aus meinem Keller geholt, auf denen ich mit Erlaubnis meiner Klienten die Vorgespräche aufgezeichnet hatte, und habe sie ausgewertet, um das System gewissermaßen »kopierbar« zu machen.

Du solltest die Vorgespräche als eine feste Einrichtung in Deiner Praxis einführen und sie durch Personalisierung genau darauf zuschneiden. Sie können Magisches bewirken. Sie ermöglichen es Dir, den potenziellen Patienten/Klienten Deine Behandlung schmackhaft zu machen, ohne zu »verkaufen«.

Behalte im Fokus, dass es optimal wäre, wenn Deine bisherigen Kunden den Menschen in ihrem Umfeld empfehlen würden, ein strategisches Vorgespräch bei Dir zu buchen – wie auch immer Du dieses Angebot in Deiner Praxis nennst und handhabst.

»Du, ruf doch mal die ... an, das ist eine echt gute Heilpraktikerin. Sag ihr aber, dass ich dich auf sie aufmerksam gemacht habe, weil sie das Vorgespräch kostenlos macht, wenn jemand über Empfehlung zu ihr kommt.«

Oder noch toller: »... Du musst ihr aber unbedingt sagen, dass du auf meine Empfehlung hin kommst, denn eigentlich ist ihr Praxisterminkalender randvoll.«

Wir sprechen hier über *kostenfreie* strategische Vorgespräche. (Wobei Du genauso gut etwas dafür verlangen könntest.) Es ist leichter ohne Kosten, weil dies z.B. das Risiko Deiner Patienten/Klienten, die Dich an ihre Bekannten weiterempfehlen, auf ein Minimum reduziert. (Siehe auch »Mund-zu-Mund-Propaganda und Social Proof«, S. 321 ff.)

Doch Achtung, wirb *nicht* mit dem Teaser »Jetzt zum kostenfreien Vorgespräch anmelden!«, sonst entsteht der Eindruck, Du säßest däumchendrehend und arbeitslos in Deiner Praxis herum.

Implementiere Vorgespräche auf intelligente Weise; biete sie nur im Rahmen eines »persönlichen« (telefonischen) Kontaktes mit den Interessenten an, nachdem Du sie vorqualifiziert hast – vorqualifiziert hinsichtlich des oben genannten Rasters [a) und b)] sowie im Hinblick auf die Frage, ob sie überhaupt zu Deinen »Crème de la Crème«- bzw. A-Kunden oder wenigstens zu den B-plus-Kunden gehören könnten. Du willst Dir Deine Patienten/Klienten selbst aussuchen! (Siehe Kapitel »VIP-Liste mit ›Crème de la Crème‹-Patienten und -Klienten«, S. 136 ff., und »Zielgruppe – der Beginn einer wunderbaren Beziehung«, S. 142 ff.)

!

Stelle sicher, dass keine falschen Erwartungen an das Vorgespräch geknüpft werden, sondern den Interessenten klar ist: Das Vorgespräch ist

keine Behandlung, weder eine Probebehandlung noch eine Anamnese. (Siehe auch unten den 1. Fehler unter »Fehler, die beim Vorgespräch zu vermeiden sind«.)

Die (zweischneidige) Gretchenfrage: Sollte man eine Schnupper- oder Probesitzung anbieten?

Einerseits machen es die meisten, die dieses Angebot haben, u.U. sogar auf eine verhängnisvoll falsche Art. Andererseits ist es ein Fehler, dieses mächtige Instrument nicht zu nutzen.

Wenn Du die Fehler kennst, wirst Du darauf aus sein, sie zu vermeiden. Deshalb liefere ich Dir im Folgenden einige Informationen, die Du für Dich klären solltest.

Fehler, die beim Vorgespräch zu vermeiden sind

1. Fehler Kostenlose »Schnuppersitzung«

Lege nicht gleich Deine Schatzkarte offen dar, öffne nicht sofort Deine Schatzkiste

Vermeide es, in einer Schnuppersitzung schon konkret helfen zu wollen und eine Menge Schätze aus Deinem Werkzeugkoffer preiszugeben. (Merke: Das strategische Vorgespräch ist keineswegs als Schnuppersitzung gedacht!)

Ich wollte Menschen in der Paartherapie wirklich helfen – so vielen Menschen wie möglich. (Du willst das in Deinem Bereich vermutlich auch.) Für meine Frau und mich hatte einst eine Paartherapie tatsächlich alles zum Positiven verändert; wir hätten sonst heute nicht fünf Kinder. Damals wollte ich ohne allzu viel Stress, aber mit genug Zeit für meine Familie rund 50.000 Euro pro Jahr verdienen. Das System, das ich fand, hat meine Erwartungen übererfüllt.

Wenn ich ein Paar zum ersten Mal vor mir hatte und ihnen gleich Kommunikationskniffe beibrachte bzw. ihnen half, das größte Problem schon einmal zu lösen, nahm ich ihnen den Anreiz, ihr akutes Problem zu nutzen, um ihr wahres Problem radikal – d.h. an der Wurzel – zu lösen.

Sucht Dich jemand auf, der 50 Kilogramm abnehmen möchte, wird es ohnehin nicht in der ersten Sitzung gelingen, dieses Gewicht zu reduzieren. Wenn jemand mit akuten Rückenschmerzen vor Dir sitzt, wird es nicht in einer einzigen Sitzung funktionieren, die Schmerzen völlig zu beseitigen. Genauso wenig verschwinden Hautprobleme in einer einzigen Sitzung. Warum versuchst Du es dann überhaupt?

Einem Patienten mit Schmerzen kannst Du natürlich sofort eine erste, z.B. 20-minütige Behandlung geben, aber Du solltest dies nicht im Rahmen des Erstgesprächs tun, sondern im Anschluss daran oder zuvor, und zwar kostenpflichtig. Mache dies dem Patienten zunächst plausibel.

2. Fehler Zu viel reden

Achtung, Du solltest nicht alle Deine »Weisheiten« ausplaudern, nachdem die Ideen, was Du mit Deinem Patienten/Klienten tun kannst, in Deinem Kopf hin und her hüpfen. Im Kapitel »Die Mount-Everest-Methode« (S. 230ff.) erzähle ich Dir von einem übereifrigen Sherpa, der dem Wanderer vor lauter Gutmeinen viel zu viel Gepäck aufbürdet.

Überhäufe den Patienten/Klienten nicht mit einem Wortschwall all dessen, was Dir zu seinem Fall einfällt und was zu tun und zu lassen wäre. Von Richard Bandler, dem Mitentwickler des Neurolinguistischen Programmierens (NLP), habe ich das folgende Therapeuten-Mantra gelernt: »Ooooh, shut the fuck up!« (»Ooooh, halt deine Klappe ...!«) Beherzige es!

Reden ist Silber, Schweigen ist Gold ...

Wir müssen etwas von der überaus klugen, strategisch vorgehenden Scheherazade annehmen, die den rachsüchtigen König Häppchen für Häppchen, Fortsetzungsgeschichte für Fortsetzungsgeschichte bei Laune hielt und ihn damit von seinem Trauma heilte. (In dem Märchenzyklus »1001 Nacht« hatte der König geschworen, morgens immer die Frau umzubringen, mit der er die vorige Nacht verbracht hat. Indem Scheherazade dem König Nacht für Nacht eine Geschichte erzählt, die jedoch kurz vor der Auflösung endet, sorgt sie dafür, dass sie am Leben bleibt, weil der König jedes Mal die Fortsetzung der Geschichte hören will.)

Halte also lieber den Mund, anstatt Deine Interessenten niederzureden. Es geht in dieser Sitzung nicht um Dich und Deine tollen Qualifikationen, Deine Behandlungsmethoden und Techniken. Der Fokus sollte nicht auf

Dir liegen. Widerstehe der Versuchung, in dieser Sitzung Deinen Wert zeigen zu »müssen« bzw. durch einen Redefluss Deine Unsicherheit zu überspielen oder Deine Glaubwürdigkeit erhöhen zu wollen. (Ich muss gestehen, ich fand diesen Fehler leider des Öfteren auch auf den Mini-Disks meiner eigenen ersten Sitzungen ...)

Deine neuen Praxisbesucher interessiert nur eines: Bist Du jemand, der ihnen helfen kann, den leidvollen Zustand zu verlassen und den erwünschten zu erreichen?

3. Fehler Unwohlsein, über Geld zu sprechen und um eine Entscheidung zu bitten

Es dauerte lang, bis ich damals keine abenteuerlichen Konstruktionen mehr entwarf, um mein Unwohlsein beim Gespräch über Geld zu kaschieren: Ich bot z.B. den Klienten an, sie könnten einen bestimmten Betrag bezahlen, der die ganze Behandlung bis zum guten Abschluss abdeckte. Obwohl mein Konzept bestens ausgeklügelt war und innerhalb weniger Stunden zum Erfolg hätte führen können, verkalkulierte ich mich hinsichtlich der erforderlichen Sitzungsanzahl, weil Klienten ihre »Hausaufgaben« nicht erledigten.

Mein anderer Fehler bestand darin, vage zu bleiben und schamvoll eine Rechnung nachzureichen.

Geld und Honorar gehören zum Vertrag – Punkt.

Wie lange kannst Du Deine Praxis am Leben erhalten, wenn Du Dich scheust, für Deine Tätigkeit Geld zu verlangen ...?

Interessenten verlegen sich nach einem Vorgespräch zuweilen darauf, »noch mal drüber schlafen« oder es mit ihrem Partner abklären zu müssen usw., bevor sie sich für die Behandlung entscheiden.

Manche Therapeuten bieten den Klienten sogar von sich aus an, sie sollten alles noch mal »sacken« lassen und sich dann wieder melden. Damit spielen sie den Klienten den Ball zu ... und bekommen ihn sehr oft nicht zurück.

Andererseits gibt es Heißsporne, eher weniger unter den Heilpraktikern als unter den Coachs, die gleich übers Honorar sprechen, noch bevor sie das nötige Vertrauen (Rapport) des Klienten gewonnen haben, und ihr Gegenüber damit völlig brüskieren.

Beim Vorgespräch gibt es eine wichtige Energie, und zwar den Rapport: Das ist ein vertrauensvoller, »guter Kontakt« zwischen zwei Menschen – siehe die erste Tür im Kapitel »Die drei Türen des Verkaufs« (S. 222ff.). Zugegeben, es kostet ein bisschen Rapport, über Geld zu reden und den Interessenten am Ende des Vorgesprächs um eine möglichst unmittelbare Entscheidung zu bitten. Menschen in helfenden und heilenden Berufen lieben es zwar, Rapport zu haben und im Einklang zu sein. Doch der Rapport ist nicht um seinetwillen da. Du baust Rapport auf, um Deinen Patienten/Klienten helfen zu können, und ab und zu wirst Du Rapport »verbrauchen«.

4. Fehler Zu sehr auf Verkauf fixiert sein

Sei in Deiner Kraft, ohne übereifrig oder sogar bedrängend zu wirken

Was Du in der *ersten Sitzung* mit einem neuen Patienten *niemals* tun darfst (auch wenn fast alle anderen Heilpraktiker/-innen genau dies tun): Unterlass es unbedingt, in der ersten Sitzung auf »Biegen und Brechen« vermeintliche schnelle Erfolge anzustreben und dadurch aufzutrumpfen zu versuchen!

Falls Du ohne Rapport und ohne den Beweis, dass Dein Angebot relevant ist, vorschnell hervorpreschst, eventuell überkompensatorisch oder sogar aggressiv agierst, wirst Du aus einem strategischen Vorgespräch kaum erfolgreich hervorgehen.

Du kannst Dich als eine Art Fluchthelfer sehen: Du skizzierst und erörterst dem Patienten den Weg von seinem aktuellen Zustand (minus 10) bis zu seinem Traumziel bzw. sogar bis zu einem Zustand, den er sich in seinen kühnsten Träumen nicht auszumalen wagt (plus 10). (Siehe Schritt 8 im Kapitel »Die 12 Schritte der strategischen Patientengewinnung«, S. 134.) Verankere es in ihm, dass es ein längerer Weg sein wird, dort anzugelangen, und beschreibe ihm, wie es sich anfühlen wird, bestimmte Etappen zu erreichen.

Selbstverständlich wirst Du einem Patienten, der quasi auf allen vieren zu Dir kommt, zunächst helfen, den akuten Schmerz zu lindern, doch in jedem Fall ist die längerfristige Perspektive notwendig. Du möchtest die tiefste Ursache seiner Beschwerden behandeln, nicht nur als Feuerwehr die Symptome löschen, zumal die Schulmedizin dafür in der Regel besser geeignet ist.

Gib Acht, dass Du nicht am gewünschten Endergebnis anhaftest und Dich bedürftig zeigst. Lass es mich mit der Partnersuche vergleichen: Wenn auf der Stirn eines Singles gleichsam »Ich brauche unbedingt einen Partner!« steht, schreckt diese Bedürftigkeit die potenziellen Liebhaber eher ab. Wer dagegen frisch verliebt ist und sein Glück ausstrahlt, dem fliegen weitere Herzen zu.

Zeige Dich also dem neuen Patienten/Klienten so sympathisch, wie Du bist; sei proaktiv (siehe »Proaktiv statt reaktiv«, S. 62) und optimistisch gestimmt. Sei im Geiste bereits das, was sich auf der physischen, materiellen Ebene erst noch manifestieren soll. Strahle ein innerliches In-der-Fülle-Sein aus!

5. Fehler Zweifel nicht begleiten

Hier kann Deine Stärke ins Spiel kommen: Als Mensch in einem helfenden und heilenden Beruf wirst Du zu jenen gehören, die überdurchschnittlich einfühlsam und empathiefähig sind und anderen helfen möchten.

Wenn ein Interessent dankend um Bedenkzeit bittet, ob er Deinen Behandlungsplan buchen soll, solltest Du ihn nicht einfach gehen lassen. Vielleicht befürchtest Du, seine Intimsphäre zu verletzen oder ihm das Recht auf persönliche Freiheit zu nehmen, wenn Du auf seine gelinde Skepsis zu sprechen kommst, die Du intuitiv spürst?

Mit meiner ersten Freundin hatte ich einst einen dramatischen Streit, ob man sich einmischen dürfe, wenn sich jemand umbringen wolle. Sie war eine Verfechterin der Position, man müsse jeden Menschen seine eigenen Entscheidungen treffen lassen. Ich dagegen vertrete die Ansicht, ein solcher Mensch ist in diesem Moment nicht bei Sinnen, nicht im Vollbesitz seiner Geisteskraft; deshalb muss ich ihn retten – koste es, was es wolle.

Warum sollte der Interessent noch mal über eine Behandlung nachdenken wollen?

Weil er Angst hat! Wenn Du im strategischen Vorgespräch gemäß meinen Empfehlungen vorgehst, gibst Du dem Interessenten eine Perspektive, aus der aktuellen schwierigen Situation herauszufinden und bald einen idealen Zustand zu erreichen. Also begleite ihn durch seine Angst hindurch und hole ihn zurück an den Punkt, wo er Hoffnung schöpft, es mit Deiner Hilfe zu schaffen.

Gehe auf das Dilemma des Interessenten ein und begleite ihn behutsam hindurch

Meine Formel ist hier: Ich begleite den Interessenten durch den Zweifel hindurch. Ich sehe, anerkenne und würdige das peinigende, lähmende Gefühl der Ambivalenz, in dem er steckt.

Mach mal den folgenden Test: Lege beide Hände als Fäuste vor dem Brustbein aneinander und drücke sie gegeneinander, so fest Du kannst. Was passiert? Es gelingt keiner der Fäuste, die andere wegzuschieben. Ambivalenz macht mit uns das Gleiche auf der bioenergetischen Ebene: Sie kostet eine Menge Energie, ist schmerzhaft, bringt uns aber in keine Richtung, sondern lässt uns stagnieren.

Steckt jemand in der Ambivalenz fest, sollten wir meines Erachtens intervenieren; wir sollten ihn um Erlaubnis fragen, ihn »hindurchcoachen« zu dürfen, und ihm dadurch helfen.

Du als Therapeut/-in könntest sagen: *»Ich merke, einerseits hat ein Teil von Ihnen durchaus Hoffnung geschöpft, dass es Ihnen besser gehen wird, wenn wir diesen Weg zusammen gehen, und dass Sie einen Zustand erreichen, von dem Sie jetzt kaum zu träumen wagen. Andererseits haben Sie Zweifel, ob es überhaupt funktioniert und ob sowohl die Zeit als auch das Geld richtig investiert sind. Ist das so?«*

Meistens lautet die Antwort dann: »Ja.«

Mit dieser Information arbeite ich auf therapeutische Weise an der Ängstlichkeit meines Gegenübers; ich verstoße in diesem Fall genau genommen gegen mein eigenes Prinzip, keine kostenlose Schnuppersitzung zu geben. Hier hat sie jedoch einen zielführenden Sinn, wobei es nun nicht um das eigentliche Problem des Patienten/Klienten geht, sondern um die Auflösung seiner Angst.

Meine Arbeit mit einem Klienten beginnt in dem Moment, da er mich anruft (siehe »Mein erster Schritt …« bis »Mein dritter Schritt …«, S. 196 f.). Auch wenn ich beim Vorgespräch nicht an seinem Problem arbeite, zeige ich ihm einen Weg, wie ich ihm als »Fluchthelfer« dienen kann, damit er den aktuellen, missfallenden Zustand hinter sich lassen kann. Und ich begleite ihn, um aus der Ambivalenz herauszufinden und eine Entscheidung zu treffen. Selbst wenn er sich *dagegen* entscheidet, habe ich ihm geholfen. Es gibt in diesem Gespräch nur Gewinner.

Lasse ich einen Interessenten in der Ambivalenz hängen, habe ich – ich will es so deutlich benennen – nach meinem Verständnis beruflich versagt.

6. Fehler Sich zu wenig Zeit nehmen

Das bedeutet: Es wäre sowohl ein Fehler, als Therapeut nicht genügend Zeit anzuberaumen, als auch, nicht vorzusorgen, dass der Interessent ausreichend Zeit eingeplant hat.

Ein Hauptziel der strategischen Vorgespräche ist es, dass der/die Therapeut/-in ganze Behandlungsprogramme vorstellt, die sich womöglich über Monate hinweg erstrecken. Dieses erste Gespräch ist so wichtig, dass vorab schwierig abzuschätzen ist, wie lange es dauern wird. Nach meiner Erfahrung sollten 1½–2 Stunden einkalkuliert werden.

Ich gestehe, meine oben erwähnten Mini-Disks beweisen mir leider schmerzlich, dass ich in meiner Anfangszeit ebenfalls versäumt habe, alle Interessenten vorab zu bitten, den Termin nicht zu knapp zu bemessen. Muss das Vorgespräch unterbrochen werden, ist es überaus schwierig, an einem weiteren Termin beim betreffenden Punkt anzuknüpfen.

Sorge dafür, dass Ihr für das strategische Vorgespräch genügend Zeit habt

7. Fehler Keine (oder falsche) »Pakete« schnüren

In diesem Buch stelle ich Dir auch 12 Honorarmodelle vor (siehe Kapitel »Money, Money, Money – Dein Honorar«: »Die 12 Honorarmodelle«, S. 306 ff.). Obwohl »Zeit gegen Geld« ein übliches, nachvollziehbares Modell in Heilpraxen ist, setze ich bei Dir einen Anker dafür, Alternativen zu erwägen, weil die Resultate, die Du mit Deinen Behandlungen erzielst, ihren besonderen Wert haben.

Individuelle, maßgeschneiderte, ganzheitliche Therapie-Pakete

Du weißt, es wäre ein Fehler, im strategischen Vorgespräch nur die nächste Sitzung zu »verkaufen«. Stattdessen ist es sehr ratsam, mehrere Behandlungen in einem überzeugenden Power-Paket zu bündeln, damit die Patienten ein Ziel erreichen, das nicht nur die Nulllinie tangiert, sondern den Genuss eines Lebensgefühls von »plus 10« ermöglicht. Du stellst die Behandlungen individuell zusammen, genau maßgeschneidert für Deine jeweiligen Patienten.

8. Fehler Zu viele Optionen anbieten

Angenommen, Du hast mit einem Interessenten ein strategisches Vorgespräch geführt und ein Paket angeboten. Möglicherweise feilscht nun der Interessent um die einzelnen Methoden, z.B.: »Können wir nicht die Akupunktur weglassen und nur die Vitamin-C-Infusionen machen?«

Falls Du Dich darauf einlässt, Pakete abzuspecken, wirst Du unglaubwürdig und disqualifizierst Dich. Dieses Paket umfasst die (buchstäblich) »notwendigen« Behandlungen, damit es Deinem Patienten wieder richtig gut geht, also kannst Du hier keine Abstriche machen. Außerdem würdest Du dann unfreiwillig eingestehen, dass Du Deine eigenen Ziele nicht ernst nimmst bzw. dass das Paket ohnehin umfangreicher als erforderlich war und Du dem Patienten womöglich unnötigerweise Geld aus der Tasche ziehen wolltest.

Egal, wie willensstark oder autoritär Dein Kunde ist – zeige ihm: DU bist der/die Chef/-in in Deiner Praxis

Einem »Alphatier«-Patienten, der mit Dir verhandeln will, weil er es im Beruf gewohnt ist, den Ton anzugeben, kannst Du nur helfen, wenn er bei der Behandlung aus der Chef-Rolle heraustritt. *Du* bist hier der Boss! Wenn Du es zulässt, dass Dir dieser Mensch das Zepter aus der Hand nimmt, kannst Du damit rechnen, dass er im tiefsten Inneren … eine Verachtung für Dich hegt. In Deiner Praxis musst Du die Alpha-Rolle innehaben!

Es sollte also nur eine einzige Option geben: Mach klar, dass Du nur für eine ganzheitliche Behandlung zur Verfügung stehst, nicht für eine bloße

Symptombehandlung, und dass dieses Paket dem Patienten nach Deiner Erfahrung dabei helfen wird, das Ziel zu erreichen.

Du kannst dem Patienten höchstens mit zwei Zahlungsoptionen entgegenkommen: in »Raten« oder als vergleichsweise günstigere Einmalzahlung (siehe »Money, Money, Money – Dein Honorar«: »Die 12 Honorarmodelle«, S. 306 ff.).

9. Fehler Behandlungsplan ohne Struktur

Ordnung statt Planlosigkeit

Vermeide es unbedingt, planlos zu erscheinen. Lege einleuchtend und anschaulich dar, wie der »Fluchtplan« Deines Patienten/Klienten aussehen wird: »WEG VON ..., HIN ZU ...«, untergliedert in Etappen.

In der Realität lassen sich die Schritte nicht so klar voneinander unterscheiden, aber zur Orientierung Deines Kunden (und zu Deiner eigenen Erinnerung) brauchen wir klar aufeinander aufbauende Schritte. (Siehe »Die Mount-Everest-Methode«, S. 230 ff.)

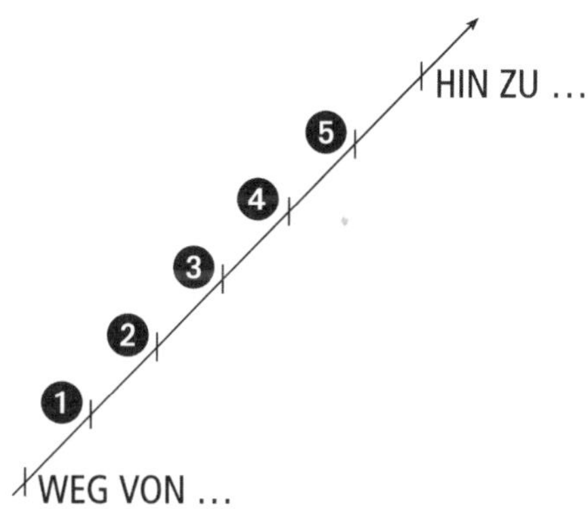

Ein derartiger Behandlungsplan auf der Meta-Ebene (d.h. mit den großen Etappen) eignet sich *nicht* für eine Gruppe, sondern nur in der Einzeltherapie.

Ein solcher Plan hebt Dich von den allermeisten Deiner Kollegen ab. Und er gibt Deinen Patienten/Klienten Hoffnung; sie sehen: Du hast buchstäblich einen Plan! Du nimmst diese Menschen an der Hand, um ein bisher unvorstellbar fernes Ziel zu erreichen, das nun plötzlich näher rückt.

10. Fehler Kein individuelles Schritt-für-Schritt-System

Erstelle individuell angepasste Schritt-für-Schritt-Behandlungspläne

Und zusammenhängend mit dem 9. Fehler: Die dargelegten Etappen der Meta-Ebene müssen »schwarz auf weiß« in einen *individualisierten* Behandlungsplan mit einzelnen Schritten untergliedert werden. Solange Du diesen Punkt vernachlässigst, wirst Du ein bestimmtes Klientel verlieren, nämlich die »ZDF-Menschen«, die durch Zahlen, Daten, Fakten beruhigt werden, weil sie zeigen, dass jemand einen Plan hat.

»Reframing« eines Problems – das Gegengift zu »Ja, ich weiß, ich habe schon alles probiert ...«

Erinnere Dich: Du bist im »Hoffnungsbusiness« tätig und sollst Menschen ermutigen, die vielleicht schon die Zuversicht verloren haben, und ihnen eine (überraschend neue) Perspektive aufzeigen, indem Du Dich ihnen zuwendest, sie »öffnest« und ihr bisheriges Denkmuster durchbrichst. Dabei solltest Du große Anstrengungen, die nur kleine Ergebnisse zeitigen, bleiben lassen, aber die kleinen Anstrengungen, die bei Dir am effektivsten sind, ausbauen.

Ein Reframe ist auf jeden Fall eine kleine Anstrengung mit großen Ergebnissen. »Reframing« stammt eigentlich aus der Hypnose bzw. Psychotherapie und wurde auch ins NLP übernommen.

Menschen, die nach eigenen Fehlversuchen oder nach einer Behandlung durch einen Kollegen zu Dir kommen, haben die sieben Schritte (siehe »Der Weg der Patienten, bevor sie zu Dir kommen«, S. 122 ff.) offenbar ohne den erhofften Erfolg absolviert:

1. Bedürfnis [nicht erfüllt]
2. Krise
3. Fragen & Suche nach Antworten
4. Etikettierungen/Selbstdiagnose
5. Recherche
6. Autorität folgen
7. Handlung

Menschen bekämpfen oft ein Problem, rennen gegen die Wand, haben das Gefühl, alle Ressourcen aufgebraucht zu haben. Sie haben sich in eine Situation hineinmanövriert, in der sie glauben, alles ausprobiert zu haben. Die Wahrheit ist, dass sie noch *nicht* alles ausprobiert haben.

Für solche Patienten/Klienten brauchst Du ein **Reframing, d.h., das Problem muss aus einer anderen Perspektive betrachtet und neu definiert werden,** und zwar auf eine Weise, dass es gelöst werden kann. Dann können Symptome zu einer Quelle neuer Fähigkeiten, Erkenntnisse und Lösungen werden.

Beim Reframing wird die Bedeutung eines Tatbestands geändert und im Blick behalten, dass das (genervte oder gelangweilte oder hoffnungslose) Augenrollen des Patienten/Klienten umgangen werden soll. Je informierter Dein Praxisbesucher ist, desto klüger musst Du es als Therapeut/-in anfangen, um ihn nicht zum Abwinken zu bringen.

Beispiele:

Der Klient Z. kommt nicht damit zurecht, von seinem Vater vernachlässigt worden zu sein und keine körperliche Zuwendung wie Umarmungen o.Ä. von ihm bekommen zu haben. Der Reframe, der im Einzelfall selbstverständlich den Tatsachen entsprechen muss, könnte z.B. lauten: Sein Vater kam aus einer Familie, in der Gewalttätigkeiten an der Tagesordnung waren. Er hat sich Z. gegenüber zurückgenommen, weil er fürchtete, so übergriffig zu agieren wie sein eigener Vater. Das war seine Art von Liebe.

Das Lied »A Boy named Sue« von Johnny Cash schildert ebenfalls einen Reframe.

Ein Reframe verändert alles. Am Fall einer Klientin, die seit 30 Jahren familiäre Probleme hat und sich von ihrer Mutter nicht geliebt fühlt, hängt z.B. ein großer »Rattenschwanz«. Bisher glaubte die Frau, ihre eigenen Kinder selbst nicht genug lieben zu können, und nun ist das erste Enkelkind unterwegs, sodass sie Angst hat, keine gute Großmutter zu sein. Ein gelingender Reframe könnte z.B. anhand von beispielhaften Erlebnissen der Klientin aufdecken, dass ihre Mutter sie sehr wohl geliebt hat, obgleich auf eine paradoxe Art und Weise, und dass die abweisende Art der Mutter ihre Form der Liebe war. Dadurch setzt man strategisch an einem Punkt an, der alles andere mit verändert. Die Perspektivänderung knipst quasi das Licht an und eröffnet einen guten Weg in die Zukunft.

Die Macht des Reframing ist es, das Bewusstsein des Patienten/Klienten zu verwandeln und das Licht anzumachen, sodass er Zusammenhänge sieht, die er zuvor nicht wahrnehmen konnte.

Als Heilpraktiker/-in oder Coach kannst Du in diesem Sinn ein Lichtbringer sein. Du musst Hoffnung verbreiten, auch im Hinblick auf Deine Prognosen: *»Wir werden das Bestmögliche aus Ihrer jetzigen Situation herausholen. Und wir werden Wege finden, Ihre derzeitigen Ressourcen optimal einzusetzen.«*

Bedenke, dass der Geist über die Materie herrscht: Dein Klient muss positiv gestimmt sein, um gute Erfolge zu erreichen.

Dein Methodenkoffer bietet sicher Werkzeuge, die Dir beim Reframing des Problems Deines Kunden helfen.

Die Craniosakral-Methode stellt z.B. einen Reframe zur Problemlösung dar.

Auch passende überraschende Studienergebnisse bieten überzeugende Argumente für ein Reframing; Du solltest sie unbedingt im Gespräch mit Deinem Patienten/Klienten einsetzen.

•••

Mit einem **7-Schritte-Prozess** kannst Du das Bewusstsein Deines Patienten ändern und ihn aus der eventuellen Resignation herausführen. Er soll erkennen, dass er bisher nicht das Richtige versucht hat, aber mit einer anderen Herangehensweise ans Ziel gelangen kann. (Als Coach gilt für Dich Entsprechendes im Hinblick auf Deine Klienten.)

1. Reframing, wie der Patient das Problem zu lösen hat

Finde heraus, was der Patient derzeit über sein Problem meint bzw. was ihm von anderen erzählt wurde.

Ein *sehr* sorgsam (!) zu dosierendes Instrument ist es, Dich mit Deinem Patienten zu verbünden: »Wir gegen ›die‹.« [»Ja, die Hardcore-Schulmediziner haben zu Ihnen gesagt, dass …, weil sie das wirkliche Problem noch gar nicht anerkennen, aber aus Erfahrung kann ich Ihnen sagen, deren Herangehensweise ist hier nicht hilfreich.« (Siehe auch »Sechs Komponenten, um ein Held/eine Heldin zu sein«, Punkt 6: »Gemeinsamer Feind«, S. 450 ff.)]

Biete dem Patienten Lösungswege an, die er besser gehen kann als alle anderen bisherigen Wege, die auf dem derzeit vorherrschenden Dogma beruhten. Unter uns gesagt, Du als Therapeut/-in fragst Dich insgeheim: **Was ist das Gegenteil bzw. die Antithese dieses Dogmas?**

Bevor ein Patient in Deine Praxis kam, hat er z.B. vom Arzt die Diagnose bekommen, dass er sich mit seiner Einschränkung abfinden müsse. **Ein Reframing ist so radikal, dass es von einem auf den anderen Moment die Perspektive ändert und alles auf den Kopf stellt.** Du änderst dadurch die Glaubenssätze Deines Patienten sowie sein Paradigma, was er glaubte tun zu müssen.

Zum Beispiel macht man einem Übergewichtigen schmackhaft, was er alles essen darf, ohne wirklichen Verzicht üben zu müssen, und welche Sportart ihm sogar Spaß bereiten wird, anstatt ihm eine ellenlange Verbotsliste auszuhändigen und ihn dazu zu verdonnern, mit hängender Zunge durch den Wald zu joggen.

2. Reframing, wie der Patient anders denken sollte

Nimm den Patienten quasi an der Hand: »Das schulmedizinische Denken hinsichtlich Ursache und Wirkung ist sehr linear. Sie denken vielleicht, Ihr Problem sei genetisch bedingt«, oder: »Sie meinen wahrscheinlich, Sie hätten keine Selbstdisziplin, aber Sie sollten Ihr Problem aus einer anderen Perspektive sehen, und zwar …«

3. Reframing der Wurzel des Problems

Was ist die wahre Ursache des Problems? Wie sieht der größere Zusammenhang aus? Vielleicht hat sich jemand ein bestimmtes Verhaltensmuster angeeignet, um das eigentliche Problem zu überdecken.

Trotzdem solltest Du Dich davor hüten, Dein Pulver zu verschießen, indem Du den Patienten direkt mit den hinter seinem vordergründigen Problem liegenden Ursachen konfrontierst. Es ist eine **Gratwanderung, die durch *Fragen* von Dir und *Antworten* des Patienten gemeistert werden kann.** Optimal wäre es, Dein Patient würde durch Euer Gespräch selbst auf die Wurzel seines Problems bzw. auf die Ursache seiner Symptomatik kommen.

4. Was wird die Veränderung schneller und/oder nachhaltiger machen?

Die Lösung sollte naturgemäß möglichst rasch eintreten und nachhaltig sein. Gibt es unterschiedliche Handlungen, die das Problem der Patienten schneller, sanfter, natürlicher lösen könnten?

Memo

5. Reframing, welche Ressourcen vorhanden sind, um das Problem zu lösen

Ein Beispiel, das im Patienten Hoffnung weckt: »Auch wenn Sie über 70 Jahre alt sind, hat Ihr Körper noch eine hohe Kapazität, Zellteilung zu betreiben und sich zu verjüngen.« Oder: »Eine Patientin, genau in Ihrem Alter, in einer ähnlichen Lebenssituation, wurde – wie Sie – von der Schulmedizin als unheilbar aufgegeben. Heute führt sie wieder ein ganz normales Leben.« Oder: »Sie haben ein sehr starkes soziales Umfeld. Ich habe selten Menschen gesehen, die so gut sozial vernetzt sind wie Sie. Studien zeigen, dass solche Menschen dadurch diese Krise sehr viel besser meistern als Menschen, die sozial eher zurückgezogen leben.«

6. Reframing der notwendigen Handlungen

Am Beispiel eines übergewichtigen Patienten: »Die Lösung für Sie ist nicht, *weniger* zu essen, sondern *anders* zu essen. Dann dürfen Sie sogar mehr essen und werden auf keinen Fall hungrig sein.«

Bei einem Raucher: »Sie sind nicht zu willensschwach – auch wenn es Rauchern, die erfolglos damit aufzuhören versuchen, immer wieder eingeredet wird. Das ist einfach nicht wahr. In der Therapie geht es darum, die Willensstärke, die Sie sehr wohl haben, eben an der richtigen Stelle einzusetzen.«

7. Reframing der Vorteile

Mach dem Patienten die Vorteile schmackhaft. Bedenke beim Reframing Albert Einsteins Spruch, dass ein Problem nie auf derselben Ebene bzw. mit derselben Denkweise gelöst werden kann, wie es entstanden ist. Daher sind Problemlösungen optimal, die automatisch das eigentliche Problem des Patienten mit lösen. Dem Übergewichtigen könnte man zusprechen: »Sie werden durch diese Behandlung mit der Zeit nicht nur Ihr Normalgewicht wiederherstellen können, und zwar dauerhaft und nachhaltig, sondern Sie werden darüber hinaus auch Ihre Mitochondrien so stärken, dass Sie in Zukunft vor Energie nur so strotzen.«

> Reframing am Beispiel der erektilen Dysfunktion eines Mittvierzigers

Dieses Beispiel stammt aus dem Praxisalltag eines Teilnehmers an meiner Online-Jahresausbildung »Praxis mit Erfolg«.

(Anmerkung: Dieses sehr intensive Jahrestraining begleitet die Teilnehmer/-innen zusätzlich mit einer regelmäßig stattfindenden »Praxis-Erfolgs-Sprechstunde«, in der Fragen zu allen Bereichen des Praxisalltags und besonders des Praxiserfolgs gestellt und beantwortet werden. Bei Interesse sende eine kurze E-Mail mit dem Betreff »Interesse an Strategischer Heilpraktiker« an: *Training@praxismiterfolg.de.*)

1. **Reframing, wie der Patient das Problem zu lösen hat**
   »Dogma«: Das Symptom (Potenzprobleme) sei ab einem bestimmten Alter normal.
   Gegenteil/Antithese: Vom mittleren Lebensalter an ist eine besonders erfüllte Sexualität möglich. (Wir sagen dem Patienten noch nicht, dass dafür nicht unbedingt eine Erektion nötig ist, sondern es andere Möglichkeiten gibt.)

2. **Reframing, wie der Patient anders denken sollte**
   Der Patient sieht sich als »Versager« und identifiziert sich mit seinem Symptom, als wäre dies das Einzige, was ihn auszeichnet.
   Reframe: Er kann sich dem Erektionsdiktat entziehen und wird dadurch entspannter sein – was wiederum die Voraussetzung für eine Erektion ist.

3. **Reframing der Wurzel des Problems**
   Der Patient glaubt an den Mythos von der Durchblutungsstörung.
   Reframe: Wäre das wahr, dann wäre das Geschlechtsteil schon abgestorben …
   Die wirkliche (psychische) Wurzel darf dem Patienten noch nicht offenbart werden, sonst schaltet er ab. Also wird der Heilpraktiker ankündigen, die Ursache im Lauf der Behandlung gemeinsam zu erforschen.

4. **Was wird die Veränderung schneller und/oder nachhaltiger machen?**
Die Pharmaindustrie hat Pillen anzubieten, deren Wirksamkeit jedoch mit der Zeit nachlässt, zumal sie nur eine punktuelle Lösung bieten.
Reframe: Die vom Heilpraktiker angedachte Lösung ist nachhaltig, ohne Chemie.

5. **Reframing, welche Ressourcen vorhanden sind, um das Problem zu lösen**
Reframe: »Die Natur ist so eingerichtet, dass Sie in Ihrem Alter noch viele regenerative Reserven haben. Studienergebnisse weisen darauf hin: Selbst wer erst kurz vor dem fünfzigsten Lebensjahr mit Sport beginnt, wird die Jahre danach genauso fit sein, als hätte er sein ganzes Leben lang Sport getrieben.«

6. **Reframing der notwendigen Handlungen**
Der Patient meint, Viagra nehmen zu müssen.
Reframe: »In der Behandlung werden wir Wege finden, wie Sie mit 95-prozentiger Wahrscheinlichkeit auf diesen Eingriff in Ihr Hormonsystem verzichten können.«
Der Heilpraktiker wird im Lauf der Behandlung z.B. einfache mechanische Hilfsmittel empfehlen, die übers Internet bezogen werden können – ohne negative Nebenwirkungen.

7. **Reframing der Vorteile**
Vorteile, die sich der Patient erhofft: besserer Sex, sich mehr als Mann fühlen.
Reframe: »Die Kommunikation mit Ihrer Partnerin und Ihre gesamte körperliche Kondition werden sich verbessern; Sie werden entspannter sein, besser schlafen, weniger Übergewicht haben ... Die erfülltere Sexualität wird wie eine Nebenwirkung unweigerlich eintreten.«
Der Heilpraktiker bietet dem Patienten eine Palette von Vorteilen, an die der Patient nicht dachte.

Das ist die Blaupause zur Lösung jedes Problems.

To do

* **Greife ein sehr typisches Problem Deiner Zielgruppe heraus und gehe damit durch das 7-Schritte-Problem-Reframing.**

- Problem: ....

1. Reframing, wie der Patient/Klient das Problem zu lösen hat
2. Reframing, wie der Patient/Klient anders denken sollte
3. Reframing der Wurzel des Problems
4. Was wird die Veränderung schneller und/oder nachhaltiger machen?
5. Reframing der vorhandenen Ressourcen, um das Problem zu lösen
6. Reframing der notwendigen Handlungen
7. Reframing der Vorteile

* **Führe das Reframing mit weiteren typischen Problemen Deiner Zielgruppe durch.**

Das folgende Reframing aus der Praxis einer Teilnehmerin an meiner Online-Jahresausbildung »Praxis mit Erfolg« soll Dir als weiteres Beispiel auf die Sprünge helfen:

> Reframing am Beispiel eines Patienten mit unkontrollierbarem chronischem Durchfall über einen längeren Zeitraum

1. Das Dogma so ausdrücken, als wäre es ein Opfer, das der Patient bringen soll, denn es fällt ihm vermutlich ohnehin schwer, diese (ärztlichen?) Anweisungen umzusetzen: »Sie glauben, Sie dürften kein Gluten, keine Laktose etc. essen, Sie dürften sich bei der Arbeit nicht mehr so sehr engagieren, Sie müssten bei Ihren Freizeitaktivitäten kürzertreten, um nicht in Stress zu geraten, und das Ganze sei psychosomatisch. Doch das stimmt so nicht. Wir sollten schauen, von welchen Organismen Ihr Darm besiedelt ist. Durch industrielle Nahrungsmittel und Umwelteinflüsse könnten da Pilze, Parasiten, Toxine, Schwermetalle usw. sein. Falls dem so ist, zeige ich Ihnen, wie das wieder in Ordnung kommt.«

2. »Sie glauben, wenn Sie bestimmte Nahrungsmittel wegließen, käme Ihr Reizdarm wieder in Ordnung. Aber es könnte passieren, dass Sie dadurch nur noch stärker auf Nahrungsmittel reagieren und ggf. weitere Allergien entwickeln. Durch eine Weglassdiät wird das dahinterliegende Thema nicht gelöscht. Außerdem ist Ihre Stuhlprobe, die Ihr Arzt ins Labor geschickt hat, u.U. gar nicht mehr aussagekräftig hinsichtlich eventueller Parasiten; die Zeiträume zwischen Abgabe der Stuhlprobe und Laboruntersuchung sind so lang, dass sich die Parasiten im Stuhl oft nicht mehr nachweisen lassen.«

3. »Parasiten sind im Grunde allgegenwärtig. Wir fangen sie uns durchs Kuscheln mit Haustieren, auf Fernreisen, durch kohlenhydratreiche Nahrung (Weißmehl, Zucker) usw. ein. Aber in der Schulmedizin wird dieser Teil noch nicht ernst genommen.«

4. »Ich habe eine Methode im Repertoire, mit der wir sehr schnell den Körper befragen können, inwiefern er mit Toxinen belastet ist, ob es

eine Fehlbesiedelung des Darms gibt, welche Therapeutika eventuell für Sie geeignet sind. Auf diese Weise entfallen die lästigen Stuhlproben.« (Den Begriff »kinesiologischer Muskeltest« als Methode sollte der Heilpraktiker eher vermeiden, um den Patienten nicht abzuschrecken.)

5. »Ihr Darm ist ein fantastisches Organ – unabhängig von Ihrem Alter. Wenn Sie zur Mitarbeit bereit sind und ein bisschen Geduld haben, werfen wir die ›Mitbewohner‹ hinaus, die Krawall machen, und laden mehr von denen ein, die Ihnen guttun und für ein gutes ›Klima‹ sorgen.«

6. Die notwendige Handlung lautet: »Wir können gern einen Termin vereinbaren, und wenn Sie in der Praxis sind, schauen wir, wo Sie stehen, was Ihr Körper braucht, und dann erstelle ich für Sie einen Therapieplan.« (Weder eine Auflistung der therapeutischen Maßnahmen noch Fachbegriffe nennen, sonst liefert der Heilpraktiker unnötig Keywords für eine Google-Recherche!)

7. »Sie können sich nach Abschluss der Therapie wieder auf Ihren Körper verlassen und haben wieder die Freiheit, Ihr Essen ohne Einschränkungen auszusuchen.« (Das wird für einen Darmkranken eine gute Nachricht sein.)

Memo

PRAXIS-ERFOLGS-STRATEGIE

Die »Diamantene Regel«

Ein Diamant als wertvollster Stein und härtestes Material kann lediglich von einem anderen Diamanten geritzt werden, während er selbst jedes andere Material gravieren kann. Insofern soll der Begriff »Diamantene Regel« im übertragenen Sinn ausdrücken, dass sie von keiner anderen Regel »geritzt« werden kann; sie toppt alle anderen Grundsätze und lautet hier:

Patienten/Klienten lassen sich nur von Therapeuten bzw. Therapeutinnen behandeln, die sie mögen und denen sie vertrauen.

Im Hinblick auf diesen Leitsatz kann kein Therapeut mithalten, der zwar seine Praxis mit tollen Zertifikaten tapeziert hat, aber ansonsten unfreundlich, arrogant oder sonst wie unsympathisch erscheint.

Der Schlüssel Deines Praxiserfolgs liegt in Deiner Kommunikation.

Das beginnt bereits bei der Anmeldung oder Terminvereinbarung. Wie bereits erwähnt, ist ein Anrufbeantworter eine suboptimale Lösung (siehe Schlüssel Nr. 6 im Kapitel »Sechs Schlüsselfragen zur Öffnung der Beziehungstür«, S. 191 ff.).

Zur Kommunikation zählen auch die Konversation zwischen Dir und einem potenziellen Klienten vor einer Behandlung oder Beratung, zwischen Dir und Deinem Klienten während der Therapie und zum Abschluss der Behandlung/Beratung.

Außerdem gehört dazu das Gespräch zwischen Deinem Kunden und seinen Freunden, Verwandten usw. im Hinblick auf die Weiterempfehlung Deiner Dienstleistung.

Bedenke auch die Kommunikation auf Deiner Webseite, auf die die Menschen bei der Suche nach einer Lösung treffen.

Der Erfolg Deiner Praxis hängt von Deiner Fähigkeit ab, all diese Konversationen in eine solide, vertrauensvolle Beziehung umzuwandeln.

Vor etlichen Jahren wollte ich einige Kisten wertvoller Bücher verkaufen, weil ich sie nicht mehr brauchte – ursprünglicher Einkaufspreis rund 20.000 Euro. Ich suchte damit ein Antiquariat auf in der Erwartung, vielleicht noch ein Zehntel oder wenigstens ein Zwanzigstel dieses Betrags für die Bücher zu bekommen. Der Antiquar lachte mich beinahe aus und gab zu verstehen, dass er keinen Platz für diese Bücher habe. Auf meinen Einwand, ich hätte vor ein paar Jahren noch genau solche Bücher für einen stattlichen Preis in seinem Schaufenster gesehen, erklärte er: »Ja, das war damals, aber das Internet hat alles verändert. Inzwischen können die Leute überall in Deutschland übers Internet antiquarische Bücher bestellen. Die Antiquariate sterben.«

Ja, in der Tat, Amazon als riesengroßes Online-Kaufhaus hat die Regel, dass Interessenten Produkte und Dienstleistungen von jenen Menschen kaufen, die sie sympathisch finden und denen sie vertrauen, auf den Kopf gestellt; sie stimmt v.a. für Produkte immer weniger. Und auch im Hinblick auf Dienstleistungen wird sie immer brüchiger.

Als das Display meines Mac-Books defekt war, recherchierte ich von der Costa Blanca aus im Internet, fand eine Firma, deren Namen mir gefiel und die auf solche Fälle spezialisiert war, und gab meiner Kollegin Patricia das Mac-Book mit auf ihre Deutschlandreise, um es von dort vollends auf den Weg zu bringen. Ich weiß bis heute nicht, ob ich mich mit dem Techniker auf menschlicher Ebene gut verstanden hätte. Die Reparatur wurde perfekt durchgeführt – das war die Hauptsache.

Andererseits gibt es nach wie vor Dienstleistungen, für die es momentan noch nicht absehbar ist, dass jemand nur im Internet recherchiert und damit sein Ziel erreicht. Je persönlicher die Dienstleistung ist und je mehr mein eigener Körper involviert ist (Friseur, Kosmetikerin, Zahnärztin, Gynäkologe usw.), desto mehr hat man das Bedürfnis, sich zu schützen, anstatt lediglich anhand von Vergleichen im Internet eine Auswahl zu treffen.

Wenn Du versuchst, Menschen etwas zu verkaufen, bevor sie genügend Vertrauen aufgebaut haben, werden sie ein »komisches«, ungutes Gefühl haben. Jeder Selbstständige (aber auch jeder Angestellte) muss verkaufen. Je erklärungsbedürftiger das zu verkaufende Produkt ist, desto komplizierter ist allerdings der Prozess.

Die einzige Bäckerei in einem kleinen Ort ohne Konkurrenz ist eher ein »Bestellung-Entgegennehmer« als ein Verkäufer. Das Gleiche gilt für den Menschen hinter der Theke von McDonald's oder den Kassierer an der Supermarktkasse; hier ist nicht viel Verkaufs-Know-how vonnöten.

Verkaufen im eigentlichen Sinne ist ein hartes Handwerk und eine Kunst ... und wird sehr gut dotiert. Wenn Du mit Deiner Praxis erfolgreich sein willst, musst Du diese Kunst meistern. Um es nochmals zu sagen, Du bist in Wirklichkeit ein Fluchthelfer: Deine Patienten kaufen »Weg von ... (z.B. Schmerzen, Kinderlosigkeit, Nebenwirkungen starker Medikamente gegen ihre chronische Erkrankung usw.) – hin zu ... (uneingeschränkter Beweglichkeit, erfülltem Kinderwunsch, Beschwerdefreiheit usw.)«. (Siehe »Der größtmögliche Wert für Deine Zielgruppe«, S. 168 ff.).

Also lass Deine Patienten erzählen, wovon sie wegwollen und wohin sie wollen. Sie kaufen von Dir die Aussicht, dass Du sie auf diesem Weg begleitest. Niemand kauft von Dir eine Methode wie Shiatsu, Homöopathie, Akupunktur etc.; sie kaufen weder eine Schule noch eine Philosophie, selbst wenn sie quasi von jemandem »vorindoktriniert« wurden, eine bestimmte Methode sei empfehlenswert, und sie deshalb im Internet danach recherchieren.

Sollten sie Dich am Telefon fragen, ob Du eine bestimmte Methode praktizierst, hake nach: »Wenn mich Patienten nach ... [die Methode] fragen, wollen sie in der Regel von einem bestimmten Zustand weg. Was ist es bei Ihnen? Und was versprechen Sie sich von ... [Methode]? Welches Ziel möchten Sie erreichen?«

Lass Dich von der scheinbaren Einfachheit des Modells, das ich Dir im Folgenden vorstelle, nicht blenden. Es hilft Dir, die Diamantene Regel sogar »überzuerfüllen«.

PRAXIS-ERFOLGS-STRATEGIE

Die drei Türen des Verkaufs

Ich habe das Modell der »Drei Türen des Verkaufs« von einem sehr renommierten amerikanischen Verkaufstrainer gelernt, Brandon Dangerfield, der jahrelang der Vertriebschef einer Technologie- und Dienstleistungsfirma im Dokumenten-Managementbereich war und sich dann als Experte für Marketing und Verkauf selbstständig machte.

Damit die Menschen Dich buchen, musst Du sie durch drei »Türen« hindurchschleusen. Es ist kein einmaliger Prozess, sondern er muss im Kleinen immer wieder absolviert werden. **Beachte, dass die Reihenfolge – die Ordnung – hier *nicht* beliebig ist!** Du kannst nicht mit der zweiten oder mit der dritten Tür beginnen.

Die 3 Türen des Verkaufs

① Rapport

»Rapport« – ein Begriff aus der Hypnose und dem NLP – bedeutet **»Vertrauen«**.

Den meisten Menschen im therapeutischen Bereich fällt es relativ leicht, im Rapport bzw. im Gleichklang mit ihren Patienten/Klienten zu sein. Man kann ihn unter anderem erreichen, indem man die gleiche Körperhaltung wie sein Gegenüber einnimmt oder seine Wortwahl oder Kleidung an jene des Gegenübers anpasst usw.

Letztlich ist Rapport dafür verantwortlich, dass Deine Patienten/Klienten das Gefühl haben, in Dir jemanden gefunden zu haben, der mit ihnen auf einer Ebene schwingt.

Für Deinen Rapport ist es wichtig, dass Du mit Dir selbst im Kontakt bist, dass Du Deine eigene Heldenreise erzählen kannst (siehe »Deine Heldenreise«, S. 426 ff.). Ohne diese Grundmusik und ohne Dich als authentische Persönlichkeit sind alle anderen Bemühungen, Deine Praxis erfolgreich zu führen, sinnlos.

Allerdings bleiben viele in dieser »Tür« des Rapports stecken. Nach einem sehr angenehmen Gespräch scheint es so, als wollte der Interessent eine Behandlung bei diesem Heilpraktiker beginnen ..., doch der Therapeut hört nie wieder von ihm.

Warum? Für die meisten Menschen in helfenden und heilenden Berufen ist es eine Art Rapport-Bruch, mit dem Interessenten nach einem schönen Gespräch gleich einen Termin zu fixieren. Es käme vielleicht nicht gut an, es könnte plump sein und fühlt sich komisch an. (Siehe 3. und 4. Fehler bei »Fehler, die beim Vorgespräch zu vermeiden sind«, S. 201 ff.)

Dein Ziel sollte es deshalb sein, die zweite und dritte Tür ebenfalls zu öffnen, sodass Dein Interessent mehr oder weniger von allein auf Dich zukommt.

② Relevanz

Deine Heldenreise hat Dich zu einem empathischen Menschen gemacht (siehe »Deine Heldenreise«, S. 426 ff.). Es wird Dir also nicht schwerfallen, Dich in Dein Gegenüber zu versetzen und Dir vorzustellen, in einer vertrackten, gefährlichen Situation zu sein, in der man beim besten Willen nicht länger bleiben kann.

Was Du mit diesem Menschen besprichst, sollte nun absolut bedeutungsvoll für ihn sein. Also bringe das Gespräch auf das oben geschilderte Thema: Von was will dieser Patient/Klient weg – und wo will er hin?

Um relevant zu sein, müssen bestimmte Komponenten gegeben sein:

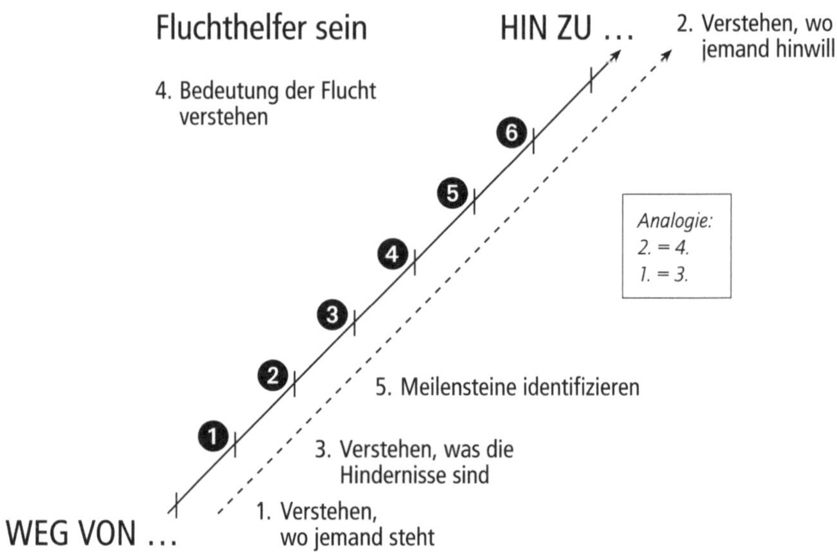

1. Verstehe, wo Dein Patient/Klient steht (indem Du gezielt danach fragst und widerspiegelst).

- Du brauchst nicht »selbstbewusster« aufzutreten.
  Du sollst *Du selbst* sein, zuhören, emphatisch sein, Fragen stellen.

- Achte dabei auf einzigartige Worte, Metaphern, Formulierungen Deines Gegenübers.

- Mach Dir Notizen, um alles Wichtige festzuhalten.

- Statt mit einer Diagnose zu kommen, bleibst Du bei Deinem Gegenüber. Gemäß der Herangehensweise nach Carl Rogers wiederholst Du in Kürze, was Du verstanden hast, d.h., Du fasst möglichst genau zusammen, was Dir Dein Gegenüber vermittelt hat (z.B. dass die Patientin unter Migräne leidet, was ihr dabei besonders zu schaffen macht, inwiefern sie dadurch beeinträchtigt ist usw.). Du interpretierst nicht, sondern spiegelst wider und hakst nach, ob Du alles richtig verstanden hast.

In dem Moment, in dem Du korrekt gespiegelt hast, wird die Tür »Relevanz« weit geöffnet, und auch die Tür »Rapport« steht noch sperrangelweit auf.

2. Verstehe, wo Dein Patient/Klient hinwill.

Die meisten Menschen sind so sehr in das »Weg von …« verwickelt, dass sie nicht wissen, wohin sie wollen. Sie brauchen Hilfestellung von Dir. Damit leistest Du ihnen einen riesengroßen Dienst.

Eine **magische Frage** an den Patienten lautet: *»Wenn es keine Hindernisse gäbe und Sie die freie Wahl hätten – wohin würden Sie wollen?«*

Du musst den Patienten darauf »hinheben«, Ideen zu entwickeln, was er ohne die Symptome alles tun könnte. (Ohne die einschränkende Migräne könnte die Patientin z.B. abends ins Konzert gehen; sich verabreden ohne Angst, den Termin kurzfristig absagen zu müssen und als unzuverlässig dazustehen; hin und wieder ein Glas Rotwein trinken usw.)

Sobald Dein Gegenüber vom »Hin zu …« spricht, denkt er an das Positive und gewinnt Hoffnung; er greift der Flucht vor, er hat sich geistig bereits auf den Weg »Weg von …« gemacht und das Gefühl verankert, wie es ist, im »Hin zu …« zu sein. Das ist überaus relevant für Dein Gegenüber!

③ Glaubwürdigkeit

An dieser dritten, sehr heiklen Tür beißen sich die meisten die Zähne aus. Doch Du hast alles, was Du brauchst, um förmlich hindurchzufliegen.

3. Verstehe, was die Hindernisse sind.

Bevor bei Deinem Interessenten Zweifel hinsichtlich der Kosten oder der notwendigen Anstrengungen groß werden, kommst Du ihm zuvor und wirfst die nötigsten Fragen in die Debatte ein: *»Was hält Sie davon ab, dorthin zu gelangen? Welche Hindernisse stehen Ihnen im Weg?«*

Indem Du die Zweifel ansprichst, erhöhst Du Deine Glaubwürdigkeit, weil Du nicht im Höhenflug bleibst, sondern auf die mehr oder weniger unterschwelligen oder offenen Bedenken Deines Interessenten eingehst.

Der Interessent kehrt dadurch gleichsam in die Unterwelt zurück (siehe »Deine Heldenreise«, S. 426 ff.).

4. Verstehe die Bedeutung der Flucht.

»Angenommen, ich könnte Ihnen helfen, von Ihrem aktuellen Zustand wegzukommen und dorthin zu gelangen, wohin Sie möchten – was würde das für Sie bedeuten?«

Ein Paartherapeut kommt bei dem zerstrittenen Paar allerdings nicht mit der Frage weiter, wohin sie denn nun wollen, denn es ist ganz abseits ihrer Vorstellung, sich jemals wieder liebevoll zu begegnen. Also muss er einen Trick anwenden und sie mit einem Zustand verbinden, in dem sie einst waren, als sie noch verliebt waren. Die Frage lautet hier also: *»Ich bin neugierig … Erzählen Sie mal, wie haben Sie sich eigentlich kennengelernt?«*

Während sie erzählen, beobachtet der Therapeut und steuert mit Fragen. Er will erreichen, dass die Augen wieder zu leuchten beginnen.

»Das hört sich ja so an, als wären Sie einmal ziemlich verliebt gewesen. Aber im Moment scheint das in weiter Ferne zu sein. Was hält Sie

denn davon ab, weiterhin verliebt zu sein?« Und schließlich: *»Angenommen, es wäre möglich, Sie einmal wieder in einen ähnlichen Zustand wie damals zu bringen – was würde das für Sie bedeuten?«*

Oder im Hinblick auf Deine Patienten: *»Was würde es für Sie bedeuten, diese Schmerzen nicht mehr zu haben?«*

Auch in diesem Fall hörst Du aufmerksam zu und fasst wieder zusammen, was Du verstanden hast.

Achtung, nun steht Deine Glaubwürdigkeit auf Messers Schneide: Wenn Du quasi beweisen kannst, dass Du fähig bist, diese Flucht zu begleiten, steht der Terminvereinbarung nichts im Weg. (Andernfalls knallt die Tür vor Deiner Nase zu.)

Deine auffordernde Frage kann nun nur in dieser Richtung lauten: *»So wie sich Ihr Problem anhört, kann ich Ihnen helfen. Möchten Sie mehr darüber erfahren?«*

Mit großer Wahrscheinlichkeit wirst Du darauf ein Ja ernten.

5. Skizziere die Meilensteine.

Nun skizzierst Du gemäß der »Mount-Everest-Methode« (siehe S. 230 ff.) die Meilensteine auf dem Weg »weg von …, hin zu …« (im Schaubild auf S. 224 die Ziffern ❶, ❷ …, ❻ …).

Natürlich solltest Du diese Schritte im Voraus entwickeln, um sie parat zu haben! Deine Glaubwürdigkeit hängt davon ab, die einzelnen Schritte exakt zu benennen, denn ohne die Zwischenstufen käme dem Patienten/Klienten der zu bewältigende Weg endlos und unmöglich vor. Eine »Landkarte« für diesen Prozess ist unbedingt wichtig, auch um ihm die Zuversicht zu geben, dass es sinnvoll ist, einen kompletten Behandlungsplan von Dir zu kaufen, anstatt nur ein, zwei Sitzungen zu nehmen.

To do

** **Schätze auf einer Skala von 1 (ungenügend) bis 10 (exzellent) ein, wie gut Dir die Herstellung von Rapport, Relevanz und Glaubwürdigkeit bisher gelingt bzw. wie durchlässig jede einzelne der drei »Türen« bei Dir bereits ist.**

* **Tür 1: Rapport/Vertrauen**

① ② ③ ④ ⑤ ⑥ ⑦ ⑧ ⑨ ⑩

- Was hast Du bisher getan, um Rapport/Vertrauen herzustellen?
- Was wirst Du verbessern, um (noch mehr) Rapport bzw. Vertrauen herzustellen? Welche Schritte unternimmst Du, um die Durchlässigkeit dieser Tür zu optimieren?

* **Tür 2: Relevanz**

① ② ③ ④ ⑤ ⑥ ⑦ ⑧ ⑨ ⑩

- Was hast Du bisher getan, um in der Kommunikation mit Deinen Interessenten/Kunden wirklich relevant zu sein?
- Was wirst Du machen, um in der Kommunikation mit Deinen Interessenten/Kunden die Relevanz zu erhöhen? Welche Schritte unternimmst Du, um die Durchlässigkeit dieser Tür zu optimieren?

* **Tür 3: Glaubwürdigkeit**

① ② ③ ④ ⑤ ⑥ ⑦ ⑧ ⑨ ⑩

- Was hast Du bisher getan, um von Deinen Interessenten/Kunden als glaubwürdig wahrgenommen zu werden?

- Was wirst Du verbessern, um von Deinen Interessenten/ Kunden als glaubwürdig wahrgenommen zu werden? Welche Schritte unternimmst Du, um die Durchlässigkeit dieser Tür zu optimieren?

**** Hast Du den Eindruck, Deine Patienten/Klienten glauben Dir, dass Du wirklich das liefern kannst, was Du ihnen versprichst?**

- Falls ja, woran merkst Du das?
- Falls nein, warum nicht?

- Haben sie offenbar das Vertrauen, dass Du mit ihren Informationen absolut verschwiegen umgehst?

**** Wenn Du ein Team hast: Hast Du den Eindruck, Deine Praxisbesucher mögen alle Mitglieder Deines Teams?**

- Falls nein, was könntest Du tun, damit sich die Beziehung verbessert?

**** Was kannst Du tun, damit sich die Interessenten schon bei Dir sicher fühlen, bevor sie überhaupt in Deine Praxis kommen?**

**** Was wirst Du tun, um den Wert Deiner Behandlung zu erhöhen (sowohl in der subjektiven Wahrnehmung der Interessenten/Kunden als auch in der Realität)?**

• • •

PRAXIS-ERFOLGS-STRATEGIE

Die Mount-Everest-Methode

Diese Methode hat eine Geschichte: Eine meiner Heldenreisen (siehe Kapitel »Deine Heldenreise«, S. 426ff.) fand 2008 statt; ich flog tatsächlich in die USA, um bei den größten lebenden Marketing-Experten der Welt zu lernen, u.a. bei Bob Proctor, dessen persönlicher Schüler ich wurde. Er stellt stets alles infrage, lässt zunächst nichts gelten. Einer seiner Sprüche lautet: »Das Einzige, was schlechter ist als eine Ausrede, ist eine gute Ausrede.«

Die Herausforderung, die er für mich hatte: Er fragte mich, wie viel Honorar ich pro Stunde nähme. Ich war schon stolz darauf, für eine 50-minütige Paartherapie-Sitzung 90 Euro zu verlangen.

Bob hat ein grandioses Vertrauen ins Universum; vielleicht kennst Du ihn aus dem Film »The Secret« oder hast eines seiner Bücher gelesen. Er sagte zu mir: »Okay, ich möchte, dass du dein Honorar verdreifachst. In dem Moment, da du die Entscheidung triffst, es zu tun, wirst du auch einen Weg finden.«

Obwohl ich keine Ahnung hatte, wie ich das bewerkstelligen sollte, beschloss ich also auf dem Rückflug, mein Honorar auf 250 Euro zu erhöhen.

1. Ich traf die Entscheidung. (Ohne diesen Schritt »läuft« gar nichts.)

2. Die Entscheidung tritt im Gehirn einen Prozess los:
   Wie könnte ich das machen?

3. Die Folge dieses Denkprozesses ist die Mount-Everest-Methode.

Wer in einer verzweifelten Situation ist – was bei den meisten Patienten/Klienten der Fall sein wird, wenn sie eine therapeutische Dienstleistung buchen –, empfindet sein Problem wie einen riesigen Berg, wie den höchsten der Welt: den Mount Everest, über den er nicht hinwegsieht und der zu besteigen schier unmöglich erscheint.

Mein ursprüngliches Setting als Paar- und Familientherapeut bestand in den Instrumenten und Strategien, die ich bisher gelernt hatte. Die neue Strategie, die ich nach meinem Aufenthalt bei Bob Proctor fand, war folgende:

Der Weg auf den Problem-Berg ist jedem möglich, wenn man die Stationen in zu bewältigende Etappen (Meilensteine) einteilt. Wer den Mount Everest besteigen will, muss sich ebenfalls erst im Basislager an die Höhe akklimatisieren und dann einen Schritt nach dem anderen nehmen.

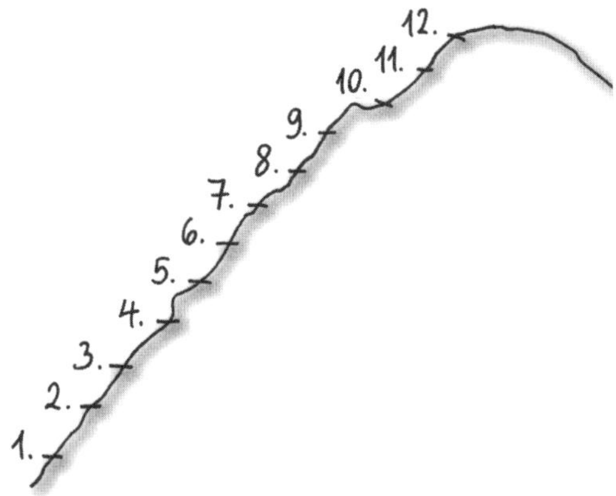

Den Weg des Patienten/Klienten skizzieren: mit erreichbaren Etappenzielen, die »unterwegs« regelmäßig Erfolgsgefühle auslösen

Es wird Deine Praxis auf die nächste Stufe bringen, wenn Du den Weg Deiner Patienten/Klienten in machbare Etappen gliederst. Der Schlüssel liegt also darin, einen als nicht erklimmbar erscheinenden Berg nun so darzustellen, dass die Besteigung gemeistert werden kann. Im Kopf Deiner Patienten/Klienten wird die Besteigung des vermeintlich höchsten Schicksalsberges dann zu einer Reise, die bewältigt werden kann. Diese **mentale Veränderung** wird zum absoluten Durchbruch. Wenn Du Menschen helfen kannst, mental auf den Gipfel zu gelangen, wird der Mount Everest in ihrer Vorstellung zur Zugspitze oder sogar zu einem Zweitausender.

Selbst wenn sich im Einzelfall unterwegs Abweichungen der skizzierten Schritte ereignen, dient die Grafik für den Patienten/Klienten als hilfreiches Modell. Als Therapeut/-in wirst Du also sagen, dass der Prozess »bei ihm voraussichtlich« so und so ablaufen wird bzw. dass er »typischerweise« so abläuft.

Lass mich einen **prototypischen Beginn einer Paartherapie** skizzieren:

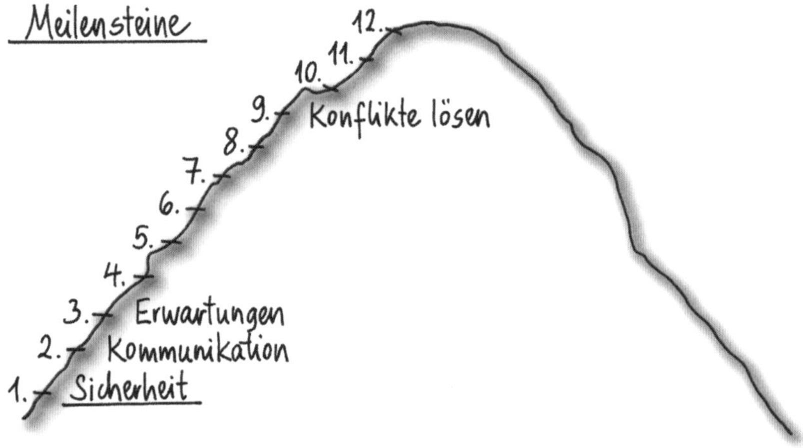

»Erstens: Der Zustand Ihrer Beziehung ist derzeit davon geprägt, dass Sie sich miteinander gar nicht sicher fühlen. Damit wir überhaupt eine Chance haben, dass es weitergeht, müssen wir erst dafür sorgen, dass Sie sich miteinander wieder sicher fühlen, um über problematische Themen reden zu können. – Zweitens: Dann werden wir an Ihrer Art der Kommunikation arbeiten. – Drittens: Wir schauen, welche gegenseitigen Erwartungen Sie haben. – [Und so weiter.] – Neuntens: Erst hier werden wir in der Lage sein, wirklich Ihre Konflikte zu lösen, denn bevor wir nicht die Meilensteine 1 bis 8 geklärt haben, wird es wenig Sinn haben, an der Konfliktlösung herumzubasteln. – Wir werden merken, dass wir einen Meilenstein gemeistert haben, wenn …«

Du begleitest die Patienten/Klienten von Etappe zu Etappe – ohne ihnen zu irgendeinem Zeitpunkt ein (verbotenes) Heilungsversprechen zu machen. Trotzdem werdet Ihr schließlich bei jedem Meilenstein checken können, ob er erreicht wurde.

Beispiel aus einer Heilpraxis: Jemand will **»weg von« Verspannungen.**

Wir lassen den Patienten von seinen Beschwerden erzählen; wir wiederholen, was wir verstanden haben, und geben der Symptomatik schließlich das Etikett »Spannungsschmerz« (sowohl Rücken- als auch Kopfschmerzen beruhen auf Verspannungen, d.h., jemand lässt nicht los).

Eine **Wunderfrage, um das »Hin zu ...« zu ermitteln:** *»Angenommen, ich hätte Zauberhände [oder: eine Zauberspritze o.Ä.] – was sollte damit erreicht werden? Ich meine nicht nur die Schmerzfreiheit, sondern was wäre darüber hinaus möglich? Gab es etwas, das Sie früher zu tun geliebt haben, aber worauf Sie aufgrund der Schmerzen verzichten müssen?«*

Nun erarbeiten wir die typischen Phasen (für die Grafik) vom Ende her nach vorne – fachsprachlich **»Backwards engineering«** genannt – jedoch in dem Bewusstsein, dass es vermutlich gewisse Abweichungen davon geben wird. Die gestrichelte waagrechte Linie markiert hier die Nulllinie, gewissermaßen einen »neutralen Normalzustand«.

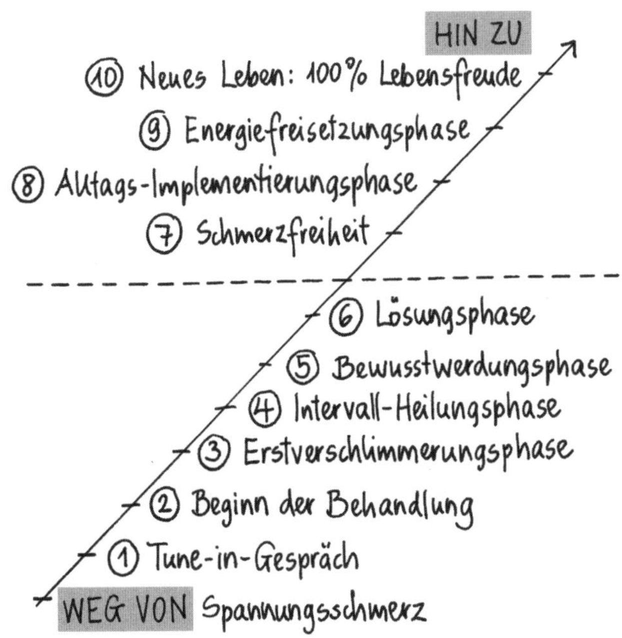

→ Hin zu: Was wäre das Wunder? 100-prozentige Lebensfreude.

10. Neues Leben bzw. »Bliss«, d.h. Glücksgefühl
9. Rekonvaleszenz bzw. noch besser: Energiefreisetzung
8. Alltags-Implementierung
   (Wie sind die Belastungen/Stressoren, die zu den Symptomen geführt haben, zu minimieren?)
7. Auf der Nulllinie: Beginn der Schmerzfreiheit
6. Lösung (zieht sich dann oft bis zuletzt durch)
5. Erkenntnis des Patienten, Bewusstwerdung
   (zieht sich dann oft bis zuletzt durch)
4. Intervall-Heilung
   (typischerweise: Kommen und Gehen der Schmerzen)
3. Erstverschlimmerung
   (wir bereiten den Patienten andeutungsweise darauf vor)
2. Beginn der Behandlung & Diagnostik
   (Behandlung & Details der Diagnostik ziehen sich über weitere Schritte hinweg)
1. Einstimmungsgespräch/Tune-in

→ Weg von: Spannungsschmerz

Bedenke, dass Deine Patienten vermutlich nicht *zuerst* zu Dir gekommen sind, sondern Du eventuell ihre letzte Hoffnung bist; sie haben eine längere Odyssee hinter sich und frustrierende Erfahrungen im Gepäck. Möglicherweise haben sie bisher so viele Aufgaben und so viel Input bekommen, dass ihnen der Kopf schwirrt und sie völlig überfordert sind: Es ist, als würden ihnen für die Besteigung des Mount Everest fünf Reserve-Decken für den Fall eines Verlusts, fünf Eispickel, zehn Landkarten (darunter auch eine in Suaheli), Essen für 300 Tage für den Fall eines mehrmonatigen Unwetters, Brennstoff für 300 Tage usw. mitgegeben. Ein riesiger Ballast, der beim besten Willen nicht mehr zu schleppen ist!

So viele »Sherpas« überhäufen ihre Patienten mit ihren gut gemeinten Ratschlägen, sodass diese Menschen resignieren und aufgeben.

> Dagegen bietet die Unterteilung in Etappen nicht nur die Aussicht, den Berg zu bezwingen, sondern auch die Chance für Erfolgserlebnisse beim Erreichen *jeder einzelnen* Station.

PRAXIS-ERFOLGS-STRATEGIE

Expansion – wie kann Deine Praxis wachsen?

Wachstum ist ein Merkmal des Lebens.
Das heißt, wenn Deine Praxis nicht expandiert, wird sie sterben.

Es gibt hier zwei Richtungen der Expansion:

1. horizontal
2. vertikal

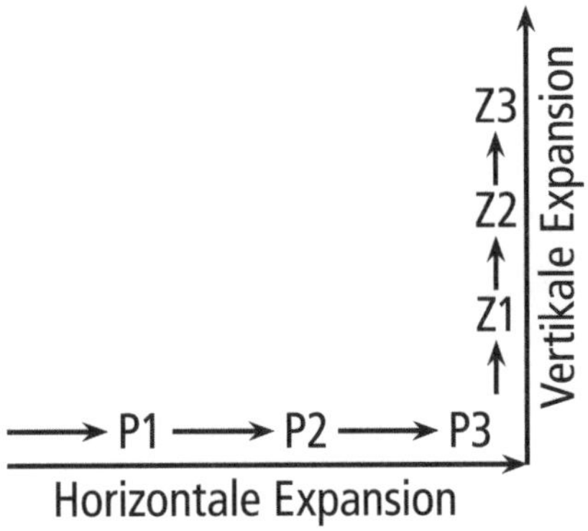

P = Produkt bzw. Dienstleistung
Z = Zielgruppe

1. Horizontale Expansion

Das bedeutet, mehr von Deiner Dienstleistung an Deinen Markt zu verkaufen: Innerhalb Deiner Zielgruppe bietest Du immer mehr neue, bessere Produkte und Dienstleistungen an.

Angenommen, Du behandelst übergewichtige Männer 50+.

a) Du hilfst ihnen, abzunehmen.
b) Du hilfst ihnen, ihre Allergie loszuwerden.
c) Du bietest ihnen an, durch Infusionen Mangelerscheinungen zu beheben.
d) … usw.

Ich bin kein Freund von »Fortbildungsexzessen«. Wenn Du allerdings mit Fortbildungen oder der Anschaffung eines neuen Geräts für Deine Zielgruppe, die bereits bei Dir ein und aus geht, Dein Angebot erweitern kannst, mag es sehr sinnvoll sein.

Angenommen, Du stellst fest, dass in Deiner Zielgruppe bemerkenswert viele Raucher sind, dann könntest Du zusätzlich eine Hypnose-Ausbildung machen, um sie bei der Nikotinentwöhnung zu unterstützen.

Sobald Du mit dem Herzen und mit echter Leidenschaft bei Deiner von Dir ausgewählten Zielgruppe sein kannst, kitzeln sie das Beste aus Dir heraus und werden sagen: »Wow, ist die/der gut!«

2. Vertikale Expansion

Das heißt, mehr von Deiner Dienstleistungen an neue Märkte zu verkaufen: Sobald Du innerhalb Deiner Zielgruppe ausgebucht bist bzw. das Potenzial an Kunden ausgeschöpft hast, kannst Du beginnen, die gleichen Dienstleistungen optimal für andere Zielgruppen zu adaptieren und anzubieten.

Falls Du zu den Menschen gehörst, die schnell von etwas gelangweilt sind, ist dies eine wirklich gute Möglichkeit für Dich, die Langeweile zu vermeiden.

Angenommen, Du hast also bisher Männern 50+ geholfen, nachhaltig abzunehmen.

a) Nun könntest Du Frauen 50+ bei der Gewichtsreduktion helfen.
b) Weitergehend könntest Du Dein Angebot auf übergewichtige Jugendliche ausdehnen.
c) Darüber hinaus könntest Du Frauen helfen, die ihre Schwangerschaftspfunde reduzieren wollen.
d) Schließlich könntest Du mit Deinem Angebot junge, leicht übergewichtige Männer zu erreichen versuchen, die ihre Attraktivität durch eine Gewichtsabnahme zu vergrößern hoffen.

Am Beispiel des Abnehmprogramms: Es würde schwierig, von Anfang an zeitgleich sowohl die Männer 50+ als auch die Frauen 50+ sowie die Teenager usw. zu bedienen, weil Du diese Gruppen jeweils unterschiedlich ansprechen musst.

Du musst alles in eine geschickte Ordnung, d.h. Reihenfolge bringen; Du kannst expandieren, aber erst wenn Du z.B. mit dem Programm zur Gewichtsreduktion mit *einer* dieser Zielgruppen die gewünschten Erfolge zu verzeichnen hast.

Die kluge Strategie lautet:
Beginne zunächst mit einer einzigen, klar umrissenen Zielgruppe und lerne mit ihr perfekt zu kommunizieren. Erst wenn Du Dich mit ihr etabliert hast, solltest Du peu à peu 3–4 weitere Zielgruppen aussuchen. Selbst wenn eine davon wegbricht, wäre das dann zu verschmerzen.

In meinem Online-Training »Strategie schlägt Taktik« vertiefe ich all das noch einmal (siehe *www.gewinnbringende-praxis.de/strategie*).

To do

**** Denke an die verschiedenen Menschen, die bei Dir oder bei Deinen Kollegen bestimmte Behandlungen in Anspruch nehmen. Stell Dir diese Menschen als Untergruppen vor, die Gemeinsamkeiten haben. Finde zehn Untergruppen. (Es gibt dabei kein Richtig oder Falsch.)**

- Zu welcher dieser Untergruppen fühlst Du die allergrößte Affinität?
- Welche dieser Untergruppen interessiert Dich am meisten?
- Wenn Du Dir vorstellst, mit diesen Menschen arbeiten zu dürfen: Bei welcher Untergruppe spürst Du in Dir die größte Begeisterung?
- Über welche der Untergruppen hast Du bereits die umfassendste Kenntnis?
- Über welche dieser Untergruppen weißt Du noch nicht so viel, möchtest aber unbedingt mehr erfahren, weil Du sie faszinierend findest?
- Ermittle die beiden Untergruppen, die Du bei diesen Fragen besonders häufig genannt hast.
- Welche Untergruppen solltest Du folglich in Zukunft schwerpunktmäßig bedienen?

** **Denke noch einmal über Deine Stärken, Talente, Erfahrungen und Interessen nach (siehe »Konzentration auf die Stärken«, S. 82ff. und »Ehrliche Schritte zum Expertenstatus«: »Deine Selbsteinschätzung«, S. 179f.). Sind Dir inzwischen noch mehr ein- und aufgefallen?**

- Was interessiert und begeistert Dich im Zusammenhang mit Deiner Arbeit?
- Welche natürlichen Stärken und Talente bringst Du in Deine Arbeit mit ein?
- In welchen Aspekten Deines Berufsfelds hast Du die umfassendsten, tiefsten Kenntnisse?
- Welche Lebenserfahrungen und Interessen hast Du mit Deiner Zielgruppe (bzw. Deinen Zielgruppen) gemeinsam?
- Welche Hobbys oder Interessen hast Du, die in Deiner Zielgruppe eventuell »gut ankommen«?
- Welche Rollen, mit denen Du Dich identifizierst, könnten Dich sofort mit einer bestimmten Zielgruppe verbinden?
- Welche Lebensumstände (vergangene, gegenwärtige oder kurz bevorstehende) könnten Dich sofort mit einer bestimmten Zielgruppe in Kontakt bringen?

** **Welche Erkenntnisse kommen Dir in Anbetracht Deiner Antworten?**

- Drängt sich Dir der Gedanke an eine bestimmte ideale Zielgruppe für Dich auf?

• • •

PRAXIS-ERFOLGS-STRATEGIE

Ein gutes Follow-up – der steinige Königsweg

Einerseits weißt Du als spiritueller Mensch, dass Loslassen, Gottvertrauen und Einverstandensein wichtig sind. Andererseits wirst Du viel zufriedener sein, wenn Du den Lauf der Dinge in Deiner Praxis nicht mehr dem bloßen »Zufall« überlässt.

Du hast nur über einen kleinen Teil (»Kuchenstück« in der Grafik) Deines Lebens (grauer Kreis) die Kontrolle. Du hattest keinen Einfluss auf Dein Geschlecht, auf Deine natürliche Haar- und Augenfarbe, auf Deinen Geburtsort, auf den Beruf Deiner Eltern oder auf ihre Eigenarten usw.

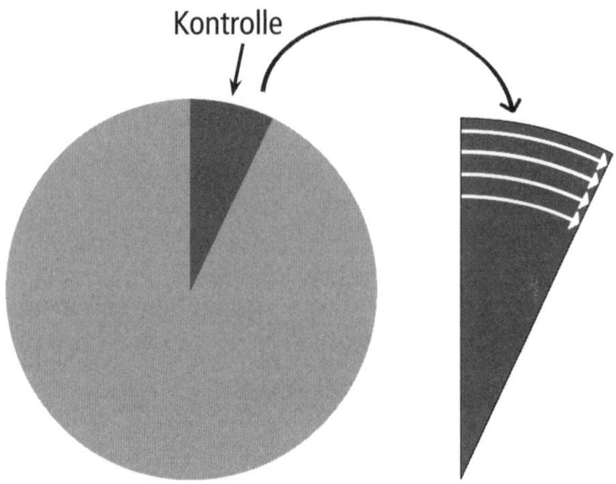

In meinen Zwanzigerjahren machte ich mir viel Gedanken, worüber ich Kontrolle hätte. Schließlich gewann ich die Einsicht, dass ich die falsche Frage stellte.

Schauen wir uns das Segment, über das wir Kontrolle haben, unterm Vergrößerungsglas an, stellen wir fest, dass es riesengroß ist – so groß, dass die meisten Menschen damit überfordert sind. Sie fokussieren sich auf den großen Rest des »Lebenskreises« und jammern über all das, worauf sie keinen Einfluss haben.

Sobald Du Dich in Deiner Praxis vom Hoffnungsmarketing verabschiedest, bist Du einverstanden mit dem Teil, den Du nicht beeinflussen kannst, und nimmst jenen Teil proaktiv in Besitz, den Du steuern kannst. Das Follow-up gehört zu diesem Teil dazu.

Follow-up ist der Königsweg, weil Du Menschen, die Dir ohnehin wohlgewogen sind und die bereits eine gute Erfahrung mit Dir gemacht haben, die Gelegenheit gibst, mehr Dienstleistung von Dir zu bekommen.

Zugegeben, ich ziehe den englischen Begriff »Follow-up« dem deutschen Wort »(Nach-)Verfolgung« vor. »Follow up« umfasst die Verben »nachgehen, aufgreifen; sich näher befassen mit, nachuntersuchen, im Blick behalten; fortsetzen, aufbauen« usw.

•••

Ich hatte Anfängerglück, als ich einst mit meiner astrologischen Praxis in Freiburg begann, und hatte viel Zulauf, obwohl ich meine Dienstleistung nicht verschenkte. Allerdings unterließ ich eine Sache, mit der mein Leben sicher eine ganz andere Richtung genommen hätte – und wenn ich daran denke, tut es heute noch weh. Mein System war: Ein Klient kommt zu einer Sitzung, bezahlt ... und geht – ohne dass ich irgendwelche Kontaktdaten sammelte.

Sooft ich eine neue Methode oder eine (damals noch eher rare) Computersoftware verfügbar hatte, fehlte mir die Möglichkeit, die bisherigen Klienten darüber zu informieren.

Ein kleiner Zwischenschritt hätte also genügt, meinen Praxisalltag zu erleichtern. Ich hatte es versäumt, eine Kundenkartei zu pflegen, auch um meine bisherigen zufriedenen Klienten über weitere meiner Angebote informieren zu können. Dabei wäre es vermutlich als nette Geste aufgefasst worden, ihnen als Astrologe, der ich war, zum Geburtstag zu gratulieren: »... Übrigens haben Sie nun einen Wassermann-Aszendenten – es verspricht ein aufregendes Jahr zu werden. Sollten Sie Interesse haben: Hier ist ein Gutschein über 20 Euro, den Sie auf Ihre nächste Solarsitzung anrechnen lassen können.«

Anstatt dauernd und nervenauftreibend um neue Klienten werben zu müssen, hätte ich meinen Klientenstamm viel besser pflegen sollen.

Im Übrigen hinterlässt es bei vielen Patienten sogar ein schales Gefühl, nie wieder von ihrem Therapeuten zu hören. Ist es etwa aufdringlich, einen Patienten 1–2 Wochen nach der Behandlung nach seinem Befinden zu fragen, nachdem er Dir ohnehin viel »Intimes« anvertraut hat? Oder anders: Wie sehr vernachlässigst Du Dein Interesse am Klienten, wenn Du aus lauter Angst, als aufdringlich zu gelten, auf einen Anruf verzichtest?

Was möchtest Du lieber riskieren: Aufdringlich zu sein und Dir keine Nachlässigkeit vorwerfen zu müssen? Oder willst Du lieber nachlässig sein, um nicht als aufdringlich zu gelten? Sollte bei Dir Letzteres der Fall sein, rate ich Dir, an Deinem Paradigma zu arbeiten.

Mache die Kontaktpflege zu Deinen Patienten/Klienten zu einem Herzensanliegen von Dir

Die Wahrscheinlichkeit, dass Du weder das eine noch das andere auf Dir sitzen lassen musst, ist groß, wenn Du **regelmäßig gute, freundliche Kontaktpflege** betreibst.

Merke: Nach dem Verkauf ist vor dem Verkauf …! Solange Du regelmäßig, unbekümmert und fröhlich den Kontakt pflegst, werden sie dankbar sein und die Tür zu Dir offen lassen. Deinen »Crème de la Crème«- bzw. A-Patienten ist es weniger wichtig, was die Behandlung kostet; für sie spielt es jedoch eine große Rolle, bei Dir in guten Händen zu sein – und die »Nachsorge« per Telefon o.Ä. trägt dazu wesentlich bei.

Meine Kollegin Patricia war einmal wegen orthopädischer Beschwerden bei einer überaus kompetenten, international tätigen Heilpraktikerin. Die erste Behandlung verlief im Grunde fantastisch gut, doch anstatt die Patientin zu bitten, in den nächsten Tagen wiederzukommen, um sicherzugehen, dass die Therapie anschlage usw., drückte die Heilpraktikerin ihr eine Visitenkarte in die Hand: »Ihr Knie lässt sich ja nun besser bewegen. Sollte noch was sein, melden Sie sich. Sie können ja auch die Visitenkarte weitergeben.«

Patricia war wie vor den Kopf gestoßen, ja sie fühlte sich regelrecht benutzt – oder wie sie selbst sagte: »… leer, fallen gelassen, wie nach einem One-Night-Stand, als würde man morgens wach und finde im leeren Nachbarbett ein Kärtchen: ›War schön.‹«

Das Gefühl, das bei meiner Kollegin blieb, war: *So, jetzt hat sie in einer Dreiviertelstunde 180 Euro abkassiert und hat darüber hinaus kein Interesse an mir und meinem Wohlergehen.*

Bleib mit Deinen Kunden in Verbindung, durchaus auch mithilfe von Weihnachts- oder Geburtstagskarten, Newsletters usw.!

Der persönliche Kontakt zu Deinen Kunden ist ebenso wichtig wie Deine fachliche Kompetenz bzw. Deine Techniken, wahrscheinlich sogar wichtiger.

(Siehe auch »Die ›Diamantene Regel‹«, S. 219 ff.)

Du bist der Anwalt der Gesundheit Deiner Patienten bzw. des Wohlergehens Deiner Klienten. Jeder hat »zwei Seelen in einer Brust«, gewissermaßen das »Engelchen« und das »Teufelchen«. Du verbündest Dich mit Ersterem: dem Teil in Deinem Patienten, der gesund werden will. Der andere Teil, der zu bequem, faul, zäh ist und nicht an sich arbeiten will, hat jedoch oft die Oberhand. Patienten schämen sich zuweilen, wenn sie nicht den Empfehlungen der Experten gehorchen, wenn sie rückfällig werden usw. Ein typischer Reflex bei Schuld- und Schamgefühlen ist es, unterzutauchen und es nicht mehr zu wagen, sich zu melden. Sie projizieren ihr Über-Ich auf Dich als den Therapeuten/die Therapeutin – so als wärst Du ein Elternteil, das früher bei Ungehorsam Strafe ausgeteilt hat.

Insofern ist es gut möglich, dass sie Dir sogar dankbar sind, wenn Du unkompliziert auf sie zukommst und nachhakst, wie es ihnen geht, bzw. wenn Du Dein Interesse an ihnen mit einem Kartengruß o.Ä. signalisierst.

Ich zeige Dir im Folgenden Möglichkeiten der Kontaktpflege, bei denen das Risiko, aufdringlich zu wirken, stark reduziert ist.

Ein Restrisiko wird natürlich bleiben, weil Menschen immer etwas in den falschen Hals bekommen können. Die Tiefe eines menschlichen Kontakts hängt von der Bereitschaft der Beteiligten ab, sich ggf. eine Blöße zu geben bzw. vielleicht falsch herüberzukommen. Menschliche Beziehungen sind gewissermaßen gefährlich; immer kann jemand missverstanden werden, immer kann sich jemand verletzt, beleidigt, gekränkt fühlen.

1. Dieses Szenario eines **Follow-up** ist ein Muss; es wäre ein Kunstfehler, es zu unterlassen. Es geschieht **direkt nach der Behandlung:**

- Kein Patient geht ohne einen neuen Termin – bei akuten Beschwerden ohnehin, und falls nichts Dringendes ansteht, auch erst in einigen Wochen oder Monaten.

- Kein Abstand länger als 2 Wochen – d.h., selbst wenn der Patient erst wieder in 4 Wochen in die Praxis kommen soll, schiebst Du dazwischen eine Kontaktaufnahme ein, z.B. per Telefon oder Kärtchen, um Dich nach seinem Ergehen zu erkundigen. (Kläre ab, zu welcher Uhrzeit er unter welcher Nummer am besten erreichbar ist.)

2. **Re-Aktivierender Follow-up**

Bedenke: Je länger ein Kontakt in der Vergangenheit liegt, desto mehr kühlt er ab. Im Idealfall ist ein reaktivierender Follow-up in Deiner Praxis gar nicht nötig!

- Du hast anhand Deiner Patienten-/Klienten-Kartei bereits Prioritäten gesetzt bzw. Deine A-Kunden von den B- und den C-Kunden unterschieden.

Reaktivierender Follow-up

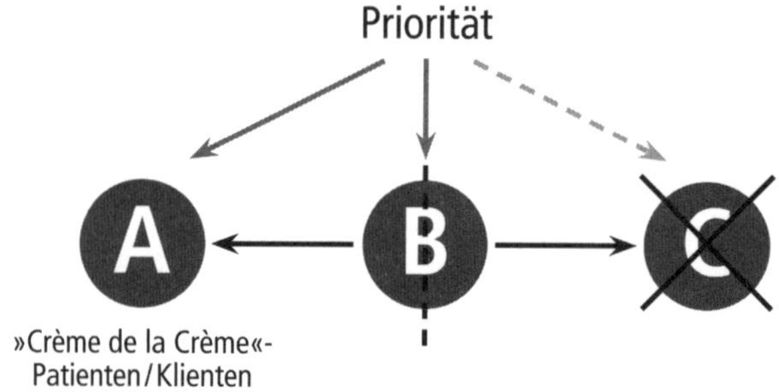

- C-Patienten kommen für den reaktivierenden Kontakt nicht infrage.

- Einen Teil der B-Patienten wirst Du mit dieser Strategie eventuell gewinnen, den anderen Teil nicht. Selbstverständlich wirst Du Dich am Telefon nicht anbiedern, sondern Dich mit ernsthaftem Interesse nach dem Befinden erkundigen.
  Falls sie am Telefon einsilbig sind und das Gespräch, kaum begonnen, zu versiegen droht, frage sie direkt (und mutig), ob sie mit der Behandlung zufrieden waren oder – falls nicht – was aus ihrer Sicht zu verbessern wäre. Stelle offene Fragen – keine Fragen, die mit einem einsilbigen »Ja« oder »Nein« beantwortet werden können.

3. Regelmäßiger Follow-up

Selbst wenn Patienten schon länger nicht mehr in Deiner Praxis waren, sollten Sie ab und zu von Dir hören. Und zwar auf eine Art, dass die Gefahr, aufdringlich zu erscheinen, gering ist und die Wahrscheinlichkeit, als fürsorglich verstanden zu werden, hoch ist.

To do

* Hast Du bisher in Deiner Praxis ein Follow-up gemacht? Falls ja, wie?

* Wie viele Patienten/Klienten sind in Deiner Kartei erfasst? Wie viele davon sind aktuell bei Dir in Behandlung? Wie viele davon waren in den letzten drei Monaten in Deiner Praxis?

* Wie viele Patienten/Klienten sind in Deiner Kartei erfasst, die zwar in den letzten 12 Monaten in Deiner Praxis waren, aber aktuell nicht in Behandlung sind?

* Wie sorgst Du dafür, die Kontaktdaten Deiner Patienten/Klienten gleich bei der ersten Behandlung zu bekommen?

* Wie sicherst Du diese Kontaktdaten und wie »etikettierst« Du sie? (Notizen über den Patienten/Klienten, z.B. Beschwerden, besondere Interessen usw.)

* Hast Du ein System, mit dem Du regelmäßig den Kontakt zu den Personen in dieser »Datenbank« pflegst?

* Wie zufrieden bist Du mit Deinem aktuellen Follow-up-System und den Resultaten?

* Falls Du nicht zufrieden bist: Welche Veränderungen wirst Du in Deiner Praxis hinsichtlich des Follow-up einführen?

* Wirst Du zukünftig regelmäßig den Kontakt zu den Personen in Deiner Datenbank pflegen?
  Falls ja, was gedenkst Du zu tun?

  [ ] *Geburtstagsgrüße schicken*
  [ ] *Saisonale Grüße senden (z.B. Weihnachten/Neujahr)*
  [ ] *Regelmäßige Newsletters*
  [ ] *Gelegentliche Angebote/Sonderaktionen*
  [ ] *Besondere Ankündigungen*
  [ ] *Social Media*
  [ ] *Sonstiges: _____*

• Wenn Du Dich für Geburtstagsgrüße entschieden hast, wie wirst Du das organisieren?

• Falls Du saisonale Grüße verschicken willst, wie wirst Du das durchführen?

• Sofern Du einen regelmäßigen Newsletter schreiben und versenden willst, wie und in welcher Form hast Du es vor?

  [ ] *Per Post*
  [ ] *Als E-Mail*
  [ ] *Als Blog, auf den ich per E-Mail aufmerksam mache*

* Hast Du weitere Ideen zur Kontaktpflege?
  Falls ja, welche?

Vier Kategorien von Inhalten zur Kontaktpflege

Du möchtest Deine Patienten/Klienten mit relevanten Informationen versorgen – auch um Dich regelmäßig in Erinnerung zu bringen. Es gilt zu überlegen, welche Art von Information für Deine Zielgruppe wirklich bedeutungsvoll sein könnte, sodass sie im Grunde schon darauf wartet, Neues von Dir zu erfahren. Welche Inhalte könntest Du mitteilen?

1. Kategorie:
Wertvolle fachbezogene Informationen, neue Trends, interessante neue Entdeckungen; Strategien, Tipps, Tricks, Techniken; Rezepte, Anleitungen; »Fundstücke« aus anderen Quellen, z.B. aus Artikeln, Blogs, YouTube-Videos etc. (Achtung, gib die Quellen dieser Informationen an, v.a. wenn Du ein paar Sätze zitierst!)

2. Kategorie:
Interessante Informationen über Deine Produkte, Deine Dienstleistungen, Deine neuen Behandlungsmethoden.

3. Kategorie:
Besondere Ankündigungen, die für Deine Patienten/Klienten potenziell hilfreich sind: Hast Du z.B. eine Fortbildung besucht, die Dein Praxisspektrum erweitert? Hast Du Deine Praxis umgebaut und lädst zur Einweihung ein? Hast Du neue Geräte?

4. Kategorie:
Augenzwinkerndes Hallo: Welche Ideen hast Du? Pflegst Du ein Hobby oder eine originelle Leidenschaft, deren Erläuterung sich für ein »Hallo« eignen würde?

Gib Acht, hier die Gratwanderung zu meistern: ohne Übertreibung, mit Humor und gewisser Selbstironie, aber ohne Dich lächerlich zu machen.

Zum »Follow-up« siehe auch Master-Schritt 3: »Follow-up im Empfehlungs-Management«, S. 337 ff.

• • • To do • • •

** **Halte Dir Deine Zielgruppe vor Augen: Welche Inhalte wären für sie besonders relevant und hilfreich?**

* **1. Kategorie:**
- Fachbezogene Informationen, neue Trends, interessante neue Entdeckungen: ....
- Strategien, Tipps, Tricks und Techniken: ....
- Rezepte, Anleitungen: ....
- Interessante »Fundstücke« aus anderen Quellen (z.B. Artikel, Blogs, YouTube-Videos etc.): ....

* **2. Kategorie:**
Deine (eventuell neuen) Produkte, Dienstleistungen, Behandlungsmethoden etc.

* **3. Kategorie:**
Besondere Ankündigungen

* **4. Kategorie:**
Augenzwinkerndes Hallo

• • •

Merke:
Bei Mitteilungen an Deine Patienten/Klienten solltest Du 80 Prozent der Inhalte aus der 1. Kategorie wählen und lediglich 20 Prozent aus der 2., 3. und 4. Kategorie!

Profi-Strategien – Teil 2

Hier lernst Du weitere Profi-Strategien kennen, die Dein Repertoire aus dem ersten Teil erweitern und für Deinen Durchbruch als außergewöhnlich erfolgreiche/r Therapeut/-in sehr bedeutend sind.

PROFI-STRATEGIE

»Stadium Pitch« – Präsentation im Stadion

Ich muss hier ein wenig ausholen, um Dir weitere Regeln der Marktwirtschaft klarzumachen, und verwende dafür nicht nur Beispiele aus dem Gesundheitsbereich.

Du musst als Therapeut/-in unweigerlich mit diesen Gegebenheiten rechnen, um es in Deiner heilenden und helfenden Branche mit den verlockenden Angeboten kapitalkräftiger Firmen und mit der planwirtschaftlichen Bevorzugung der Arztpraxen aufnehmen zu können.

Stell Dir vor, gemeinsam mit 999 anderen Anbietern einer Dienstleistung oder eines Produkts stehst Du vor einem gigantischen Stadion, in dem alle im Publikum zu Euren perfekten potenziellen Kunden gehören.

Okay, ich frage nun Dich und die anderen 999: »Im Stadion sind 50.000 potenzielle Käufer für euch. Wer von euch könnte jetzt auf die Bühne gehen und einen fantastischen Job machen, indem er diesem Klientel sich selbst, sein Produkt oder seine Dienstleistung präsentiert?«

Oder falls Ihr – Du und die anderen 999 – alle eine Anstellung bei einem neuen Arbeitgeber sucht bzw. Euer Einkommen erhöhen wollt, würde das Szenario lauten: »Im Stadion sind 50.000 potenzielle Arbeitgeber für euch, genau aus dem passenden Bereich. Wer von euch packt seine riesige Chance beim Schopf und präsentiert sich auf dieser Bühne?«

Weißt Du was? Drei, vier, fünf oder maximal sechs Personen von diesen tausend sind wirklich bereit, ihre Präsentation zu wagen. Gehörst Du dazu?

Chet Holmes, Autor von »The Ultimate Sales Machine«, betont die Wichtigkeit des »Stadium Pitch« bzw. des »Kerngeschichten-Konzepts«: Jedes Unternehmen, egal wie klein oder groß, sollte eine Kerngeschichte haben, die allen neuen Interessenten kommuniziert wird.

»Pitch« bedeutet so viel wie »Präsentation der Geschäftsidee« oder »Verkaufsgespräch«. Im Rahmen eines Pitch präsentieren z.B. Werbeagenturen ihre Ideen und Strategien, um einen Auftrag zu ergattern.

Nun, wie sähen dann alle strategischen Ziele aus, die Du erreichen und in diesem Stadion kommunizieren wolltest? Bedenke diese fantastische Gelegenheit! Du musst nur gut darauf vorbereitet sein, richtig?! Du musst nicht nur zur richtigen Zeit am richtigen Ort sein, sondern auch die richtige Person mit der richtigen Vorbereitung sein.

Ein »Stadium Pitch« umfasst folgende Schlüsselkomponenten:

- **Titel, der Aufmerksamkeit erregt**
- **Marktdaten (sie sind viel motivierender als Produktdaten)**
- **Inhalt, der Problemlösungen bietet (anstatt das Produkt oder die Dienstleistung ins Zentrum zu stellen)**
- **Fähigkeit, die restlichen 97 Prozent Deines Marktes auf Dein Produkt bzw. auf Deine Dienstleistung aufmerksam zu machen und sie so sehr dafür zu interessieren, dass sie Deine Kunden werden**

Im Hinblick auf die Definition Deines Publikums, vor dem sich Dein Stadium Pitch bewähren muss, kannst Du eine einfache Regel im Hinterkopf behalten und sie selbst überprüfen:

Es gibt immer 3 Prozent, die sofort kaufen.

Ich frage z.B. 1000 Personen, wie viele von ihnen zurzeit ein Auto kaufen wollen. Wetten, rund 30 von ihnen werden die Hand heben, also 3 Prozent von 1000?!

Als Nächstes fragst Du dasselbe Publikum: »Wer von euch interessiert sich für ein Marketingseminar?« Ungefähr 30 Leute heben die Hand. »Und wer sucht gerade eine Wohnung?« Wieder werden sich 3 Prozent dieser Leute melden.

Nehmen wir an, Du wolltest etwas für die Gesundheit verkaufen, sagen wir: Vitamine. Die »oberen« 3 Prozent in dieser Pyramide kaufen sofort, wenn Du sagst: »Wir haben großartige Vitamine, die dieses und jenes für Sie tun.«

Zusätzlich gibt es 6–7 Prozent, die offen für das Thema sind. Das heißt z.B., ihr Autoleasingvertrag läuft in drei Monaten ab, sie sind derzeit nicht kaufaktiv, aber sie beginnen zu überlegen, schauen sich Autos in Prospekten oder auf der Straße an und haben einen Blick für Modelle, die ihnen en passant begegnen. Sie sind in der »Offen dafür«-Kategorie.

Die »unteren« 90 Prozent bestehen aus drei ungefähr gleich großen Gruppen: Die Leute in der ersten Gruppe denken überhaupt nicht an das betreffende Thema – sie sind also weder dafür noch dagegen –, die Leute in der zweiten sagen: »Ich glaube, das interessiert mich nicht«, und die dritte Gruppe ist definitiv nicht interessiert.

Es sind also hauptsächlich die »Top 10«-Prozent, die jeweils die Wirtschaft antreiben. 3 Prozent kaufen sofort, und die anderen 6–7 Prozent werden demnächst kaufen. In der Regel kann Deine Werbung diese Leute erreichen.

In der folgenden Aufgabe sollst Du die Schlagzeile Deines Stadium Pitch entwerfen. In Deiner Vorstellung gehst Du also auf die Bühne des Stadions hinaus und legst »knackig« und wirklich verheißungsvoll los, z.B.: »Verehrte Damen und Herren, (ich heiße ..., ich mache ..., und) ich bin heute hier, um Ihnen zu erzählen, was ..., wie ..., warum ...«

Ja, die Schlagzeile bzw. der Titel darf länger sein als in einer Zeitung, aber wiederum nicht ellenlang.

• • • To do • • •

Mach die folgende Übung, und zwar jetzt.

** **Entwirf die Schlagzeile bzw. den Titel Deines Stadium Pitch und schreibe sie/ihn auf. Berücksichtige dabei:**

- Wer ist Dein Publikum?
- Was möchtest Du erreichen?
- Wie sieht Dein strategisches Ziel aus?

• • •

Fertig? Gut, Du bist also zurück im Stadion mit all Deinen potenziellen Kunden, und Achtung, jetzt kommt der Test für Deinen Stadium-Pitch-Titel: Kurz bevor Du auf die Bühne gehst, sage ich zu diesem Publikum: »Meine Damen und Herren, Sie mussten oder wollten kommen, aber Sie müssen nicht bleiben. Gleich wird ... [Dein Name] zu Ihnen sprechen. Und wenn er/sie Ihnen den Titel seiner/ihrer Rede offenbart und Sie sind nicht interessiert, fühlen Sie sich bitte frei, aufzustehen und einfach in die Pause zu gehen.«

Ja, ein bisschen fies von mir – denn Du weißt ja inzwischen, dass die »untersten« 30 Prozent normalerweise nicht interessiert sind. Sie werden also die Zuschauerränge verlassen, falls es Dir nicht gelingt, sie mit dem Titel Deiner Rede bei der Stange zu halten.

Also, auf wen war Dein Titel fokussiert?

Da Du es mit drei Gruppen zu tun hast, die (zunächst) nicht interessiert sind: Würde dann Dein Pitch-Titel, den Du vorher aufgeschrieben hast, selbst jene Leute erreichen, die denken, dass sie *nicht* interessiert sind, oder sogar die Gruppe, die laut eigener Überzeugung *definitiv nicht* interessiert ist?

Um es anhand einer anderen Branche zu verdeutlichen: Ein schlechter Titel wäre z.B. »Warum Sie den Platz für eine Werbeanzeige in unserem Magazin kaufen sollten«. Nach diesem Schema versuchen die meisten Menschen, ihr Angebot zu verkaufen; sie rufen an und sagen: »Ich würde gerne bei Ihnen vorbeikommen und mit Ihnen über unser Magazin sprechen.« Die meisten werden nicht mal einen Termin für dieses Meeting einplanen, geschweige denn eine Anzeige im Magazin schalten.

Wie wäre es aber, wenn Du sagst: »Wissen Sie, wir haben einige Marktstudien betrieben und fünf Gründe herausgefunden, warum Firmen scheitern. Wir teilen die Informationen diese Woche all Ihren Mitbewerbern mit. Möchten Sie ebenfalls dabei sein?«

Das wird Dir viel mehr Zusagen bringen. Ein Stadium-Pitch-Titel muss auf die Kunden fokussiert sein, nicht auf die Anbieterfirma, und er muss auch die Menschen im unteren Segment der Pyramide ansprechen, selbst die Personen, die »definitiv nicht interessiert« sind. Sie werden dann sagen: »Na ja, ich bin zwar nicht an der Werbung interessiert, aber ich bin immer darauf aus, zu lernen, wie ich in meinem Bereich noch erfolgreicher werden kann.«

Ein Stadium Pitch muss die Interessen der potenziellen Kunden in den Mittelpunkt stellen und die Aufmerksamkeit möglichst aller Menschen erregen

Also Achtung, die Schlagzeile des Stadium Pitch entscheidet tatsächlich darüber, ob die Leute im Stadion sitzen bleiben oder es verlassen! Der Titel des Stadium Pitch muss unbedingt die Aufmerksamkeit erregen. Er muss sehr klar und knackig sein und im Idealfall ein (selbstverständlich wahres) Versprechen enthalten, sprich: die Information, dass die Leute im Idealfall die Lösung ihres drängendsten Problems bekommen. Komm sofort, ruck, zuck zum entscheidenden Aufmerksamkeitsfänger, mit dem Du *alle* Anwesenden »in den Bann schlägst«!

Menschen hören Dir zu, wenn sie von Dir die Lösung ihrer dringlichen Anliegen erhoffen können

Ich verrate Dir, mit dem richtigen Ansatz kannst Du die gesamte Pyramide ansprechen! Wie könntest Du also starten, um das Interesse aller zu halten und Dein Angebot peu à peu zum Abschluss zu bringen? Was könntest Du sagen, damit selbst die Personen im untersten Bereich der Pyramide aufgeschlossen sind? Welche Informationen könntest Du vorbringen, um jemanden von »Ich bin definitiv nicht interessiert« den ganzen Weg hinauf zu »Ich kaufe sofort« zu bringen? Genau das ist jetzt Deine Herausforderung, Dein Ziel.

[Anmerkung: Ich biete übrigens in begrenztem Teilnehmerkreis Intensiv-Workshops an, in denen gemeinsam ein mächtiger Stadium Pitch erarbeitet wird. Da diese Gruppen immer sehr schnell ausgebucht sind, bei Interesse bitte eine kurze E-Mail an *Training@praxismiterfolg.de* mit der Betreffzeile »Stadium Pitch« schicken, um einen Platz in der nächsten freien Gruppe zu erfragen.]

Möchtest/solltest Du Deinen gerade erstellten Stadium Pitch doch noch etwas überarbeiten, um diesem Kriterium, ausnahmslos alle Leute im Stadion für Dein Angebot aufgeschlossen zu machen, gerecht zu werden? Dann tue es jetzt.

To do

**** Überarbeite also Deinen Entwurf erneut: Wie/was kannst Du anbieten, damit die gesamte Pyramide angesprochen wird? Sei spontan – Du hast für die Aufgabe 5 Minuten Zeit:**

* Finde einen Titel, der die ganze Pyramide anspricht.

* Schreibe den Entwurf für Deinen Stadium Pitch auf.

  Vergiss hier die Unterscheidung in »Richtig oder Falsch«. Es geht darum, Dein Bewusstsein für die Ausarbeitung Deiner geeigneten Strategie zu erschaffen. Also mache die Übung unbedingt mit; es ist ja nicht in Stein gemeißelt. Notiere jetzt den Entwurf für Deinen Stadium Pitch.

Nun, bist Du mit Deinem neuen Entwurf zufrieden?

Am Beginn dieses Kapitels habe ich die Schlüsselkomponenten des »Stadium Pitch« aufgelistet (S. 251). Mag sein, dass Du nach wie vor mit Deinem eigenen Entwurf noch nicht vollkommen einig bist, weil Du bisher einen der Punkte nicht genügend beachtet hast:

Die Relevanz von Marktdaten

Argumentiere mit stichhaltigen, emotional ansprechenden Marktdaten

Marktdaten sind um einiges motivierender als Produktdaten bzw. Informationen über das Produkt. Zu den Marktdaten zählen z.B. Statistiken über die Heilungsaussichten bestimmter Beschwerden oder Statistiken über die erneute Zunahme von Körpergewicht innerhalb eines Zeitraums, nachdem zunächst deutlich Gewicht reduziert worden war.

To do

** **Frage Dich: »Welche Marktdaten unterstützen die Position, die ich für mein (Praxis-)Unternehmen, für mich und meine Dienstleistung haben möchte?«**

** **Recherchiere die Trends, die Deine Patienten/Kunden motivieren.**

** **Welche Marktbedingungen unterstützen den Bedarf für Deinen Beruf, Dein Unternehmen und/oder Deine Dienstleistung?**

Und was meinst Du, was motiviert Deine Kunden mehr dazu, auf Dein Angebot einzugehen: die Aufzählung von möglichen Lösungen *oder* von Problemen?

Mag sein, Du antwortest wie die meisten meiner Marketing-Klienten und tippst auf »Lösungen«. Aber Fakt ist: Ohne ein Bewusstsein für ihre Probleme brauchen die Leute auch keine Lösung, oder?

Schaffe ein Bewusstsein für die Probleme, die eine Lösung erfordern

Mit anderen Worten – auf das obige Beispiel mit den Werbeanzeigen bezogen: Wenn ich denke, dass ich keine Werbung brauche (oder wenn ich nicht denke, dass ich Werbung brauche), und Du mir ständig die Lösungen, die Deine Werbung bietet, zu verkaufen versuchst, dann wirst Du niemals eine Chance bekommen, mit mir über diese Werbung zu sprechen. Und das Gleiche gilt für jedes andere Produkt bzw. für jede Dienstleistung.

To do

** **Überlege und notiere, welche Probleme Deine Patienten/Kunden haben.** (Oder schau Deine entsprechende Antwort nach bei den Aufgaben im Unterkapitel »Der Zielgruppen-Zoom-Prozess«, S. 152 f.)

** **Und darüber hinaus: Welche Probleme, die sie noch gar nicht kennen, haben Deine Patienten/Kunden wohl?**

Fertig? Prima, dann zeige ich Dir, wie Du all das nutzen kannst, um mit *weniger* Aufwand ein weitaus *größeres* Publikum anzusprechen.

Chet Holmes hatte einen Klienten, der Vitamine im Angebot führte. Der »große« Pitch der Firma war: »Unsere Vitamine unterstützen Ihre Nieren, Ihre Leber, Ihr Herz und Ihre Lungen.« Das sind Produktdaten. Sie erreichten damit immerhin 1 oder 2 von 10 Interessenten.

Nun zeigte Chet Holmes den Leuten, wie sie Marktdaten statt Produktdaten für sich nutzen konnten.

Ich gebe Dir jetzt ein paar Marktdaten, und Du kannst nachspüren, ob sie Dich motivieren, mehr Vitamine zu Dir nehmen zu wollen:

Als Erstes solltest Du wissen, dass in den letzten 80 Jahren in der westlichen männlichen Bevölkerung ein sehr deutlicher Verlust an Fruchtbarkeit zu verzeichnen ist; die Anzahl der Spermien ging beim »Durchschnittsmann« von 100 Millionen pro Milliliter in den 1940er-Jahren auf 60 Millionen herunter. 20 Prozent der 18- bis 25-Jährigen verfügen nur noch über eine unnatürlich niedrige Spermienanzahl; ihr Ejakulat birgt gerade mal 20 Millionen pro Milliliter, und diese Spermien sind darüber hinaus von schlechter Qualität und schaffen es kaum oder gar nicht, zur Eizelle zu gelangen (siehe *https://www.zentrum-der-gesundheit.de/unfruchtbarkeit-beim-mann-ia.html*). 20 Millionen – das klingt nach ziemlich viel in Anbetracht der Tatsache, dass nur ein einziges Spermium zur Schwangerschaft der Frau führen kann. Aber beunruhigt einen die drastische Spermienreduktion und Qualitätsverschlechterung nicht trotzdem?

Und wusstest Du, dass der Mythos vom extrem eisenreichen Spinat auf einem Irrtum beruht? In alten Nährwerttabellen ist noch von 35 Milligramm Eisen pro 100 Gramm frischem Spinat zu lesen – wohl ein Fehler, der auf der Analyse von getrocknetem Spinat beruht. Heute sieht es so aus: 4,1 Milligramm Eisen in 100 Gramm frischem Spinat (siehe *https://ernaehrungsstudio.nestle.de/ernaehrungwissen/wusstensieschon/istspinatwirklichbesonderseisenreich.htm*)! Du könntest Spinat essen bis zum Überdruss – Du wirst damit nie die Mineralstoffe und Spurenelemente bekommen, die Du brauchst.

Nun, fühlst Du Dich ein bisschen motivierter, ein paar gute Nahrungsergänzungsmittel zu kaufen?

Du siehst, Du kannst Marktdaten nutzen, um Dein Produkt für viel mehr potenzielle Kunden sehr viel interessanter zu machen. Mit Marktdaten positionierst Du Dein Produkt oder Deine Dienstleistung, noch ehe Du sie überhaupt angeboten hast.

Die Verkaufsrate für die Vitamine kletterte dank des heißen Tipps von Chet Holmes von vorher maximal 2 auf nun 8 Käufe bei 10 Interessenten. Eine Steigerung um 300 Prozent allein durch die Nutzung von unwiderstehlich wirkenden Marktdaten.

Marktdaten, die den Bedarf Deines Angebots fördern

In einer Umfrage aus dem Jahr 2016 zu den Einstellungen gegenüber alternativen Heilmethoden im Vergleich zur klassischen Schulmedizin in Deutschland geht m.E. hervor, dass die alternative Medizin in der Bevölkerung über eine sehr breite Akzeptanz verfügt. Denn nur 7 Prozent der Befragten geben an, alternative Medizin sei Humbug; bei den über 50-Jährigen sagen dies sogar nur 4 Prozent. Zugleich geben 7 Prozent an, dass sie alternativen Heilverfahren mehr vertrauen als den schulmedizinischen. 18 Prozent nutzen nach eigener Aussage die alternative Medizin, wo es geht; bei den über 50-Jährigen sind es sogar 21 Prozent. Und 59 Prozent der Befragten sind der Meinung, dass alternative Medizin und Schulmedizin sich ergänzen sollten; bei den über 50-Jährigen meinen dies sogar 73 Prozent.

Nutze die Bereitschaft der Menschen, mit »natürlichen« Methoden ihre Gesundheit zu erhalten!

• • • To do • • •

** **Mach ein Brainstorming und sammle spontan Ideen für Marktdaten, die Du für Deinen Stadium Pitch einsetzen könntest. Recherchiere noch nicht, sondern notiere einfach Möglichkeiten, die Du später verfolgen und genauer checken kannst.**

Diese Lektion soll Dich motivieren, ein Stratege zu werden, d.h. jemand, der vor einer Aktion einen Plan für die Umsetzung fasst.

• • •

Im Grunde plant jeder, zumindest in einem Bereich seines Lebens, z.B. eine Urlaubsreise. Warum also nicht den eigenen Business-Erfolg? Trotzdem wenden viele Menschen ihre Taktiken mit sehr wenig Planung an, ohne Strategie am Start.

Die Präsentation von Marktdaten ist eine Strategie, die Dich, den Anbieter dieser Informationen, als einen Experten darstellt und Dir Autorität verleiht. Das verlagert die Machtverhältnisse: Käufer sind meist zunächst skeptisch, abweisend und überlegen, während der Anbieter die ganze Zeit zu verkaufen versucht. Aber sobald Du Deinen Käufern bislang unbekannte, interessante Fakten offenbarst, ändert sich ihre Haltung; sie werden z.B. sagen: »Ah, das ist interessant, das muss ich mir merken oder kurz notieren.«

Dadurch verlagert sich die Balance der Kräfte zu der Person, die wichtiges Wissen mitteilt. Daher solltest Du Dich immer als Experte positionieren (siehe »Ehrliche Schritte zum Expertenstatus«, S. 175ff.).

Im Folgenden stelle ich Dir eine weitere wichtige Strategie vor.

PROFI-STRATEGIE

Die Top-Kunden-Strategie

Müsste ich mich für nur zwei Strategien entscheiden, um Dein Einkommen sofort zu steigern und Dir zugleich Zeit und Aufwand zu ersparen, dann wären es genau diese beiden: die Stadium-Pitch-Strategie und die Top-Kunden-Strategie. Die Top-Kunden-Strategie stellt die schnellste und preiswerteste Möglichkeit dar, den Umsatz in jedem Unternehmen zu verdoppeln. Höchstwahrscheinlich war sie mehr als jede andere Vorgehensweise für die Verkaufsverdoppelung von Firmen verantwortlich. Chet Holmes nennt sie auch »Dream 100 Sell« (»Traum-100-Verkauf«).

Schreibe am besten zwischendurch beim Lesen gleich auf, was Dir dazu für Deine Situation einfällt.

Bedenke, die Anzahl der potenziellen Kunden übersteigt die Anzahl von idealen, perfekten Kunden u.U. ziemlich weit. (Siehe »Der Zielgruppen-Zoom-Prozess«, S. 149ff.) Aber die vielleicht kleine Menge an idealen, perfekten Kunden kann den Unterschied für Dich und Deine Praxis ausmachen. Außerdem ist es kostengünstig, (nur) diese »traumhaften« Kunden zu bewerben.

Ich wende hier das Pareto- bzw. 80-zu-20-Prinzip an.

Beispiel Top-Kunden-Strategie

Charlie Munger, Co-Chairman von Berkshire Hathaway, hatte mit seinem Geschäftspartner Warren Buffett begonnen, als die Holding noch 9 Millionen wert war; heute ist das Unternehmen einen dreistelligen *Milliarden*-Betrag wert (laut Wikipedia: ein Umsatz von 242 Milliarden US-Dollar im Jahr 2016).

Charlie Munger kaufte ein Magazin und engagierte Chet Holmes, um es zu führen. Bei Auftragsannahme lag ihm eine Liste mit 2200 Inserenten vor – nicht gerade ein Pappenstiel. Von den 15 Magazinen bzw. 15 Mitbewerbern in der Branche lag Mungers Magazin auf Platz 15. Die top vier Magazine konnten 95 Prozent der gesamten Inserate verbuchen, und die restlichen 11 Magazine teilten sich die übrigen 5 Prozent, d.h., ihnen blieben nur die Krümel vom Tisch.

Eine Analyse zeigte, dass 95 Prozent der Inserate auf dem gesamten Markt von nur 167 Inserenten getätigt wurden. Sprich: Von den 2200 Inserenten kauften nur 167 insgesamt 95 Prozent der Inserate auf dem gesamten Markt; also ging es um eine Top-Zielgruppe von etwa 5 Prozent. Jeden Monat schickte der Anzeigenvertrieb des Magazins Werbung an alle 2200 Inserenten und hoffte, dass einer von ihnen im Magazin Werbung schalten würde. Einige taten das, und manchmal gewannen sie sogar einen der größeren Kunden.

Chet Holmes war überzeugt: Es gibt niemanden, den man nicht kriegen kann, wenn man fest entschlossen ist. Mit einer neuen Strategie und Planung konzentrierte er sich mit seinem Team auf die 167: Alle bekamen von nun an jeden Monat vier Werbebriefe und acht Telefonanrufe, sodass sie das Magazin bei den potenziellen Kunden jeden zweiten Tag in Erinnerung brachten.

Der Plan, der im Voraus festgelegt worden war, sah folgendermaßen aus:

Es ist eine Tatsache, dass 52 Prozent aller Verkäufer nach einer einzigen Zurückweisung vonseiten des potenziellen Kunden aufgeben. Chet Holmes brachte seinen Verkäufern ungefähr Folgendes bei: »Ihr werdet mindestens zwölf Zurückweisungen kassieren. Ich sage euch, was jedes Mal passieren wird …; das und das sollt ihr machen, wenn ihr zurückgewiesen werdet …; dieses und jenes tut ihr bei der dritten Zurückweisung; das und das beim vierten Mal ..., beim fünften Mal ... Hier ist der Brief, den ihr versendet, hier ist der Anruf, den ihr danach macht« usw. Chet bereitete seine Verkäufer sogar auf sechs Ablehnungen vor, die sie bei telefonischen Vereinbarungen eines Termins mit einem Interessenten einstecken müssten. Also legten sie alles im Voraus fest und setzten die Verkäufer – Chet Holmes selbst eingeschlossen – auf diese 167 Top-Kunden an.

Was passierte? Erster Monat: kein Verkauf. Zweiter Monat: kein Verkauf. Dritter Monat: kein Verkauf. Vierter Monat: kein Verkauf. Weißt Du warum? Es waren die größten Firmen der Welt, die größten überhaupt möglichen Inserenten, die ein Magazin jemals gewinnen möchte.

Im fünften Monat gewann Chet Holmes den größten Inserenten in der Geschichte des Magazins – eigentlich in der Geschichte der gesamten Branche. Der Inserent buchte vier vierfarbige Vollseiten in jeder einzelnen Ausgabe des Magazins. Wenn Du Dich in der Branche auskennst, weißt du, was es bedeutet, auch bloß *ein* ganzseitiges Inserat zu verkaufen. Ein netter Verkauf ... Aber ein Inserat mit vier vierfarbigen Vollseiten in jeder Ausgabe des Magazins – das ist gigantisch!

Und im sechsten Monat kamen etliche Inserenten hinzu.

Sie brauchten sechs Monate, um etwa zweieinhalb Dutzend neue Inserenten für das Magazin zu gewinnen – lauter Riesenkunden. Und das alleine verdoppelte den Umsatz des Magazins. Aber bei diesem Erfolg hörten sie nicht auf. Wie viele potenzielle Top-Kunden gab es? 167. Sie hatten also noch einige vor sich ...

Man muss kommunizieren, auf welche Branche man zielt. Dazu kontaktiert man alle betreffenden Firmen auf einmal und mit regelmäßiger Wiederholung – was Aufmerksamkeit erregt.

Chet Holmes half z.B. einer Zeitungsgesellschaft, ihre Termine mit Interessenten zu vervierfachen, indem er eine Anrufaktion startete: »Diese Woche besuchen wir alle Haarsalons dieser Stadt und schulen sie darin, wie sie noch erfolgreicher sein können. Möchten Sie die Informationen ebenfalls von uns haben?«

So kann man durch eine wichtige Mitteilung die Möglichkeit enorm steigern, einen Präsentationstermin zu bekommen.

PROFI-STRATEGIE

Multiplizieren durch Kooperation mit Partnern

Berufliche Partnerschaften zählen ebenfalls zu den Strategien, wie Du an Deine Top-100-Kunden kommst:

In den USA – und allmählich auch in Deutschland – ist es mittlerweile ganz normal, dass sich z.B. eine Autorin, ein Speaker oder ein namhafter Coach andere bekannte Autoren, Sprecher oder Coachs mit umfassenden Newsletterlisten sucht, die ihn z.B. bei der Vermarktung eines neuen Buches unterstützen.

Als Chet Holmes' Buch herauskam, stand es dank solcher Promotion-Maßnahmen bereits am zweiten Tag auf Platz 1 der Bestsellerliste.

Zu den »Dream 100 Sell«-Strategien kann je nach Deiner Zielgruppe auch die Kooperation mit einem Partner gerechnet werden, der einen Newsletter mit vielleicht 1000, 10.000 oder 50.000 potenziellen Kunden erreicht.

Tippe einfach ins Google-Suchfeld Dein Produkt oder Deine Dienstleistung ein und schau, welche anderen Firmen, Blogger, Verbände usw. auftauchen. Dann überlegst Du, was Du ihnen bieten kannst, damit sie Dir helfen, Dein Produkt bzw. Deine Dienstleistung in ihren Listen zu bewerben. Schau auch nach ergänzenden Produkten – vielleicht könnt Ihr tauschen: Du bietest Deinen Kunden/Patienten das Produkt Deines »Partners« an – und er macht das Gleiche mit seinen Kunden und Deiner Dienstleistung.

Manche Firmen stellen sogar extra jemanden für die Aufgabe ein, mögliche Partner zu finden.

Starte eine Kampagne und orchestriere sie wie ein Konzert, in dem jede Note schon im Voraus feststeht. Und genau so führst Du es dann aus, wie jemand, der gewinnen wird.

Geschichte vom türkischen Mercedes-Stern

Der Mercedes-Stern steht überall auf der Welt als Symbol für das Exportland Deutschland, für »Made in Germany«. Allerdings ist der glitzernde Metallstern längst kein deutsches Produkt mehr.

Der Firmeninhaber der einst kleinen Gießerei Yilmazan in Istanbul hatte sich in den Kopf gesetzt, Mercedes als seinen Top-Kunden zu gewinnen. Also schickte Herr Yilmazan ein Mercedes-Stern-Muster nach dem anderen zur Mercedes-Zentrale nach Stuttgart ... und kassierte eine Absage nach der anderen. Obwohl es eigentlich keinen Grund für Mercedes gab, seinen Stern woanders – und schon gar nicht von einer damals kleinen türkischen Gießerei – produzieren zu lassen, wird noch heute nicht nur in türkischen Zeitungen stolz berichtet, dass das deutsche Statussymbol-Markenzeichen – der Mercedes Stern – in Istanbul produziert wird. Anscheinend füllte sich das Büro des zuständigen Entscheiders mit Mercedes-Stern-Mustern – bis die heute millionenumsatzstarke Gießerei Yilmazan im gesamten Mercedes-Werk bekannt war.

PROFI-STRATEGIE

»Best Neighbourhood«-Strategie

Wer seine Dienstleistung oder sein Produkt an »Endkunden« verkauft – sei es als Heilpraktiker oder Zahnärztin, als Finanzberater, Networkmarketing-Unternehmerin, Immobilienmaklerin, Restaurantbesitzer usw. –, möchte vielleicht die einflussreichen Menschen erreichen, die in der besten Gegend oder in seinem Umkreis wohnen.

In Chet Holmes' Gegend gibt es z.B. ein vorzügliches Restaurant. Allerdings liegt es hinter einem Motel. Seitdem Chet dieses Mekka für Gourmets kennengelernt hat, ist er dort begeisterter Stammkunde (und gibt dort jährlich zigtausend Dollar aus!). In manchen Wochen war er sieben Tage am Stück dort, weil er gerne potenzielle Geschäftspartner bewirtete. Über die Jahre hat er das Restaurantpersonal darauf trainiert, ihn »besonders« zu behandeln.

Der Punkt ist: Eigentlich hätte die Restaurantleitung von sich aus die Mitarbeiter darauf trainieren müssen, ihn von Anfang an speziell zu behandeln. Denn einem Kunden, der es sich leisten kann, die besten Weine und Delikatessen zu konsumieren und ständig neue Gäste einzuladen, muss man schon einen außergewöhnlichen Service bieten.

Chet legte dem Restaurant-Inhaber die »Beste-Nachbarschaft-Strategie« nahe – konkret: eine Mailing-Aktion an alle umliegenden Haushalte. Seine einzige Bedingung als Dank für den Tipp sei es, jederzeit selbst einen Tisch zu bekommen.

Und so wurden Flyer im Umkreis verteilt, auf denen etwas stand wie: »Wir haben ein fantastisches Gourmet-Restaurant direkt am Ende der Straße, und wir sind so sehr davon überzeugt, dass Sie es lieben werden, dass wir Sie zu einem kostenlosen Essen willkommen heißen möchten!« Auf Chets Anregung hin luden sie also zum Dinner ein.

Der erste Werbebrief brachte gleich einen 12-prozentigen Response. Normalerweise muss man schon glücklich sein, wenn man 0,01 Prozent Rücklauf bekommt.

Tatsächlich ging Chet am Valentinstag ins Restaurant – und es war krachend voll, alle Tische belegt, die Gäste standen Schlange. Das Restaurant-Team hielt sich an das Versprechen: Sie machten Platz für einen Extratisch aus der Küche, legten ein weißes Tischtuch darauf und bewirteten Chet und seine Gesellschaft.

Sei kreativ und unterbreite Deinem Umfeld ein möglichst unwiderstehliches Angebot, das beiden Seiten einen Benefit gibt

Im Rahmen der Best-Neighbourhood-Strategie solltest Du eine ganz besondere Aktion durchführen. Und um es zu wiederholen: Mache es intensiv, sei beharrlich, denn wenn Du jemanden nur ein Mal ansprichst, solltest Du nicht erwarten, bei ihm offene Türen einzurennen. Hake mehrmals nach.

Sagen wir, in Deiner Nähe wohnen 54 potenzielle Traumkunden/-patienten, und Du schickst ihnen immer wieder Briefe, Postkarten usw. Dann haben sie den Eindruck, dass Du präsent bist – dabei sendest Du jeweils nur 54 Briefe oder Postkarten. Wie viel kostet es, 54 Briefe zu versenden? Ein vergleichsweise kleines Marketingbudget mit einem riesengroßen »Return on Investment«, also einer riesigen Auswirkung. Dies ist eine der schnellsten Wachstumsstrategien, die Du jemals einsetzen kannst.

Clevere, gezielte Mailing-Aktionen

Eine meiner Business-Kundinnen hat sich mit einer Firma für Raumpflege selbstständig gemacht. Wir entwarfen Postkarten und sorgten dafür, dass die gedruckten Exemplare immer wieder in der besten Wohngegend bzw. an die Top-Traumkunden meiner Kundin verteilt wurden, nämlich in Straßen, wo besonders viele Arztfamilien wohnen. Seitdem putzt und pflegt ihr Team nicht nur die Häuser, sondern außerdem die Praxen. Innerhalb weniger Monate gelang es der Firma, den Umsatz zu verdreifachen, und schon im ersten Monat konnten neue Mitarbeiter eingestellt werden.

Du siehst, die Best-Neighbourhood-Strategie ist sehr mächtig, wenn Du sie klug praktizierst.

Profi-Strategie

Netzwerken

In diesem Zusammenhang möchte ich auch ausdrücklich das Netzwerken erwähnen, das wir bei *Praxis mit Erfolg* als eine Art Trias mit dem strategischen Vorgespräch (siehe »Das strategische Vorgespräch«, S. 196 ff.) und der Mund-zu-Mund-Propaganda (siehe »Mund-zu-Mund-Propaganda und Social Proof«, S. 321 ff.) sehen. Unsere Auffassung vom Netzwerken unterscheidet sich jedoch absolut vom üblichen Verständnis. Ich habe den Vater des modernen Netzwerkens und Gründer des Business Network International (BNI), Ivan Misner, kennengelernt. Sein Konzept ist fern davon, menschliche Beziehungen zum eigenen Vorteil auszunutzen oder gar jemanden über den Tisch zu ziehen. Im Gegenteil: **Das wahre Netzwerken stellt das Geben, Geben, Geben in den Mittel-**

punkt, ohne irgendeine direkte Gegenleistung zu erwarten oder gar zu verlangen. Der Apostel Paulus zitiert Jesus: *»Geben ist seliger als nehmen!«* (Apostelgeschichte 20,35), und es ist wissenschaftlich erwiesen, dass Menschen, die etwas Gutes geben, das »wohltuende« (in doppeltem Wortsinn) Gefühl haben, einen Beitrag geleistet zu haben.

Beim Netzwerken gelten vier Grundsätze:

1. Teile, wen Du kennst.
2. Teile, was Du kannst.
3. Teile, was Du weißt.
4. Teile, was Du fühlst.

»Teilen« ist ein Charakteristikum guter Netzwerkarbeit. Du kannst den Begriff »Netzwerken« auch ersetzen durch »Verbinden« bzw. »Verbindungen schaffen«. An allem, was Du auf diese Weise teilst, hängt *kein* Preisschild. Wir säen hier nicht der Ernte zuliebe, sondern weil es Freude macht und unserer Natur entspricht, zu säen. Die Natur zeigt uns seit vielen Millionen Jahren, dass es eine sehr gute und erfolgreiche Strategie ist, Samen auszubreiten.

Die Frage beim Netzwerken lautet (gemäß einem meiner Mentoren, Jim Cathcart):

Wer ist froh darüber, Dich zu kennen?

Menschen vertrauen Menschen, die ihnen etwas Gutes tun. Und sie vertrauen der Empfehlung eines Menschen, von dem sie vermuten oder sogar wissen, dass er es gut mit ihnen meint.

Netzwerken ohne Hintergedanken: Geben, weil es Spaß macht; sich selbst einbringen, um andere zu inspirieren

Das ist für mich die Quintessenz des Netzwerkens: Verbindungen zu schaffen, die dazu führen, dass Menschen froh sind, Dich/uns zu kennen. Genau das ist meine Antwort, wenn mich jemand fragt: »Was ist der wichtigste Faktor, um im Netzwerken erfolgreich zu sein?« Die Verbindung mit anderen Menschen! Erfolg bedeutet in diesem Zusammenhang nicht: Wer ist am besten darin, sein Netzwerk zu monetarisieren, also Geld aus seinem Netzwerk zu generieren, sondern wer ist besonders gut darin, seine Mitmenschen zu *inspirieren?* Und in diesem Zusammenhang gilt unbedingt – wie immer: *Sei Du selbst!* Verstelle Dich nicht, verkrampfe Dich nicht. Sei einfach Du selbst!

Ich lade Dich auf das Gedankenexperiment ein: Was wäre, wenn Du ein riesengroßes, mächtiges Netzwerk aufbauen könntest, das von unvorstellbarem Wert ist und in jeder Beziehung für alle eine Bereicherung darstellt?

Selbst wenn Du glaubst, zu schüchtern zu sein – das macht nichts, im Gegenteil, denn oft sind gerade die Introvertierten die besten Netzwerker: Sie stellen sich nicht dauernd dar, sondern hören zu – eine unschätzbar große Eigenschaft in unserer narzisstischen Zeit.

Die 50-zu-50-Regel im Netzwerken

Es ist ein Irrglaube, beim Netzwerken gehe es nur darum, möglichst viele neue Kunden/Patienten zu bekommen. Das ist viel zu linear gedacht.

Mit der 50-zu-50-Regel kann es viele Gewinner geben. Ja, zur Hälfte geht es um neue Kunden/Patienten, aber die andere Hälfte besteht aus der guten Verbindung mit anderen Dienstleistern, mit denen Du Ressourcen, Wissen, Informationen, Erfahrungen, Netzwerke teilst. Deine Selbstständigkeit heißt nicht, dass Du zum Einzelkämpfertum verurteilt bist. Vielleicht hegst Du schon länger die Vision, wie gut es wäre, in einer Gemeinschaft Gleichgesinnter aufgehoben zu sein?

Schaffe Wert – gemeinsam mit anderen Netzwerkern

Doch bevor Du Dich nun mit anderen womöglich nach einem alten Bauernhof umschaust, um dort ein Zentrum aufzubauen, übe Dich im Netzwerken; es ist unverbindlicher und gewährt Dir mehr Freiheit, befriedigt aber Dein Bedürfnis nach Teamwork. Du kannst für andere Menschen, die in anderen Bereichen ähnlich talentiert sind wie Du, so viel Wert schaffen!

Im Gespräch mit einem Mann, der in Deutschland tätig ist und viele Vorstände von großen DAX-notierten Unternehmen kennt, erfuhr ich von einer dort üblichen Vorgehensweise: Wenn z.B. jemand einen interessanten Artikel liest oder eine Information erhält und dabei an einen »Kollegen« aus seinem Netzwerk denkt, teilt er es diesem Menschen mit.

Du könntest es auch aus der dünnen Luft der Vorstände transferieren in eine Alltagssituation: Hast Du beim Einkaufen und Blättern in einem Produktkatalog schon einmal einen Artikel entdeckt, den Du zwar selbst nicht brauchst, aber der für einen Angehörigen oder für jemanden aus Deinem Freundeskreis ideal passend wäre, ohne dass Du gezielt danach gesucht hattest?

Ich teile oft Artikel mit anderen Menschen, die mir beim Lesen plötzlich in den Sinn kommen, weil sie z.B. irgendwann zuvor ein entsprechendes Thema angeschnitten hatten.

Beziehungen müssen genährt und regelmäßig gepflegt werden!
Wissen zu teilen ist sehr nährend für eine Netzwerkbeziehung.

Du glaubst, nur sehr wenige Menschen zu kennen? Überlege mal:

Selbst wenn zu Deinem Netzwerk auch bloß 10 Personen gehören würden, die sich gegenseitig kennenlernen (siehe Illustration), könnten sich 45 einzelne Beziehungen von Mensch zu Mensch ergeben; die mathematische Formel dafür lautet: $9+8+7+6+5+4+3+2+1=45$.

Sollte Dein Netzwerk sogar aus 20 Menschen bestehen, wären das sage und schreibe 190 persönliche Zweier-Beziehungen:
$19+18+17+16+15+14+13+12+11+10+9+8+7+6+5+4+3+2+1=190$.
Hinzu kämen die unzähligen Dreier-, Vierer-, Fünfer-, ...-Beziehungen innerhalb dieser Netzwerk-Gruppe.

usw.

$9 + 8 + 7 + 6 + 5 + 4 + 3 + 2 + 1 = \mathbf{45}$

Du brauchst nur die Fäden in der Hand zu halten und diese Menschen zusammenzubringen. Dein Stellenwert im Netzwerk ist dann im Übrigen sehr groß, ohne diese Beziehungen darüber hinaus aufwendig pflegen zu müssen.

•••

Und falls Du in ein anderes Netzwerk aufgenommen wirst, beachte die folgenden Tipps:

- Bereite Dich darauf vor: Welche Schlüsselpersonen werden dort sein? Womit könntest Du ihnen dienen?

- Stell Dich dem/der Gastgeber/-in vor, denn es ist wichtig, ihn/sie persönlich kennenzulernen und Dich zu bedanken. Falls es z.B. ein Autor ist, könntest Du wahrheitsgemäß (!) sagen, dass Dich sein Buch sehr inspiriert hat, und eine persönliche Note hinzufügen. Zum Beispiel habe ich kürzlich bei einem meiner Seminare eine Grußkarte überreicht bekommen: »Lieber Alexander, Dein Buch ›Die Reichtumsblaupause‹ hat mein Leben verändert – sogar meine Frau hat die positiven Veränderungen bemerkt. Sie lässt Dich herzlich grüßen.« So ein Feedback wird wohl selbst einen großen Zampano nicht unberührt lassen.

- Sei Du selbst, sei offen und herzlich.
- Gib, gib, gib ...!
- Stelle Fragen, um eine Verbindung herzustellen, schneide jedoch keinesfalls unangenehme Themen an.
- Übernimm die Initiative, selbst wenn Du schüchtern bist. Es reicht ein kleines, ehrlich gemeintes Kompliment (z.B. für eine hübsche Bluse oder mutige Socken usw.).
- Inklusion: Beziehe andere mit ein, anstatt sie minutenlang zuzutexten. Beim Netzwerken geht es um *viele* Verbindungen; es ist keine diadische Angelegenheit.

Übrigens:
Das **»Kleine-Welt-Phänomen«** besagt, dass Du nur sechs Kontakte entfernt bist von der Person oder der Information, die Du brauchst. Jeder Mensch, den Du triffst, hat das Potenzial, Dich durch sein Netzwerk mit jemandem zu verbinden, der Dich der gewünschten Person oder Information näher bringt.

Verlass Deine Komfortzone und lass Dich auf Menschen ein!
Je unterschiedlicher die Menschen in Deinem Netzwerk sind, desto mächtiger und effektiver wird das Netzwerk werden. Dadurch können sich für jeden von Euch Türen öffnen, die normalerweise verschlossen blieben.

To do

** **Schreibe die Namen von fünf Personen aus Deinem Netzwerk auf, die Dich kontinuierlich unterstützen. Notiere, in welcher Form sie dies jeweils tun.** *(Beispiele: Sie schicken Dir Klienten, sie lassen Dir wertvolle Insider-Infos zukommen, sie unterstützen Dich materiell o.Ä.)*

** **Suche in Deinem Adressbuch die Namen von zwei Menschen, die ein gemeinsames Interesse teilen; sie könnten relevante Informationen, Erfahrungen etc. austauschen. Worin bestehen ihre Gemeinsamkeiten? Verbinde diese beiden Menschen, indem Du sie einander vorstellst.**

Falls sie Dir für die Vermittlung dankbar sind, werden sie sich möglicherweise an Dich erinnern, wenn sie etwas Relevantes für Dich entdecken, und Dich teilhaben lassen.
Doch erwarte nicht, dass ein »Geschenk« dieser Art zu Dir zurückkehren muss! Netzwerken geschieht ohne die Erwartung von Gegengaben.

** **Buchempfehlungen sind ein guter Weg, Wissen zu teilen. Schreibe fünf Buchtitel auf, die Du Menschen in Deiner Zielgruppe als lesenswert empfehlen würdest. Wem von ihnen legst Du welches Buch ans Herz – und warum?**

** **Sind Dir schon einmal oder mehrmals Bücher empfohlen worden? Wenn ja, welche und durch wen?**

** **Hast Du in letzter Zeit Gelegenheiten ungenutzt vorüberziehen lassen, Dich mit jemandem tiefer zu verbinden? Wann und wo war das? Inwiefern tut es Dir leid?**

**** Wo könntest Du Personen für Dein Netzwerk finden? Welche Messen oder Kongresse könntest Du besuchen, um diesen Menschen zu begegnen? Gibt es Vereine oder Clubs, denen Du beitreten möchtest?**

• • •

Eine Vertiefung des Themas findest Du in meinem Online-Training »Die Vitamin-B-Methode« *(www.gewinnbringende-praxis.de/vit-b-methode)*.

PROFI-STRATEGIE

Vitamin-B-Methode

Über Deinen Erfolg entscheidet nicht allein Dein Können. Wie könntest Du also bekannter werden, für Deine Zielgruppe interessanter werden, mehr Glaubwürdigkeit und Autorität gewinnen, und zwar von jetzt auf gleich?

Der Schlüssel wäre die Verbindung mit jemandem, der selbst über einen großen Einflusskreis verfügt und dessen Reputation alles andere überstrahlt, weil er geradezu die Sonne eines eigenen Sonnensystems darstellt. Von dieser Koryphäe zu lernen oder sogar mit ihr zu kooperieren, würde Dir einen riesigen Schub nach vorn verleihen, als hättest Du einen Turbo bekommen. Wohlgemerkt: Du solltest dabei im Hinterkopf behalten, dass solche Persönlichkeiten mit Anfragen überhäuft werden und dass es nicht Sinn der Sache ist, sich als Trittbrettfahrer an sie zu hängen.

In Verbindung mit den anderen Schlüsselstrategien hat es mir die Vitamin-B-Methode erlaubt, mich mit einflussreichen Menschen zu verbinden, die meine persönliche Laufbahn mehr gefördert haben, als es jahrzehntelange harte Arbeit hätte tun können.

Weil es sehr schwierig ist, diese Strategie theoretisch zu erklären, will ich darlegen, was ich selbst in meiner Vergangenheit getan habe und welche Resultate ich damit erzielen konnte. Glaube mir, meine einzige Basis für diese Methode war damals ein inspirierendes Märchen. Ich begann, getragen von meinem Ziel, auf völlig naive Weise; erst auf meinem Weg merkte ich, was ich tat und wie ich es besser systematisieren konnte.

Um den Jahreswechsel 2007/2008 musste ich mich nach einer Zwangspause beruflich neu orientieren; ich hatte viel zu viel gearbeitet, war im Burn-out gelandet. Mir wurde klar, dass ich zwar als Paar- und Familientherapeut mit den Klienten viel erreicht hatte, aber wo es bei ihnen um Finanzielles und um Unterbewusstes im Hinblick auf Erfolg ging, konnte ich ihnen nicht dienen.

Ich entschloss mich, in die USA zu fliegen, und wurde persönlicher Schüler von Bob Proctor, von dem ich außerordentlich viel lernte. Mein Reisepass strotzt vor Visum-Stempeln.

Ich hatte den Wunsch, einer der erfolgreichsten Business-Coachs zu werden, deshalb wollte ich mit dem größten Businesstrainer der Welt arbeiten, mit dem »Guru« in meiner Zielgruppe, Brian Tracy, weil ich mir davon auch viele offene Türen versprach. Doch wie sollte ich zu ihm vordringen?

Ich schätze die Vielschichtigkeit von Märchen sehr; sie enthalten so viel Weisheit, und sie können uns sogar reich machen. Eine Interpretationsebene besteht darin, dass sie innere Personen beschreiben. Der Ausgangspunkt für meine Frage, wie ich mit Brian Tracy Bekanntschaft schließen könnte, war für mich das Grimm'sche Märchen vom »Gestiefelten Kater«. Hier ist das Geheimnis enthalten, wie es mir gelang, Brian Tracys Geschäftspartner zu werden, ihn als Mentor zu gewinnen, ihm auf Augenhöhe zu begegnen, mit ihm auf der Bühne zu stehen und in meiner Zielgruppe den Imagetransfer genießen zu dürfen.

To do

* Lies das **Märchen** vom **»Gestiefelten Kater«**, bevor Du hier mit der Lektüre fortfährst. Du brauchst dazu nicht einmal ein Märchenbuch; den Text findest Du auch im Internet.

Was war der Schlüssel des Gestiefelten Katers, damit er zum König vorgelassen wurde? Er hatte etwas (nämlich Rebhühner), das der König liebte und unbedingt haben wollte, obwohl es ein rares Gut war.

Jeder König hat andere »Rebhühner«. Du musst herausfinden, welche Dein »König« (oder Deine »Königin«) hat, weil sie Dir Tür und Tor öffnen.

Mein König war also damals Brian Tracy, reich und berühmt, Autor zahlreicher Bücher, Referent vor über 1 Million Menschen, Weltreisender … Mit welchen »Rebhühnern« konnte ich armer Müllersbursche ihm wohl dienen?

Ich ging mit geradezu traumwandlerischer Sicherheit durch diesen Prozess, wie ihn mein innerer Gestiefelter Kater für mich arrangierte: Über einen Grafen eines anderen Königs, nämlich einen Geschäftspartner von Bob Proctor, fand ich heraus, dass Brian Tracy an einem Online-Weiterbildungsunternehmen beteiligt war, bei dem die berühmtesten Sprecher der Welt auftraten; sie wollten eine neue Art des Vertriebs ausprobieren, per Network und Abonnement. Außerdem erfuhr ich, dass Brian Tracy sehr gut Deutsch spricht und Deutschland liebt, sodass die »Rebhühner« in diesem Fall doch Mitglieder für dieses Online-Weiterbildungsunternehmen sein könnten. Wenn es mir gelänge, noch vor dem offiziellen Start dieser Firma Mitglieder aus Deutschland zu gewinnen, wäre das für beide Seiten vorteilhaft. Aber wie sollte ich an Mitglieder kommen?

Mit einer Methode, die ich hier nicht ausführen kann, veranstaltete ich Abende, an denen relevante Themen diskutiert wurden, und gewann damit in Deutschland 100 Mitglieder.

Mein innerer Gestiefelter Kater hatte eine weitere Idee: Diese neue Plattform von Brian Tracy und seinen Geschäftspartnern bot eine Möglichkeit für Menschen, die im Internet Geld verdienen wollten und zugleich eine Affinität zu Weiterbildung hatten. Meine ersten Versuche waren nicht sonderlich erfolgreich; ich musste sogar »Schläge« in Foren einstecken. Doch dann wandte ich mich an den Mann, der in Deutschland das Online-Marketing begründet hatte und der bis heute auf diesem Gebiet »Thought Leader« ist: Dr. Oliver Pott, der die Plattform *www.founder.de* betreibt und in dessen Kontaktliste Zehntausende potenzieller Kunden erfasst sein mussten. Ein weiterer »König« für mich. Ich scheiterte ein paarmal an den Hütern seiner Schwelle. Um seine »Rebhühner« zu finden, musste ich schon tief in die Trickkiste greifen; ich recherchierte und fand heraus, dass Oliver Pott ein großer Fan von ... Brian Tracy war. Es galt also, eine Verbindung zwischen diesen beiden zu knüpfen.

Von den Gründern des Online-Weiterbildungsunternehmens bekam ich die Empfehlung und Erlaubnis, in einem Schreiben an Oliver Pott Brian Tracy zu erwähnen.

Anlässlich meiner Termine mit Bob Proctor saß ich eines Tages in Fort Lauderdale in einem Hotelzimmer, als ich eine Mail direkt von Oliver Pott empfing.

Wir trafen uns in Paderborn. Meine Recherchen hatten ergeben, dass Oliver Pott – wie ich – ein Faible für Schweizer Uhren hatte. Tatsächlich sorgte die Uhr an meinem Handgelenk dafür, dass das Eis brach: Er erkannte sofort mein Modell und präsentierte mir seine Uhr, deren Marke ich gleich identifizieren konnte. (Sogenannte »Zugehörigkeitsmerkmale« wie Uhren, Markenkleidung, aber auch Bücher, die man gelesen haben muss, sind wichtig! Als Business-Coach brauchst Du eine entsprechende Uhr, denn Deine Klienten werden Dir aufs Handgelenk schauen. Falls Du mit sehr spirituellen Menschen arbeitest, solltest Du die Bücher gelesen haben, die Deine Zielgruppe liebt. Die Zugehörigkeitsmerkmale sind die »gräflichen Kleider«, die der Müllersbursche trug, um die Anerkennung des Königs als Schwiegersohn und Erbe des Reiches zu bekommen.)

Also heckten Oliver Pott und ich einen Plan aus, erzählten im Rahmen einer Kampagne und anhand seiner Kontaktliste von der Gelegenheit und gewannen auf einen Schlag rund 1000 Mitglieder. 1000 »Rebhühner« für Brian Tracy – der mich prompt anrief, nachdem er über meinen Mentor meine Handynummer herausgefunden hatte.

Wir trafen uns in Gent/Belgien, wo er ein Seminar hielt, ich wurde bei einer Privataudienz mit offenen Armen empfangen, und im weiteren Verlauf wurde das System immer erfolgreicher. Allein diese 1000 Mitglieder brachten bereits einen monatlichen Umsatz von 100.000 Dollar, d.h. einen Jahresumsatz von 1,2 Millionen.

Brian Tracy erklärte sich bereit, zwei Seminare mit mir in Deutschland zu veranstalten. Du kannst Dir vorstellen, dass das meinem Ruf sehr förderlich war und mir half, mich als Business-Coach ohne Umwege zu positionieren und mein Können an die Menschen zu bringen.

Ich lernte unglaublich viel von ihm – auch sehr viel von dem, was ich in diesem Buch vermittle und was ich auf die Praxis-Wirklichkeit übertragen habe. Oliver Pott und mich verbindet seitdem eine gegenseitig sehr inspirierende Unternehmerfreundschaft.

Bei der Vitamin-B-Methode legst Du Wert auf Personen, die Dir viele Kunden bringen könnten, z.B. den Lungenfacharzt, der Dir – als dem Experten für Nikotinentwöhnung – seine Patienten schickt, damit er sie wiederum erfolgreicher behandeln kann.

Die »Gestiefelter Kater«-Methode

Wenn Du möchtest, kannst Du etwas Vergleichbares erreichen. Ein Kniff dabei: Du musst nicht bei einer Person beginnen, die Du bereits kennst, und dann ihr Problem lösen (vielleicht weißt Du noch nicht einmal, wer Dir schließlich helfen soll). Nein, frage Dich in der Reihenfolge 1 bis 5:

1. »Welches Problem kann ich bereits lösen?«
2. »Welche Gruppe von Menschen hat dieses Problem (Zielgruppe und ihre Situation)?«
3. »Wer hat großen Einfluss auf viele dieser Menschen?«
4. »Wo könnte ich einen solchen einflussreichen Menschen (eine Autorität) finden?«
5. »Wie kann ich zu ihm Kontakt aufbauen?«

Du kannst diese Fragenfolge für jedes Problem anwenden, das zu lösen Du imstande bist.

To do

Du solltest die folgenden Fragen unbedingt beantworten, *bevor* Du Kontakt mit einer Person aufnimmst, mit der Du eine für beide Seiten wirklich fruchtbare Beziehung aufbaust und die für Dich zum Multiplikator werden soll. Sonst ist die Wahrscheinlichkeit groß, dass Du Deine Zeit verschwendest und schlimmstenfalls sogar unsanft abblitzt – ein Gefühl, das niemand von uns gerne mag. Ich nenne diesen Multiplikator hier Deine »Zielperson«.

* Was sind die »Rebhühner« Deiner Zielperson? (Wofür schlägt ihr Herz? Was bringt ihre Augen zum Leuchten?)
* Welche Erfolge hat Deine Zielperson erreicht? (Nimm Google zu Hilfe, schau Dir die Webseite an, das Linkedin-Profil, Zeitungsartikel, ggf. Bücher der Zielperson usw.)
* Wie seid Ihr Euch begegnet? Teilt Ihr gemeinsame Interessen?
* Wer sind die Peers Deiner Zielperson (»Peers«, d.h. eine Gruppe von Menschen mit gemeinsamen Interessen, Alter, Herkunft oder sozialem Status, die wechselseitig miteinander kommunizieren)? Gibt es Schnittmengen zwischen Deiner Peer-Gruppe und jener Deiner Zielperson?
* Warum könnten andere froh sein, Dich zu kennen? Warum ist es gut, mit Dir verbunden zu sein?
* Was bewunderst Du ganz ehrlich an Deiner Zielperson? (Sie soll ja kein Mittel zum Zweck sein, sondern wirklich von Dir hoch geschätzt werden.)
* Erkennst Du eventuell Gebiete, in denen Deine Zielperson ihr Potenzial *nicht* nutzt? Inwiefern lässt sie ihre Potenziale ungenutzt? Welche Ideen hast Du, diese Potenziale zu erschließen?
* Welche Rolle spielst Du derzeit im Leben Deiner Zielperson? Wie sieht Eure aktuelle Beziehung aus? (Sei vollkommen realistisch in Deiner Einschätzung.)
* Welche Ideen hast Du, um für Deine Zielperson quasi unersetzbar zu werden? Inwiefern wird ihr Leben glücklicher, reicher, erfüllter, leichter, besser, wenn sie Dich kennt und von Dir und Deiner Dienstleistung profitiert?

Hier noch einmal den zweiten Teil der Profi-Strategien – auf einen Blick:

* Sich kurz und prägnant im Stadion präsentieren (»Stadium Pitch«)
* Die Top-Kunden ermitteln und umwerben
* Mit passenden Partnern kooperieren
* Die guten nachbarschaftlichen Gegebenheiten nutzen
* Netzwerken
* Hilfreiche Beziehungen knüpfen und pflegen

Dein transformatives Ein-Jahres-Ziel formulieren

In dem folgenden Prozess erfährst Du eine sofortige und anhaltende **Transformation** Deiner Vorstellungskraft und Gefühle. Du gewinnst Klarheit, Gewissheit, Vertrauen in Deine Fähigkeiten sowie die Grundlage für Deine maßgeschneiderte Route in die Zukunft. Dank dieses Rahmens kannst Du Entscheidungen treffen und Handlungen unternehmen. Außerdem erkennst Du, dass Du mit Deiner Vergangenheit und Gegenwart – so wenig optimal sie Dir vielleicht erscheinen mögen – Trittsteine geschaffen hast; Du kreierst damit ein besseres »Morgen«.

Indem Du die Fragen in diesem Buch gewissenhaft beantwortest, erlebst Du einen Bewusstseinswandel und bahnst einen plötzlichen Durchbruch an.

Wenn wir heute in einem Jahr ein Gespräch miteinander führen würden und Du auf das vergangene Jahr zurückblicken würdest – was müsste sich in Deinem privaten und beruflichen Leben ereignet haben, damit Du mit Deinem Fortschritt glücklich bist?

Dazu musst Du wissen, es sind **drei Gefühle, die unser Denken und unseren Erfolg in Bewegung bringen:**

1. **Angst (Probleme, Sorgen, Bedenken),** z.B. Angst, etwas Wichtiges zu verlieren.

   Der Leidensdruck ist oft so stark, dass alles aufgewandt wird, um ein Problem zu beheben. Die größten Probleme dienen also als sehr starker Motivator – viel stärker, als es bei der Aussicht auf einen Gewinn der Fall ist. Der größte Trigger ist die Angst vor Verlust; die Aussicht bzw. Vorfreude auf Gewinn stellt erst den Motivator Nummer zwei dar.

In einem Experiment wurden zwei Gruppen mit einer Aufgabe betraut. Die Probanden der erste Gruppe bekamen im Voraus einen bestimmten Geldbetrag und sollten die Aufgabe bis zu einem festgesetzten Datum erledigen – andernfalls müssten sie das Geld zurückgeben. Der zweiten Gruppe wurde in Aussicht gestellt, ein Mehrfaches dieses Geldbetrags zu bekommen, falls sie die Aufgabe erfüllte. Resultat: Fast alle in Gruppe 1 hatten die Aufgabe pünktlich erledigt, doch die meisten aus Gruppe 2 brachten die Aufgabe nicht fertig, obwohl ihnen eine viel höhere Belohnung winkte. Die Gefahr eines Verlustes dient also als ein mächtiger Antrieb.

2. **Vorfreude (bzw. Erwartung, etwas zu gewinnen).**

3. **Gewissheit (von Fähigkeiten und Ressourcen, die wir bereits haben).**

Memo

To do

Aus diesen drei Beweggründen ergeben sich
3 spezifische Fragen:

1. Welche **existierenden Gefahren (Ängste, Probleme, Sorgen, Bedenken)** hast Du jetzt, die eliminiert werden müssen, damit Du mit Deinem Fortschritt des nächsten Jahres glücklich bist? Zähle mindestens sieben davon auf.

   Solange Du von der Komplexität einer Aufgabe bzw. des Lebens verwirrt bist, fungiert Angst als ein großer Lähmer, aber sobald sie bewusst wird, kann Angst ein enormer Motivator werden.
   Diese Aufgabe transformiert Deine Angst, Sorgen, Zweifel und Bedenken in eine große Erfolgs-Ressource für Dich.

2. Welche **Gelegenheiten** solltest Du nutzen, damit Du mit Deinem Fortschritt im nächsten Jahr glücklich bist? Zähle mindestens sieben davon auf.
   (Beispiele: Kooperationspartner, Umzug, Fortbildung, brachliegendes Potenzial ...)

3. Welche **Stärken und Ressourcen** solltest Du maximieren, damit Du mit Deinem Fortschritt im nächsten Jahr glücklich bist? Nenne so viele wie möglich.

To do

Formuliere anhand der Antworten auf die soeben erläuterten 3 spezifischen Fragen
Dein Vorhaben:

»In genau einem Jahr, am ... [Datum], *werde ich ...* [Deine drei größten Stärken; siehe den vorigen Punkt 3] *haben/sein/tun.«*

»Ich werde unter keinen Umständen ... [Deine top drei Ängste, Gefahren, Sorgen, Bedenken; siehe den vorigen Punkt 1] *haben/sein/tun.«*

(Beispiele: ... die Arbeitszeit in meinem Nebenjob erhöhen; ... regelmäßig Arbeit in den Feierabend und in den Urlaub nehmen; ... mich in der uferlosen Vielfalt der Methoden verlieren; ... mich von den Erwartungen anderer lenken lassen und die Selbstliebe verletzen; ... resignieren; ... aus Angst vor Steuernachzahlungen meine Klientenzahl gering halten.)

»Und meine ersten drei Schritte in diese Richtung waren ...
[Deine top drei Gelegenheiten; siehe den vorigen Punkt 2].«

(Beispiele: ... die Erweiterung meiner Praxiszeiten; ... die Erweiterung meiner Yogagruppen von zwei auf drei; ... die Aufgabe meines Nebenjobs; ... Tag der offenen Tür bei der Neueröffnung meiner Praxis; ... meinen Kundenstamm über Behandlungsmöglichkeiten zu informieren.)

To do

Dein »Dreimaldrei«

* Wähle **jeweils die top drei Antworten** aus Deiner soeben erstellten Liste der 3 spezifischen Fragen:

1. Was sind die drei größten existierenden **Gefahren** (Ängste, Sorgen, Zweifel, Bedenken) für Dich, die Du eliminieren wirst?
2. Was sind Deine drei größten **Möglichkeiten,** etwas Neues zu gewinnen? Das heißt, welche Chancen warten schon direkt vor Deiner Nase und wollen genutzt werden?
3. Was sind die drei wichtigsten vorhandenen **Fähigkeiten und Ressourcen,** die Du im Lauf des kommenden Jahres maximieren wirst?

• • •

Diese 3x3=9 Bereiche geben Dir den Rahmen, um die richtigen Entscheidungen zu treffen, und die Grundlage, um die richtigen Handlungen zu unternehmen. Sobald Du diese neun Themen anerkennst und erfolgreich Handlungen unternimmst, katapultierst Du Dich in die Aufwärtsspirale.
Während Du die wichtigsten Deiner Anliegen behandelst, werden oft automatisch alle anderen, weniger wichtigen mit behandelt und darüber hinaus sogar weitere, die hier gar nicht erfasst wurden.

Du kannst diese Übung anwenden, sooft Du Dich durch Bedenken ausgebremst fühlst, und dadurch Klarheit und Gewissheit gewinnen, um aus der Lähmung herauszukommen und mit Tatkraft Deine Vorhaben umzusetzen

•••

Damit Deine Fortschritte messbar werden, brauchst Du eine Skala mit Zahlen oder klar definierten Meilensteinen. Anhand der neun Bereich kannst Du Deine eigenen Meilensteine festlegen (es können sich dabei natürlich mehr als neun Meilensteine ergeben).

Hier ist ein Beispiel aus unserem Business-Erfolgs-Jahrestraining:

Die Fähigkeiten, die Du jetzt besitzt, sind nur
die Schatten Deiner wahren Stärken.

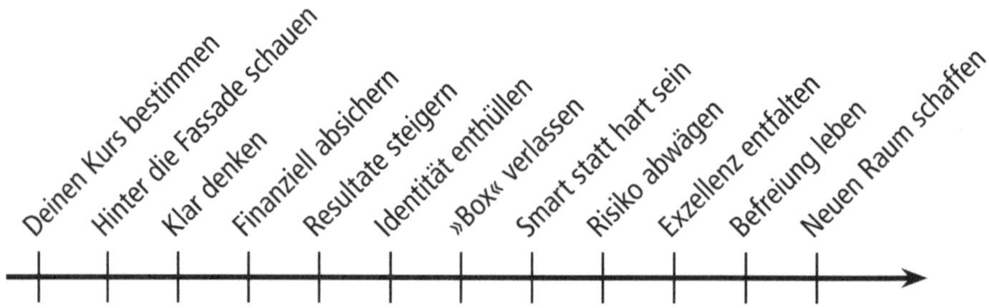

To do

** Überlege nochmals:

- Mit welchen Patienten/Klienten möchtest Du im nächsten Jahr gerne arbeiten?
- Und mit welchen Patienten/Klienten möchtest Du Dich *gar nicht* befassen?

Dein offizieller Plan

»In einem Jahr, am ... [Datum], *werde ich* ... [Dein Name] *monatlich* ... *Euro* [Dein Einkommenswunsch] *verdienen,*

indem ich ... [Deine drei größten Stärken] *habe/bin/tue,*

für und mit ... [Deine drei »Crème de la Créme«-Kunden-Kriterien].

Ich werde unter keinen Umständen ... [Deine top drei Gefahren] *tun.*

Und meine ersten drei Schritte in diese Richtung sind/waren ... [Deine top drei Gelegenheiten].«

•••

- Empfindest Du Deinen Plan als klar, konkret, konstruktiv, real und umsetzbar?
- Motiviert es Dich, diesen offiziellen Jahresplan vor Dir liegen zu haben?
- Sobald Du mit der Formulierung vollkommen einverstanden bist, hänge den Plan so auf, dass Du ihn möglichst oft vor Augen hast.

Money, Money, Money – Dein Honorar

Zum stressfreien Erfolg gehört auch das Thema »Geld«. Geld ist sehr wichtig in der Welt, in der wir heute leben; es kann hier durch nichts anderes ersetzt werden. In meinem Buch »Die Reichtumsblaupause« gehe ich sehr ausführlich auf die »spirituellen Hacks für Wohlstand und Erfolg« ein.

Ein Reichtumsbewusstsein kennt weder Mangel noch Begrenzung. Begrenzungen und Mangel können nur dann existieren, wenn Du ihnen in Deinem Geist Raum gibst.

Dein Geist ist eine Aktivität, und Dein Körper ist eine Manifestation dieser Aktivität. Dein Körper, Dein Gehirn und Verstand sind Instrumente Deines Geistes. (Siehe auch die Kapitel im Teil »Deine Persönlichkeit, Dein Charisma«, S. 373 ff.)

Der Reichtum, den Du suchst, sucht die ganze Zeit auch Dich – wobei Reichtum nicht nur Geld bedeutet, sondern überfließende Fülle.

Dein Geist muss dauerhaft in einer hohen Schwingung sein, wenn Deine schönsten Wünsche wahr werden sollen

Sei Dir darüber im Klaren, dass *jeder* Gedanke und *jede* Idee, die Dein Bewusstsein beschäftigen, sich auf irgendeine Art manifestieren. Geld ist eine Idee. Geld in der äußeren Welt ist die Wirkung; *Du* bist die Ursache: Du ziehst Geld an – oder Du stößt Geld ab. Du willst es jedoch dazu bringen, eine Form anzunehmen. Du kannst das messbare Resultat von Reichtum selbst setzen. Reichtum ist Dein normaler, natürlicher Zustand.

Dazu musst Du Deinen Geist in eine höhere Schwingung bringen, eine höhere Ebene von Bewusstsein erlangen. Dann kannst du buchstäblich all das Gute, was Du wirklich willst, anziehen. Oder wie Napoleon Hill es beschreibt: Wenn Reichtum erst einmal zu fließen beginnt, kommt er so schnell und in so großen Mengen, dass Du Dich verwundert fragst, wo sich all das Geld in all den mageren Jahren nur versteckt hielt.

Das Gleiche gilt für Deinen Erfolg.

Geld ist »nur« ein Diener; liebe die Menschen, benutze das Geld

Sooft Du an Geld denkst, solltest Du das Geld als einen gehorsamen und gewissenhaften Diener ansehen, während Du der Herr bzw. die Herrin bist. Diese Gleichung darfst Du niemals vertauschen! Viele Menschen verwechseln es und verstoßen damit gegen ein absolutes Gesetz für finanziellen Erfolg und Fülle: Sie lieben das Geld und benutzen die Menschen. Doch Du sollst *Menschen lieben* und *Geld benutzen.*

Es ist auch ein Mythos, dass Geld aufgespart werden sollte. Nein, es ist nur wertvoll, solange es genutzt wird und zirkuliert. Das heißt jedoch nicht, dass Du es verplempern sollst.

Es ist mehr als ein Wortspiel: Du verdienst Geld, indem Du dienst

Geld ist kein Resultat von Glück oder von einem guten Schicksal, diese beiden sind nur Faktoren von finanziellem Erfolg. Geld muss immer verdient werden. Wie Napoleon Hill es ausdrückte: Eine Wirklichkeit, in der es etwas für nichts gibt, existiert nicht. Je mehr Du Deinen Kunden in Deiner Praxis dienst, desto mehr Fülle wird sich bei Dir einstellen.

Geld zu verdienen, ist ein Spiel – jeder kann daran teilnehmen und gewinnen. Allerdings kennen viele nicht die Spielregeln; sie wissen – metaphorisch gesprochen – nicht, wo die Steine im Wasser liegen (siehe Unterkapitel »Gewusst wie« in der Einleitung, S. 21 ff.).

Oder so gefragt: Meinst Du, wenn andere weit mehr verdienen als Du, seien sie auch tatsächlich zehnmal klüger als Du oder würden zwanzigmal mehr arbeiten als Du? Nein, gewiss nicht. Sie kennen nur die Regeln; sie wissen, wo die Steine liegen.

Ich behaupte nicht, dass jeder unwahrscheinlich viel Geld verdienen kann oder als Promi-Coach oder -Heilpraktiker in der Zeitung steht. Aber wenn Du Dich an die im Buch vorgestellten Richtlinien hältst, ist eine höhere Einkommenssteigerung möglich, als Du glaubst.

Du brauchst auch nicht horrende Summen zu verdienen, wenn Du ohnehin mit viel weniger zufrieden bist. Und dennoch ist Geld der Schlüssel:

Es ermöglicht Dir den Lebensunterhalt (u.U. für die gesamte Familie), Fortbildungen, den Einkauf von Fachliteratur, materielle Zuwendungen an andere Menschen usw.

Stelle Deinen Reichtumsplan auf

»Die meisten Menschen glauben,
dass sie mehr Geld wollen, als sie wirklich brauchen,
und sie geben sich mit sehr viel weniger zufrieden,
als sie bekommen könnten.«

(Earl Nightingale)

Geld ist die Belohnung, die Du dafür erhältst, dass Du einen Dienst leistest. Je mehr Du wächst, desto mehr kannst Du geben und desto mehr Geld wirst Du verdienen.

Den guten Dienst leistest Du allerdings *nicht,* indem Du immer härter und mehr arbeitest. Um es mit Napoleon Hill zu sagen:

»Alles, was du brauchst, ist eine einzige gute Idee, um den Erfolg zu erreichen, den du suchst.«

Und: *»Wenn du einer von den Menschen bist, die glauben, dass harte Arbeit und Ehrlichkeit alleine dir Reichtum bringen werden, dann solltest du diesen Gedanken sterben lassen, denn er ist nicht wahr. Reichtum, wenn er in großen Mengen kommt, ist niemals das Resultat von harter Arbeit. Reichtum, wenn er überhaupt kommt, kommt als Antwort von klar definiertem Verlangen, auf Grundlage der Anwendung von klar definierten Prinzipien und nicht durch Zufall oder Glück.«*

Glück und Zufriedenheit sind keine Ziele, sondern Lebensumstände und das Ergebnis eines höheren Bewusstseinsgrades. Um einen größeren Dienst leisten zu können, muss Dein Bewusstsein wachsen. Vergegenwärtige Dir in diesem Zusammenhang auch das Gesetz der Kompensation (siehe »Fünf Arten, Geld zu verdienen«, S. 299 ff. bzw. S. 303 f.).

Achte im Übrigen auch darauf, wofür Du Geld ausgibst! Brauchst Du wirklich all diese Dinge? Bedenke, wie viel Geld Du innerhalb von 5, 10 oder 20 Jahren ansammeln könntest, wenn Du auf dieses oder jenes unnötige »Zeug«, das Dir kaum mehr als eine vorübergehende Befriedigung verschafft, verzichten würdest. Wenn Du es gut und diszipliniert anstellst, könntest Du nach 35 Jahren ein Millionär sein, selbst wenn Du nur jeweils relativ kleine Summen zurückbehältst, anstatt sie auszugeben. Kein Scherz!

Die drei Geldmuster

1. Das Defizitmuster: Jemand gibt mehr Geld aus, als er einnimmt. Die Lösung besteht also nicht darin, mehr Geld zu verdienen, denn das wird sein grundsätzliches Problem nicht beheben; er wird den Mehrverdienst nur zusätzlich ausgeben.

Die Lösung lautet dagegen: Er muss eine neue Gewohnheit entwickeln und weniger Geld ausgeben, als er verdient.

2. Das Plus-minus-null-Muster: Jemand gibt genauso viel Geld aus, wie er einnimmt.

3. Das Überflussmuster: Das einzige Finanzmuster, das einem jemals Reichtum bringen wird, nämlich *immer* weniger Geld auszugeben, als man einnimmt – egal, wie viel oder wie wenig man verdient.

Du musst Dich also für rund 66 Tage dazu disziplinieren, ein automatisiertes System einzusetzen, mit dem Du »wie nebenbei« Vermögen aufbaust.

•••

Die Sprache ist der Schlüssel zu unserem Denken. Ich mag das Verb »sparen« nicht sonderlich, denn es bedeutet »sicher bewahren«; es hat mit »spärlich« – also »karg« – zu tun. Doch Geld ist nicht dazu da, gebunkert zu werden, sondern es muss zirkulieren. Sparen ist ein Weg, arm zu werden.

Vermögen aufbauen statt sparen

Dagegen bevorzuge ich den Begriff »opulent«; lateinisch »ops« bedeutet »Reichtum, Vermögen, Macht«. Wir wollen vermögend werden. »Vermögen« stammt vom althochdeutschen »furimugan«, das heißt »imstande sein«. Wir wollen imstande sein, etwas zu tun, was wir tun wollen. Also sprechen wir lieber nicht mehr von »sparen«, sondern von »Vermögen aufbauen«.

Eine Formel für finanzielle Freiheit:

1. Setze Dir finanzielle Ziele:
   Wie viel möchtest Du in einem Jahr verdienen?
   In fünf Jahren?
   In zehn Jahren?

1a. Berücksichtige Deine täglichen Kosten.

1b. Wie hoch sind – realistisch und auf der Basis recherchierter Zahlen geschätzt – die Kosten für das Leben Deiner Träume?

1c. 1a + 1b = Einkommen, das Du Dir zum Ziel setzen solltest.

2. Ziehe ggf. die Hilfe eines ehrlichen, unabhängigen, neutralen (!) Spezialisten hinzu.

3. Wenn Du wirklich wohlhabend sein willst, musst Du das Wohlhabendsein erst einmal lernen – das ist eine Voraussetzung.

Der »Durchschnittsmensch« arbeitet von Montagvormittag bis Freitagnachmittag. Gut die Hälfte der Menschen in Deutschland verdienen schätzungsweise weniger als 25.000 Euro pro Jahr und geben ihr ganzes Geld anderen Menschen: dem Vermieter, der Hausratversicherung, dem Lebensmittelhändler, den Strom-, Wasser-, Gaslieferanten usw.

Im Buch »Der reichste Mann von Babylon« wird geraten: »Ein Teil von allem, was du verdienst, steht dir zu, das sollst du behalten.«

Das heißt: *Bezahle Dich als Allererstes* – alles, was Du am Montagvormittag verdienst, gehört Dir! Oder: 10 Prozent Deines Einkommens lässt Du per Dauerauftrag gleich am Ersten des Monats auf Dein »Konto für finanzielle Freiheit« überweisen. Du kannst davon z. B. die Kosten für Deine Kapital- bzw. Risiko-Lebensversicherung bezahlen.

Beginne die Woche, indem Du als Erstes für Deinen eigenen Profit arbeitest

• • • To do • • •

* Lege eine Tabelle nach dem folgenden Muster an. Notiere in den Kästchen, wofür Du jeweils an diesen halben Tagen arbeitest: Wie viele (halbe) Wochentage arbeitest Du z.B., um die Kosten für Deine Wohnung zu bezahlen, um den Preis für Lebensmittel zu begleichen usw.? Blockiere den Montagvormittag (bzw. den ersten halben Arbeitstag pro Woche) für Dich selbst (siehe oben).

Montag	Dienstag	Mittwoch	Donnerstag	Freitag
Vormittag	Vormittag	Vormittag	Vormittag	Vormittag
Nachmittag	Nachmittag	Nachmittag	Nachmittag	Nachmittag

• • •

Tappe nicht in die Falle, mit dem Aufbau Deines Vermögens zu warten, bis Du richtig gut verdienst, nach dem Motto: »Ich brauche jetzt jeden Cent, und auf die paar Euro kommt es doch nicht an.«

Die Naturgesetze und universellen Gesetze gelten überall. In der Chemie ist der Prozess der Kristallisation bekannt. Ausgangspunkt für jede Kristallisierung ist ein Kristallisationskeim, an dem sich dann die anderen, bisher nicht kristallisierten Teile orientieren. Der Kristallisationskeim bindet also immer mehr der anderen Teile, sodass das Wachstum exponentiell geschieht.

So ist es auch mit dem Reichtums-Kristallisationsprozess. Egal, wie hoch oder niedrig die Summe ist, die Du einsetzt: Sie wird zu einem Kristallisationskeim. Das ist ein Naturgesetz!

Geld zu haben, beginnt mit einer Entscheidung! Die meisten Menschen treffen niemals die Entscheidung, so zu leben, wie sie leben wollen, weil sie glauben, sie hätten das Geld nicht dafür.

Zu sagen: »Ich möchte ganz viel Geld«, reicht nicht aus. Handlungen sind vonnöten. Außerdem solltest Du genau definieren, *wie viel* Geld Du willst, denn wir arbeiten hier ja mit Deinem unterbewussten Geist: Er akzeptiert einfach die Bilder, die ihm übergeben werden. Entscheide, *wofür* Du dieses Geld haben willst. Oder anders gefragt: Wie möchtest Du leben?

Merke:
Solange Du nicht entschieden hast, wofür Du Geld haben willst, brauchst Du auch kein Geld! Warum auch? Du musst erst entscheiden, was Du Dir von dem Geld leisten möchtest. Du brauchst erst dann das Geld, wenn Du weißt, was Du damit konkret anfangen möchtest, z.B. ein Haus kaufen.

Beachte die Ordnung, die Reihenfolge:

Zuerst muss der Bedarf für etwas da sein – erst danach kann der Bedarf gedeckt werden. Denke also nicht mehr darüber nach, warum Du etwas Bestimmtes nicht bekommen bzw. es Dir nicht leisten kannst, sondern **entscheide, es zu wollen, und überlege, wie Du es bekommen kannst!**

Du darfst niemals Deiner derzeitigen finanziellen Situation erlauben, Dich von dem abzuhalten, was Du wirklich willst. Wozu solltest Du denn den Weg gezeigt bekommen, dorthin zu gelangen, wenn es keine Notwendigkeit gibt?

To do

1. Wie viel Geld verdienst Du derzeit?
   .... € pro Jahr
   .... € pro Monat

2. Wie viel Geld hast Du bis zu diesem Zeitpunkt in Deinem Leben verdient?
   (Erbschaften sollten in diesem Betrag enthalten sein.)
   Circa .... € innerhalb von .... Jahren

3. Wenn Du von Anfang an die Gewohnheit gehabt hättest, immer von allem, was Du bekommst, mindestens 10 Prozent zurückzulegen, wie hoch wäre jetzt Dein Vermögen?
   Circa .... €
   Also circa .... € bei 8% Zinsen & Zinseszinsen

4. Wenn Du alles, was Du besitzt, zu Geld machen würdest und alle Außenstände begleichen würdest, wie viel Geld hättest Du?
   Circa .... €

5. In Deinem besten Jahr, wie viel Geld hast Du da verdient?
   Circa .... €

6. Glaubst Du, dass jede Person mindestens 1 Million Euro im Jahr wert ist?
   [ ] Ja   [ ] Nein

>>>

7. Was glaubst Du, wie viel bist Du im Jahr wert?
.... €
Warum?

8. Wie viel Geld verdienst Du derzeitig pro Jahr?
.... €

9. Wie viel Geld willst Du wirklich?
.... € pro Jahr
.... € pro Monat
.... € Nettovermögen

10. Wofür brauchst Du dieses Geld?
....
....
....

11. Wo stehst Du gerade finanziell in Deinem Leben?
....
....

12. Wie kannst Du eine klar definierte Nachfrage in Deinem Bereich befriedigen?
(Welches Problem kannst Du für welche Zielgruppe lösen?)

13. Wie viel möchtest Du heute in einem Jahr verdienen?
.... € pro Jahr
.... € pro Monat
.... € Nettovermögen

14. Wie viel möchtest Du in 5 Jahren verdienen?
.... € pro Jahr
.... € pro Monat
.... € Nettovermögen

>>>

15. Wie viel möchtest Du in 10 Jahren verdienen?
.... € pro Jahr
.... € pro Monat
.... € Nettovermögen

16. Wie hoch sind Deine derzeitigen Kosten?
.... € pro Jahr
.... € pro Monat

17. Welche Kosten davon kannst Du senken?
....
....

18. Wie hoch wären dann Deine monatlichen Kosten?
.... € pro Jahr
.... € pro Monat

Würdest Du diesen Betrag heute alleine durch Zinsen einnehmen, wärst Du jetzt finanziell frei.

Formel: monatliche Kosten x 150 = ... € *
* Könntest Du diesen Betrag mit 8% pro Jahr (netto) anlegen, bekämst Du als Rendite den Betrag, den Du monatlich bzw. jährlich brauchst. So könntest Du von der Rendite leben, ohne Dein angelegtes Vermögen antasten zu müssen.

Trage jetzt hier den Betrag aus Frage 3 ein: .... €
Wie ist das für Dich?

19. Ist Geldmangel ein Problem in Deinem Leben?
[ ] Ja [ ] Nein
Warum?

>>>

20. Was davon hast Du erledigt, um Deine Basis für finanzielle Freiheit zu erschaffen?

[ ] Ich habe ein Konto speziell für meine finanzielle Freiheit angelegt und einen Dauerauftrag dafür eingerichtet.

[ ] Ich und meine Familie sind gut abgesichert gegen finanzielle Risiken.

[ ] Ich habe eine Vermögensdose (Geldkuvert) zu Hause für finanzielle Freiheit, mit der ich täglich meine Gewohnheit trainiere, Vermögen aufzubauen, indem ich dort jeden Tag Geld – und seien es nur Cents – hineintue und niemals – unter keinen Umständen – dort wieder etwas herausnehme (außer für wirklich relevante Investitionen!).

[ ] Ich habe eine zweite Dose, die ich »Spaßdose« nenne. Dort gebe ich jeden Tag ebenfalls den gleichen Betrag hinein. Mit diesem Geld belohne ich mich selbst – mit Dingen, die mir einfach Spaß bereiten.

[ ] Ich habe mir ein Projekt ausgesucht, für das ich monatlich einen festen Betrag spenden werde, und zwar dieses:

....

....

21. Welchen Wunsch hast Du, den Du Dir bisher nicht erfüllen konntest?

22. Welche Hindernisse stehen Dir immer noch im Weg?

23. Wie wirst Du diese Hindernisse beseitigen?

• • •

Hinweise auf meine Veranstaltungen zum Thema »Geld« findest Du unter https://reichtumshacks.de/veranstaltungen/

Fünf Arten, Geld zu verdienen

Geld verdienen kann man als Angestellter, Freiberufler (dazu zählen Heilpraktiker, Therapeuten, Coachs), Investor, Unternehmer, Experte.

Außerdem stehen diverse Möglichkeiten zur Verfügung, sein Einkommen zu erhöhen (siehe die Punkte 1., 2. und 3. im folgenden Schaubild):

Einkommensstern

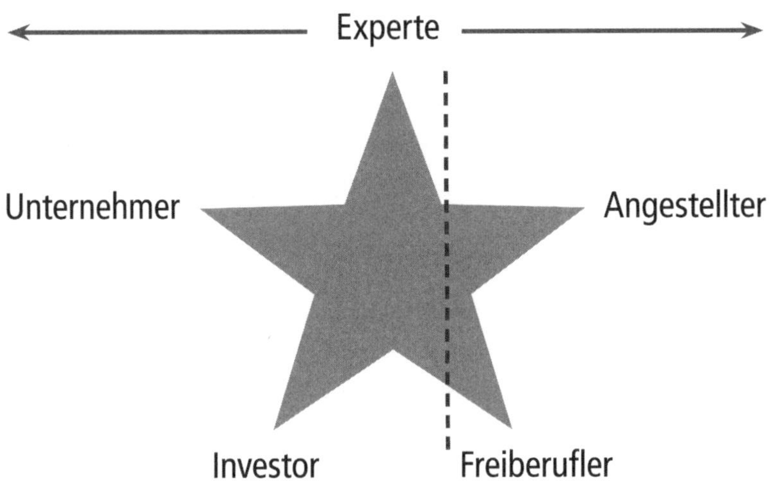

1. *Innerhalb* eines Feldes mehr Einkommen erzielen.
2. In einem bestimmten Feld bleiben, aber *zusätzlich* Geld aus einem anderen Feld beziehen.
3. Einen Quantensprung vollziehen und das Feld *wechseln.*

Das Gefangensein im **Angestellten**-Status sieht letztlich folgendermaßen aus – von den Niedrigverdienern ganz abgesehen: Falls sie je mehr Einkommen haben, geben sie auch wieder mehr aus, weil der Lebensstandard und die Verbindlichkeiten steigen, sodass sie erneut mehr verdienen müssen, also noch mehr arbeiten müssen usw.

Der durchschnittliche Bürger arbeitet 200 Tage im Jahr für den Staat, und erst ab Ende Juli fängt er an, für sich selbst zu verdienen. Als Angestellter arbeitest Du im Prinzip nie für Dich, sondern immer für andere. Der Chef profitiert von seinen Angestellten, der Staat verdient an seinen Steuerzahlern, und die Banken werden reicher durch die Kreditnehmer.

Das Hamsterrad der **Freiberufler:** Du bist noch unfreier als die Angestellten, denn im Fall einer Krankheit (oder bestenfalls eines Urlaubs) entfällt Dein Einkommen; Du bist unfrei, weil Du unentbehrlich und unersetzbar bist, denn Dein Unternehmen (Deine Praxis) ist auf Deine Präsenz angewiesen, sonst können keine Aufträge erfüllt (bzw. Klienten behandelt oder beraten) werden. Freiberufler sind in einem System gefangen, aus dem sie schwer herauskommen. Und solltest Du je viel verdienen, nimmt man Dir auch wieder viel weg (Steuern usw.). Je härter Du arbeitest und je mehr Erfolg Du hast, desto größer wird das System, desto unentbehrlicher wirst Du und desto belastender wird das Ganze für Dich. Es klingt paradox, doch Freiberufler sind im höchsten Maße unfrei.

Wie geht es den **Investoren?** Sie haben meist mehr Verbindlichkeiten als Vermögen, wobei sie auf Ersteres auch noch einige Prozent Zinsen zu begleichen haben, wohingegen sie für ihr Vermögen so gut wie keine Zinsen mehr bekommen. Manchmal wagen die Investoren einen Ausflug an die Börse, der meist wenig befriedigend endet; wenn Verluste eintreten, ziehen sie sich aus sicheren Anlagen zurück, und dort lauert das Hamsterrad: Steuer und Inflation fressen die mageren Gewinne auf, sodass der Investor auf der Stelle tritt. Falls er besonders schlau sein will, legt er sein Geld in einem gemanagten Fonds an … und muss hohe Kosten für dieses Management abtreten.

Die **Unternehmer:** Sie tragen das Risiko, und die meisten arbeiten im Grunde wie Angestellte in ihrem eigenen Unternehmen und auferlegen sich strenge Vorgaben; sie beuten sich selbst aus …, sodass sie eigentlich von jedem Arbeitsgericht dazu verurteilt würden, mit diesem schädlichen Verhalten aufzuhören.

Ein Unternehmer sollte sich theoretisch zu keiner Zeit vom Tagesgeschäft verschlingen lassen; seine Hauptaufgabe müsste es sein, ein System zu schaffen, und zwar ein System, das ohne ihn funktioniert.

Ohne ein solches System wird ein Unternehmer keine Freiheit haben, sondern er muss es mit seiner Arbeitskraft wettmachen. Daran kranken viele Familienbetriebe.

Die meisten Freiberufler und Unternehmer versäumen es, eine sogenannte *Exit-Strategie* festzulegen. Das heißt: Was passiert, wenn sie da herauswollen? Doch auf diese kurzsichtige Weise ist das Unternehmen meist nicht zu verkaufen; es kann kein angemessener Preis erzielt werden: Anstatt dass das Unternehmen dem Eigentümer gehört, gehört hier der Eigentümer dem Unternehmen.

Es sollte zu Deinen Zielen zählen, am Ende Deiner Praxistätigkeit Deine Praxis mit großem Gewinn verkaufen zu können, sodass es zu einem Teil Deiner Altersvorsorge wird. (Ich kann jedoch im Rahmen dieses Buches nicht auf Details eingehen.)

Viele sind im Hamsterrad-Modus: Sie sind so beschäftigt, dass sie ihre Situation nicht analysieren können; sie merken wohl, dass etwas unstimmig oder sogar stark belastend ist, doch sie nehmen sich nicht die Zeit und den nötigen Abstand, um schließlich die richtigen Schritte unternehmen zu können.

John D. Rockefeller wird das folgende Zitat zugeschrieben: *»Wer den ganzen Tag arbeitet, hat keine Zeit, Geld zu verdienen.«*

Wie sieht die Lösung aus, um aus dem Hamsterrad herauszukommen?

Heraus aus dem Hamsterrad – dank der Tätigkeit als Experte

Der Schlüssel zu einem hohen Verdienst für alle Felder des Sterns ist die Positionierung als Experte! Wer dies nicht beachtet, wird im wahrsten Sinn des Wortes vom Leben übergangen: Er wird nur einen Bruchteil der Früchte ernten, die ihm eigentlich zustehen; er kämpft mit einer Minimalexistenz, gemessen an dem Leben im Wohlstand, das er führen könnte.

Von daher ist es mir ein großes Anliegen, Dir auch im Rahmen dieses Buches wenigstens andeutungsweise zu zeigen, wie Du Dich als Experte positionieren kannst (siehe »Ehrliche Schritte zum Expertenstatus«, S. 175ff.).

Du solltest Dich als Heilpraktiker/-in bzw. als Freiberufler/-in in jedem Fall auch als Experte/Expertin positionieren – zumal Du damit wesentlich mehr verdienen kannst. Das wird Dir in Deiner Praxis unglaubliche Vorteile verschaffen. Es ist, als würdest Du am Flughafen mit Deinem Trolley locker auf dem langen Laufband alle Passagiere überholen, die mit ihrem Gepäck den »normalen« Weg neben dem Laufband benutzen.

Tausche Ideen gegen Geld statt Zeit gegen Geld

Im Informationszeitalter musst Du nicht länger Deine Zeit gegen Geld tauschen. Du kannst *Ideen* gegen Geld tauschen.

Auf der rechten Seite des Einkommenssterns erhältst Du für Deine Arbeit immer nur eine einmalige Bezahlung. So wie es normalerweise in den Einkommensgruppen auf der linken Seite des Sterns der Fall ist, solltest auch Du dafür sorgen, dass Du für Deine Arbeit nicht nur ein Mal bezahlt wirst. Die Gruppen auf der linken Seite des Sterns erhalten u.U. sogar für eine einmal geleistete Arbeit ein Leben lang Geld, und womöglich profitieren noch ihre Erben davon.

Vielleicht gehörst Du zu jenen Therapeuten, die denken, es sei unanständig, für eine Hilfeleistung Geld zu verlangen. Möglicherweise hältst Du es auch für ein gutes Konzept, wenn Heiler in Asien – sei es eine urbane Legende oder Realität – für die *Erhaltung der Gesundheit* bezahlt wurden anstatt für die Heilung einer Krankheit.

Tatsache ist jedoch, dass Du in Deiner Praxis ein angemessenes Honorar nehmen musst, um in unserer Gesellschaft existenzfähig zu sein. Meiner Ansicht nach musst Du als Freiberufler/-in in eigener Praxis ein höheres Einkommen haben als der Durchschnittsverdiener.

•••

Memo

Um herauszufinden, welches Honorar stimmig und für Dich richtig ist, möchte ich in diesem Kapitel zweierlei mit Dir initiieren:

1. Der Schlüssel der Honorarfrage ist: Mach Dir Deinen wirklichen Wert bewusst, d.h. auch Deinen Wert für Deine Patienten/Klienten! Und hier meine ich sowohl die monetäre als auch die psychologische Bezahlung, d.h. die Wertschätzung Deiner Kunden.

»Der Preis ist, was du bezahlst –
der Wert ist, was du bekommst.«

(Warren Buffett)

2. Ich werde Dir gleich die zwölf unterschiedlichen Honorarmodelle vorstellen. Bitte nimm sie mit offenem Geist wahr und entscheide, welche(s) Du für Deine Praxisstrategie bevorzugst.

•••

Die folgende Analyse stammt von Earl Nightingale, und Bob Proctor hat sie mir vermittelt. Earl Nightingale ist der Initiator der – wie es in USA heißt – »Persönlichkeitsentwicklungs-Industrie«. Er definierte in den 1950/60er-Jahren das sogenannte **»Gesetz der Kompensation«**. Wenn Du es durch Wiederholung verinnerlichst, gewinnst Du ein Verständnis für die Mechanismen, die das Thema »Wert und Preis« steuern.

Dein Einkommen, Deine finanzielle Kompensation, hängt direkt proportional ab von drei miteinander verbundenen Faktoren (siehe auch »Das ökonomische Gesetz der Knappheit«, S. 38):

1. dem Bedarf für das, was Du tust;
2. Deiner Fähigkeit, diesen Bedarf zu decken;
3. der Schwierigkeit, Dich zu ersetzen.

1. **Bedarf für das, was Du tust**

Im Rahmen dieses Buches haben wir uns sehr gründlich um diesen Punkt gekümmert, v.a. um die Zuspitzung Deiner Zielgruppe. Zu diesem Zeitpunkt müsstest Du bereits Auskunft geben können, dass es einen sehr großen Bedarf für Deine spezielle Dienstleistung gibt.

2. **Deine Fähigkeit, diesen Bedarf zu decken**

Dies stellt eine gewisse Einschränkung des 1. Punktes dar.

Jede Fortbildung, die Dir hilft, den Bedarf noch besser zu decken als jeder andere, ist eine gute Investition.

Auch eine Webseite (u.U. auch die Fähigkeit, sie selbst zu konzipieren, falls Du computertechnisch versiert bist) ist eine gute Investition, weil sie Menschen hilft, Dich zu finden. Oder Du lässt die Webseite professionell erstellen. Achte darauf, dass der Anbieter auf helfende und heilende Berufe spezialisiert ist. [Mehr darüber in meinem kostenfreien Webinar »Webseite? Check!« *(www.gewinnbringende-praxis.de/webseite-check).*]

3. **Schwierigkeit, Dich zu ersetzen**

Dieser Punkt macht aus einem zweidimensionalen ein dreidimensionales Modell. Es liegt an diesem Faktor, dass z.B. Bäcker und Bäckereifachverkäufer/-innen trotz des hohen Bedarfs an Brot verhältnismäßig wenig verdienen.

Dieser dritte Punkt macht einen guten zu einem sehr guten Heilpraktiker/Therapeuten/Coach und ist der Schlüssel zu einem hohen Honorar. Und dies ist auch ein Grund, weshalb Du Dich als Experte/Expertin positionieren sollst.

Um die Schwierigkeit, Dich zu ersetzen, zu vergrößern, musst Du im Grunde permanent an Deiner Fähigkeit arbeiten, den Bedarf zu decken, z.B. dank Deiner Fachkenntnisse oder anhand guter Marketingstrategien, die Dich leicht auffindbar machen. Mit einer Warteliste von drei Monaten kannst Du natürlich Deine Honorare ebenfalls erhöhen (und hast daraufhin vielleicht nur noch eine Warteliste von zwei Monaten).

•••

Mag sein, Du möchtest Behandlungspreise haben, die sich viele Menschen leisten können. Oder Du hast einen netten Patienten, dessen finanzieller Rahmen sehr eng gesteckt ist, sodass Du dazu neigst, viel weniger von ihm zu verlangen. Auch wenn Du dann nicht unbedingt mit dem »Armutsvirus« infiziert sein musst: Solche Gedanken halten Dich in jedem Fall klein. Erlaube Deinen Erwartungen, sich zu vergrößern.

Zwischenzeitlich müsstest Du erkannt haben, dass Menschen sich nicht allein wegen des Preises für oder gegen eine Behandlung entscheiden. In Wahrheit ist der Preis am Ende des Tages, nachdem Du ein großes Problem gelöst hast, zweitrangig, da Du offenbar besser als alle anderen den Bedarf decken konntest.

Würdest Du mir eine Auflistung aller Deiner Ausgaben des letzten Jahres geben, könnte ich Dir ziemlich genau sagen, was Du wertschätzt. (Im Fall unserer Familie: Anhand der Ausgaben würdest Du erkennen, dass die Kinder sehr hoch geschätzt werden, weil wir viel für sie ausgeben. Außerdem ist uns persönliche Entwicklung und Weiterbildung wichtig. Wir geben darüber hinaus höhere Beträge für Reisen und schöne Wohnorte aus usw.) Die Ausgaben eines Menschen spiegeln direkt seinen eigenen Wertekanon wider. Wer Luxus über seine Gesundheit stellt, wird Dich schwerlich bezahlen können/wollen.

An den Geldausgaben einer Person ist ihr Wertekanon ablesbar

Natürlich bezahlt Dich niemand für Deine Leidenschaft. Aber mit der richtigen Balance zwischen Dienst am Nächsten und Deinem einzigartigen Weg, diesen Dienst zu leisten, kannst Du Dein Honorarmodell überdenken. Noch einmal: Erwarte, dass Du anständig und gut bezahlt wirst. Ermittle einen Preis, der Dir das Gefühl gibt, wertvoll zu sein. Dann stell Dir vor, wie Menschen freudig zu Dir in die Behandlung kommen und gerne den geforderten Preis bezahlen, weil Du ihren Bedarf deckst.

Ein Tipp, den ich meinen Einzelklienten gebe: Erhöhe Deinen Preis auf ein Niveau, wo Du Dich ein ganz kleines bisschen unwohl fühlst. Du wirst merken, dass Du den richtigen Betrag erreicht hast, wenn Du Dich bei der Nennung des Preises ein bisschen »schwindelig« fühlst. Irgendwann wirst Du in dieses Honorar »hineinwachsen«; irgendwann gewöhnst Du Dich daran. Dann kannst Du erneut eine Preiserhöhung erwägen. Glaube an den Wert Deiner Dienstleistung!

• • • To do • • •

* Schau Dir noch mal die Aufgaben im Unterkapitel »Die großen versteckten Vorteile« (S. 171 ff.) an. Möchtest Du Deine Antworten neu formulieren, aktualisieren, ergänzen, konkretisieren, optimieren?

* Stimme Dich ein, um Dein neues Honorarmodell zu finden.

• • •

Die 12 Honorarmodelle

Die folgenden Modelle sind nicht alle in der Branche der Naturheilkunde üblich, aber Du kannst sie daran anpassen und außerdem miteinander kombinieren. Jedes Modell hat Vor- und Nachteile, sowohl für den Anbieter als auch für den Nutzer.

Der Schlüssel liegt darin, mit Deinem Honorarmodell eine **Win-win-Situation zu erzeugen:** Deine Kunden sollen den Preis als fair empfinden: »Die Behandlung war zwar nicht billig, aber sie ist/war den Preis wert!« Du hast im Rahmen des Buches erfahren, wie Du ein Bewusstsein für den Wert Deiner Dienstleistung schaffen kannst.

Andererseits sollst Du beim Empfang Deines Honorars den Eindruck haben, wirklich wertgeschätzt zu werden, sodass die Freude an Deinem Beruf noch mehr zunimmt und Du den Eifer hast, durch Weiterbildung zu wachsen.

Ich habe die Geschichte in den letzten Jahren des Öfteren erzählt, auch in meinem Buch »Die Reichtumsblaupause«:

Als ich als Paar- und Familientherapeut in Freiburg begann, konsultierte mich ein sympathisches junges Studentenpaar, das ein Baby bekommen hatte und situationsbedingt in eine tiefe Beziehungskrise geschlittert war. Ich konnte mich gut mit ihnen identifizieren, weil ich selbst kurze Zeit zuvor eine ganz ähnliche Situation erlebt hatte und mit meiner Frau nahezu alles Geld investiert hatte, um uns in dieser Krise Hilfe zu holen. Also war es für mich selbstverständlich, den beiden einen Spezialpreis zu machen.

Das war für mich so lange okay, bis ich eines Tages extra für den Termin, den ich mit dem Paar vereinbart hatte, in meine Praxis fuhr und dort eine SMS empfing: Sie müssten leider kurzfristig die Sitzung absagen, weil sie spontan in den Urlaub gefahren seien.

Ich nahm die Nachricht zunächst hin, fuhr nach Hause und wurde von meiner Frau mit der Frage begrüßt, warum ich denn schon zurück sei. Kaum hatte ich die Umstände erklärt, wurde sie ziemlich wütend: Das sei ja toll …; wir würden dieses Jahr nur auf »Balkonien« Ferien machen, während meine Klienten Geld für Urlaub hätten, aber nicht, um mich anständig zu bezahlen.

Erst jetzt wachte ich aus meiner Trance auf, und es machte »klick«: Im Wertesystem dieses jungen Paares stand offenbar an erster Stelle der Urlaub, nicht meine Dienstleistung. Dagegen ist es für mich enorm wichtig, meinen Klienten weiterzuhelfen.

Damals beschloss ich, nie wieder für jemanden zu arbeiten, in dessen Wertesystem meine Arbeit nur einen vergleichsweise niedrigen Rang einnimmt. Ich fahre seitdem sehr gut damit und habe kein schlechtes Gewissen, für gute Arbeit gutes Geld zu verlangen.

Modell 1: Zeit gegen Geld

In freien Berufen, v.a. in der Heilkunde, ist dieses Honorarmodell am gängigsten: der Tausch »Zeit gegen Geld«, d.h., Du setzt einen bestimmten Stundensatz fest und verlangst Dein Honorar je nach Zeitaufwand. Wer als Therapeut für 1 Stunde 90 Euro veranschlagt (aus meiner Sicht wäre alles darunter ein Dumpingpreis), wird also für 30 Minuten 45 Euro nehmen bzw. für vier Sitzungen à 45 Minuten 4 x 67,50 Euro = 270 Euro. (Bei Psychotherapeuten dauert die Stunde bekanntermaßen 50 Minuten, weil die restlichen 10 Minuten bis zur vollen Stunde einen Puffer darstellen: für Verabschiedung, kurze Erfrischung des Therapeuten etc.)

Wenn ich mit Einzelklienten arbeite, ist das Modell etwas tricky; ich berechne nicht gerne meine Zeit. Meine Erfahrung und mein Know-how ist inzwischen so ausgereift, dass ich einen Klienten innerhalb kurzer Zeit so weit bringen kann, eine sehr gut gehende Praxis zu führen. Also würde ich meine Leistung unter Wert verkaufen, wenn ich das Zeitmodell anwenden würde.

Für Behandlungen mit gewisser Regelmäßigkeit und Routine ist das Modell praktikabel, z.B. bei Massagen. Doch sobald Du innerhalb von 10 Minuten eine gewaltige Verbesserung beim Patienten erzielen kannst, wären die 90 Euro – sprich: für 10 Minuten nur 15 Euro – ein Witz im Vergleich zu dem geschaffenen Wert.

Dazu eine Geschichte:

Eine defekte Maschine eines Fabrikbesitzers brachte die gesamte Produktion zum Stillstand. Sein Geschäftsführer organisierte jemanden, um den Schaden zu reparieren. Obwohl der Monteur die Maschine nicht zum Laufen brachte, stellte er eine Rechnung für seinen zehnstündigen Aufwand. Die Rechnung wurde beglichen, aber die Produktion lag nach wie vor lahm.

Der Fabrikbesitzer ließ nun den besten Monteur suchen und herbestellen: Dieser horchte hier und prüfte dort, klopfte mit einem Hämmerchen an eine bestimmte Stelle … und sorgte im Nu dafür, die Maschine wieder funktionstüchtig zu machen, sodass die Produktion weiterlief.

Die Freude war groß – bis der Spezialist eine Rechnung über 1000 Euro schickte, obwohl er nur eine knappe Stunde gearbeitet hatte.

Der Fabrikbesitzer stellte den Spezialisten zur Rede.

Die Auskunft des Handwerkers lautete: Ein Schlag mit dem Hämmerchen koste 1 Euro, doch das Know-how, an welcher Stelle zu klopfen sei, sei 999 Euro wert.

Falls Du also mit einer kleinen Intervention etwas Großes, »Zauberhaftes« bewirken kannst, ist das »Zeit gegen Geld«-Modell für Dich unbedingt zu hinterfragen!

Modell 2: Zeit gegen Geld »Open End«

Deine Patienten/Klienten wissen, Du kostest pro Stunde 90 Euro und pro angebrochene Viertelstunde 25 Euro.

Ich habe dieses Schema am Beginn meiner astrologischen Praxis eingesetzt, nachdem ich merkte, dass die ursprünglich veranschlagte Zeit nicht ausreichte, denn die Gespräche waren tiefgreifend.

Für den Therapeuten ist diese Option prima, doch für den Klienten eine nervliche Zerreißprobe. Es ist vergleichbar mit einer Taxifahrt quer durch eine verkehrsreiche Metropole mit vielen Staus, bei der man als Fahrgast nicht weiß, wann man am Ziel ankommen wird: Der Taxameter läuft und läuft, die Kosten werden höher und höher; der Fahrgast fühlt sich dem Fahrer und den Umständen ausgeliefert.

Oder Du bringst Dein Auto zur Reparatur in die Werkstatt und weißt nur, dass pro Stunde 120 Euro berechnet werden, aber nicht, wie lange die Fehlersuche und -behebung dauern wird.

In Deiner Praxis solltest Du das Modell allenfalls mit großer Vorsicht einsetzen, höchstens dann, wenn Du wegen Deiner Methode nicht garantieren kannst, dass Du in jedem Fall innerhalb einer Stunde zu einem runden Abschluss kommst; aus Erfahrung weißt Du, manchmal brauchst Du etwas länger, manchmal aber auch weniger lang. Du musst es aber Deinem Patienten/Klienten kommunizieren, z.B.: »Herr/Frau …, es sieht so aus, als würden wir an einen Punkt gelangen, wo sich etwas öffnet, sodass wir bei der Behandlung tiefer kommen. Ist es für Sie in Ordnung, wenn wir die Stunde überziehen, um diese Chance nicht zu versäumen, und wenn ich die Zeit zusätzlich berechne?«

Und falls im Voraus absehbar ist, dass Du z.B. eineinhalb Stunden brauchen wirst, solltest Du das schon bei der Terminvergabe klären.

Modell 3: Fixpreis für ein zuvor definiertes Resultat

Für das gesamte Projekt wird ein Preis festgelegt; manchmal gibt es Teilzahlungen am Anfang, in der Mitte und am Schluss bzw. beim Erreichen bestimmter Meilensteine.

Für Kunden ist das Modell angenehm, weil sie im Voraus Preissicherheit haben; für Dich als Dienstleister ist es jedoch eher ungefällig, weil Du nicht unbedingt vorhersagen kannst, wie lange Du brauchen wirst, um das gewünschte Resultat zu erzielen.

Abzuraten ist davon in unberechenbaren Fällen. In meiner »Sturm-und-Drang-Zeit« habe ich dieses Modell in der Paartherapie ausprobiert. Hätte alles so reibungslos funktioniert, wie ich es mir vorgestellt hatte, hätte ich mit dem veranschlagten Honorar ein sehr gutes Geschäft gemacht. Aber die Paare tickten (natürlich) nicht so wie erhofft, sodass der Zeitraum bis zum Wunschergebnis, nämlich dem einvernehmlichen Miteinander des Paars, viel länger dauerte als kalkuliert, sodass ich letztlich »draufbezahlte«.

In manchen Situationen wäre dieses Modell jedoch passend. Angenommen, Du bist auf Darmsanierung spezialisiert und rechnest bei Deinem Patienten mit rund zwölf Sessions, dann ist ein Fixpreis praktikabel. Oder wenn Du in der naturheilkundlichen Kosmetik tätig bist und Faltenunterspritzung anbietest, ist ein Fixpreis ebenfalls angemessen.

Für den – bei Modell 1 erwähnten – »Hämmerchen«-Spezialisten wäre diese Variante ebenfalls prima. Dagegen ist sie für lebensbegleitende Psychotherapie oder Life-Coaching nicht geeignet.

Dieses Honorarmodell ist nur dann ideal, wenn Du mit fast 100-prozentiger Sicherheit mit dem erwünschten Resultat in einer für Dich noch gewinnbringenden Zeit rechnen kannst.

Modell 4: Wiederkehrendes Honorar

Hier unterscheiden wir wiederkehrendes Honorar ...
a) innerhalb eines vorher festgelegten Zeitraums,
b) in einem offenen Zeitraum.

Du könntest **Variante a)** für die Einzelbegleitung Deiner Patienten einsetzen, wenn es darum geht, sie während einer bestimmten Lebenssituation zu begleiten (z.B. während der Schwangerschaft und den ersten drei Monaten nach der Geburt).

Man nimmt dieses Honorar vorzugsweise im Voraus, auch weil dies die Motivation der Klienten anhebt.

Man kann das Angebot für die Kunden so formulieren: Bei monatlicher »Raten«-Zahlung werden z.B. 350 Euro pro Monat fällig (d.h. für 12 Monate 4200 Euro) oder bei Einmalzahlung für den Zwölf-Monats-Zeitraum 3500 Euro, sodass ein Klient rund 700 Euro spart.

Für meine wenigen VIP-Klienten z.B., die über 2000 Euro pro Monat bezahlen, und zwar für 2 Sitzungen im Monat, ist diese Version sehr interessant, denn sie wissen, dass sie von der Investition in diese Dienstleistung einen deutlichen Benefit haben und die Kosten dank der Optimierung ihrer Praxis schnell wieder hereinholen werden. Oder so gesagt: Ich persönlich nehme eigentlich nur solche Klienten in diese Einzelbegleitung auf, bei denen ersichtlich ist, dass sie mit ihrer Praxis an einem Punkt sind, wo sie von diesem Modell profitieren können.

Das heißt, die Resultat-Orientierung von Modell 3 ist in dieser Variante im Grunde inbegriffen. Allerdings ist Modell 3 bei Menschen in helfenden und heilenden Berufen, die hauptsächlich »Zeit gegen Geld« kennen, nicht so leicht zu vermitteln. Umgerechnet bedeutet mein obiges Beispiel ja, dass 1 Sitzung 1000 Euro kosten würde**. [** Ein Preis dieser Höhe lohnt sich für Praxen natürlich nur, wenn sie einen Mindestumsatz von 40.000 Euro pro Jahr erzielen. Für Praxen mit weniger Umsatz haben wir individuelle Trainingslösungen zu einem sehr viel geringeren Preis.] Aber ich tausche ja nicht Zeit gegen Geld. Unsere Klienten bezahlen erstens für einen riesigen Know-how-Transfer, der eben eine gewisse Zeit braucht. Sie bezahlen zweitens für meine Fähigkeit, besser als jeder andere sofort zu erkennen, welche Probleme gelöst werden müssen und welche Strategien angewendet werden müssen. Und drittens bezahlen sie dafür, direkt, also mit mir persönlich, und exklusiv 1 zu 1 arbeiten zu können. Pro Jahr nehme ich nur eine sehr geringe Anzahl neuer VIP-Klienten auf. Das bedeutet, sie bezahlen auch für die Exklusivität, jedoch nicht für die Zeit. Sie bezahlen für hochgradig effektives Expertenwissen, bei dessen Anwendung sie den Umsatz ihrer Praxis verdoppeln, verdreifachen, vervierfachen können.

Genau das kannst Du in Deinem persönlichen Fachbereich auch tun!

Ein Klient von uns bietet z.B. Allergikern eine zeitlich klar begrenzte Behandlung an und garantiert die Zufriedenheit. Das bedeutet, er erstattet den Patienten das Geld zurück, wenn sie mit dem Erfolg der Therapie nicht zufrieden sind. Das bedeutet, dass er im Grunde das Erreichen eines bestimmten Resultats verkauft und gewährleistet – natürlich ohne ein Heilversprechen zu machen. Er garantiert nicht die Heilung, sondern die Zufriedenheit mit der Behandlung. Er kann für diese Therapie einen hohen vierstelligen Betrag verlangen. Er hat also aufgehört, Zeit gegen Geld zu verkaufen.

Die **Variante b)** ist für den psychotherapeutischen oder Coaching-Bereich geeignet, bei dem es um Persönlichkeitsentwicklung geht. Hier steht nicht das Erreichen eines bestimmten Ziels im Blick, sondern eine Verbesserung der Lebensqualität, eine Arbeit an der Biografie.

Auch bei homöopathischen Behandlungen oder z.B. bei Massagen fürs bessere Wohlbefinden mag dies angemessen sein: Die Klienten erhalten vier Sitzungen pro Monat für einen festen Monatsbetrag; falls sie jedoch eine Sitzung absagen, ohne dass ein neuer Termin gefunden werden kann, verfällt die Sitzung. Die Verantwortung liegt also auch beim Patienten bzw. Klienten; Du wirst damit übrigens sehr viel weniger Terminabsagen erhalten. Das Ausfallrisiko geht – wie übrigens z.B. bei Reiseveranstaltern – auf den Kunden über.

Beide Varianten sind sehr interessant für Menschen in helfenden und heilenden Berufen, gerade wenn man Menschen hilft, von »minus 10« auf »plus 10« zu kommen. Sie lassen sich am besten positionieren, indem man ein strategisches Vorgespräch führt (siehe S. 196ff.).

Modell 5: Wiederkehrendes Honorar plus Erfolgsprämie

Mit dem wiederkehrenden Honorar deckt man quasi die Praxiskosten, doch die hauptsächliche Bezahlung trifft am Ende ein.

Bei dem Berliner Projekt »Women's Boardway« bezahlen Frauen, die eine neue Führungsposition anstreben und sich deshalb coachen lassen, ein wiederkehrendes monatliches Honorar, und nach einer erfolgreichen Stellensuche sind zwei Monatsgehälter dieser »Traumstelle« als Provision fällig.

Das Modell ist v.a. für Unternehmertypen geeignet. Für Deine Praxis ist es wahrscheinlich nicht die glücklichste Variante, allerdings will ich nichts ausschließen.

Vielleicht arbeitest Du mit Kinderwunsch-Patienten und legst ein moderates wiederkehrendes Honorar fest; im Fall einer Schwangerschaft haben sie einmalig einen bestimmten Betrag zusätzlich zu bezahlen.

Wenn Du im Coaching mit Klienten ein bestimmtes Resultat anstrebst – vor allem eines, das den Klienten einen finanziellen Gewinn gibt –, ist das Modell passend, denn zum einen spornt es Dich zu richtig guter Arbeit an, zum anderen ist es für Deine Kunden attraktiv, weil die große Summe nur bzw. erst dann fällig wird, wenn sie den Geldzuwachs verdienen bzw. ihr Ziel erreicht haben.

Die Schattenseite ist allerdings zu bedenken: Manche Resultate – wie z.B. die Bilanzen Deiner Kunden – kannst Du schwerlich kontrollieren.

Modell 6: Flexibles Honorar

Gängig im »Business-to-Business«-/»B2B«-Bereich: Das Honorar wird ausgehandelt und hängt vom Verhandlungsgeschick der beteiligten Firmen ab.

Solltest Du je einen Kunden haben, der beruflich an das B2B-Modell gewöhnt ist, fängt er womöglich an, mit Dir über Dein Honorar zu feilschen. Dieser Mensch muss nicht unbedingt ein Geizkragen sein; im besten Fall zahlt er sogar mehr als Deine normalen Patienten/Klienten.

Ich selbst bin hinsichtlich helfender und heilender Berufe kein Freund dieses Modells. Stell Dir vor, Du gibst Seminare, und die Teilnehmer finden heraus, dass jeder einen individuellen Preis bezahlt hat: Wer mehr bezahlt hat als die anderen, wird es Dir übel nehmen.

Je nach Klientel kannst Du aber auf diese Lösung zurückgreifen, wenn keine Vergleichsmöglichkeit besteht und Du mit einem Kunden zu tun hast, dem das B2B in Fleisch und Blut steckt.

Modell 7: Gestaffelter Tarif

Solltest Du so verfahren wie ich vor meiner Erfahrung mit dem Studentenpärchen, kannst Du einen Sozialtarif installieren. Vielleicht möchtest Du Dir den Luxus leisten, 10 Prozent Deiner Behandlungen pro Monat zu einem niedrigeren Preis anzubieten, um auch Menschen mit wenig finanziellem Polster behandeln zu können.

Treiben wir es ein bisschen auf die Spitze: Andererseits könntest Du einen Mäzen-Preis haben. Wer bekanntermaßen ein sehr hohes Einkommen hat, könnte um sein Einverständnis gebeten werden, einen höheren Preis zu bezahlen, um damit einen Patienten aus dem Sozialtarif mitzufinanzieren.

Du musst diese Bereiche jedoch kontingentieren. Wenn Du den Sozialpreis nicht aufgeben willst, nimm Dir vor, dass er nur einem bestimmten Prozentsatz Deiner Kunden zugutekommt. Und gib Acht, nicht von Menschen ausgenutzt zu werden, die *angeblich* nicht genug Geld haben, Deine Leistung angemessen zu bezahlen.

Als Inge Reisch, meine Lehrtherapeutin in Systemischer Familientherapie, erfuhr, dass Michaela und ich – damals noch ziemlich »arme« Studierende – den 400 Kilometer weiten Weg zu ihr gefahren waren und extra einen Umweg abseits der Autobahn genommen hatten, um Sprit zu sparen, und dass wir auf dem Campingplatz im Iglu nächtigten, obwohl es im April noch ziemlich frisch war, erließ sie uns bei ihrer Rechnung zwei der Sitzungen.

Das heißt, Du wirst es herausfinden, ob jemand Deine Leistung wertschätzt, aber beim besten Willen nicht genug Vermögen hat, Deine normalen Preise zu begleichen, oder ob jemand Schnäppchen jagt, ohne es wirklich nötig zu haben.

Modell 8: Leistungspaket

In einem größeren Leistungspaket sind u.U. Boni enthalten, die normalerweise Geld kosten, aber nun als Extrazugaben mitgeliefert werden. Das heißt, Du bündelst unterschiedliche Angebote.

Beispiel: Ein »Darm«-Paket mit 10 Colon-Hydro-Behandlungen, 3 Ernährungsberatungs-Sitzungen, 1 Labordiagnose (Blut, Stuhl), 10 Eigenblutbehandlungen – insgesamt für einen vorteilhaften Preis.

Natürlich ist das Paket zugleich für Dich lukrativ, weil Du im Voraus weißt, dass Dich dieser Patient für eine gewisse Zeit regelmäßig aufsuchen wird und eine stattliche Summe zu zahlen bereit ist. Für Deinen Kunden ist es eine Rundum-sorglos-Lösung: Er sieht, was er bekommt, wie die Resultate sein werden und was es insgesamt kosten wird.

Möglich wären z.B. auch ein »Allergie«-Paket oder ein Paket zur »Verbesserung/Optimierung der Konstitution«. Genauso gut kannst Du 1 Erst-

anamnese, Repertorisation von 10 neuen Mitteln, 10 weiterführende Anamnesegespräche usw. zusammenschnüren.

Ein Paketpreis kann kombiniert werden mit dem Modell des wiederkehrenden Honorars über einen bestimmten Zeitraum:

Der Patient könnte z.B. für ein »Darm«-Paket eine Einmalzahlung von 5000 Euro tätigen oder das Paket in sechs Monatsraten à 1000 Euro bezahlen (d.h. bei der Einmalzahlung spart er 1000 Euro).

Die Erarbeitung spezieller Pakete ist eine hohe Kunst, aber mit unseren Einzelklienten habe ich hier sehr gute Erfahrungen gemacht. Dies schafft eine fabelhafte Möglichkeit, vom »Zeit gegen Geld«-Modell wegzukommen.

To do

Überlege Dir, inwiefern Du Pakete schnüren könntest: mit welchen Methoden für welche Beschwerdebilder.

Modell 9: Marktdurchdringungspreis

Anfangs gestehst Du für eine limitierte Zeit oder für eine begrenzte Kundenanzahl einen geringen Preis zu, um »den Markt zu durchdringen«, also um Dich zu positionieren. In Deiner Werbung kannst Du es als »Einführungspreis« bezeichnen. Darüber hinaus könntest Du einen Bonus draufsetzen.

Am Beginn meiner astrologischen Praxis hatte ich quasi »unwissentlich« einen Marktdurchdringungspreis, weil ich nur Analysen für Freunde und gute Bekannte machte. Für mich als Student war das Honorar trotzdem klasse – andere mussten sechsmal so viel Zeit fürs Kellnern aufbringen. Durch Empfehlungen bekam ich immer mehr Zulauf und konnte peu à peu meinen Preis erhöhen.

Achtung, das Modell kann nach hinten losgehen, z.B. mit Groupon-Gutscheinen, weil man dann eine »Crowd« anzieht, die nur auf Billigheimer aus ist. Bei einer Preiserhöhung gehen sie Dir verloren.

Ergo: Der Marktdurchdringungspreis muss in eine sinnvolle Gesamtstrategie eingebettet werden.

Modell 10: Lockangebot

Falls Du ein Bioresonanzgerät hast, könntest Du die erste Messung eines Patienten für 10 Euro anbieten, plus 20 Euro für die Auswertung. Anhand der Ergebnisse schlägst Du dem Patienten das weitere Vorgehen vor, z.B. eine Darmsanierung usw.

Oder nach einer Irisdiagnose zum buchstäblich attraktiven Preis legst Du es dem Patienten nahe, die eingeschränkte Leber- und Darmfunktion wieder zu mobilisieren und fürs Herz zu sorgen. Du rätst ihm z.B., sechs Monate lang einmal wöchentlich zu Dir zu kommen.

Lockangebote sind auch günstig, um »Weiterempfehlern« etwas an die Hand zu geben. Darüber hinaus könnten individualisierte Gutscheine ausgestellt werden, die der »Empfehlungsgeber« einem Bekannten überreichen kann.

Es versteht sich von selbst, dass nicht jede Inanspruchnahme eines Lockangebots zu einem weiteren Besuch in Deiner Praxis führt.

Modell 11: Discount-Preis

Unter gewissen Umständen kann dies ein interessantes Modell sein; deshalb will ich es nicht »verteufeln«.

Beim Rückblick in meine Kindheit kann ich den Aphorismus zitieren: »Das Leben ist am schwersten drei Tage vor dem Ersten …«

Von Monatsanfang bis Monatsmitte kaufte meine Mutter bei Kaisers Kaffeegeschäft, im Feinkostladen, beim Metzger und im Fischladen, doch zum Monatsende besuchten wir einen gewissen Discounter.

Möglicherweise findest Du es geschickt, Dich auf dem Markt als günstigster Anbieter einer Methode zu platzieren. Falls Du nur eine Methode/Sache praktizierst – wobei es eine sehr gefragte Methode sein muss –, außerdem viel Spaß dabei hast und sie richtig gut beherrschst, wirst Du eine Menge Patienten durch Deine Praxis schleusen, ohne viel Beziehung zu den Einzelnen haben zu können. Es wird Dir sogar möglich sein, Kollegen einzustellen bzw. Dich mit ihnen zusammenzutun, um noch mehr Patienten behandeln zu können. Für Kunden, die »gut und billig« wollen, mag das eine Option sein. Aber Du solltest Dir darüber im Klaren sein, ob Dich diese Art der Praxistätigkeit mit Zufriedenheit erfüllt und Dir Freude bereitet.

Modell 12: Premium-Preis

Als Familientherapeut war ich ziemlich teuer, trotzdem gab es Leute, die die Honorare (gerne) bezahlten. Auch als Business-Coach habe ich Preise im oberen Bereich. Ich fühle mich mit dem Premium-Preis wohl, denn wenn ich für meine Zielgruppe einen Wert schaffen kann, der diese Summe rechtfertigt, geht es mir gut damit.

Die meisten meiner Einzelklienten sind schließlich an dem Punkt, wo sie das Premium-Preismodell zusätzlich zu anderen Honorarmodellen mit einbeziehen. Sollte Dir diese Variante völlig unbehaglich sein, obwohl Du den Premium-Preis erzielen möchtest, müsstest Du entweder an Deinem

Paradigma arbeiten, das momentan noch besagt, Deine Dienstleistung sei diesen Preis nicht wert; oder Du näherst Dich erst langsam, indem Du Deine Preise Stückchen für Stückchen erhöhst.

Man braucht viel Selbstbewusstsein und Selbstvertrauen und muss viele positive Resultate bei der eigenen Arbeit gesehen haben, um es zu wagen, sich in diesem Preissegment zu positionieren. Der Schlüssel zum Premium-Preis ist, dass Du genau weißt, wie Du einem Patienten/Klienten helfen kannst.

Du triffst die Entscheidung, mit Deiner Leistung teurer zu sein als alle anderen am Markt. Damit baust Du ein gewisses Prestige auf, außerdem einen Anspruch an Dich selbst, diesem Preis auch wirklich gerecht zu werden.

•••

Taste Dich heran, welcher Preis sowohl für Dich als auch für Deine Klienten stimmig ist.

Wenn Du Deine Zielgruppe festgelegt hast und mit ihr startest, wäre ein Marktdurchdringungspreis interessant.

Entscheide, wie viel Einkommen Du *monatlich* und *kontinuierlich* haben willst. Mit einem monatlichen Einkommensziel liegt etwas einfach Messbares vor, und indem Du Dich auf konstante Einnahmen fokussierst, schärfst Du Deinen Verstand auf ein stressfreieres Leben – im Gegensatz z.B. zu einer dauernden unsicheren Achterbahnfahrt und der vagen Hoffnung, Dein Einkommen werde in Zukunft *vielleicht* besser.

Wie viel brauchst Du monatlich, um Deine Kosten zu decken und alles Nötige zu haben?

Und wie viel Geld musst Du haben, um in einer schönen Umgebung zu leben, Dich zu regenerieren, Dich weiterzubilden usw.?

Zunächst musst Du Dich darauf fokussieren, dass Du von der Arbeit mit Deinen Patienten/Klienten gut und angemessen leben kannst. Der gute Ausgangspunkt ist also die Absicherung ... und dann ein Upgrade, eine gelinde Verbesserung.

• • • To do • • •

*** Welche(s) der Honorarmodelle erwägst Du für Deine Praxis – und warum?**

1. **Zeit gegen Geld**
   [ ] Ja [ ] Nein
   - Wenn ja, warum?
   - Wenn nein, warum nicht?

2. **Zeit gegen Geld »Open End«**
   [ ] Ja [ ] Nein
   - Wenn ja, warum?
   - Wenn nein, warum nicht?

3. **Fixpreis für ein zuvor definiertes Resultat**
   [ ] Ja [ ] Nein
   - Wenn ja, warum?
   - Wenn nein, warum nicht?

4. **Wiederkehrendes Honorar**
   [ ] Ja [ ] Nein
   - Wenn ja, warum?
   - Wenn nein, warum nicht?

5. **Wiederkehrendes Honorar plus Erfolgsprämie**
   [ ] Ja [ ] Nein
   - Wenn ja, warum?
   - Wenn nein, warum nicht?

6. **Flexibles Honorar**
   [ ] Ja [ ] Nein
   - Wenn ja, warum?
   - Wenn nein, warum nicht?

7. **Gestaffelter Tarif**
   [ ] Ja [ ] Nein
   - Wenn ja, warum?
   - Wenn nein, warum nicht?

8. **Leistungspaket**
   [ ] Ja [ ] Nein
   - Wenn ja, warum?
   - Wenn nein, warum nicht?

9. **Marktdurchdringungspreis**
   [ ] Ja [ ] Nein
   - Wenn ja, warum?
   - Wenn nein, warum nicht?

10. **Lockangebot**
    [ ] Ja [ ] Nein
    - Wenn ja, warum?
    - Wenn nein, warum nicht?

11. **Discount-Preis**
    [ ] Ja [ ] Nein
    - Wenn ja, warum?
    - Wenn nein, warum nicht?

12. **Premium-Preis**
    [ ] Ja [ ] Nein
    - Wenn ja, warum?
    - Wenn nein, warum nicht?

• • •

Mund-zu-Mund-Propaganda und Social Proof

Wenn Du einen guten Ruf hast, werden die Leute auch weite Anreisen in Kauf nehmen.

Ich habe es bereits erwähnt: Als Student bin ich mit meiner Frau rund 400 Kilometer weit gefahren, um zu meiner Lehrtherapeutin nach München zu gelangen und Sitzungen bei ihr zu nehmen. Aus Geldmangel übernachteten wir auf dem Zeltplatz und bezahlten die beachtlichen Honorare für die Sitzungen. Trotzdem: Ich habe es kein bisschen bereut. Die Ergebnisse, die diese Expertin mit uns erreichte, waren die lange Anreise, sämtliche Umstände und Kosten allemal wert.

Bedenke, wie großartig es ist, einen herausragend guten Ruf zu haben und weiterempfohlen zu werden. Normalerweise haben wir Menschen gern die vollkommene Kontrolle, doch sobald wir jemanden/etwas weiterempfehlen, geben wir sogar freiwillig die Kontrolle ab und nehmen es unterbewusst in Kauf, absolut keinen Einfluss mehr zu haben, was im Weiteren geschehen wird. Wer Dich als Heilpraktiker/-in bzw. Therapeut/-in oder Coach empfiehlt, hat offenbar sehr großes Vertrauen in Dich.

Es soll für Deine zufriedenen Patienten/Klienten möglichst einfach und völlig risikoarm sein, Dich weiterzuempfehlen. Risiko insofern, als jemand schon hundertprozentig von dem überzeugt sein muss, was er empfiehlt, denn er möchte natürlich seine Reputation wahren und sich die Blamage ersparen, etwas für sehr gut befunden zu haben, was aus Sicht des Empfehlungsnehmers nur Mittelmaß oder womöglich unteres Niveau ist. Außerdem braucht der Empfehlungsgeber die Sicherheit, dass Du den Empfehlungsnehmer nicht zum Versuchskaninchen degradierst, sondern ihn an einen anderen Spezialisten verweisen wirst, wenn Du absiehst, dass er bei Dir nicht an der richtigen Stelle ist.

Fünf Master-Schritte zu einer funktionierenden Mund-zu-Mund-Propaganda

Keine Strategie ist für das Praxiswachstum so überlegen wie Mund-zu-Mund-Propaganda. Sie ist wirksamer als jede Werbeanzeige, sie kann u.U. sogar durchschlagender als ein Vortrag sein. Trotzdem können Vorträge ein sehr gutes Instrument für Empfehlungen sein, z.B. wenn Deine bisherigen Patienten/Klienten jemandem empfehlen, Dich zunächst bei Deiner Vortragsveranstaltung kennenzulernen.

Mund-zu-Mund-Propaganda als DER »Schneeball« fürs Praxiswachstum

Der Schneeball-Effekt startet mit einer kleinen Kugel, die durch den Schnee gerollt wird und dabei immer größer wird. Genau das solltest Du mit den Empfehlungen erreichen, sodass Du alle anderen Werbemaßnahmen weitestgehend ad acta legen kannst.

Ich weiß, der Schneeball-Effekt hat einen Knacks bekommen – wegen des Network-Marketings nach dem Motto »Wenn Sie fünf Freunde für das Produkt XY gewinnen ... und diese jeweils wieder fünf Bekannte ... und diese wiederum ..., dann verdienen Sie soundsoviel Euro«. Aber das ist nur eine abartige Variante des Effekts.

Reziprozität

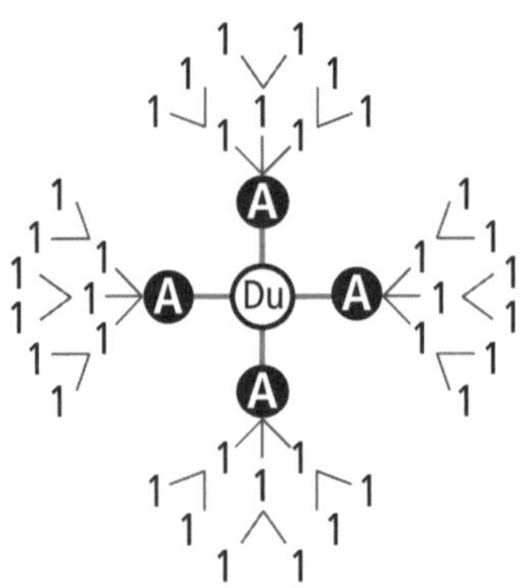

Angenommen, Du (Mitte der Grafik) hättest momentan vier vollkommen mit Deiner Arbeit zufriedene A-Patienten und könntest bewirken, dass Dich jeder von ihnen an jeweils drei weitere Interessenten empfiehlt, die in Deine Praxis kommen und Dich nach einiger Zeit wiederum selbst gerne an jeweils zwei Interessenten weiterempfehlen.

Du kannst Dir vorstellen, wie durchgreifend dieser Mechanismus der sogenannten *Reziprozität* wirkt ... (Zum »Reziprozitätsprinzip« siehe auch »Master-Schritt 2: Carpe diem«, S. 332 ff.)

Bei C-Patienten funktioniert dies übrigens nicht; sie haben die Einstellung, Dir ohnehin schon genug Honorar hingeblättert zu haben – warum sollten sie Dich auch noch weiterempfehlen?

Das Beste daran: Wer über eine Empfehlung zu Dir kommt, ist in der Regel viel loyaler, treuer und passt besser zu Dir als alle anderen Kunden, die Du finden könntest. Und Mund-zu-Mund-Propaganda kostet Dich im Prinzip keinen Cent. Du musst den Prozess der Weiterempfehlung nur systematisieren, organisieren und niedrigschwellig anlegen. So gewinnst Du mit relativ wenig Aufwand einen immer größeren Kundenkreis. Die Anzahl der Neuzugänge wird dann die Zahl der Abgänge längstens kompensieren – wobei es zu Deinen Zielen gehören sollte, dass Patienten/Klienten, deren Behandlung/Beratung vorerst abgeschlossen werden kann, sich bei weiteren Problemen erneut vertrauensvoll an Dich wenden.

Grundannahmen, die ich Dir vermitteln möchte:

- Gute Nachrichten für Dich: Falls Deine Kunden Dich und Deine Arbeit respektieren und hundertprozentig zufrieden sind, *wollen* sie Dich weiterempfehlen, ja in der Tat, sie haben sogar das dringende Bedürfnis dafür.

- Du kannst die Zahl Deiner aktuellen Weiterempfehlungen (wie viele sind es?) locker verdoppeln, eventuell verdreifachen oder vervierfachen.

- Du solltest die Weiterempfehlung nicht mehr dem Zufall überlassen. Es reicht auch nicht bzw. ist vielleicht sogar kontraindiziert, Deinen aktuellen Kunden eine Visitenkarte mit der Bitte um Weiterempfehlung in die Hand zu drücken (siehe »Master-Schritt 1: Strategische Vorbereitung«, S. 324ff., und »Reziprozitätsprinzip«, S. 332ff.).

Je klarer Du Dir dessen bewusst bist, was Du mit der Mund-zu-Mund-Propaganda erreichen möchtest, desto besser.

Es muss kaum erwähnt werden, dass Dich Deine Kunden *nicht* weiterempfehlen dürfen, um Dir einen Gefallen zu tun. Was würde es für Dein Image bedeuten, wenn sie z.B. Mitleid mit Dir hätten und Dir für Deine ziemlich leere Praxis Patienten/Klienten zuschanzen wollten?!

Außerdem sollen die Empfehlungsgeber keinen Anreiz in Form eines Präsents (Geld oder Sachleistung) erhalten. Nein, sie sollen nicht in den

Ruch kommen, Dich um eines persönlichen Vorteils willen empfohlen zu haben. Sie sollen Dich weiterempfehlen, weil sie zutiefst von Dir und Deiner Kompetenz überzeugt sind. Ihr Vorteil soll vielmehr auf einer psychologischen Ebene liegen: Wenn Du ihre individuelle Motivation kennst, Dich weiterzuempfehlen, weißt Du auch, was Du ihnen dafür »ideell« geben kannst. Um es deutlich zu sagen: Wir sprechen hier *nicht* über bezahlte Empfehlungsprogramme.

Empfehlungsmarketing – aber ohne Interessenkonflikt

Aus meiner Sicht geht übrigens daher das Network-Marketing von einem falschen Menschenbild aus. Empfehlungsmarketing ist im Grunde eine fantastische Idee: Warum sollte man nicht von einer hervorragend guten Dienstleistung oder einem grandiosen Produkt schwärmen, damit sie auch von anderen genutzt werden? Doch sobald der Empfehler eine Belohnung dafür bekommt, gerät er in einen Interessenkonflikt. Die Grenze zur Korrumpierbarkeit liegt hier gefährlich nahe.

Was hast Du zu beachten, damit die Empfehlungswelle losgetreten wird?

Master-Schritt 1: Strategische Vorbereitung

Der Baustein »Mund-zu-Mund-Propaganda« passt wie ein großes Puzzlestück nahtlos mit dem strategischen Vorgespräch zusammen (siehe »Das strategische Vorgespräch«, S. 196 ff.).

Den Empfehlungsgebern trittsichere Brücken bauen

Du musst Deinen Empfehlungsgebern Brücken bauen, über die sie sicher gehen können, nämlich v.a. das Angebot eines strategischen Vorgesprächs für neue Patienten. Interessenten, die über eine Empfehlung gewonnen wurden, gehen dank dieses Vorgesprächs kein Risiko ein, weil es ja unverbindlich ist; somit ist die Hemmschwelle, in Deine Praxis zu kommen, reduziert. Selbst wenn ein Interessent nur diesen *einen* Termin in Anspruch nimmt, aber aus irgendwelchen Gründen keine Behandlung anschließen sollte, wird er Deine Praxis mit dem guten Gefühl verlassen, ein wertvolles Gespräch mit Dir geführt zu haben.

Zur Erinnerung: Das strategische Vorgespräch ist der Dreh- und Angelpunkt Deiner Praxis. Damit beschreitest Du den Königsweg. Es hilft Dir, langfristige Behandlungspläne zu erstellen und zu verkaufen, um dafür zu sorgen, dass Patienten mit Dir und Deiner Dienstleistung hundertprozentig zufrieden sind. Diese vollkommene Zufriedenheit stellt die Voraussetzung dar, damit Du überhaupt weiterempfohlen wirst.

Mein Rat an Dich ist, Dir das vorrangige strategische Ziel zu setzen, bald so gut wie keine Neupatienten-Akquise mehr zu brauchen, weil sämtliche neue Patienten über Empfehlung zu Dir finden.

Mund-zu-Mund-Propaganda darf man nicht dem Prinzip »Zufall« oder dem Hoffnungsmarketing überlassen; sie sollte strategisch geplant werden. Doch die wenigsten Praktizierenden ohne Kassenzulassung wissen, dass es dafür einen Plan geben sollte.

Ohne strategische Vorbereitung …

- … verpasst Du Chancen, um einflussreiche Empfehlungsgeber zu identifizieren. Bedenke: Ein einziger hundertprozentig zufriedener Patient/Klient kann für Dich alles für immer positiv verändern.
  Ich hatte schon als junger Astrologe manchmal Klienten mit einem großen Einflusskreis, d.h. mit sehr guten Beziehungen zu Menschen, die für Rat und Hinweise empfänglich sind. In dieser Zeit gehörte eine Psychotherapeutin zu meinen Klienten; sie war von meiner Arbeit sehr angetan und schickte mir fortlaufend Patienten zur astrologischen Beratung.

- … versäumst Du ein effektives Follow-up (siehe Kapitel »Ein gutes Follow-up – der steinige Königsweg, S. 240 ff., und »Master-Schritt 3: Follow-up im Empfehlungs-Management«, S. 337 ff.).

- … bekommst Du Empfehlungen, die nicht zu Deiner Praxis passen.
  Dies könnte einen der schlimmsten Fälle darstellen: Leute kommen mit falschen Erwartungen, Vorstellungen oder Ansprüchen zu Dir, die Du weder erfüllen kannst noch erfüllen willst.

- ... ruinierst Du vielleicht die bisherige gute Beziehung.
  Hüte Dich, wahllos bzw. zu früh irgendeinem Patienten einen Stapel Visitenkarten in die Hand zu drücken mit der Bitte um Empfehlung. Womöglich ist er gar nicht zufrieden – dann wäre Deine Geste ein Hohn –, oder er fühlt sich überrumpelt und noch nicht bereit für solche Aktionen.
  Bis auf die notorischen Dauernörgler werden es Dir die wenigsten Patienten direkt sagen, wenn sie sich von Dir und Deiner Behandlung viel mehr erhofft hatten und nun enttäuscht sind; die meisten sind höflich.

- ... wartest Du weiterhin nach dem Prinzip »Hoffnungsmarketing«, dass die Mund-zu-Mund-Propaganda anläuft.
  Ohne Strategie kannst Du allenfalls erreichen, dass die Praxis stagniert. Um Wachstum zu haben, müssen aber mehr Patienten kommen als gehen.

Plane Deine Empfehlungen voraus!

- Öffne Deinen Geist für Möglichkeiten und Chancen ... oder schaffe selbst Gelegenheiten.
  Du kannst auf gewisse Weise selbst dafür sorgen, dass Dein Patient/Klient Farbe bekennt, ob er so weit ist, Dich weiterzuempfehlen (siehe »Master-Schritt 2: Carpe diem«, S. 332 ff.).

•••

Zunächst müssen wir analysieren, wie Du bisher dafür gesorgt hast, weiterempfohlen zu werden. Die Muster, die Du dabei entdeckst, helfen Dir, kontinuierlich und systematisch Deine Mund-zu-Mund-Propaganda anzukurbeln.

To do

** **Vergegenwärtige Dir möglichst viele Empfehlungsereignisse aus Deiner Praxis und analysiere jedes von ihnen anhand der folgenden Fragen bzw. Aufgaben.**

- Von wem kam die Empfehlung?
- Beschreibe möglichst genau, wofür die Empfehlung war.
- Hat der Empfehlungsnehmer Deine Dienstleistung sofort in Anspruch genommen?
- Hast Du mit dem Empfehlungsgeber im Vorfeld darüber gesprochen, wie er Dich am besten weiterempfehlen kann?
- Wie hast Du die Empfehlung angenommen?
- Sind der Empfehlungsgeber und/oder der Empfehlungsnehmer heute noch Deine Patienten/Klienten?
  [ ] Ja, beide
  [ ] Nein, keiner von beiden
  [ ] Nur der Empfehlungsgeber
  [ ] Nur der Empfehlungsnehmer

Lege ein Empfehlungs-Logbuch an!

Es ist nicht kleinlich, eine solche »Buchführung« zu machen; vielmehr dient sie dem Aufbau von Wahrnehmungszellen in Deinem Gehirn.

Sooft sich in unserem Leben etwas ereignet, was uns dank der Hilfe der geistigen Welt aus einer diffizilen Lage herausbringt, notiert Michaela es in ihrem Wunder-Tagebuch. Und siehe da, es kommt uns so vor, als geschähen immer mehr Wunder! Durch verstärkte Wahrnehmung der nicht alltäglichen Momente, durch Dankbarkeit, aber auch durch die wachsende Ermutigung, das Wundervolle zu erwarten, steigt die Anziehung für Wunder.

Etwas Vergleichbares wird Dir widerfahren, indem Du Dein Empfehlungs-Logbuch bei jeder sich bietenden Chance ausfüllst. Suche Dir gleich ein einfaches Schreibheft, ein besonderes Eintragbuch oder ein Ringbuch mit Lose-Blatt-Sammlung, um damit zu beginnen.

Trage pro Woche mindestens eine halbe Stunde in Deinen Terminkalender ein, in der Du Dich mit Empfehlungen beschäftigst, und halte diese Zeiten auch wirklich ein.

Notiere in Deinem Logbuch fortlaufend die sich Dir zeigenden Gelegenheiten, auch solche, die Du zwar bemerkt, aber aus irgendwelchen Gründen nicht genutzt hast.

Memo: Führe kontinuierlich Dein Empfehlungs-Logbuch!

Mit der Zeit wirst Du herausfinden, was funktioniert und was nicht. Falls Letzteres: Warum funktioniert es nicht? Hast Du Blockaden, Ängste, eingefahrene Muster …? Bedenke, dass die Intervalle, in denen wir unser altes Denken hinterfragen müssen, immer kürzer werden.

Hier gibt es keinen 08/15-Weg, der für jeden passt; ich kann Dir zwar die grobe Strategie, Beispiele und Vorlage zeigen, aber Du musst selbst den für Dich stimmigen Weg und Stil entdecken, indem Du herausfindest, was bei Dir richtig gut klappt.

To do

** **Denke daran, dass Du nur noch »Crème de la Crème«-Patienten/Klienten haben möchtest. Wer sind dann Deine idealen Empfehlungsgeber?**

- Wo begegnen sich Deine Empfehlungsgeber und potenziellen Empfehlungsnehmer? Zähle unterschiedliche Orte bzw. Anlässe der Begegnung auf.
  Die Überlegung dient dazu, dass Du bei den potenziellen Empfehlungsgebern ein Verständnis dafür wecken kannst, wer in ihrem Umfeld davon profitieren könnte, in Deine Praxis zu kommen.
  (Beispiel: In der Firmenkantine könnten sich die Kollegen, die überwiegend eine Tätigkeit im Sitzen ausüben, über Rückenschmerzen austauschen, sodass es auf diese Weise zu einer Empfehlung kommt.)

Der Schlüssel liegt darin, es Deinen Empfehlungsgebern so leicht wie möglich zu machen, Dich weiterzuempfehlen, und dafür zu sorgen, dass sie Dich auf die geeignete Weise weiterempfehlen. Du solltest das nicht dem Zufall überlassen, sondern sehr klar kommunizieren, was genau Du tust, für wen Du es tust und welchen Nutzen jemand davon hat. Und das auf eine Weise, die zu Deinen potenziellen Empfehlungsnehmern eine gute Verbindung anbahnt.

To do

** **Wie sollen Deine Empfehlungsgeber Dich weiterempfehlen?**
Wie sollen sie über Dich sprechen?
Welche Kontaktmöglichkeiten sollen sie vorschlagen?

Auch wenn ich mich wiederhole, weil es wichtig ist: Mit Deiner ersten Frage beim Besuch eines neuen Patienten/Klienten solltest Du herausfinden, wie dieser Mensch auf Dich gekommen ist. Und falls eine Empfehlung dafür verantwortlich war, von wem und wofür.

Im Idealfall wurdest Du als Persönlichkeit weiterempfohlen, als ein Experte bzw. eine Expertin, der/die kompetent Probleme löst, und fragst dann: »Was hat Ihnen denn Herr/Frau XY empfohlen, was Sie bei mir machen lassen sollen?« Manchmal verbirgt sich hinter der Antwort schon ein Auftrag, in eine bestimmte Richtung tätig zu werden.

Ausnahmen bestätigen die Regel ..., aber normalerweise wäre es weniger optimal, lediglich aufgrund der Methode empfohlen zu werden, denn dann bist Du im Prinzip austauschbar.

Und Du weißt: Je mehr Zeit zwischen Empfehlung und Inanspruchnahme der Dienstleistung verstreicht, desto weniger optimal ist es.

Mach Dir bewusst, dass der Empfehlungsgeber durchaus Vorteile aus einer Empfehlung ziehen kann, und zwar die folgenden:

- **Emotionale Vorteile:** Man fühlt sich durch eine Handlung besser als zuvor.
  Beispiel: Wenn ein Vater seinen Kindern eine 50-Cent-Münze gibt, um sie einem Obdachlosen in den Hut zu legen, fühlt er sich als »guter Mensch«, der den Eindruck hat, das Richtige zu tun; und – abgesehen von dem Bedürftigen – er hat seine Kinder glücklich gemacht.
  Dich weiterzuempfehlen, tut Deinen Patienten gut, denn sie sind Dir dankbar und zeigen es u.a., indem sie gut über Dich reden; außerdem ist es ein gutes Gefühl, anderen (durch einen Rat bzw. eine Empfehlung) weiterzuhelfen.

- **Soziale Vorteile:** Angenommen, Du hast ein beeindruckendes Buch gelesen und sprichst darüber begeistert in Deinem Freundeskreis. Es bestätigt Deinen Einfluss, wenn sich Deine Freunde nun ebenfalls das Buch besorgen, um es zu lesen, und wenn sie davon ebenso angetan sind wie Du selbst. Hört man auf Dich, hast Du innerhalb Deiner Gruppe offenbar einen hohen sozialen Rang.
  Unter uns gesagt (es »hört« ja sonst niemand zu) ... Wahrscheinlich ist das ein Hauptgrund dafür, warum Du Therapeut/-in oder Coach

geworden bist: Du möchtest einen Einfluss auf andere haben; außerdem kennst Du inzwischen die »Macht«-Definition von Luhmann (siehe »Der Weg der Patienten, bevor sie zu Dir kommen«, Punkt 7: »Handlung«, S. 126).

- **Berufliche Vorteile:** »Eine Hand wäscht die andere.« Mag sein, jemand erhofft sich Vorteile von anderen, indem er ihnen selbst Vorteile verschafft.
  Eine Pulmologin/Pneumologin empfiehlt Dich vielleicht weiter, um mit ihren Patienten eine Nikotinentwöhnung zu machen, damit sie mit dem Rauchen aufhören; dann kann die Ärztin wiederum ihre Arbeit besser erfüllen und hat nachher zufriedenere Patienten.

• • • To do • • •

** **Wie sehen die Vorteile für die Menschen aus, die Dich weiterempfehlen?**

- Emotionale Vorteile
- Soziale Vorteile
- Berufliche Vorteile
- Sonstige Vorteile

• • •

Master-Schritt 2: Carpe diem – den richtigen Augenblick nutzen

Du begegnest fast täglich den Möglichkeiten für Empfehlungen, und Dir entgehen dauernd Gelegenheiten, wie Du Deine besten Kunden bitten könntest, Dich an ihre »netten Menschen« weiterzuempfehlen. Empfehlungen zu bekommen, ist keine Schnellschuss-Methode. Du musst ein wenig Ausdauer haben und dann die Hinweise, die Dir Deine Patienten geben, wahrnehmen und identifizieren. Der Erfolg Deiner Mund-zu-Mund-Propaganda hängt davon ab, wie sehr es Dir gelingt, den »Kairos«, den günstigen Augenblick, zu erkennen, zu nutzen und sogar gezielt herbeizuführen. Schließlich kannst Du Dich gewissermaßen aus dem Fenster lehnen und Dich trauen, um eine Empfehlung zu bitten, nämlich sobald Du merkst, dass Dein Patient sehr dafür aufgeschlossen ist, Dich weiterzuempfehlen. Also brauchst Du einen »Empfehlungs-Detektor«, der Dich auf die Gunst der Stunde aufmerksam macht.

Reziprozitätsprinzip

Der Schlüssel zum Erkennen des passenden Zeitpunkts heißt *Reziprozität* (siehe auch S. 322) – ein Begriff, der mir zunächst aus der Mathematik bekannt war, der mir jedoch bei sehr guten Lehrern in den USA wiederbegegnete; er bedeutet: »Sie haben mir so viel Gutes getan – jetzt werde ich Ihnen auch etwas Gutes tun.« Das Prinzip darf nicht als Tauschhandel missverstanden werden. Es geht *nicht* nach dem Motto: »Ich *schulde* Ihnen etwas, denn Sie haben mir etwas gegeben.«

Ein Beispiel aus dem nachbarschaftlichen Alltag: Wenn unser Nachbar in Spanien uns anbietet, so viele Mandarinen von seinem Feld holen zu dürfen, wie wir wollen, und wir dann 40 Kilogramm Früchte ernten, schenken wir ihm natürlich aus lauter Freude und Dankbarkeit etwas zurück; es ist uns ein *Bedürfnis,* dies zu tun.

In Deiner Praxis sieht der geschäftliche Teil so aus: Das Honorar, das Dir Deine Kunden geben, ist ein Ausgleich für die erbrachte Leistung; dies beruht auf einer – wie Juristen sagen würden – konkludenten Vertragsgrundlage. Schon der mündliche Auftrag Deiner Patienten/Klienten, sie zu behandeln oder zu beraten, und ihr Einverständnis mit dem bekannten Preis lässt einen Vertrag zustande kommen. Der Kunde schuldet Dir einen Betrag für die Behandlung.

In einer therapeutischen Sitzung findet aber noch mehr statt als nur die Erbringung einer Dienstleistung und deren finanzielle Kompensation, nämlich eine unbezahlbare Gabe auf der Herzebene. Es ist ziemlich wahrscheinlich, dass Dein Patient/Klient spürt, inwiefern Du mehr gegeben hast, als er überhaupt bezahlen kann.

Einer meiner ersten Supervisoren in der Therapie meinte zu mir: »Weißt du, die Menschen bezahlen mich für die Zeit, die ich mit ihnen verbringe, und für das Wissen, das ich einbringe. Aber was ich den Patienten in dieser Zeit *schenke,* ist meine Sache.«

Stell Dir vor, Du arbeitest 20 Stunden lang psychotherapeutisch mit einem traumatisierten Menschen. Auch wenn Du das Honorar dafür bekommst, hast Du in diesen Sitzungen etwas gegeben, das nicht mit Geld zu bezahlen ist; Du hast Dich selbst mit Deinem ganzen Herzen, Deiner ganzen Erfahrung und therapeutischen Liebe eingebracht. Das merkt dieser Mensch. In ihm wächst das Bedürfnis, etwas zurückzugeben, was jenseits des Honorars liegt.

Die kleinen Geschenke zur Weihnachtszeit, die Du von Deinen Patienten bekommst, sprechen für sich, genauso wie Kostproben aus dem Gemüsebeet Deiner Klienten oder Dankeskärtchen aus dem Urlaub usw.

Am Beginn meiner Praxis fiel es mir schwer, damit umzugehen, weil ich meine Leistung für selbstverständlich hielt; es machte mich richtiggehend verlegen. Bis ich den wertschätzenden Charakter dieser Geschenke annehmen konnte und verstand, dass sie ein Zeichen waren, wie viel mehr ich den Klienten gegeben hatte, als ich ihnen »vertraglich geschuldet« hätte; die Klienten wollten mir etwas zurückgeben, das ihnen ideell wertvoll war.

Du solltest solche **eindeutigen »Reziprozitätssignale« als günstige Gelegenheit ergreifen,** dass nun der Zeitpunkt gekommen ist, **um eine Emp-**

Erkenne den »Kairos«, den günstigen Moment, für eine Bitte um Weiterempfehlung

fehlung zu bitten, ohne dass Du Dich komisch fühlen musst oder riskierst, Dich in die Nesseln zu setzen. Nun ist es für Dich sicher, und für Deine Patienten/Klienten ist es ein Weg, Dir etwas zurückzugeben.

Andererseits musst Du im Hinterkopf behalten, dass Hinweise keine Beweise darstellen. Wir Therapeuten wandeln auf einem schmalen Grat: Auf der einen Seite droht der Abgrund des Größenwahns; auf der anderen lauert die Befürchtung, dem Hochstapler-Syndrom aufzusitzen. Letzteres soll heißen, dass wir Skrupel haben: »Oh, ich führe meine Patienten an der Nase herum, ich bin doch eigentlich gar nicht so gut.«

Jene mit Größenwahn verteilen Visitenkarten wie Konfetti und drücken jedem Patienten, den sie gerade mal eine Sitzung lang in ihrer Praxis hatten, gleich einen Stapel in die Hand. Die Patienten nehmen die Karten höflich an, fragen sich aber insgeheim, wieso sie das tun sollten, wo sie den Heilpraktiker doch gerade erst kennengelernt haben.

Was den richtigen Zeitpunkt anbelangt, werde ich Dir eine Metapher aus meiner familientherapeutischen Praxis geben: Ich hatte dort ab und zu nette Single-Männer um die 40, die aus Schüchternheit ohne Partnerin lebten. Sie trafen sich zwar mit Frauen, doch es lief immer darauf hinaus, dass sie als eine Art »bester Freund« aufgefasst wurden.

Ich wollte ihnen weder die charmante Schüchternheit abtrainieren noch sonst irgendwelche Persönlichkeitsveränderungen anstreben, sondern erarbeitete mit ihnen einen Weg, Minischritte zu machen, ohne das Gesicht zu verlieren:

»Angenommen, bei der Frau gäbe es eine Ampel, die nun auf Grün steht, oder auf der Stirn der Frau wäre in Leuchtschrift ›Küss mich doch!‹ zu lesen – würden Sie es dann machen?«

»Ja, wahrscheinlich schon ..., wenn ich mir ganz sicher wäre.«

Also ging es darum, Indizien zu sammeln. Ein Minischritt war z.B., die Hand der Frau zu berühren: Würde sie es zulassen oder die Hand wegziehen? Der Mann könnte auch im Spaß die Handlinien der Frau lesen und mit dem Finger die Linien nachzeichnen.

Erst wenn solche harmloseren Aktionen wie gewünscht verliefen, könnte er sich trauen, einen Schritt weiter zu gehen – bis die Anzahl der Hinweise groß genug war, dass er nicht mehr Gefahr lief, einen Korb zu bekommen.

Sammle also in Deiner Praxis Indizien, wann Dein Patient »reif« ist, auf die Bitte um Weiterempfehlung positiv zu reagieren. Es gibt hier zwei mögliche Szenarien:

1. Organische Situationen, um Weiterempfehlung zu initiieren:

Vergleichen wir es mit den Single-Männern: Eine organische Situation wäre es, wenn die Frau dem Mann z.B. einen Fussel von der Jacke zupft. Oder sie erzählt von einem Kinofilm, den sie gerne sehen möchte.

Organische Situationen, die Dir von Patienten quasi auf dem Silbertablett serviert werden, könnten sich in Deiner Praxis folgendermaßen ergeben:

Sammle Indizien für die Bereitschaft Deines Kunden, Dich weiterzuempfehlen

- Sie danken Dir für eine großartige Behandlung.
- Sie schwärmen von Deiner Arbeit.
- Sie bitten Dich um Deine Meinung zu anderen Themen bzw. verwandten Gebieten.
  (Das heißt, Du wirst als Autorität betrachtet, die etwas Wichtiges zu sagen hat. Beispiel: *»Was halten Sie denn von der Paleo-Ernährung oder von der Blutgruppen-Diät?«*)
- Sie fragen Dich um Rat, z.B. für ein Familienmitglied.
  (Dahinter steckt eventuell der Test, ob Du als Therapeut/-in für den Angehörigen tätig sein könntest. Antworte mit einer Vermutung, aber gib zu verstehen, dass Du es aus der Ferne nicht abschließend beurteilen kannst und dass diese Person zu einem strategischen Vorgespräch vorbeikommen sollte.)
- Sie beschreiben ein Problem aus der Vergangenheit, das Du zu lösen geholfen hast.
- Sie erwähnen Kollegen mit ähnlichen Problemen.
  (Erkundige Dich nach Details und biete an, die Kollegen zu behandeln.)
- Sie erwähnen eine Familienfeier oder einen Kongress etc., wo viele Menschen mit ähnlichen Problemen sein werden.
- Sie fragen interessiert, was Du »sonst noch« anbietest.
  (Sie wollen womöglich eine Behandlung ergänzen.)

Schule Deine Wahrnehmung solcher Situationen!

2. Herbeigeführte Situationen, um Weiterempfehlung zu initiieren:

Hier schickst Du gewissermaßen ein paar Testballons los, die beim Gegenüber dazu führen, dass sich eine organische Situation ergibt. Du hilfst dem Glück ein wenig nach. Es gilt eine Situation zu schaffen, in der sich Deine Patienten sicher genug fühlen, ihr Herz zu zeigen. Selbstverständlich solltest Du dabei nur Äußerungen machen, die wahr sind und die Deine wirklichen Empfindungen wiedergeben:

- Danke Deinen Patienten für ihre exzellente Mitarbeit.
  (»Sie haben super mitgearbeitet, Ihre Übungen gemacht, sich an die Ernährungsempfehlungen gehalten – vielen Dank! Das erleichtert es mir natürlich, Ihnen zu helfen.«)
  Meist kommt dann ein Lob zurück. Fishing for compliments …

- Lobe sie für ihre Motivation, solange sich noch keine deutlichen Besserungen ergeben haben.
  (Halte Dir vor Augen, dass Deine Patienten Dir gefallen wollen!)

- Frage nach, wie es um die Zielerreichung bestellt ist bzw. ob sie nun an ihrem Ziel angelangt sind.
  (Erinnere Dich: Dein Behandlungsplan mit der klaren Zieldefinition lässt eine Überprüfung der erreichten Etappen bzw. des Zieles zu.)

- Du könntest einen Vergleich »Vorher versus nachher« anstellen. Damit hilfst Du ihnen bei der Bewusstmachung der Fortschritte. Stelle eine offene Frage, die nicht nur mit Ja oder Nein beantwortet werden kann.
  (»Wenn Sie an die Zeit zurückdenken, bevor wir im März Ihre Behandlung begannen: Was hat sich seitdem bei Ihnen verändert?«)

- Frage gezielt nach Verbesserungen.
  Du kannst bei jeder Behandlung eine Skala von 1 bis 10 zu Hilfe nehmen, um den Grad der Veränderung festzuhalten.
  (»Was hat sich in den letzten Wochen verbessert? Und wo stehen Sie jetzt auf der Skala von 1 bis 10?«)

Bitte erst dann um eine Empfehlung,
wenn Du ...

- genügend »Reziprozitätssignale« gesammelt hast;
- Dich sicher genug fühlst (diesen Moment kannst Du nur selbst bestimmen);
- genau weißt, in welcher Form Du gern weiterempfohlen werden willst (wenn Du strategische Vorgespräche anbietest, brauchst Du darüber hinaus nicht lange hinsichtlich der Form zu überlegen);
- dem Empfehlungsgeber klar und einfach den nächsten Schritt mitteilen kannst (z.B. Hinweis an den Empfehlungsnehmer auf Deine Telefonnummer, auf Deine Webseite mit dem Online-Kalender für die Terminbuchung, auf Deine Akutsprechstunde am ..., auf Deinen Vortrag über ... am ... usw.).

Master-Schritt 3: Follow-up im Empfehlungs-Management

Alles Nötige für ein gutes Follow-up haben wir bereits dargelegt (siehe »Ein gutes Follow-up – der steinige Königsweg«, S. 240 ff.). Ich will es so kategorisch sagen: Follow-up ist auch im Rahmen von Empfehlungen ein Muss! Alles, was mit Empfehlungen zusammenhängt, soll von Dir nachbereitet werden.

Was folgt, nachdem Dein Patient signalisiert hat, dass er Dich weiterempfehlen möchte?

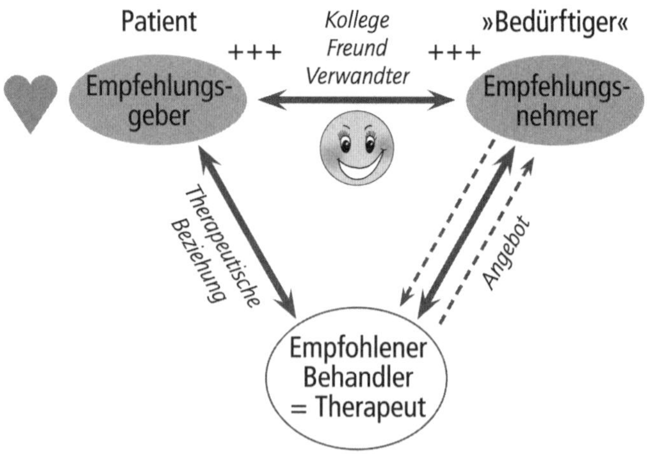

Es besteht eine Dreiecksbeziehung zwischen:

- Empfehlungsgeber = Patient
- Empfehlungsnehmer = »Bedürftiger«
- Empfohlener Behandler = Therapeut

Die Beziehung zwischen dem Empfehlungsgeber und dem Empfehlungsnehmer spielt sich im Rahmen von Verwandtschaft, Freundschaft, (guter) Bekanntschaft, Kollegenkreis ab; beide sind auf positive Weise, vielleicht sogar durch eine Herzensbeziehung miteinander verbunden (daher Pluszeichen, Smiley und Herz in der Grafik), wobei der Empfehlungsgeber ein Interesse daran hat, dass diese gute Beziehung bestehen bleibt. Offenbar ist er von der therapeutischen Beziehung bzw. Dir als Therapeut/-in so überzeugt, dass er sogar tatsächlich das Risiko eingeht, die Beziehung zum Empfehlungsnehmer aufs Spiel zu setzen.

Ein Sonderfall wäre, dass der Empfehlungsgeber ebenfalls ein Therapeut bzw. ein Kooperationspartner ist und der Empfehlungsnehmer sein Patient. Doch das ist ein anderes Thema.

Dein Patient, der Empfehlungsgeber, braucht von Dir eine Art Handreichung: ein Angebot, das er einem Empfehlungsnehmer unterbreiten kann. Dieses Angebot soll …

a) niedrigschwellig sein
und/oder
b) exklusiv sein.

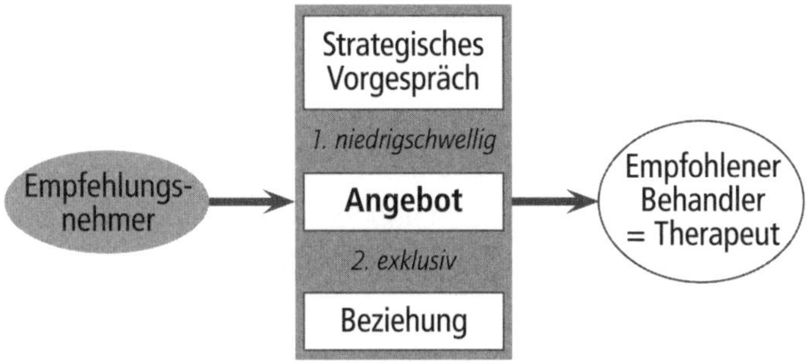

Zu a) Es wäre verständlicherweise nicht niedrigschwellig, für einen potenziellen Empfehlungsnehmer ein Behandlungspaket für 10.000 Euro zu schnüren. Auch einer Colon-Hydro-Therapie fehlt es an dieser Eigenschaft, weil sie für den Anfang eine Schamgrenze überschreitet.

Im Idealfall sollte das Angebot sogar kostenfrei sein, und der Interessent sollte sich – metaphorisch oder sogar wortwörtlich gesprochen – nicht »vor Dir ausziehen« müssen.

Niedrigschwellig ist … Du ahnst es inzwischen: ein strategisches Vorgespräch. (Siehe Kapitel »Das strategische Vorgespräch«, S. 196ff.)

Zu b) Es sollte zum Ausdruck kommen, dass das Angebot nur deshalb gilt, weil der Empfehlungsgeber eine spezielle Beziehung zu Dir hat.

Lass es mich erneut an einem Alltagsbeispiel verdeutlichen: Angenommen, in Deinem Wohnort gäbe es ein sehr beliebtes, immer ausgebuchtes Restaurant, zu dessen Besitzer Du eine gute Beziehung hast, weil Ihr Euch seit Eurer gemeinsamen Pfadfinderzeit kennt und Du oft mit Deinen Geschäftspartnern im Restaurant speist usw. Würdest Du einem

Bekannten raten, er solle bei der Buchung unbedingt sagen, dass er den Restaurant-Tipp von *Dir* bekommen habe, weil man sonst keinen Platz für ihn reserviere, dann wäre dies *exklusiv.* Die Tatsache, dass er Dich kennt, verschafft ihm ein Privileg. Darüber hinaus wird es Deinen Status als Empfehler erhöhen.

Dieser Eindruck sollte auch in Deiner Praxis entstehen: Ein Interessent kann nur deshalb z.B. ein *kostenloses* strategisches Vorgespräch in Anspruch nehmen, weil die Vermittlung durch den Empfehlungsgeber zustande gekommen ist. Das wird die Vertrauensbeziehung zwischen Euch dreien stärken.

Es versteht sich im Grunde von selbst: Der Empfehlungsgeber und der Empfehlungsnehmer müssen nicht unbedingt den gleichen gesellschaftlichen »Rang« einnehmen. In der Realität gibt es hier immer wieder eine Art soziales Gefälle:

Stell Dir vor, der Empfehlungsgeber wäre ein 17-jähriger Schüler und der Empfehlungsnehmer ein 45-jähriger Top-Manager. Wie wahrscheinlich ist es, dass der Zweite auf den Tipp des Ersten positiv antwortet?

Ohne Faktoren, die den sozialen Rang des Jugendlichen massiv erhöhen, wird die Chance ziemlich gering sein; seine Position würde in den Augen des Mannes allenfalls dann ansteigen, wenn sie z.B. in einem Vater-Sohn-Verhältnis stehen.

Auch eine starke Freundschaft könnte die Rangunterschiede kompensieren: Angenommen, der Empfehlungsnehmer wäre mittlerweile ein Star, doch in ihrer Schulzeit war der Empfehlungsgeber sein Freund, ein beliebter Mitschüler, noch dazu ein Einser-Kandidat; *gefühlt* nimmt er dann immer noch einen hohen Rang ein.

Hinsichtlich Deiner Praxis gilt also: Eine Empfehlung von einem Rangniederen an einen Ranghöheren ist normalerweise aussichtslos. Umgekehrt ist eine Empfehlung umso chancenreicher, je höher der Rang eines Empfehlungsgebers ist.

Um keine falschen Erwartungen aufkommen zu lassen, solltest Du dem Empfehlungsgeber auch vermitteln, dass die Behandlung, die der Empfehlungsnehmer ggf. erhalten wird, selbstverständlich individuell angepasst wird und u.U. mit anderen Methoden (und deshalb eventuell zu einem anderen Preis) durchgeführt wird als beim Empfehlungsgeber selbst. Außerdem sollte der Empfehlungsgeber wissen, dass er nicht Deine Methode empfehlen soll, sondern vielmehr das Resultat bzw. Deine auf das Individuum abgestimmte Vorgehensweise.

Vereinfacht gesagt: Nicht jedem Patienten kann schließlich mit Nux vomica (Brechnuss) geholfen werden; beim einen hilft es zwar gegen seine ständig wiederkehrenden Kopfschmerzen, doch beim anderen, der gar nicht unter Nux-vomica-typischen Beschwerden leidet, ruft es womöglich erst recht Übelkeit hervor.

Der Empfehlungsnehmer sollte nicht mit einer fixen Therapie- und Preisvorstellung bei Dir erscheinen, sonst wird schon der Anfang des Weges mit ihm schwierig. Du führst eben kein Restaurant, wo prinzipiell jeder eine Gemüselasagne für denselben Preis von z.B. 9,50 Euro bestellen kann.

Die versteckte »Agenda«, die der Empfehlungsgeber hegt, also seine Absicht, warum der Empfehlungsnehmer Dich aufsuchen sollte, bzw. die damit verbundene Erwartung an Dich sollten geklärt werden. Daher wäre es für Dich hilfreich, z.B. die folgende Frage zu stellen: »Was würden Sie von ... (Empfehlungsnehmer) gerne hören, wenn er von mir behandelt wird? Was wäre das Beste, das er von mir bekommen soll?« Außerdem könntest Du ihn fragen: »Welchen Grund würde ... (Empfehlungsnehmer) wohl angeben, warum Sie ihn zu mir schicken?«

Du solltest auch herauszufinden, welche Erwartungen der Empfehlungsgeber beim Empfehlungsnehmer gesät hat, damit Du die eventuell überzogenen Ansprüche behutsam ins rechte Licht rücken und ggf. durch realistische Erwartungen ersetzen kannst.

Es ist sehr wichtig, dass Du es ansprichst, falls Du die Erwartungen so kaum erfüllen kannst. Bringe dann zum Ausdruck, dass Du zwar etlichen Patienten mit einer so schweren Erkrankung helfen konntest, aber dass es auch Ausnahmen gab. Ein lastender Erwartungsdruck würde Dich bei der Arbeit behindern, und die unerfüllte Erwartung würde letztlich Eure Beziehung schwer beeinträchtigen.

80 Prozent der Anrufe in meiner Zeit als Familientherapeut kamen von Frauen. Eine meiner ersten Fragen galt der Erkundung, ob denn der Mann

ebenfalls für Sitzungen bei mir bereit sei. Sehr bald war mir klar, dass ich nicht gleich zu Anfang auf meinem Prinzip bestehen durfte, und lud die Frau zunächst zu einer Einzelsitzung zu mir ein. Wenn sich ein Partner ändert, bleibt die Wirkung auf den anderen nicht aus. Trotzdem machte ich deutlich, dass es sehr sinnvoll sei, wenn sie mich zukünftig als Paar konsultierten: »Wissen Sie, wie ich es bei anderen Klienten erreiche, dass der Partner einwilligt mitzukommen?«

»Ja, ja, bitte.«

»Sagen Sie zu Ihrem Mann, Sie seien bei mir gewesen, weil Sie sich in Ihrer Beziehung zurzeit nicht sonderlich glücklich fühlen. Sie wollten die Beziehung nicht gefährden. Das habe nichts mit ihm zu tun. Aber der Therapeut habe gesagt, es wäre gut, Ihr Mann würde mit in die Praxis kommen, um Sie zu unterstützen. Es ginge zwar auch allein, aber es sei einfacher, wenn Ihr Mann Ihnen dabei hilft.«

Die Frauen sollten also an den Beschützer-und-Ritter-Anteil in ihrem Mann appellieren, denn im Grunde ihres Herzens wollen sie ihre Dame retten und ihr etwas Gutes tun; sie reagieren nur allergisch, wenn man sie hinter ihrem Rücken zu verändern versucht. Zugleich sollten die Frauen aber auch zu erkennen geben, dass es nicht um ihn gehe, dass er nicht krank oder »sonst was« sei.

In 95 Prozent der Fälle erschienen die Männer daraufhin tatsächlich in der Praxis. Manchmal muss man listig intervenieren, um helfen zu können.

Von dieser Methode abgeleitet: Selbst wenn es eine Rangasymmetrie zwischen Empfehlungsgeber (niedrigerer Rang) und Empfehlungsnehmer (höherer Rang) gibt, der jedoch durch eine verwandtschaftliche oder freundschaftliche Beziehung überwunden wird, könnte Ersterer zum Zweiten sagen: »Du, ich mache mir Sorgen um dich. Würdest du bitte mir zuliebe zu einem unverbindlichen Gespräch zu diesem Therapeuten mitgehen?«

Bedenke auch, dass die freundschaftliche Beziehung, der Rapport, zwischen dem Empfehlungsgeber und dem Empfehlungsnehmer nahezu 1 zu 1 auf Dich übertragen wird. Behandle beide mit äußerster Sorgfalt und Behutsamkeit.

Der Empfehlungsgeber hängt u.U. längere Zeit in der Schwebe, weil er nicht weiß, wie der Empfehlungsnehmer mit der Empfehlung umgegangen ist bzw. welche Erfahrungen dieser mit Dir in Deiner Praxis gemacht hat. Wie kann er erfahren, wie es nach seiner Empfehlung weiterging?

Einerseits unterliegen wir in Deutschland gewissen Datenschutz-Richtlinien; als Therapeut/-in musst Du Dich an die Schweigepflicht halten und darauf achten, keine Persönlichkeitsrechte zu verletzen. Andererseits wollen Patienten, die Dich an jemanden weiterempfehlen, den Fortgang mit dem neuen Interessenten/Patienten erfahren. Das bedeutet, Du musst so durch dieses »Minenfeld« navigieren, dass Du die Rechte achtest und niemanden vor den Kopf stößt. Lass Dich von Deinem Herzen und Deinem gesunden Menschenverstand durch den Dschungel der Paragrafen leiten.

Gib dem Empfehlungsgeber höflich zu verstehen, dass Du auf bestimmte Fragen über den Empfehlungsnehmer leider keine Auskunft geben darfst, weil Du sonst gegen geltende Rechte verstoßen würdest. Rate ihm, sich direkt beim Empfehlungsnehmer zu erkundigen, wie es ihm gehe.

Wenn Dich jemand weiterempfohlen hat und der neue Patient in Deiner Praxis steht, ist es jedenfalls eine naheliegende Geste, Dich beim Empfehlungsgeber freundlich zu bedanken.

Master-Schritt 4: Nachhaltige Empfehlungen

Nur etwa 1 Prozent aller Inhaber alternativer medizinischer Praxen in Deutschland wissen, wofür sie überhaupt bezahlt werden.

Wofür wirst Du in Deiner Praxis bezahlt? Für Deine Zeit? Für Deine Ausbildung? Für Deine Praxisausstattung? Für Dein Know-how? Für Deine Resultate?

Die Wahrheit wird Dich wahrscheinlich schockieren: Die Patienten bezahlen Dich für Deine *Reputation.* Das heißt unweigerlich: dafür, dass Du

Die Kunden bezahlen Dich für Deinen »guten Ruf« bzw. für die Tatsache, dass Deine Dienstleistung zu besten Resultaten führt

ein bestimmtes Resultat erzielst. Und »Resultat« bedeutet nicht, dass Du so besonders gut zuhören kannst oder faire Preise hast oder sehr lieb mit Kindern umgehst oder Geschmack hast oder aktiv im Gesangsverein bist usw. Der Idealzustand ist, dass Deine Reputation tatsächlich in Kongruenz zu Deiner Leistung steht.

Was kannst Du für Deine Reputation als ernstzunehmende/r Therapeut/-in oder Coach tun?

Angenommen, ein Patient käme mit Rückenschmerzen zu Dir, weil Du manuelle Therapie praktizierst und Zauberhände hast, die die Schmerzen lindern und alles in Ordnung bringen können. Du vermittelst dem Patienten außerdem bestimmte Rückenübungen, die er dreimal täglich durchführen soll, und gibst ihm ein Merkblatt mit den Anleitungen mit auf den Weg.

Beim nächsten Mal fragst Du nach, ob er Deine Anweisungen umgesetzt hat. Auf sein eventuell zögerliches Nicken schlägst Du vor: »Gut, dann gehen wir die Übung mal gemeinsam durch.« Jetzt wirst Du ziemlich schnell merken, ob der Patient tatsächlich oft genug trainiert hat. Mag sein, er hat zwei-, dreimal geübt, aber eben nicht so oft wie empfohlen.

Der Patient wird verblüfft sein, wenn Du nun Deinen Terminkalender zückst: »Okay, Frau/Herr …, dann vereinbaren wir einen neuen Termin. Das Training ist wichtig, damit wir hier überhaupt weitere Fortschritte machen können. Sonst bezahlen Sie mich, ohne einen Nutzen davon zu haben. Kommen Sie lieber wieder, wenn Sie Ihre Übungen gemacht haben.«

Dein Beharren auf die Durchführung der Übungen bzw. Hausaufgaben verschafft Dir große Autorität bei den Patienten. Du solltest Dir die Reputation zulegen, dass Du es mit Deinen Patienten wirklich ernst meinst. In einem unserer »alten« Gehirnteile gibt es einen Glaubenssatz, der auch das Unterbewusstsein Deiner Patienten dominiert: *»Je strenger, desto besser.«*

Worauf beruht Deine Reputation?

1. Was sie über Dich zu wissen glauben.
2. Was sie über Dich als gegeben annehmen.
3. Was andere ihnen von Dir erzählt haben.
4. Was sie über Dich lesen oder hören.
5. Welche Legenden man von Dir erzählt.
6. Mit wem Du verbunden bist (Image-Transfer).
7. Mit wem sie Dich in Verbindung bringen.

Zu 1. und 2. – **Was sie über Dich zu wissen glauben und/oder über Dich als gegeben annehmen**

Das muss nicht unbedingt bzw. nicht hundertprozentig der Wahrheit entsprechen. Wir sind hier im Bereich von Schein und Sein. Der Schein ist hier im Grunde wichtiger als das Sein.

Zu 3. – **Was andere ihnen von Dir erzählt haben**

Ein überaus bedeutsamer Punkt – das Herzstück des Themas »Empfehlungen«. Stell Dir vor, Du hättest die Reputation, dass Du sehr gute Arbeit leistest, aber sehr billig bist. Ein weit verbreitetes Problem … Deine Reputation sollte es sein, dass Du hervorragende Arbeit machst und dass die Resultate allemal den hohen Preis wert sind.

Du solltest in gewisser Weise selbst bestimmen, was andere über Dich erzählen. Deine Reputation hängt davon ab, wie weit Du Deine Patienten begleiten kannst. Falls Du sie immer nur als »Feuerwehr« mit einem Quickie von »minus 10« auf »null« bringst, wird Dir der Ruf anhängen, Du seist ein/e ordentliche/r Therapeut/-in …, aber als brillant kannst Du auf diese Weise nicht gelten. Du musst die Gelegenheit haben, Deine Patienten auf »plus 10« zu heben. Du möchtest das Image haben, dass Du Deinen Beruf mit Leib und Seele ausübst und dass bei Dir keiner für immer die Praxis verlässt, der nicht auf »plus 10« ist; die Menschen sollen wissen, dass Du klar und streng bist, ohne ein Auge zuzudrücken, und dass Du Resultate bringst.

Zu 4. – **Was sie über Dich lesen oder hören**
Früher war das weniger relevant, aber heutzutage bietet das Internet selbst dem rüden, grobschlächtigen Teil der Bevölkerung die Möglichkeit, Kommentare zu hinterlassen.

Es wäre ein Traum, wenn ein Multimilliardär das nötige Vermögen zur Verfügung stellen würde, damit die besten Marketingexperten die Naturheilkunde bewerben; das würde für die Heilpraktiker/-innen manches erleichtern. Gerade im Bereich der Naturheilkunde, die ohnehin auch dank der Pharmaindustrie und ihres riesigen Werbebudgets bei einem Gros der Menschen nicht als effektiv gilt, ist die Verbesserung des Images durch das Feedback von zufriedenen Patienten wichtig.

Du kannst heutzutage leicht selbst dafür sorgen, Reputation zu bekommen. Ein eleganter Weg wäre es, wenn Du über Deinen Fachbereich ein profundes, lesenswertes Buch schreiben würdest. Früher war weitgehend der mündliche Übertragungsweg vorgegeben, während in unserer Zeit die schriftlichen Möglichkeiten sehr zugenommen haben. Allerdings ist das Risiko heute auch größer, weil sich so vieles öffentlich abspielt und übers Internet in weltweitem Umfang publiziert und gelesen wird (siehe auch »Social Proof im Internet«, S. 352 ff.).

Zu 5. – **Welche Legenden man von Dir erzählt**
Marie Antoinette soll auf die Klage, dass das Volk hungere und nach Brot schreie, gesagt haben: »Dann sollen sie eben Kuchen essen.« Diese – wohlgemerkt: unwahre – Legende trug zu ihrer Reputation bei, so weltfremd, elitär und fern vom Pariser Volk gewesen zu sein.

Auf derartig »negative« Legenden kannst Du gern verzichten, doch stell Dir vor, jemand würde sagenhafte Geschichten über Dich erzählen, die Dir einen positiven legendären Ruf verleihen.

Man muss diese Geschichten bewusst in die Welt setzen – ihr Kern muss natürlich absolut wahr sein.

Eine (selbstverständlich wahre) Geschichte, die ich immer wieder erzähle: Ich war der erste deutsche Trainer und Coach, der 120 Plätze eines einjährigen Online-Programms zur Persönlichkeitsentwicklung zu einem Preis zwischen 2000 und 4000 Euro verkauft hat.

Im Idealfall umgibt Dich die magische Aura, dass Du über gewisse Zauberkräfte verfügst. Erzähle z.B. von prominenten Patienten (hole ihre Erlaubnis ein, sobald Du weißt, dass sie Dich als Therapeut/-in schätzen!), von schwerkranken Menschen, denen Du helfen konntest usw.

Sofern berühmte Leute zu Deinen Patienten/Klienten gehör(t)en: Frage sie, ob Du ein Foto von ihnen in der Praxis aufhängen darfst.

»Promis« sind für Dich allerdings nicht nur die aus den Medien bekannten Stars, sondern auch die Ärztin um die Ecke, die einen großen Einfluss hat, oder der Nachbar mit großem Bekanntenkreis. Sie sind hervorragende Multiplikatoren, sofern Du sie gut hegst und pflegst.

Zu 6. – **Mit wem Du verbunden bist (Image-Transfer)**
Deine Reputation hängt auch davon ab, mit wem Du Dich umgibst. Du kannst es beobachten: Wer sich den »Verlierern« in seiner Umgebung anpasst oder wer ausschließlich mit Leuten verkehrt, die Angst vor ihrem Erfolg haben, wird sich schwertun, selbst erfolgreich zu sein. Wenn Du dagegen mit den Superstars per Du bist oder von den Größen Deiner Branche ausgebildet wirst, dient das Deiner sehr guten Reputation.

Zu 7. – **Mit wem sie Dich in Verbindung bringen**
Es mag Dich verblüffen, ist aber wahr: Für Dein Image spielt es nicht einmal die ausschlaggebende Rolle, ob Du tatsächlich mit den »Prominenten« verbunden bist, sondern dass Dich Deine Patienten/Interessenten mit ihnen in Verbindung bringen.

Mein Mentor Wayne Dyer war ein Meister darin, seine Reputation darüber aufzubauen, mit wem er verbunden war. Bei seinem Tod war er der erfolgreichste Autor für spirituelle Selbsthilfe-Bücher in den USA, ein überaus belesener Mann. Ich konnte vieles aus seiner Trickkiste übernehmen, habe viel von ihm gelernt. Er war sozusagen »unbewusst kompetent«, er konnte nicht erklären, was er aus welchen Gründen anwandte. Trotzdem konnte ich durch Beobachtung die Essenz herauskristallisieren.

Einer seiner Tricks, die er brillant praktizierte: Er brachte sich mit den berühmtesten Personen der Weltgeschichte in Verbindung, z.B. indem er äußerte: »Mein spiritueller Mentor Platon …« Dann stand er auf, holte ein Blatt Papier, das er nun in der Hand hielt, als wäre er Mose mit der ersten Thora-Rolle aus dem Alten Testament, und las hinreißend das Platon-Zitat vor.

Wayne Dyer wiederum hatte das Problem, von vielen anderen beansprucht zu werden, die den Image-Transfer auf sich haben wollten. Mit Ausnahme des Dalai Lama (und eventuell einer Hand voll anderer Weiser) gab es keinen mehr in seinem Bereich, der berühmter oder bedeutender gewesen wäre. Also blieb ihm nur der Rückgriff auf Menschen, die vor seinen eigenen Lebzeiten weltberühmt waren.

Von seiner Meisterschaft, Gutes zu tun und auf eine Weise darüber zu reden, dass Legenden entstanden, kann man sich viel abschauen. Er verstand es exzellent, die Botschaft zu streuen, dass man im Bereich der Spiritualität und des Erfolgs alles erreichen könnte, wenn man nur mit *ihm* zusammen war.

Als Paar- und Familientherapeut hatte ich Klienten, die so reich waren, dass sie eine Scheidung einen vielfachen Millionenbetrag gekostet hätte. Ich konnte viele Scheidungen verhindern, und bei anderen erreichte ich, dass es keinen Rosenkrieg gab und die Leute mit einem blauen Auge davonkamen. Ich weiß nicht, ob ich der beste Paar- und Familientherapeut Freiburgs war – aber meine Reputation war sehr gut (und außerdem: »Der muss ja gut sein, wenn er so teuer ist ...«).

Mein Honorar war irgendwann am oberen Limit und deshalb nicht mehr erhöhbar. Was sind 6000 Euro, die mir ein Klient für 20 Sitzungen bezahlte, im Vergleich zu den Millionen, die ich ihnen für den Fall einer Scheidung ersparte? Ich kam in diesem Metier nicht aus der Zeit-gegen-Geld-Sparte heraus; in der Paar- und Familientherapie ist es nicht üblich, für Resultate zu bezahlen.

Also war ich auf der Suche nach einer neuen Zielgruppe und fand bei den Paaren doch einen Ansatzpunkt: Ich beriet sie als Business-Coach und konnte zugleich höhere Honorare verlangen. 700 Euro pro Stunde (und mehr) liegen hier im Bereich des Möglichen.

Um als Business-Coach Fuß fassen zu können und den Ausgleich zu schaffen, weil ich keine Reputation in diesem Bereich hatte, musste ich mich mit jemandem in Verbindung bringen und Reputationsmanagement betreiben. Dazu zählten z.B. Mark Victor Hansen, der »Kopf« und Herausgeber des Bestsellers »Chicken Soup for the Soul« (»Hühnersuppe für die Seele«), der mir seine Kniffe beibrachte; außerdem Ivan Misner,

Gründer des Unternehmernetzwerks BNI; John Gray, Autor von »Männer sind anders. Frauen auch«; Bob Proctor, bekannt aus dem Film »The Secret«, Experte für die Umprogrammierung des Unterbewusstseins bei Menschen, die in der Verkaufsbranche tätig sind; Brian Tracy, dessen Geschäftspartner ich ein paar Jahre lang war; Michael Beckwith, mein Lieblingssprecher aus »The Secret« … Allein die Fotos, auf denen ich gemeinsam mit jeweils einem von ihnen zu sehen bin, waren Türöffner für mich und pushten meine Reputation in die Höhe.

Du könntest in allem der Allerbeste sein – aber Du wirst keinen Vorteil davon haben, wenn die Menschen nicht davon hören oder lesen.

Am Anfang musst Du daran arbeiten, Deine Reputation für eine einzige Qualität, die Dich von allen anderen abhebt, zu entwickeln. Dann lässt Du möglichst viele Menschen auf subtile Art von dieser Reputation wissen – und dann schau zu, wie sich dieser Ruf verbreitet.

Zu meinem eigenen Portfolio an Menschen, die mich bzw. meine Familie schon seit 20 oder 25 Jahren begleiten, weil sie Spitzenklasse sind, gehören auch solche, die ziemlich unbekannt sind: Es ist ihnen z.B. nicht wichtig, einen Namen zu haben, oder die Bedeutung der Reputation ist ihnen nicht klar. Eventuell sind gerade jene Therapeuten die besten Perlen, die niemand kennt und die am schlechtesten verdienen.

Andererseits gibt es Therapeuten und Therapeutinnen, die zwar sehr gut, aber weltweit gesehen sicher nicht die allerbesten sind, und trotzdem eine fabelhafte Reputation haben. Ich vermute, mein Akupunkteur gehört dazu, dessen Praxiswände mit Fotos seiner wirklich prominenten Patienten bedeckt sind.

Die Regel sollte lauten: Die Bestverdiener unter den Therapeuten und Ärzten beiderlei Geschlechts sind diejenigen, die sowohl die beste Reputation haben als auch die besten Resultate bringen.

Solltest Du als Heilpraktiker/-in unter dem »Makel« leiden, kein Arzt zu sein bzw. keinen Titel zu haben: Entspann Dich! Die Hauptsache ist, dass Du Patienten die Gewissheit gibst, ihnen helfen zu können. Deine Reputation hängt nicht von einem Doktor- oder Professorentitel ab.

Auch wenn es Dich überrascht: **Deine Patienten kaufen Gewissheit, weder Dein Know-how noch Deine Berufserfahrung.** Das heißt, wenn sie mit ihrem Problem in Deine Praxis kommen, sind sie gewiss, dass sie sie ohne dieses Problem wieder verlassen werden.

Egal, ob Du Arzt bzw. Ärztin mit oder ohne Doktortitel bist, egal, ob Heilpraktiker/-in oder Psycho- oder Physiotherapeut/-in oder Coach – die Patienten bzw. Klienten orientieren sich an Deiner Reputation, weil sie Gewissheit haben wollen.

Zur Erinnerung: Mach Deine Kunden regelmäßig und elegant auf ihre Fortschritte aufmerksam

Deshalb solltest Du sie auch im Lauf der Behandlung bzw. Beratung regelmäßig auf ihre Fortschritte aufmerksam machen, damit sie ein Bewusstsein dafür gewinnen und damit sowohl ihre Gewissheit als auch ihr absolutes Vertrauen in Dich gestärkt werden.

Erkläre ihnen elegant, warum Dir momentan z.B. langsame Fortschritte sinnvoller erscheinen als schnelle bzw. warum Du anders vorgehst als alle oder die meisten anderen:

»Wissen Sie, andere Homöopathen würden Ihnen jetzt eine C1000er-Potenz verabreichen; das wäre zwar sehr effektiv, aber Sie bekämen damit gravierende Erstverschlimmerungsprobleme. Ich möchte zwar effektiv sein, aber nicht um jeden Preis. Mein Motto ist: So effektiv wie nötig und so sanft wie möglich. Deshalb gebe ich Ihnen heute eine Q-Potenz mit. Ich weiß, das ist ungewöhnlich, sodass es wahrscheinlich in der Apotheke erst vorbestellt werden muss. Ich schreibe für Sie auf, wie Sie es einnehmen sollten. Das wird Ihnen viel Auf und Ab ersparen.«

Kläre die Patienten immer über Deine Vorgehensweise auf, damit sie den Benefit geistig nachvollziehen können

Kläre Deine Patienten während der Behandlung über Deine Vorgehensweise auf. Solche Geschichten werden Deiner Reputation guttun.

Mein Akupunkteur-Heilpraktiker, der mittlerweile ein recht hohes Seniorenalter erreicht hat, beschreibt mir beim Setzen nahezu jeder Nadel, wozu sie dienen soll.

Vielleicht hast Du von dem Buch »Die 48 Gesetze der Macht« gehört: Robert Greene hat historische Persönlichkeiten untersucht und herauskristallisiert, welche Prinzipien einem Menschen zusätzliche Macht verleihen. Die Definition von »Macht« nach Niklas Luhmann habe ich mehrmals erwähnt (siehe »Der Weg der Patienten, bevor sie zu Dir kommen«, Punkt 7: »Handlung«, S. 126). Doch solange die Menschen nicht wissen, dass Du ihre Lebenswirklichkeit zum Positiven verändern kannst, werden sie nicht zu Dir kommen.

Glaube nicht, dass es ausreicht und Dich zum Erfolg führen wird, wenn Du in Deiner Praxis »nur« stets das Beste leistest.

To do

* Überlege: An welcher Stelle möchtest Du **den Ruf einer ganz außergewöhnlichen Qualität** haben? Was soll die eine, hervorstechende Qualität sein, die sie über Dich wissen sollten?

* Ergänze den Satz möglichst ausführlich:
  »Ich habe die Reputation, ...«
  (Beispiele: »... eine besonders kluge, scharfsinnige Homöopathin zu sein.« Oder: »... als Akupunkteurin nur mit speziellen Nadeln zu arbeiten, die extra in China aus einer hochwertigen Goldlegierung produziert werden.« Dann erzählst Du von Deinem Meister, in dessen Ashram Du gelernt hast, oder von Deinem Professor und seinen außergewöhnlichen Forschungen und geheimen Kniffen etc.)

* Welche **außergewöhnlichen Geschichten aus Deinem Praxisalltag** hast Du parat?

Hilf dem Glück nach und arbeite an Deiner Reputation, wie oben dargelegt. Lass diese Geschichten immer wieder subtil in Deine Behandlung einfließen, damit sich herumspricht, wie sehr Du Dich von anderen positiv abhebst.

Master-Schritt 5: **Social Proof im Internet**

Eine Webseite mit Social Proof (s.u.) flankiert die genannten Maßnahmen; sie potenzieren sich gegenseitig. Social Proof gibt den Interessenten die Chance, die Empfehlung anhand der Bewertungen fremder Menschen gegenprüfen zu können; es ist *die* Marketingstrategie, um besorgten und zweifelnden Patienten schon im Vorfeld Sicherheit zu geben.

Ungefähr drei Viertel der amerikanischen Bevölkerung schauen sich Produktrezensionen an, bevor sie eine Kaufentscheidung fällen. In Deutschland wird es nicht mehr lange dauern, bis die Zahlen auch hier zutreffen.

Mehr als 60 Prozent der amerikanischen Konsumenten sagen, dass sie eher online kaufen, wenn die Seite Produktbewertungen (in Form von Sternchen) und -rezensionen (d.h. beurteilender Text) hat.

Wenn wir das nun auf den Gesundheitsbereich hochrechnen, der bisher glaubte, außer Konkurrenz zu sein … Vermutlich wird es in wenigen Jahren heißen: »Über 70 Prozent der deutschen Patienten schauen sich Praxisrezensionen an, bevor sie einen Therapeuten oder eine Therapeutin auswählen, seien es Ärzte oder Heilpraktier. Und über 60 Prozent der Patienten sagen, dass sie sich eher für eine Praxis entscheiden, wenn es für deren Inhaber Bewertungen und Rezensionen gibt.«

Mit dem Thema »Social Proof« könnte man ein ganzes Semester füllen. Ich erleichtere es Dir, ich gebe Dir quasi ein Mousse au Chocolat aus **7 Hinweisen zum richtigen Umgang mit Social Proof.**

Hinweis Nr. 1: Negativer Social Proof ist kontraindiziert, wenn Du überzeugen willst.

Ein Beispiel aus einer Fallstudie: Die Psychologen Noah Goldstein und Steve Martin haben die Effekte von unterschiedlichen Schildern im Petrified Forest, dem Steinwälder-Nationalpark in Arizona, ausprobiert. Die Schilder trugen z.B. negative Social Proofs, die auf die bisherigen ungeheuerlichen Diebstähle von versteinertem bzw. verkieseltem Holz hinwiesen wie: »Many past visitors have removed the petrified wood from the park, destroying the natural state of the Petrified Forest.« Oder: »Your heritage is being vandalized every day by theft losses of petrified wood of 14 tons a year.«

Das schockierende Studienergebnis: Negativer Social Proof konnte keinen Diebstahl dieser kostbaren Naturgüter verhindern, sondern trug sogar dazu bei, solche Delikte auf das Dreifache zu erhöhen! Nach dem Motto: »Was andere haben, will ich auch haben ..., was andere machen, will ich auch machen ... Und wenn insgesamt 14 Tonnen versteinertes Holz jährlich verschwinden, dann kommt es doch auf das bisschen, das ich mitnehme, nicht an ...«

Wer meint, die Aussage »This year Americans will produce more litter and pollution than ever before« diene als Schocker, wird noch mehr schockiert sein, zu erfahren, dass sich solche Sätze doppelt und dreifach bewahrheiten, anstatt abzuschrecken. Als wäre es vollkommen okay, noch mehr Müll und Umweltverschmutzung zu verursachen, weil es andere Leute ja ebenfalls machen.

Du kennst das Phänomen auch von Mülleimern auf Rastplätzen oder in Parks usw.: Sobald einer beginnt, seinen Müll neben den bereits randvollen Eimer zu schmeißen, häuft sich immer mehr Abfall rund um den Container an. Mancherorts wurden schon Mülleimer entfernt, um solche Auswüchse zu verhindern.

Insofern sind sogar von den Warnhinweisen auf Zigarettenschachteln die gegenteiligen Effekte zu befürchten.

Du siehst, wie mächtig negativer Social Proof ist!

Der gedankliche Transfer auf Deine Praxis: Vermeide jeglichen negativen Social Proof! Sage also nicht etwas wie: »Viele meiner Patienten meinen, es sei okay, die Übungen zu Hause nicht zu machen«, sonst wirst Du Dir noch mehr Patienten dieser Sorte einhandeln.

Hinweis Nr. 2: Positiver Social Proof ist wirksamer als die Möglichkeit, Geld zu sparen.

Es ist ein Mythos, Patienten würden ihre Entscheidung für eine Behandlung aufgrund des Preises treffen.

Eine Studie im Auftrag der »Washington Post« drehte sich ebenfalls um die Wirksamkeit von Schildern, mit denen die Konsumenten ermutigt werden sollten, im Sommer weniger Strom zu verbrauchen; sie sollten notfalls lieber Ventilatoren anstelle von Air Condition verwenden.

Welches Schild war wohl am zugkräftigsten?

a) »Informierte Kunden können Stromkosten in Höhe von 54 Dollar pro Monat sparen.«
b) »Informierte Kunden können 120 Kilogramm Treibhausgase vermeiden.«
c) »Energie zu sparen ist vernünftig und sozial verantwortungsvoll.«
d) »77 Prozent Ihrer Nachbarn nutzen schon Ventilatoren statt Klimaanlagen.«

Ja genau, Schild d); es arbeitet mit Social Proof.

Daher: Arbeite mit einem gescheiten und wahren Social Proof.

Beispiel: »80 Prozent meiner Patienten erfahren eine Linderung ihrer Symptome bereits innerhalb des ersten Behandlungsmonats.«

Hinweis Nr. 3: Positiver Social Proof ist wirksamer mit Fotos.

Gemeint sind Fotos von Menschen, von denen der Social Proof stammt, wobei die Bilder hohe Qualität haben und freundlich wirken sollten.

Wir sind seit Urzeiten darauf programmiert, Rat anzunehmen, und wenn zu dem Rat ein Gesicht hinzukommt, ist der Effekt noch stärker.

In der Praxis meines Akupunkteurs hängen viele Fotos seiner zufriedenen – und zugleich prominenten – Patienten, z.B. Porträts eines berühmten Formel-1-Rennfahrers, des Vorstandsvorsitzenden einer Automobilfirma, Fotos von Schlagersängern usw. – Social Proof vom Allerfeinsten!

Hinweis Nr. 4: **Positiver Social Proof ist wirksamer, wenn er von ähnlichen Leuten kommt.**

Erinnere Dich: Wenn es Dir gelingt, das Problem Deines Kunden besser in Worte zu fassen als er selbst, hast Du seine Aufmerksamkeit gewonnen und Dir bereits die Hälfte der Autorität verdient, ihm helfen zu dürfen.

Die Spiegelneuronen in unserem Gehirn sorgen dafür, dass wir uns mit anderen verbunden fühlen. Sie machen uns empathisch. Die Spiegelneuronen eines Interessenten sind auf Feuerwerk-Modus, wenn er die Rezension eines Deiner zufriedenen Klienten liest und hier das Problem, unter dem er selbst ebenfalls leidet, noch besser in Worte gefasst vorfindet, als er es selbst formulieren könnte; der Interessent findet sich in dieser Story des Klienten wieder: »Oh, wie passend! Der beschreibt das so, als würde er über mich schreiben. Wenn diese Therapeutin diesem Menschen helfen konnte, dann klappt es bei mir sicher auch.«

Hinweis Nr. 5: **Positiver Social Proof ist wirksamer, wenn er in Form von persönlichen Geschichten eintrifft.**

Christopher Chabris und Daniel Simons haben herausgefunden und in ihrem Buch »Der unsichtbare Gorilla« beschrieben, wie unser Gehirn sich täuschen lässt. Geschichten sind vertrauenswürdiger und überzeugender als Statistiken, denn einzelne Beispiele von Menschen können sich in unserem Geist einnisten, doch Statistiken lassen unser Gehirn quasi kalt; unser Gehirn ist nicht dazu verdrahtet, lange Datenlisten zu speichern.

Erzählt ein Patient seine Geschichte, ist dies mächtiger als jede Statistik; wir hören unweigerlich den Rat von anderen, weil unser Gehirn von der Evolution entsprechend verdrahtet ist. Geschichten sind wirksam, weil sie – metaphorisch gesprochen – den Radar unserer Kritik unterfliegen.

Angenommen, jemand hält Homöopathie für absoluten Unsinn: »Kein einziges Molekül der Substanz mehr vorhanden …, und das soll wirksam sein?«

Ich erzähle Dir meine Geschichte zur Homöopathie: Vor rund 20 Jahren warf unser Baby (unsere inzwischen erwachsene Tochter) eine Thermoskanne mit kochend heißem Tee um, die unglücklicherweise auf dem Boden stand und platzte. Dabei erlitt das Kind viele Verbrennungen, mehr als 50 Prozent am Körper. Unsere Homöopathin behandelte sie umgehend mit einer Kombination verschiedener Mittel, v.a. Cantharis C200. Keine einzige Narbe blieb zurück!

Zur gleichen Zeit passierte einem Kleinkind aus der Krabbelgruppe das Gleiche: Im Krankenhaus bekam es künstliche Haut, musste auf die Intensivstation, trug noch ein Jahr später Bandagen und kam nicht ohne Narben davon.

Gegen solche Erfahrungen kommt eine bloße Kritik anhand irgendwelcher negativer Studienergebnisse nicht an.

Hinweis Nr. 6: **Positiver Social Proof ist wirksamer, wenn er von Autoritäten kommt.**

Das mag hinsichtlich des Hinweises Nr. 4 widersprüchlich klingen, doch beide Statements addieren sich. Eine Autorität heißt im Grunde: »Ich, der ich gerne wäre …«, und ist mir somit doch ähnlich.

Mario Adorf, bekannt als brillanter Schauspieler eher machomäßig-raubeiniger Rollen, macht genialen Social Proof für Hörgeräte und ruft zum Hörtest auf. Seine Altersgenossen kennen ihn; er fasst es in der als Interview verkleideten Anzeigenkampagne hervorragend und humorvoll zusammen, welche Schwierigkeiten die schwerhörigen Gleichaltrigen zu bewältigen haben und wie hilfreich es ist, sich endlich für ein Hörgerät zu entscheiden. Er drückt dies alles besser aus, als es 99 Prozent der anderen schwerhörigen Senioren könnten, und erniedrigt damit die Schwelle zu einem Akustiker-Besuch.

Auch Thomas Gottschalk wirbt inzwischen für Hörgeräte.

Hinweis Nr. 7: **Besser nix als »so lala« ... ;-)**

Wenn Du mit Social Proof arbeitest, sollte er super sein. Solange Du nur einen oder zwei positive Social Proofs hast, kann der Effekt nach hinten losgehen: »Was, nur so wenig gute Bewertungen?!«

•••

Die Menschen sind heutzutage generell nicht mehr so vertrauensselig; das gilt auch für Empfehlungen, die jemand empfängt. Social Proof wird also immer wichtiger; die Internet-Präsenz solltest Du deshalb nicht verschlafen.

Du findest Social Proof z.B. in Form der Rezensionen (Beurteilungen von Produkten oder Dienstleistungen durch Kunden/Nutzer) bei Amazon. Die Sternchen in Kombination mit den Kommentaren haben aus Amazon eines der wertvollsten Unternehmen der Welt gemacht. Laut einer Meldung Anfang September 2018 hat Amazon mittlerweile die Marke von 1 Billion (d.h. 1000 Milliarden) Dollar Börsenwert überschritten. Das Unternehmen hat voll und ganz auf Social Proof gebaut.

Amazon hat die Konsumgewohnheiten völlig verändert. Wer früher in eine Buchhandlung ging, um sich dort beraten zu lassen, sucht heute Bücher proaktiv im Internet und vergleicht die Rezensionen.

Wenn es beispielsweise in einer Beurteilung meines Buches »Die Reichtumsblaupause« vonseiten einer mir unbekannten Frau u.a. heißt: *»(...) Ich muss gestehen, dass ich die ersten Kapitel mit Brechreiz gelesen habe!!! ABER ein Teil in mir hat geschrien und mir in den Hintern getreten: los lies es! Und zwar jedes Kapitel, und tu was!!! Das eigene System reagiert genau so wie in dem Buch beschrieben! Es ist das wertvollste Buch, das ich je gelesen habe! (...) Und meine Bibliothek ist riesig ...«,* dann wirkt das sehr authentisch und glaubhaft: zuerst enormer Widerstand bei der Lektüre, dann vollkommene Überzeugung und Dankbarkeit.

Jameda – eine Internet-Plattform für Heilberufler/-innen

Ich werde mit Dir die Jameda-Strategie implementieren. Du solltest Jameda abonnieren, weil Patienten dort Bewertungen hinterlassen können; sie sorgen dafür, dass man im Internet über Dich lesen kann. Solange Jameda ein relativ neues Medium darstellte, war es verzeihlich, dort nur wenige Bewertungen eingestellt zu haben, doch allmählich erscheint es eher peinlich, hier nicht *mehr* zu bieten zu haben. Das Internet hat die Spielregeln auch für Dich als Heilpraktiker/-in für immer verändert.

Ich will an dieser Stelle betonen, dass wir in keiner Weise mit Jameda affiliiert sind, dass wir keine Provisionen erhalten oder dergleichen. Man muss eben mit den Gegebenheiten leben und für sich jeweils das Beste daraus machen.

Angenommen, in der Sommerhitze hast Du die Auswahl zwischen zwei Eisdielen: »Bella Italia«, wo Fünf-Sterne-Eis hergestellt wird, und »Venezia«, in der Vier-Sterne-Eis angeboten wird. Anfangs stellen sich die Menschen alle bei Bella Italia an; immerhin gibt es dort das beste Eis. Nun kommt der erste Bus voller Touristen an, die über den Qualitätsunterschied nicht Bescheid wissen, aber die Menschenschlange sehen und sich ebenfalls dort anstellen. Ein zweiter Bus kommt an, doch weil die Fahrgäste den Hinweis vom Chauffeur erhalten, in zehn Minuten würden sie weiterreisen, ergreifen sie die Chance, sich im menschenleeren Venezia bedienen zu lassen.

Das heißt, wenn in der Offline-Welt genügend Kunden da sind, bleiben auch fürs Zweitbeste ausreichend Kunden übrig.

Dieses Gesetz gilt aber im Internet nicht. Ein wichtiges Gesetz heißt (nicht erst seit dem ABBA-Hit): »The winner takes it all« – auch im Internet.

Im Zeitalter des Internets schöpft der Stärkste sämtliche Gewinne ab: »The winner takes it all, the loser's standing small beside the victory …«

Warum wird wohl Jameda allen anderen Plattformen für die Bewertung von Medizinern den Rang ablaufen?

Jameda wurde von Hubert Burda Media gekauft, d.h. von der größten Medienfirma Deutschlands, die ein enormes Kapital hat. Jameda hat monatlich etliche Millionen Nutzer. Weil es ein hohes gesellschaftliches Interesse gibt, darf Jameda laut einer Entscheidung des Bundesgerichtshofs die Daten der Mediziner ohne deren Einwilligung veröffentlichen: 275.000 Ärzte und andere Heilberufler.

Nach meinem Ermessen wird Jameda für den Gesundheitsbereich eine ähnliche Rolle spielen wie Amazon für andere Produkte. Jameda hat zum Jahresanfang 2017 auch das Start-up Patientus erworben – das ist die Zukunft: Sprechstunde per Video.

Die Mitgliedschaft bei Jameda ist ratsam für Dich als Therapeut/-in

Diese Chance solltest Du nutzen, wenn Du weiter im Geschäft bleiben willst. Der Jameda-Beitrag erscheint mir im Grunde wichtiger als ein Beitrag zu einem der Fachverbände; derzeit gibt es neben dem kostenlosen Basis-Zugang die gebührenpflichtigen Optionen »Gold«, »Gold Plus« und »Platin«. Mit einem Premium-Account bei Jameda und vielen sehr guten Bewertungen wirst Du bei Google weit vorne landen. Deine Jameda-Seite ersetzt nahezu eine eigene Webseite, zumal bei der Platin-Version viele Einstellmöglichkeiten gegeben sind.

Einer meiner Klienten nutzt die Platin-Version von Jameda auf fabelhafte Weise. Wer eine der Patientenbewertungen in seinem Profil liest, gewinnt sogar den Eindruck, kein eigener Werbetext könnte je so überzeugend und so fantastisch zugkräftig wirken wie die Schilderung z.B. einer seiner Patientinnen. Prototypischer Social Proof der Edelklasse. Und wenn man schaut, was alle anderen Heilpraktiker im selben Ort auf Jameda vorzuweisen haben: kaum eine Bewertung, kaum ein Profil, kein Fotoporträt ..., sie scheinen alle noch zu schlafen.

The winner takes it all: Mein Klient ist unter den neun Heilpraktikern in seinem Ort der »Platzhirsch« in der Jameda-Liste. Und er wird damit immer mehr Patienten für sich gewinnen.

Jameda erfüllt auch das Kriterium, persönliche Geschichten und Erfahrungen zu bieten – Geschichten von Menschen, die den interessierten Lesern dieser Rezensionen ähnlich sind. Ein mächtiger Verkaufsträger!

Und pass auf, der obige Hinweis Nr. 7 (»Besser nix als ›so lala‹ ...«) ist mit Jameda gar nicht möglich, denn **das Portal erfasst unweigerlich alle Gesundheitspraxen Deutschlands.** Das heißt, es wäre schädlich für Dich, die (nun, drücken wir es behutsam aus: etwas zweifelhafte) Jameda-Schutzgebühr nicht zu bezahlen.

Etwas Ähnliches wie Jameda konnte sich im Bereich des Coachings bisher nicht etablieren.

Deine Webseite

Früher war es üblich, nach der Heilpraktiker-Prüfung ein paar Fachausbildungen zu absolvieren und dann die Praxis zu eröffnen (ohne noch irgendwelche Patienten zu haben), indem sich der Heilpraktiker auf seine Qualifikationen bzw. seine Persönlichkeit fokussierte, also all die schönen Methoden bekannt gab, auf die er sich spezialisiert hatte. Doch das funktioniert so nicht (mehr).

Wer heute Homöopathie anbietet, meint auf der Webseite schreiben zu müssen, wer Samuel Hahnemann war, wie Homöopathie funktioniert usw. Das ist – pardon – Mumpitz; das kann der Interessent woanders nachlesen. Dein potenzieller Patient wacht nicht in der Nacht auf, weil er sich für Hahnemann interessiert, sondern weil er z.B. wieder Schmerzen hat.

Ich habe mir Tausende von Webseiten angeschaut – ich kann auf Anhieb sagen, ob diese/r Praxisinhaber/-in erfolgreich ist oder nicht. Wenn einer vom anderen abschaut, wird es dadurch nicht richtiger.

Die typische Heilpraktiker-Webseite sieht so aus: »Über mich«, »Meine Therapien«, »Meine Ausbildungen«, »Mein Kursangebot«, »Termin mit mir vereinbaren«, »Der Weg zu mir«, »Meine Weltanschauung«, »Ich bin ... Ich habe ... Ich bilde mich stetig weiter. Einen Auszug der Aus- und Fortbildungen, die ich absolviert habe, sehen Sie unten.«

Ich ..., ich ..., mein ..., mir ..., mich ... – *oje ...!*

Wie relevant ist diese Ich-zentrierte Präsentation für einen Interessenten? Wo ist hier die Brücke zwischen Dir und dem Patienten?

Die typische Webseite ist eine Barriere, keine Brücke. Diese Selbstvermarktung und diese Art der Außenkommunikation verkauft letztlich Dich selbst – anstatt Gesundheit.

Der Interessent will nicht Dich kaufen, sondern eine Lösung für sein Problem. Die Patienten wollen erfahren, dass Du sie und ihre Situation

verstehst und begreifst, welches Resultat sie erreichen wollen und wie sie dorthin gelangen können.

Wie eine gute, erfolgreiche Webseite genau aufgebaut sein muss, unterliegt einem recht schnellen Wandel. In meinem immer wieder aktualisierten Webinar »Webseite? Check!« vermittle ich den derzeitigen Stand *(www.gewinnbringende-praxis.de/webseite-check)*.

- Überfrachte Deine Webseite nicht. Je mehr Du in sie hineinpackst, je mehr Querverweise Du einbaust, je mehr Fachchinesisch usw., desto eher neigen die Suchenden dazu, ihr Heil wo anders zu suchen.

- Vermeide zu viele »Ich«, »Mein(e) ...« usw. Konzentriere Dich *nicht* darauf, welche Methoden Du wann bei wem gelernt hast. Du brauchst hier keinen Lebenslauf, denn Deine Webseite ist keine Bewerbung.

- Biete dem Suchenden die Informationen, was Du für ihn tun kannst. Hole ihn quasi bei seiner Suche ab, mache ihm anhand der Schilderung von spezifischen gesundheitlichen Problemen klar, dass Du ihm helfen kannst.
  Beispiel: »Seit 20 Jahren behandle ich Menschen, die unter allen möglichen Verdauungsbeschwerden leiden und denen die Schulmedizin bislang nicht helfen konnte. Ich wende dabei mit Erfolg ausschließlich naturheilkundliche Methoden an.«

- Veröffentliche keine Preise, sei zurückhaltend mit der Aufzählung von Methoden, präsentiere keine Informationen, die auf Wikipedia besser platziert bzw. leicht nachzulesen sind.

- An mehreren Stellen Deiner Webseite sollte es ein einfaches Call-to-Action geben, also eine Aufforderung zum Handeln. Menschen in Not und auf der Suche nach einem entsprechenden Angebot sind dankbar für einen leichten, niedrigschwelligen Zugang mit sofortiger Rückmeldung, z.B. eine direkte Terminbestätigung.

- Ein Online-Terminkalender, in dem die Interessenten freie Termine buchen können, ist sinnvoll.

Dein Praxis-Slogan

Eine recht kniffelige Herausforderung für Dich habe ich mir für eines der letzten Kapitel in diesem Buch aufgespart: das Kreieren Deines Praxis-Slogans.

Der Begriff »Slogan« kommt aus dem Schottisch-Gälischen und bedeutet »Schlachtruf«. Der martialische Charakter des Wortes sollte Dich nicht davon abhalten, mithilfe Deines Slogans nach außen hin klar auf den Punkt zu bringen, wer Du bist und was Du tust.

Einen Slogan zu finden, ist ein schöpferischer Prozess, bei dem Du Dich inspirieren lassen kannst – allerdings nicht von den x-beliebigen Heilpraktiker-Webseiten.

Unter *http://www.markenlexikon.com/slogans_d.html* findest Du genügend Anregung für unterschiedliche Slogans.

Wenn eine Werbeagentur für eine Firma einen Slogan finden soll, müssen die Texter den Markenkern kennen. Einen zugkräftigen, professionellen Slogan zu kreieren, ist u.U. ein zeitintensiver Prozess, für den Firmen hohe Summen ausgeben.

Merkmale guter Slogans

Wie gesagt, Du brauchst keinen »Wähleranteil« in höherer zweistelliger Prozentzahl wie eine Volkspartei. Dein Slogan wird polarisieren und jene Menschen, die zu Dir passen, von den anderen scheiden, die nicht zu Dir passen.

Dein Slogan muss nicht alle der hier aufgeführten Anforderungen erfüllen, er sollte jedoch möglichst die ersten drei Merkmale (eventuell auch noch den vierten Punkt) aufweisen.

- **Einfach – direkt – zutreffend**
  Dieses Kriterium ist besonders wichtig! Ich muss zugeben, für mich als Marketingexperte stellt die Bildzeitung eine Inspirationsquelle

dar. Hier findet man Headlines, die zu den besten zählen, weil das Kriterium »Einfach, direkt, zutreffend« erfüllt wird. Beispiele: »Der Mond ist jetzt ein Ami« als Beschreibung der Mondlandung. »Wir sind Papst« nach der Wahl des deutschen Kardinals Joseph Ratzinger alias Papst Benedikt XVI.
Andere Beispiele für die Erfüllung dieser Anforderung: »Mit fünf Mark sind Sie dabei« als Slogan der Fernsehlotterie. Oder »Tschüss, bis morgen« als Slogan einer Bäckereikette bzw. »Wir sehen uns« als Slogan einer Kaufhauskette.

- **Positive »Vibes«/Schwingung/Gefühle**
  Was kommt Dir z.B. sofort in den Sinn, wenn ich das Stichwort »Obama« nenne? Ja, richtig, die knackig formulierte, inspirierende Vision »Yes We Can«. Allerdings ist prinzipiell auch das Motto seines Nachfolgers verflixt gut: »Make America Great Again«, ebenso die Devise von Angela Merkel: »Wir schaffen das!«
  Ein Spülmittel bzw. ein Seifenprodukt wird beworben mit »Pflegt die Hände schon beim Spülen«, als würde man ein Wellnessbad nehmen, oder mit »Mehr als Seife – ein Schönheitsmittel«.

- **Anschaulichkeit**
  Mit Metaphern, d.h. Sprachbildern, lassen sich anschauliche Vergleiche herstellen.
  Wenn man nicht gerade Vegetarier oder sogar Veganer ist, lockt der Slogan »So wertvoll wie ein kleines Steak« mit der Botschaft, dass in einem kleinen Fruchtmix-Frischkäse für Kinder eine geballte Ladung wichtiger Nährstoffe enthalten sei. »Brillen zum Nulltarif« oder »Und mein Papi hat keinen Pfennig dazubezahlt« stellen eine anschauliche Werbung für ein weithin bekanntes Optiker-Unternehmen dar.

- **Bedarf/Wünsche ansprechen**
  Viele der beworbenen Güter sind nicht lebensnotwendig; die Werbung schafft erst einen Bedarf dafür.
  Auch viele Deiner potenziellen Kunden erkennen noch keinen echten Bedarf an Deiner Dienstleistung; insofern sollte Dein Slogan idealerweise dieses Merkmal berücksichtigen.
  Unser Firmenname »Praxis mit Erfolg« spricht z.B. das größte Bedürf-

nis der Menschen in helfenden und heilenden Berufen an, nämlich eine erfolgreiche Praxis zu führen.

- **Hervorhebung der Vorteile einer Dienstleistung oder eines Produktes**
  Ein fantastischer Slogan, der bereits Jahrzehnte überdauert hat, ist z.B. »FAZ – Dahinter steckt immer ein kluger Kopf«. Hier werden nicht nur die Macher der FAZ als kluge Köpfe bezeichnet, sondern die Leser, die ihre Köpfe hinter der Zeitung verbergen, werden zugleich als intelligenter Teil der Bevölkerung gebauchpinselt.

- **Abgrenzung/Unterscheidung von der Konkurrenz**
  Beispiel: »Ford – Feel the difference« oder »Ford – Quality is Job 1«.

- **Humor**
  Es ist keine Pflicht, dieses Kriterium zu beachten; im Bereich der Heilkunde muss Humor ohnehin behutsam gehandhabt werden; der Slogan sollte allenfalls ein Augenzwinkern hervorrufen.
  Beispiel: »Sind sie zu stark, bist Du zu schwach« für scharfe Hustenpastillen.

- **Persönliche Ansprache**
  »Lebe Deinen Traum« war einer meiner ersten Slogans vor mehr als zehn Jahren. Er ist inzwischen hundertfach kopiert worden – was ich persönlich sehr schmeichelhaft finde. Oder anders gesagt, wenn jemand Deinen Slogan »klaut«, dann weißt Du, dass er richtig gut ist. Eine persönliche Ansprache – wie in diesem Fall eine Aufforderung, etwas Mutiges zu tun – ist eine sehr gute Strategie für einen Slogan.

•••

Memo

Mithilfe der folgenden Aufgaben (»To do«, S. 366) nähern wir uns Schritt für Schritt der Kreation Deines Slogans. Dazu gebe ich Dir noch ein paar Erläuterungen:

Zu den Aufgaben 1 und 2:
Der Satz »Wem hilfst Du was zu erreichen?« sorgt dafür, dass andere genau wissen, was Du tust. Stell Dir diesen Satz als einen Filter bei der Google-Suche vor: Er wird aussortieren, wen Du ansprichst, weil Dein Angebot von Interesse für ihn ist, und wen nicht. Die Interessenten möchten erfahren, warum Du ihnen helfen willst. Sie wollen ein Gefühl dafür bekommen, ob sie auf der emotionalen, weltanschaulichen, ggf. auch spirituellen Ebene mit Dir harmonieren werden; sie möchten mit Dir in Resonanz sein.

In Deinem Slogan sollte also mitschwingen bzw. durchschimmern, wer Du bist und warum Du das tust, was Du tust.

»Warum ich tue, was ich tue« beschreibt Dein Motiv, das Dich antreibt, Dein Warum – Du wirst nicht müde, darüber zu reden, denn dafür stehst Du, es ist wichtig für Dich und entspricht Deiner innersten Überzeugung.

Deine Persönlichkeit soll in Deiner Praxis zum Ausdruck gelangen; Deine Arbeit ist ein Ausdruck Deiner selbst. Der Begriff »Person« stammt vom lateinischen »personare«, d.h. »hindurchtönen«. So sollst Du selbst und das, was Dich antreibt, auch durch Deinen Slogan hindurchtönen.

Zu Aufgabe 3:
»Deine Vision«: Du brauchst eine Vision. Bereits Deine Heilpraktiker-Ausbildung bis hin zur amtsärztlichen Prüfung oder Deine Coaching-Ausbildung haben auf einer Vision beruht.

Denke größer, als Du es Dir jemals zugestanden hast – sei idealistisch!

Die Definition von »Macht« als die Fähigkeit, die Lebenswirklichkeit eines anderen Menschen zum Besseren oder Schlechteren zu verändern, habe ich mehr als einmal erwähnt. In welcher positiven Art willst Du das Leben anderer berühren?

To do

1. Ermittle mithilfe der folgenden Fragen, *wem* Du *was* zu erreichen hilfst:

* Wem hilfst Du? Beschreibe so viele Möglichkeiten, wie Dir einfallen, und zwar so einfach, dass es ein Abc-Schütze versteht.

* Welches Ziel hilfst Du zu erreichen? Welches verbreitete Problem hilfst Du zu lösen?

* Verbinde nun die beiden obigen Aussagen: *Wem* hilfst Du *was* zu erreichen?

* Bringe nun diese Aussagen wirklich *auf den Punkt!* Kreiere verschiedene »Wem helfe ich was zu erreichen?«-Aussagen.

2. Dein Motiv, d.h. Dein innerer und äußerer Antrieb ...
Sammle Gründe, warum Du genau dieser Zielgruppe hilfst:

* Notiere verschiedene »Warum ich tue, was ich tue«-Aussagen.

3. Deine Vision, was Du durch Deine Arbeit zu erreichen hoffst:

* Vervollständige den Satz »Durch meine Arbeit will ich erreichen, dass ...«. Finde für den Satz 3–5 mögliche Fortsetzungen.

4. Dein Slogan:

* Schau Dir an, was Du bisher in diesem Aufgabenblock geschrieben hast. Finde nun anhand Deiner Notizen sieben mögliche Slogans.

Du wirst eventuell noch etwas Zeit brauchen und Dich möglichst entspannt dem kreativen Prozess überlassen müssen, um Deinen »endgültigen«, nicht zu toppenden Slogan zu finden. Vielleicht gibt Dir das nächste Kapitel noch weiteren Input, genau jenes zu formulieren, was Dich und Deine Praxis aus der Menge hervorhebt.

Eine gute Antwort auf die Frage »Und was machen Sie beruflich?«

Du brauchst einen »Elevator Pitch«? Nein, genau das kann Dir schaden.

Was heißt »Elevator Pitch«? In Marketingtrainings besagt der Begriff, dass Du Deinem Gegenüber kurz und griffig Deine berufliche Tätigkeit erklären kannst, während Ihr mit dem Fahrstuhl (engl. »elevator«) z.B. vom Erdgeschoss in den fünften Stock fahrt.

Der Elevator Pitch ist recht statisch und klingt einstudiert. Du solltest zwar eine gute Antwort auf die Frage nach Deinem Beruf parat haben, aber sie nicht als Rede vorbringen. Du willst nur den Anreiz für eine authentische Unterhaltung geben; Du willst lediglich den Raum für ein interessantes Gespräch öffnen, damit Dein Gesprächspartner nachhakt und ggf. mit dem Gedanken spielt, ein drängendes Problem mit Deiner Hilfe zu lösen.

Einem anderen Partygast, der offenbar zu Deiner Zielgruppe (z.B. Männer 50+) gehört und Dich nach Deinem Beruf fragt, könntest Du z.B. mit einem Augenzwinkern sagen: »Ich helfe Männern in der Midlife-crisis.«

Was solltest Du sagen, wenn jemand von Dir wissen will: »Was machst du eigentlich beruflich?« Ich fand diese Frage immer schrecklich; deshalb möchte ich Dir auf die Sprünge helfen, damit sie Dir nicht mehr den Atem stocken lässt.

Beantworte die folgenden Aufgaben wieder handschriftlich, und zwar spontan, ohne lange nachzudenken.

To do

1. »Ich behandle / helfe / begleite ...«

- Fasse Deine Zielgruppe in einem einzigen Satz zusammen: Wem hilfst Du?
  Beispiel: »Ich helfe beruflich erfolgreichen Menschen mit chronischen Durchfall- und Verdauungsbeschwerden.«

2. »Ihre drei drängendsten Probleme sind ...«

- Identifiziere die drei größten und kritischsten Probleme, denen sich Deine Zielgruppe stellen muss, und bringe diese Probleme sehr klar auf den Punkt.
  Beispiel: »Schmerzen, die alle Kräfte rauben. Nicht mehr zu funktionieren und die ganz alltäglichen Dinge erledigen zu können. Kontrollverlust über das eigene Leben und über den Körper.«

3. »Also helfe ich ihnen, diese Probleme zu überwinden, indem ich ...«

- Schreibe auf, wie Du diese Probleme löst, und zeige Deinen Kunden, wie sie diese Lösung bei Dir bekommen können.
  Beispiel: »Ich helfe jedem Menschen individuell, sein Energiesystem so in Fluss zu bringen, dass seine Schmerzen dauerhaft verschwinden.«

4. »Ich würde sagen, das Resultat Nummer eins, das meine Patienten/Klienten erleben, wenn sie mit mir arbeiten, ist ...«

- Zeige das relevanteste Resultat, das diese Menschen dank Deiner Hilfe erreichen.
  [Sehr wichtig: Hier kommt für den Patienten/Klienten höchst erfreulich zum Tragen, dass nicht nur das Problem – der Motivator Nummer eins – gelöst und ein erheblicher (gesundheitlicher) Verlust vermieden wird, sondern zugleich die Zugabe – Motivator Nummer zwei (Aussicht auf Gewinn) – obendrauf gelegt wird.]
  Beispiele: »Schmerzfreiheit ohne chemische Keule, auf natürliche Weise« bzw. »Schmerzfreiheit ohne unerwünschte Nebenwirkungen« oder »Erfüllte Schwangerschaft« oder »Verjüngung des körperlichen Befindens und Aussehens« oder »Gute Beweglichkeit ohne Schmerzmittel«.

5. »Das Beste daran ist, dass sie außerdem auf einer tieferen Ebene weitere Verbesserungen erleben, z. B. ...«

- Welche tiefer liegenden Vorteile haben Deine Patienten/Klienten durch Deine Arbeit?
  Beispiel: »Die Klienten sind nun wieder selbstbewusster, sodass sie auch beruflich spürbar erfolgreicher sind; sie fühlen sich wieder männlich, was viele positive Auswirkungen auf die Partnerschaft hat, weil sie sich von ihrer Frau stärker respektiert fühlen und es weniger Streit gibt; außerdem sind sie vitaler und erscheinen um zehn Jahre verjüngt, sodass sie Pläne in Angriff nehmen, die sie schon fast resigniert abgeschrieben hatten.«

Als Antwort auf die Frage nach Deiner beruflichen Tätigkeit kannst Du Dir eine kurze und eine lange Version zurechtlegen.

Die Kurzversion

Ich helfe ____________________________
Zielgruppe

____
großes Resultat

Eine Kurzform – in meinem Fall:

Beispiel: *Bekanntschaft bei einer Party eines gemeinsamen Freundes*

Tanja: Hallo, Alexander! Schön, dich kennenzulernen. Was machst du beruflich?

A.M.: Ich bin Experte für Praxisoptimierung. Ich helfe Selbstständigen mit eigenen Praxen, ← *Zielgruppe* mehr Patienten und Klienten zu bekommen. ← *großes Resultat*

Tanja: Ah, das ist ja interessant! Mein Freund ist Heilpraktiker. Kannst du ihm helfen?

A.M.: Erzähl mir mal, was er genau macht und worin er mehr Unterstützung brauchen könnte.

• • • To do • • •

* **Sammle Ideen für eine eigene Version Deiner kurzen, griffigen Präsentation.**

• • •

Eine lange Version:

Die lange Version

Ich helfe ______________________________
Zielgruppe

____
großes Resultat

Sie wissen ja, wie ______________________________
Zielgruppe

____
deren drängendste Probleme und Bedürfnisse

Nun, was ich tue, ist ______________________________
die Art der Unterstützung/Hilfe/Therapie

Und gleichzeitig bekommen sie ______________________________
tiefer liegender Vorteil

Beispiel:

»Ich helfe Männern in der Midlifecrisis, die persönliche, berufliche und familiäre Probleme haben, sich wieder so zurechtzubringen, dass sie ihr Leben genießen, dass ihre Familie gern mit ihnen zusammen ist, dass sie beruflich wieder leistungsfähig und fokussiert und im Privatleben mit sich im Reinen sind. Sie wissen ja, was für verrückte Sachen Männer in diesem Alter manchmal tun. Nun, was ich tue, ist dies: Ich helfe diesen Männern, zu akzeptieren, dass sie nicht mehr zwanzig sind, und ich helfe ihnen, sich auf die guten Dinge zu konzentrieren, die sie jetzt mit über vierzig angehen können. Dadurch werden meistens zugleich die partnerschaftliche Beziehung und die familiäre Situation gestärkt, und oft gelingt es ihnen, die frei gewordene Energie für den beruflichen Aufstieg zu nutzen. Kurz: Diese Männer sind nach Überwindung ihrer Midlifecrisis stärker, klarer, glücklicher als je zuvor.«

Die Frage »Und was machst Du beruflich?« braucht Dich nicht mehr zu schrecken. Du hast nun einen Rahmen bekommen, mit dessen Hilfe Du sehr klar kommunizieren kannst, was Du tust, ohne verwirrend oder gähnend langweilig zu wirken. Tatsächlich wirst Du damit zukünftig wie ein echter Profi wirken. Du bist jetzt in der Lage, eine bedeutungsvolle Unterhaltung zu führen.

Was Du sagst, ist weder eine Rede noch ein Pitch, und schon gar kein Drehbuch. Im Mittelpunkt steht die authentische Unterhaltung, die Du führst. Von jetzt an weißt Du, was Du sagen kannst. Dank dieser fünf Elemente bist Du vorbereitet. Jetzt hast Du alle notwendigen Zutaten, um entspannt über das zu sprechen, was Du tust.

Deine Persönlichkeit, Dein Charisma

»Die größte Entdeckung unseres Jahrhunderts ist,
dass du dein Leben verändern kannst,
indem du die Art veränderst, wie du denkst.«

(William James)

In diesem Teil des Buches befassen wir uns noch mit den geistigen Voraussetzungen des Erfolgs und des Reichtums. Sie zu verstehen, zu verinnerlichen und tagtäglich umzusetzen, ist unverzichtbar, wenn Du beruflich und privat ein glückliches Leben in ideeller und materieller Fülle genießen willst.

Alles ist Energie

Du bist Energie; die Elektronen und Atome Deines Körpers haben eine potenzielle Energie von mehr als 5 Millionen Kilowattstunden pro Kilogramm Körpergewicht. (Ein 80-Kilo-Mann könnte mit seiner potenziellen Energie jährlich 100.000 durchschnittliche Drei-Personen-Haushalte mit elektrischer Energie versorgen.)

Wie können da Menschen sagen, sie hätten »gar keine Energie«?!

Dein Körper vibriert, leuchtet, da ist eine Aura von Energie um Dich herum – lauter Zellen, die Dich verlassen, weil sich Dein Körper mit einer Geschwindigkeit von ca. 50.000 Zellen pro Sekunde verändert. Mithilfe der Kirlianfotografie kann diese Energie dargestellt werden.

Halte Dir vor Augen, dass wir sogar die Schwingung anderer Menschen wahrnehmen können, und zwar in einem Sekundenbruchteil.

Das Gesetz der Schwingung

1. *Alles* im Universum – auch alles, was uns materiell erscheint – ist *Energie;* es schwingt jedoch jeweils auf einer unterschiedlichen Frequenz.

2. Keine Energie wird jemals geschaffen oder zerstört; sie kann nur ihre Schwingung ändern.

3. Deine Gedanken beeinflussen die Frequenz Deiner Schwingung. Also musst Du Deine mentalen Muskeln schulen und entwickeln, um die Ebene Deines Bewusstseins zu erhöhen. Dein Verstand wird Dir dabei dienen und Dir die Freiheit und die Fähigkeit verleihen, Deinen Geist auf eine bestimmte Frequenz zu bringen.

4. Dadurch kannst Du all das anziehen, was mit der Frequenz Deiner Gedanken in Harmonie ist. Du ziehst alles an, was im Einklang mit Deiner Schwingung ist, und stößt alles ab, was nicht mit Deiner Schwingung harmoniert.

5. Alles, was Du jemals wollen wirst, ist bereits hier. Es ist Deine Aufgabe, mit dem, was Du wirklich willst, in Einklang zu gelangen.

Der Raum, in dem Du Dich jetzt befindest, war ursprünglich nur ein Bild im Kopf eines Menschen. Die Kleidung, die Du trägst, war einmal nur eine Vorstellung im Geist eines Menschen.

Gedanken werden zu Dingen bzw. zu Wirklichkeit, wenn sie verbunden werden mit ...

- Gefühlen
- Handlungen
- strategischen Allianzen
- Talenten

Alles war zu einer gewissen Zeit ein Gedanke. Alles, was Du siehst, wurde zweimal geschaffen: einmal im Geist, einmal in der physischen Realität. Alles, was nicht natürlich gewachsen ist oder nicht Wasser ist, wurde von der menschlichen Imagination, vom menschlichen Geist geformt. Nichts wurde jemals in dieser Welt erschaffen, ohne dass es vorher ein Bild davon im Geist einer Person gegeben hätte.

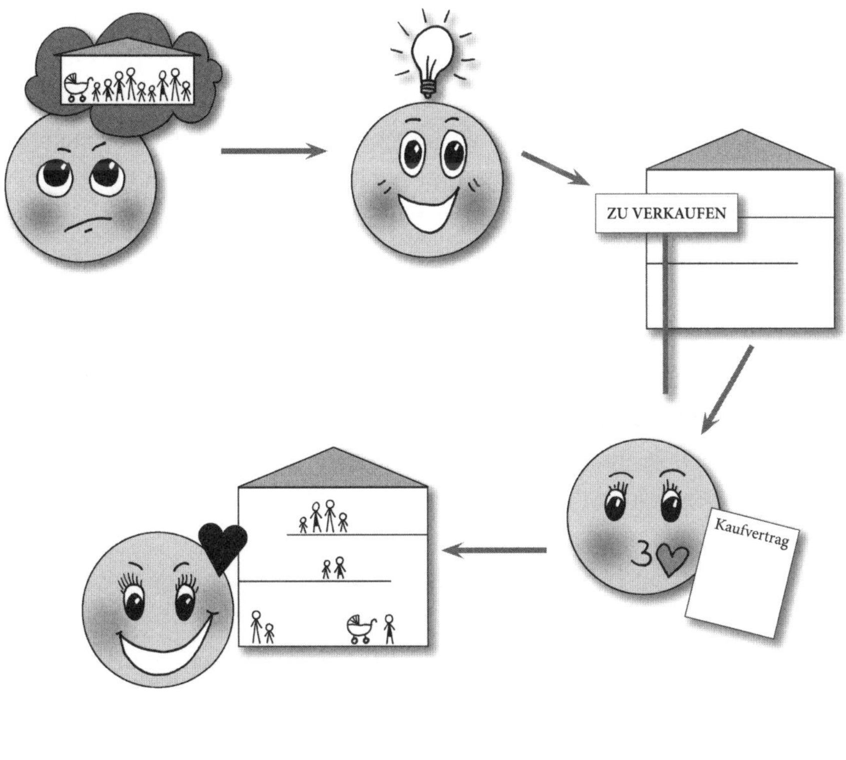

Alles, was Du *tun* willst, alles, was Du *haben* willst, alles, was Du *sein* willst, ist in Wahrheit schon hier; es existiert bereits, aber Du musst etwas einsetzen, um es hervorzubringen. Und Du musst eine ebenbürtige Schwingung haben wie das, was Du sein oder haben möchtest.

»Alle Schöpfung wartet mit sehnsüchtigem Verlangen darauf, von den Menschenkindern enthüllt zu werden.«

(Albert Einstein)

Die inneren Voraussetzungen schaffen

Einer meiner Lehrer, Bob Proctor, arbeitete mit dem Präsidenten einer großen Flugzeugbaufirma, Frank G. Goble. Dieser entdeckte eines Tages bei der Beschäftigung mit seinem Budget, dass 65 Prozent der Firmeneinkünfte in Form von Gehältern und Boni an die Mitarbeiter flossen. Ihm ging auf, dass er eine Menge Geld ausgab, ohne etwas über die dahinter stehenden Menschen zu wissen. Also befasste er sich mit Psychologie und nahm Kontakt mit Abraham Maslow auf, dem Entdecker der Bedürfnispyramide, der nach jahrelanger Forschung zu dem bahnbrechenden Schluss gekommen war, dass jeder von uns ein *unendliches Potenzial* hat. Frank G. Goble hat die Philosophie Maslows sehr gut in seinem Buch »The Third Force – The Psychology of Abraham Maslow« zusammengefasst.

Goble verließ das Flugzeugbauunternehmen und gründete das Thomas Jefferson Research Center. Laut seinen Erkenntnissen sind wir von Natur aus gleich, doch *Übung, Gewohnheiten, Gebräuche, Bildung ergeben den Unterschied bei den Resultaten.*

Laut William James, dem Vater der modernen Psychologie, leben wir hinsichtlich unseres Potenzials so, als würden wir bei allen überhaupt möglichen Körperbewegungen nur den kleinen Finger benutzen. Stell

Dir ein Baby vor, das nur den kleinen Finger bewegt. Die Eltern würden unermüdlich alles tun, um herauszufinden, wie sie diesem Kind helfen können, auch seine anderen Körperteile zu bewegen.

Wie kann es also sein, dass Menschen oft in sehr frühem Alter *mental* zu wachsen aufhören?

Erfolgreiche Menschen, die der Menschheit dienen, arbeiten dagegen beständig an sich selbst und halten immer Ausschau nach den Umständen, die sie zum Erreichen ihrer Ziele brauchen, oder sie schaffen sich diese Umstände selbst.

»Es scheint so, als würden die meisten Menschen für immer ihre Umstände verantwortlich machen dafür, wer und was sie sind. Ich glaube nicht an Umstände. Die Menschen, die in dieser Welt vorankommen, die Menschen, die Resultate haben, sind die Menschen, die nach den Umständen Ausschau halten, die sie wollen, und wenn sie diese nicht finden können, dann gehen sie zurück und schaffen diese Umstände selbst.«

(George Bernard Shaw)

Als strategische/r Heilpraktiker/-in bzw. Therapeut/-in oder Coach solltest Du zuerst bei Dir selbst beginnen und Deine Persönlichkeit mitsamt Deinem Denken so weit entwickeln, dass der Erfolg überhaupt in Deine Praxis Einzug halten kann.

Erfolg ist nichts anderes als eine bestimmte Gruppe von Gedanken, die zusammen eine Idee formen, in einer bestimmten Schwingung. Erfolg ist nichts weiter als Energie in seiner geordneten Schwingung.

Checke zunächst, wie sehr Du mit Deinem Leben einverstanden bist. Die zwölf Bereiche des Lebensrades sind von entscheidender Wichtigkeit und stehen in direktem Zusammenhang.

To do

Dein Lebensrad

Wie zufrieden bist Du mit dem jeweiligen Lebensbereich im Vergleich dazu, wo Du gerne wärst? Im Folgenden findest Du eine kurze Beschreibung zu einzelnen Bereichen.

Bewerte auf einer Skala von 1 bis 10, wo Du gerade stehst:

10 = sehr zufrieden, super, phänomenal gut;

0 = sehr unzufrieden, miserabel.

Mache ein Kreuzchen an die entsprechende Stelle.

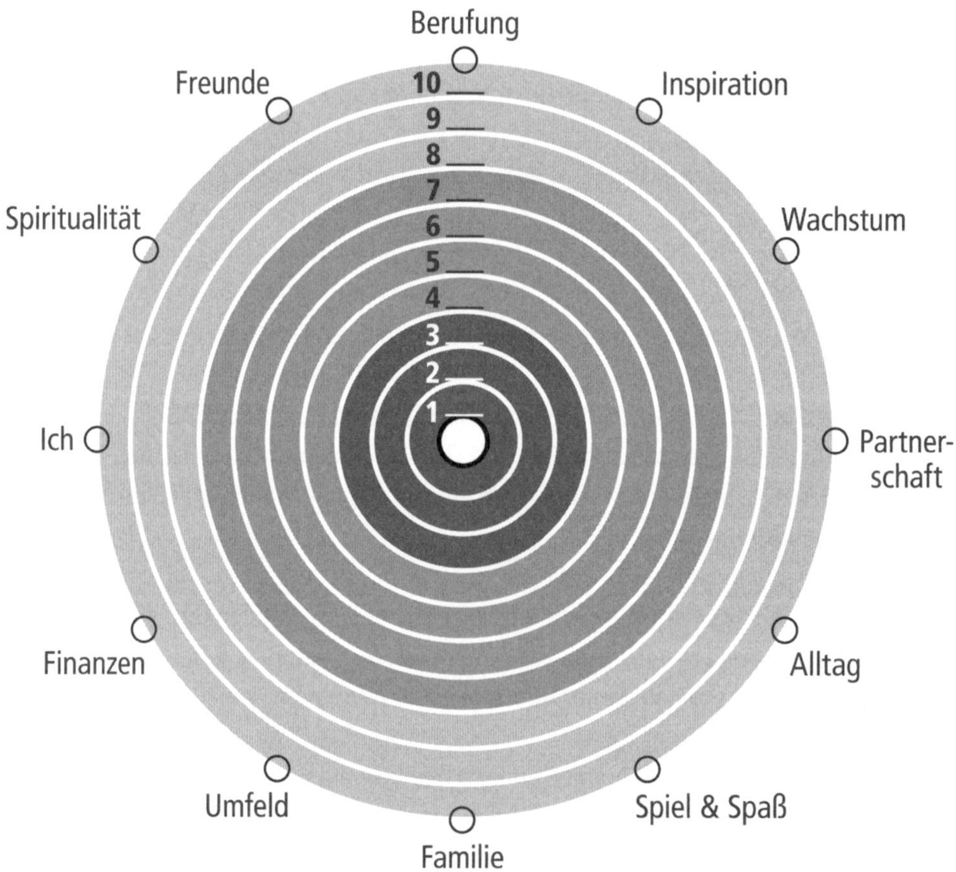

- **»Ich«:** Bewerte Dich nicht im Vergleich mit anderen, sondern vergleiche Deinen Status quo vielmehr mit dem Zustand, in dem Du gerne wärst. Wie zufrieden bist Du mit Dir selbst, mit Deinem Körper, Deinen Fähigkeiten, Deiner Selbstkontrolle, Deinem Selbstbewusstsein?
  10 = charismatische, starke Persönlichkeit, vor Energie sprühend, vital, selbstbewusst; 0 = oje ...

- **»Finanzen«:** Wie steht es um Deine finanzielle Lage?
  10 = fantastisch; 0 = katastrophal.

- **»Umfeld«:** Wie wohl fühlst Du Dich in Deiner unmittelbaren Umgebung?
  10 = wunderbares Umfeld mit besten Nachbarn, Traumhaus/-wohnung am schönsten Ort der Welt; 0 = total schrecklich.

- **»Familie«:** Wie ist Deine Beziehung zu Deinen Angehörigen, zu den Kindern, Eltern, Enkeln usw.? Wie wohl fühlst Du Dich in Deiner Familie?

- **»Spiel & Spaß«:** Es ist nötig für die Regeneration, etwas nur um der Freude willen zu tun, ohne etwas leisten zu müssen.

- **»Alltag«:** Hast Du viel Stress oder Langeweile? Herrscht Chaos in Deinem Leben oder hast Du alles unter Kontrolle? Läuft alles wie »geschmiert«? Wie zufrieden bist Du damit?

- **»Partnerschaft«:** Führst Du eine lebendige, offene, nährende Partnerschaft, in der Du immer neue Kraft und frische Energie tanken kannst?

- **»Wachstum und Weiterentwicklung«:** Beides ist ein Kennzeichen des Lebens. Manchmal fällt es uns schwer, zu wachsen, weil wir es uns zu bequem eingerichtet haben. Zu anderen Zeiten passiert etwas, was uns zur Weiterentwicklung zwingt, weil das Bisherige nicht mehr funktioniert oder verloren geht. Wie zufrieden bist Du mit Deiner Entwicklung?

- **»Inspiration«:** Sie motiviert uns von innen heraus.
  10 = Du sprühst vor Inspiration, hast Ideen, inspirierst auch andere, stehst morgens beschwingt auf und freust Dich auf den Tag; 0 = alles erscheint Dir öde – Decke über den Kopf ...

- **»Beruf/Berufung«:** 10 = Du lebst Deine Berufung, verdienst reichlich Geld damit, hast die besten Kunden und/oder Kollegen, bist rundum glücklich; 0 = Du hasst Deine Arbeit und möchtest sie eigentlich nie mehr machen.

- **»Freunde«:** Hast Du gute freundschaftliche Beziehungen? Gibt es in Deinem Leben jemanden, auf den Du Dich auch in Krisen wirklich verlassen kannst?
  10 = sehr starkes soziales Netz; 0 = Du fühlst Dich so allein.

- **»Spiritualität«:** Bist Du im Leben mit etwas verbunden, das größer ist als Du selbst; fühlst Du Dich als Teil eines größeren Ganzen und siehst einen tieferen Sinn im Dasein, in Deiner Tätigkeit? Hast Du vielleicht »erleuchtete« Augenblicke? Wie zufrieden bist Du mit Deiner Spiritualität?

Nachdem Du alle Kreuzchen eingezeichnet hast, verbinde sie der Reihe nach miteinander. Du siehst nun sofort, wie *rund* oder *unrund* bzw. *»eckig«* Dein Leben im Augenblick läuft.

Hättest Du in allen Kategorien eine 10 angekreuzt, dann ergäbe sich das volle Rad, Du würdest sehr schnell und sanft vorankommen, Du würdest wirklich Großes bewirken.

Je kleiner Dein Rad ist, desto länger brauchst Du, um etwas zu erreichen, und womöglich bleibt das Ziel dann sehr, sehr weit entfernt.

Wenn Dein Rad eher Ecken und Kanten aufweist, ist Deine Lebensfahrt eine ziemlich holprige Angelegenheit; im schlimmsten Fall kommst Du kein bisschen voran und bleibst auf der Strecke liegen.

Wie kannst Du ein möglichst großes, rundes, geschmeidig rollendes Lebensrad kreieren?

Motivation von außen verleiht Dir vielleicht einen kurzen Adrenalinkick, durch den Du aufgepeitscht wirst und der Dir scheinbar Schwung verleiht, um trotz einiger Zacken im Lebensrad voranzukommen, doch er flacht schnell ab, sodass Du auf Deiner Reise erneut ins Stoppen gerätst. Einer meiner Mentoren, Tom Murphy, die »Graue Eminenz« hinter vielen der bedeutendsten Trainer und Redner, verglich das Motivationstraining mit Luftballons, die bis vor dem Platzen aufgeblasen werden, aber nach dem Loslassen richtungslos durch die Gegend schnurren und die Luft verlieren.

Statt irgendetwas blind zu machen, weil Deine Motivation von außen gepusht wurde, musst Du die inneren Voraussetzungen schaffen und wissen, wie Dein Geist funktioniert. Ein Bild über die Funktionsweise Deines Geistes wird Dir helfen, Ordnung in Deinen Geist zu bringen:

- Gehirnzellen aufbauen und ein Bild in Deinem Geist entwickeln;
- dieses Bild in die Zellen Deines Geistes einprogrammieren;
- dadurch über alle erforderlichen Wahrnehmungszellen verfügen …
- … und eine Bewusstseinserweiterung erreichen, mit der Du operieren kannst.

Im Folgenden erläutere ich, was dafür vonnöten ist.

Bringe Ordnung in Deinen Geist

Das Gesetz des Wachstums umfasst, dass wir alle unser Leben stetig verbessern wollen. Wir wissen auch oft, was zu tun wäre, um erfreulichere Resultate zu erreichen, aber wir setzen es nicht um. Du kennst diese Erfahrung der Inkonsequenz vermutlich von Dir selbst, aber Du machst sie eben auch mit Deinen Patienten/Klienten.

»Menschen wollen unbedingt ihre Lebensumstände verbessern, sie sind aber nicht gewillt, sich selber zu verändern, und deshalb bleiben sie an das alte Leben gebunden.«

(James Allen)

Um als Therapeut/-in oder Coach wirklich effektiv zu sein, musst Du den Patienten/Klienten helfen, eben jene Schritte zu unternehmen, die ihre Lebensumstände verbessern werden.

Erneut erinnere ich Dich an die Definition des Soziologen Luhmann (siehe »Der Weg der Patienten, bevor sie zu Dir kommen«, Punkt 7: »Handlung«, S. 126): Machtvoll bist Du als Therapeut/-in oder Coach, wenn Du Deinen Patienten/Klienten so beeinflussen kannst, dass er das Notwendige tut. Doch bevor Du in diesem Sinne erfolgreich sein kannst, musst Du selbst diese Aufgabe gemeistert haben und als Vorbild dienen können.

Deine Persönlichkeit besteht aus Deinem ...

1. bewussten Geist,
2. unterbewussten Geist,
3. Körper.

Der Geist ist in jeder unserer 30 Billionen Zellen im ganzen Körper aktiv. Denken ist eine Tätigkeit des Gehirns, doch der Geist ist in Wirklichkeit eine Bewegung, eine Aktivität, und der Körper ist eine Manifestation dieser Aktivität, ein Instrument unseres Geistes.

Das Gehirn von Albert Einstein wird in einem Glasbehälter an der Universität Princeton konserviert ..., aber es funktioniert nicht ohne Einstein.

Du lebst in einem Körper, aber Du *bist* nicht Dein Körper. Du *bist* nicht Dein Verstand, sondern Du *hast* einen Verstand. Du bist ein seelisch-geistiges Wesen, das in einem physischen Körper lebt, und bist mit einem Verstand begabt. Du kannst Deine Gedanken selbst wählen.

Unsere sechs **Werkzeuge des klaren Denkens** sind:

1. Wahrnehmung
2. Imagination
3. Wille
4. Verstand
5. Gedächtnis
6. Intuition

Wir können sie auch »Muskeln« des klaren Denkens nennen, weil sie wie andere Muskeln trainiert werden müssen, um sie zu stärken. In meinem Buch »Die Reichtumsblaupause« habe ich all dies näher ausgeführt.

1. Du kannst Deine *Wahrnehmung,* Deinen Blickwinkel so ändern, dass Du in allem den verborgenen Sinn wahrnimmst und daraus Kraft schöpfst. Nichts ist an sich gut oder schlecht; die Dinge sind so lange neutral, bis Du anfängst, sie anhand von Vergleichen zu (dis)qualifizieren.

Wahrnehmen ohne Wertung

2. Laut Albert Einstein ist *Imagination* viel mächtiger als das Wissen. Durch Imagination können wir Informationen, die über unsere Sinne in uns hineinströmen, ignorieren und stattdessen andere Bilder auf die Leinwand unseres Geistes projizieren. Deine Imagination hilft Dir, Dir unter Ausblendung Deiner eventuell ungünstigen Umstände die Bereiche Deines Lebens so vorzustellen, wie Du sie Dir wünschst.

Die Macht der inneren Bilder zum eigenen Vorteil nutzen

3. Sobald wir uns etwas angewöhnt haben, wird unser Verhalten von der Gewohnheit kontrolliert. Die Kraft des *Willens* reicht dann nicht aus, um unser Verhalten zu ändern – siehe die guten Vorsätze fürs neue Jahr, die ruck, zuck wieder gebrochen werden. Warum können wir Vorsätze nicht mit dem Willen durchsetzen?
   Der Wille ist eine Fähigkeit des Bewusstseins, aber Gewohnheiten werden vom Unterbewusstsein gesteuert. Das Gesetz des umgekehrten Effekts besagt: Je mehr Du versuchst, Deinen bewussten Geist dazu einzusetzen, etwas zu kontrollieren, das vom Unterbewusstsein gesteuert wird, desto schwieriger wird es. Du musst Dein bewusstes Denken ruhen lassen, damit Dein unterbewusster Geist seine Arbeit verrichten kann; Du musst dem Unterbewusstsein Platz machen, da-

Dem Unterbewusstsein eine drängende Frage übergeben und sich entspannen … – die Antwort wird zu gegebener Zeit »eintrudeln«

mit es ungestört nach Lösungen suchen kann. Es wird jedes Problem für Dich lösen.

Die Gedanken sind frei …

4. Der bewusste Geist entspricht dem denkenden *Verstand;* wir nennen ihn auch »Intellekt«. Er kann seine Gedanken selbst wählen; er kann eine Idee annehmen oder zurückweisen. Als wirklich bewusster Mensch kannst Du von niemandem gezwungen werden, irgendetwas Bestimmtes zu denken.

Gute statt schlechte Erinnerungen hegen

Eigene Fehler als Lernchancen begreifen

5. Die meisten Menschen nutzen ihr unbewusstes *Gedächtnis,* um all die missliebigen Situationen und Fehler in ihrer Vergangenheit zu speichern und wieder »aufzuwärmen«. Es wäre allerdings genauso viel oder wenig Aufwand, sich an all die angenehmen Ereignisse zu erinnern. Warum tun wir es dann nicht? Weil wir darauf konditioniert sind, uns an das Negative zu erinnern, anstatt an die Lernchancen, die uns dadurch beschieden wurden. Trainiere Dein Gedächtnis, all das Positive zu bewahren.

Der eigenen Intuition Aufmerksamkeit schenken und sie von der Stimme der (hinderlichen) Angst unterscheiden

6. *Intuition* als Werkzeug des klaren Denkens wird allzu oft missverstanden. Sie ist die Fähigkeit, etwas zu wissen, was man im Grunde nicht wissen kann. Sie versetzt uns in die Lage, Schwingungen aufzunehmen, sodass wir z.B. spüren, wie es anderen Menschen geht. Oft verwechseln wir die innere Stimme der Angst mit unserer Intuition: *Ahne* ich voraus, dass z.B. ein Unfall passieren wird, oder habe ich »nur« *Angst* davor? Zuweilen müssen wir genau das tun, wovor wir Angst haben, um uns weiterentwickeln zu können. Es gilt also auch, Deine Intuition zu trainieren, um sie von der Stimme der Angst unterscheiden zu lernen.

Deine Konditionierung

Deine Welt und alles in dieser Welt ist nichts weiter als eine Widerspiegelung Deiner eigenen mentalen Einstellung Dir selber gegenüber.

Die Wahrheit ist: Wir sehen nicht *mit,* sondern *durch* unsere Augen. Wir sehen nur das, wofür wir Wahrnehmungszellen aufgebaut haben. Wenn wir etwas sehen, interpretieren wir es und reagieren automatisch entsprechend unserer Konditionierung aus der Vergangenheit. Die automatischen Reaktionen erscheinen unterhalb der Bewusstseinsschwelle. Du merkst das z.B., wenn Du in der Ferne etwas Bestimmtes zu erkennen glaubst …, doch sobald Du Dich näherst, stellt sich heraus, dass Du Dich getäuscht hast und das Objekt nicht Deiner bisherigen Wahrnehmung entspricht. Mir ist es schon passiert, dass ich im Glauben, auf einen Menschen zuzugehen, aus Vorsicht die Hunde zurückpfiff und anleinte, doch beim Näherkommen der Silhouette merkte ich, dass es bloß ein Wegweiser war.

Du kennst bestimmt einige Vexierbilder, auf denen je nach Fokus des Betrachters ein Motiv X oder ein Motiv Y zu entdecken ist, und sobald man sich einmal auf beide Möglichkeiten eingestellt hat, kann man zwischen den beiden »Blickwinkeln« hin und her wechseln. Falls Du die Gelegenheit dazu hast, besuche die Webseite des Schweizer Künstlers Sandro Del-Prete und schau Dir das Bild einer im Wasser schwimmenden dickbauchigen Flasche an: *https://www.sandrodelprete.com/index.php/eshop/dolphins.html.* Was erkennst Du auf dem Bild?

Lösung:
Erwachsene sagen in der Regel: »Ein Liebespaar.«
Doch Kinder entdecken stattdessen sofort Delfine. Und so lautet auch der Titel dieser optischen Illusion: »Message d'amour des dauphins« (»Die Liebesbotschaft der Delfine«).

Das bedeutet, unsere Vergangenheit bestimmt darüber, was wir sehen und wie wir die Welt sehen. Jeder von uns ist in bestimmter Weise konditioniert.

Deine Programmierung bzw. der konditionierende Aufbau Deines Paradigmas (Glaubenssätze, Muster, Vorbilder, Weltanschauung) beginnt noch vor Deiner Geburt. Dein Unterbewusstsein kann nicht wählen, nicht zurückweisen. Solange Du unbewusst bist, muss Dein Unterbewusstsein alles akzeptieren, was ihm aus den verschiedensten Quellen eingetrichtert wird. Dein Selbstbild wird sehr früh aufgrund der Ideen in Deinem

Unterbewusstsein geformt, und Dein Paradigma kontrolliert dann alle Deine Lebensbereiche: soziale Beziehungen, Gesundheit, Einkommen usw. In den drängendsten Jahren Deines Lebens bist Du z.B. mit dem Glauben indoktriniert worden, Deine Resultate in der Schule bestimmten darüber, ob Du im Leben gewinnst oder verlierst.

Dein Unterbewusstsein nimmt jegliche Idee auf – ohne »vernünftiges« Unterscheidungsvermögen

Dein Unterbewusstsein weiß auch nicht zu unterscheiden zwischen physischer Realität und Imagination. Erinnere Dich an einen Albtraum: Er hat Deinen Körper ebenso in Aufruhr versetzt, als wäre alles in der Realität passiert. Der unterbewusste Geist nimmt die Bilder genau so an, wie der bewusst denkende Verstand sie ihm übergibt. Für ihn ist die Realität immer das, was ihm eingeprägt wird.

Weil es so bedeutsam ist, wiederhole ich es: Dein Unterbewusstsein kann keine Idee zurückweisen. Sie wird sich sofort in Deinem physischen Körper in Form einer bestimmten Schwingung manifestieren, und wenn Du diese Schwingung bewusst wahrnimmst, hast Du ein entsprechendes Gefühl. Sei also achtsam, welche Ideen oder »Ratschläge« Du in Dein Unterbewusstsein hineinlässt!

Viele Menschen lassen es zu, dass die Bilder, die von den Sinnen wahrgenommen werden, dem Unterbewusstsein ungeprüft übergeben werden. Wie per Autopilot arrangiert, steuern sie auf ein eingespeichertes Ziel zu. (In meinem Buch »Die Reichtumsblaupause« wird dies anhand von Zeichnungen erläutert.) Die Frage ist nur: Welches Ziel ist da *unbewusst* einprogrammiert worden, und zwar nicht (nur) von ihnen selbst? Die Resultate geben die Antwort darauf.

Wenn wir ein wünschenswertes Bild haben, das jenseits all unserer derzeitigen Resultate ist, besteht das Problem darin, dass wir aufgrund unserer Konditionierung glauben, es nicht verwirklichen zu können. Vergangene negative Resultate dominieren unsere Gedanken.

Ein Leben mit fortwährendem Rückblick auf die Vergangenheit ist jedoch riskant – so gefährlich wie eine Fahrt mit dauerndem Blick in den Rückspiegel. Im Lukas-Evangelium 9,60 heißt es: »Lasst die Toten ihre Toten begraben.« Die Vergangenheit ist vorbei und faktisch nicht mehr zu ändern.

Trotzdem verbringen 95 Prozent der Menschen mehr als 95 Prozent ihrer Zeit in der Vergangenheit. Wir kennen auch das »Ritual«, wenn sich

Bekannte treffen und die alten Zeiten heraufbeschwören ... Andere käuen das Unrecht wieder, das ihnen jemand angetan hat; oder sie kommen nicht darüber hinweg, einst eine anscheinend falsche Entscheidung getroffen, eine Niederlage erlitten, eine Gelegenheit ungenutzt gelassen zu haben usw.

Dadurch behalten sie eine so negative Schwingung, dass es auf dieser Ebene des Bewusstseins keine Chance für positive Gedanken gibt.

Wer unliebsame Situationen oder Traumata gedanklich wiederholt, hält sich darin gefangen und dreht sich in einer Negativspirale

Das Einzige, was diese Art des Denkens jemals erschaffen wird, sind Reue und Schuldgefühle – fatale emotionale Zustände. Solange Du die Szenen wieder und wieder in Deinem Geist abspielst, trägst Du die zugehörigen negativen Gefühle in Dir und wiederholst genau dieselbe körperliche Erfahrung, sodass Du Dich automatisch in derselben niedrigen Schwingung hältst.

Dein derzeitiger Status quo ist zwar die unmittelbare Auswirkung Deines bisherigen Denkens und Tuns. Aber Deine derzeitigen Resultate spiegeln in keiner Weise Dein wahres Potenzial wider. Sie spiegeln nur wider, wie Du bis zum jetzigen Zeitpunkt gedacht hast. Du hast unendliches Potenzial. Und damit kannst Du Deine zukünftigen Resultate immer weiter verbessern.

Deine Resultate spiegeln nur Dein bisheriges Denken wider, nicht Dein eigentliches Potenzial

Wie kannst Du die Kontrolle darüber gewinnen, was in Deinem Geist vor sich geht? Indem Du intrinsisch lebst, d.h. von innen nach außen statt von außen nach innen.

Du lebst extrinsisch, wenn Du Deine Lebensmöglichkeiten anhand dessen einschätzt, was Du mit Deinen fünf Sinnen wahrnimmst und dann *interpretierst.*

Du lebst intrinsisch, wenn Du im Einklang mit dem denkst, fühlst und handelst, was Du wirklich willst, und zwar ohne Dich von äußeren Resultaten beeinflussen zu lassen.

Deine derzeitige Lebenssituation mag, von außen betrachtet, unvorteilhaft und schwierig sein. Wenn Du jedoch bereit bist, nach innen zu schauen, und Deine Imagination dafür einsetzt, Dir Deine erwünschte Lebenssituation wirklich lebendig vorzustellen, und Du fähig bist, dieses innere Bild ausdauernd auch dann zu halten, wenn alle äußeren Umstände dagegen sprechen, dann werden Deine äußeren Resultate bald nicht mehr dieselben sein wie zuvor.

Was auch kommen mag – halte Dein (inneres) Wunschbild!

Deine bisherigen Resultate spiegeln das Paradigma wider, das in Dir wirksam ist. Bevor sich Dein Leben dauerhaft verändern kann, musst Du Dein Paradigma ändern.

Die wirkliche Ursache aller Resultate in Deinem Leben liegt in der Information, die in Deinem Unterbewusstsein einprogrammiert wurde.

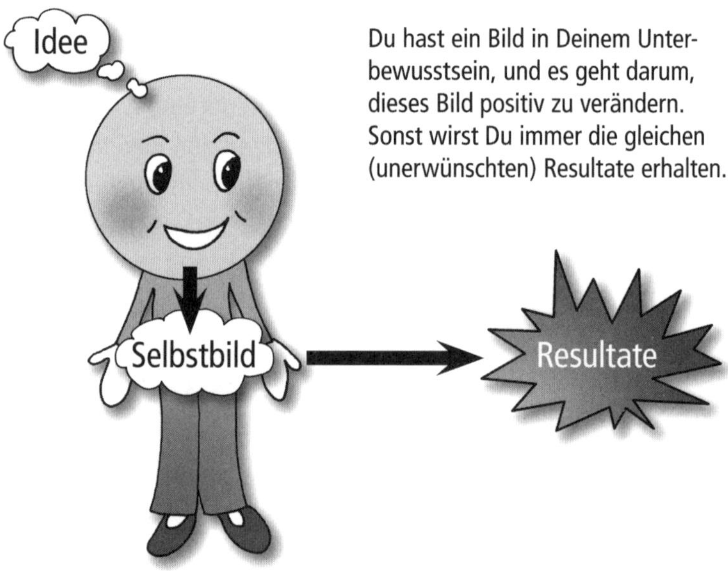

Du hast ein Bild in Deinem Unterbewusstsein, und es geht darum, dieses Bild positiv zu verändern. Sonst wirst Du immer die gleichen (unerwünschten) Resultate erhalten.

Vertiefe Deine Einsicht, was passiert, wenn Du Deine Gedanken nicht unter Kontrolle hast!

To do

** **Schau Dir Dein Leben genau an und untersuche die Resultate, die Du in unterschiedlichen Bereichen erzielst. Setze einzelne Deiner Ergebnisse in Beziehung zu Deiner Einstellung: Verstehst Du dann, warum Du aufgrund Deines Denkens, Fühlens und Handelns ausgerechnet diese Resultate bekommst?**

** **Welche unerwünschten Resultate möchtest Du von jetzt an bewusster angehen und zu einem anderen Ergebnis bringen?**

- Wie wirst Du das zuwege bringen?

** **Welche Glaubenssätze und Gewohnheiten kontrollieren Dein Leben?**
Wer und/oder was kontrolliert Dein Leben?

** **Welche Gewohnheiten möchtest Du verändern?**

- Wähle zunächst eine Gewohnheit aus, die Du als Erstes verändern willst, und beginne sofort damit.

** **Halte jetzt kurz inne und denke nach: Was könntest Du tun, was die Qualität Deines Lebens von einem Augenblick auf den anderen sofort verbessern würde?**

Negatives Denken

Solange Du eine negative Idee in Deinem Geist bzw. Unterbewusstsein hegst und es erlaubst, Dich gefühlsmäßig auf diese negative Idee einzulassen, verharrt Dein Körper in einer negativen Schwingung. Handlungen werden durch Schwingung verursacht. Es gibt keine intelligenten Handlungen in einer negativen Schwingung.

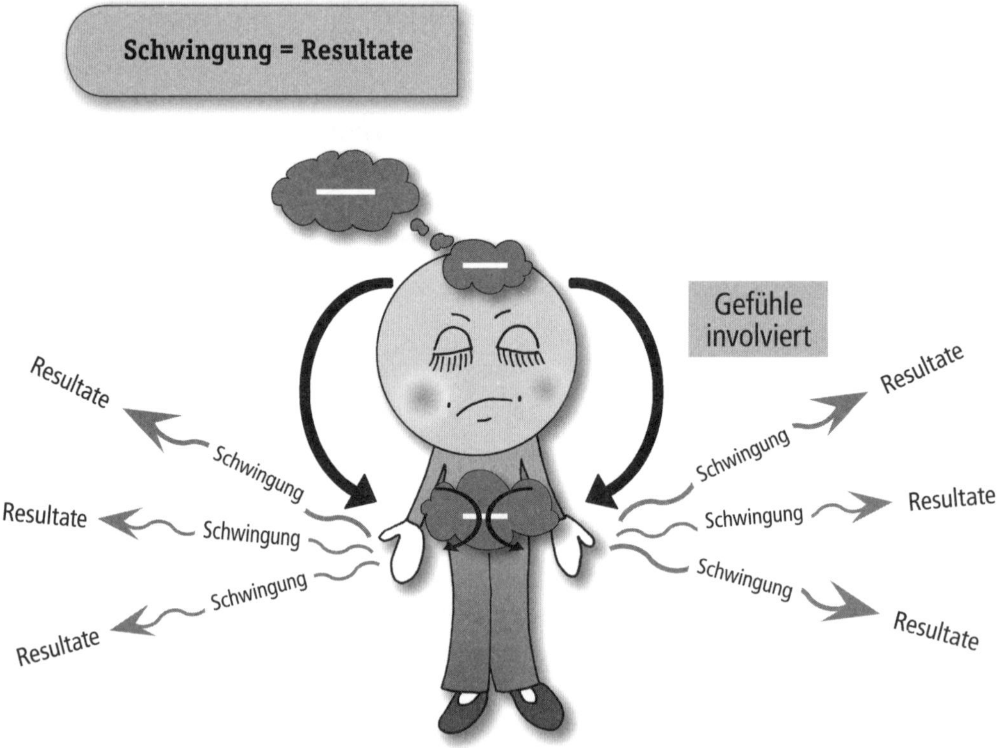

Die Naturwissenschaft besagt: Energie bewegt sich für immer und ewig in eine Form hinein. Im Bereich der Religion heißt dies: Das Gebet eines Individuums ist der vermittelnde Moment zwischen dem Geistigen und dem Materiellen. Allerdings bitten/beten viele Menschen um das, was sie *nicht* wollen, denn sie denken dabei an das »Negative«, das sie vermeiden wollen. Solange sie in einer negativen Schwingung sind, können sie nur Negatives erschaffen.

Niederlagen sind Gedanken, die in einer Weise miteinander schwingen, dass sie gegen die Gesetze der Natur verstoßen. Wir könnten es auch als »Verwirrung« bezeichnen. Niederlagen sind Energie in einer chaotischen Form von Schwingung.

Egal, welche Fehler Du in der Vergangenheit gemacht hast: Für die Fehler der Vergangenheit hast Du bereits bezahlt; Du musst nicht zweimal dafür bezahlen.

Aus Unwissenheit wissen die meisten Menschen nicht, dass sie sich selbst dazu bringen, sich schlecht zu fühlen.

Oft wissen wir gar nicht, warum wir unsere Ansprüche an uns selbst nicht erfüllen können. Die Antwort darauf: Wir sind in einem sich selbst erfüllenden Kreislauf gefangen; die negativen Gedanken ziehen negative Gefühle nach sich, die unsere Schwingung negativ beeinflussen und zu unerwünschten Handlungen führen. Weil vergangene Resultate unsere Gedanken dominieren, beginnt dann der Kreislauf von vorne.

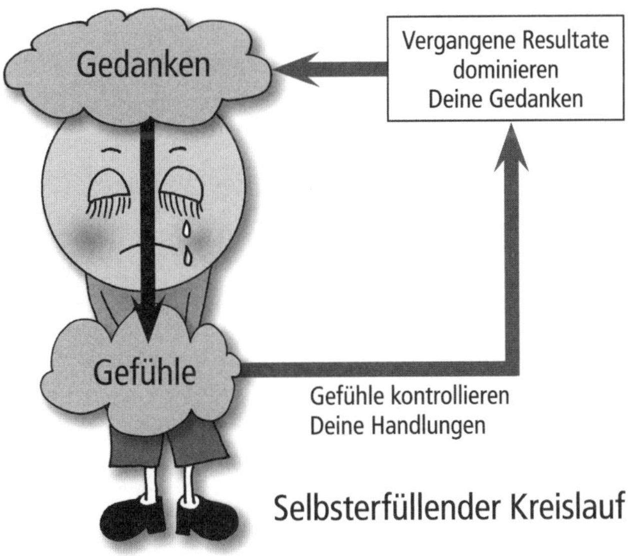

Selbsterfüllender Kreislauf

»Achte auf deine Gedanken, denn sie werden Worte, achte auf deine Worte, denn sie werden Handlungen, achte auf deine Handlungen, denn sie werden Gewohnheiten, achte auf deine Gewohnheiten, denn sie werden dein Charakter, achte auf deinen Charakter, denn er wird dein Schicksal.«

(Charles Reade, 1814–1884, nach einem asiatischen Sprichwort)

»Wenn du glaubst, dass andere Menschen die Ursache deines Problems sind, wirst du den ganzen Rest der Welt zum Psychiater schicken müssen, damit du dich besser fühlst.«

(Dr. Wayne Dyer)

Vielleicht werden wir noch wütend auf uns selbst, weil uns dieser Kreislauf schier ohnmächtig macht. Wir richten die Wut nach innen und werden im ärgsten Fall depressiv.

Dieser Kreislauf muss durchbrochen werden, um andere Resultate zu erzielen. Im Gegensatz zu dem Kleinkind, das Du warst und dem alle möglichen Überzeugungen ungefiltert eingeflößt werden konnten, kannst Du nun als erwachsener Mensch Deine Gedanken kontrollieren.

Merke: Niederlagen sind ein positiver, wichtiger Teil im Leben.
Du kannst keine Niederlagen haben, ohne zugleich einen Erfolg zu verzeichnen.
Du kannst keinen Erfolg haben, ohne Niederlagen zu haben.

Du überwindest die Angst vor Niederlagen, indem Du Dir ein Ziel setzt, für das es sich sogar lohnt, zu scheitern.

To do

* Schreibe hier ein Ziel auf, für das es sich sogar lohnen würde, zu scheitern.

Übernimm das Steuer

In unseren ersten Lebensjahren wurden alle möglichen Ideen in uns hineinprogrammiert. Als Kinder haben wir nur solche Gedanken gedacht, die von ihrer Schwingung her im Einklang mit unserer bisherigen Konditionierung waren. Unser unterbewusster Geist wurde programmiert.

Wenn wir Gedanken denken, die sich mit der Konditionierung mischen, erleben wir die Schwingung, an die wir gewohnt sind, das heißt, wir bleiben innerhalb unserer Komfortzone. Wir fühlen uns dann komfortabel – obwohl wir wahrscheinlich nicht die Resultate erzielen, die wir eigentlich erreichen wollen. Es kann sich durchaus komfortabel anfühlen, weniger gute Resultate zu bekommen; es ist risikoarm und gewohnt.

Solange ein Bild bloß in unserem bewussten Geist, im Intellekt oder im Verstand existiert, bleibt es ohne Effekt auf unsere Gefühle oder unser Verhalten.

Wir können nun eine neue Idee ins *Unterbewusstsein* einführen … Hier liegt die Kraft, die die Arbeit für Dich tut.

Du kannst nur dann nachhaltig und dauerhaft etwas tun, wenn Du es zuvor in Deinen unterbewussten Geist eingepflanzt hast.

Bei der Implementierung einer neuen Idee ins Unterbewusstsein kommt es zunächst zu einem Konflikt zwischen alter und neuer Konditionierung – Zweifel, Sorgen und Ängste erfassen das gesamte System; wir beginnen zu rationalisieren, warum wir das Neue ja angeblich sowieso nicht haben wollen. Durch scheinbar »gute Gründe« verraten wir die Sehnsucht unseres Herzens und unser wirkliches Potenzial.

Abraham Maslow sagte in etwa: *»Sie werden entweder einen Schritt nach vorne machen, Richtung Wachstum, oder sie werden einen Schritt zurück machen in Richtung Sicherheit.«*

Wie oft hattest Du etwas geplant, das Dir Freiheit verhieß, und bist – kaum auf dem Weg – wieder »eingeknickt«, weil Dich die Angst in die vermeintliche Sicherheit zurücktrieb?

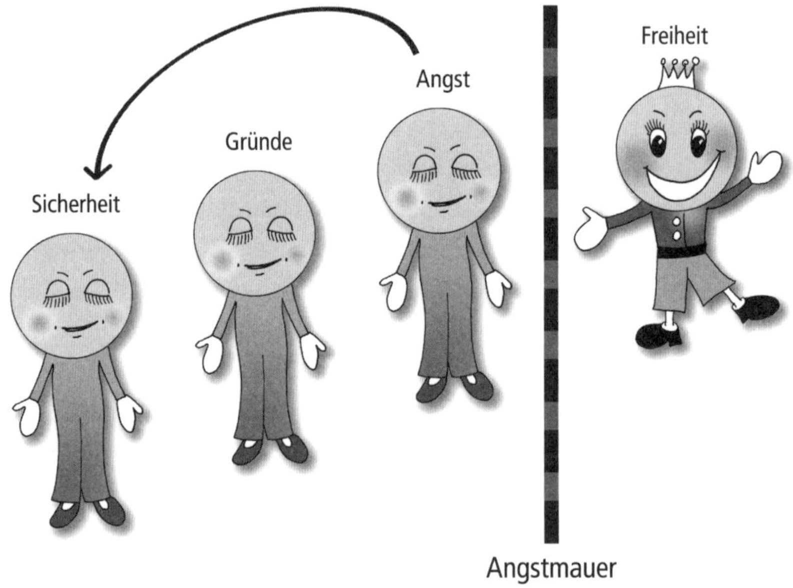

Und wie oft wurde Dir bewusst, dass die angebliche Sicherheit in Wahrheit zum Gefängnis wurde?

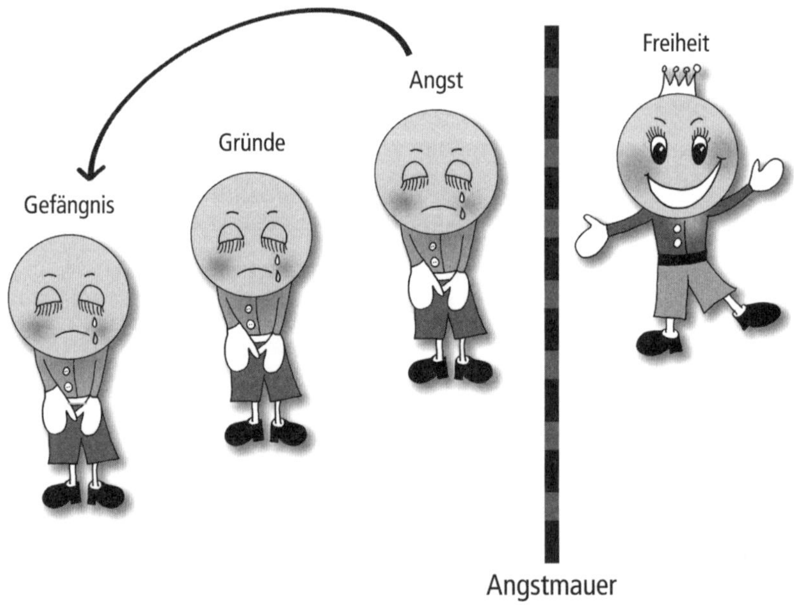

Die größte Gefahr in unserem Leben besteht darin, nichts zu riskieren. **Wir müssen Risiken eingehen, um uns zu entwickeln und zu wachsen.**

Auf meine Frage, wie lange Klienten darüber *nachdachten,* sich zu verändern, bevor sie sich *tatsächlich* veränderten und bessere Resultate erreichten, antworteten alle, dazwischen seien einige Jahre vergangen. Alle hatten damals darüber nachgedacht, (ziemlich) genau das zu tun, was sie jetzt erfolgreich taten – aber sie hatten sich nicht dazu aufraffen können, es zu tun. Die Angst hatte sie aufgehalten.

Jay Dishman schrieb in einem Brief an Bob Proctor:

»Vor einer Weile habe ich das Gefängnis von Alcatraz besucht, in dem einst die schwersten Verbrecher inhaftiert waren. Heute ist dieses Gefängnis für Führungen geöffnet. Viele Männer haben versucht, aus Alcatraz auszubrechen, aber es ist kein einziger bekannt, dem es gelungen wäre. Während ich dem Fremdenführer zuhörte, wie er die Unmöglichkeit eines Ausbruchs beschrieb, dachte ich an andere Gefängnisse, die ebenso einengend sind wie Alcatraz, in dem die Türen aber niemals geschlossen sind, keine Wärter die Gänge auf und ab patrouillieren, ein Ausbruch sogar unterstützt wird und in der Tat sogar möglich ist. Dieses Gefängnis ist unsere Gewohnheit.«

Er schrieb weiter:

»Was wir gewohnheitsmäßig über uns selbst und über unsere Umgebung denken, ist entweder ein Gefängnis oder ein Paradies. Wir müssen uns einfach umsehen, um Menschen zu sehen, die emotional und materiell reich sind, weil sie reich denken und sich reich fühlen, und wir sehen auch Menschen, die schwer tragen an emotionalem und materiellem Mangel, weil sie Mangel denken. Manche sind inspiriert durch eine Vision, andere behindern sich selber durch Zweifel. Manche werden durch Gefühle angetrieben, andere sind wie gelähmt durch die Angst. Manche fühlen sich frei, sich zu verändern, andere fühlen sich sicherer in der stets gleichbleibenden Monotonie. Manche streben nach dem Berggipfel, andere verkriechen sich in den Löchern. Manche suchen ganz bewusst nach Gelegenheiten, andere warten, dass das Glück endlich bei ihnen an

die Tür klopft. Die traurige Tatsache ist, dass sich mehr Menschen durch ihre eigenen Gedanken einengen, als sich durch ihre Gedanken zu befreien. Negatives Denken schließt uns ein in einem Gefängnis, aber es gibt einen Ausweg. Der Apostel Paulus hat gesagt: ›Gleicht euch nicht dieser Welt an, sondern wandelt euch und erneuert euer Denken‹ (Römer 12,2).«

Du kannst Dich jeden Tag verändern!

Wie kannst Du Angst bzw. Unwissenheit auflösen?

- Entwickle ein Verständnis, indem Du Dich mit dem Thema befasst.
- Ignoriere Deine äußere Welt insofern, als Du Deinen bisherigen Resultaten nicht erlaubst, Dein Denken und Fühlen zu kontrollieren.
- Visualisiere oftmals, was Du willst, und verbinde Dich gefühlsmäßig damit. Halte Dein Bild! (Das heißt, rufe das innere Wunschbild so oft wie möglich auf und lass keine »negativen« Bilder zu!)
- Dein neues Verständnis führt zu Vertrauen, das sich wiederum auf der Ebene des Körpers durch Gesundheit und Wohlbefinden manifestiert.

•••

Goethe wird (eventuell zu Unrecht) ungefähr die folgende Aussage zugeschrieben (siehe auch den Spruch von John Anster, S. 397):

Meinst du es wirklich ernst? Dann nutze diesen besonderen Augenblick, beginne mit dem, was du tun kannst. Und wenn du glaubst, dass du es nicht tun kannst, beginne zu träumen, dass du es tun könntest. Beginne damit! Kühnheit hat Genie, Macht und Magie in sich. Beginne, dich darauf einzulassen, und dann wird dein Geist Feuer fangen. Beginne und dann wird deine Arbeit vollendet werden.

Auch die zahlreichen Sprüche anderer bekannter Persönlichkeiten weisen darauf hin, dass es ein zentrales Menschheitsthema ist, Ängste überwinden zu müssen, um die eigene Entwicklung und Entfaltung zu ermöglichen. Eine Auswahl davon:

»Wenn du vertrauensvoll in die Richtung deines Ziels gehst
und danach strebst, das Leben zu leben,
das du dir vorgestellt hast, dann wirst du Erfolg haben,
den sich der alltägliche Verstand nicht vorstellen kann.«

(Henry David Thoreau)

•••

»Was du tun kannst oder träumend zuwege bringst –
beginne damit! Kühnheit birgt Genie, Kraft und Magie.
Lass dich vollkommen darauf ein,
und der Geist wird erregt werden.
Fang an, und das Werk wird vollendet werden.«

(John Anster)

•••

»Tue die Sache, und du wirst die Energie bekommen,
um die Sache zu tun.«

(Ralph Waldo Emerson)

•••

Obwohl Du das Steuer übernehmen sollst und Dich weder von der Angst noch von Kritikern, Neidern oder der Ansicht vermeintlich wohlmeinender Menschen irritieren bzw. von Deinem Weg abhalten lassen darfst: Achte zugleich darauf, nicht eigenwillig, verkrampft und zwanghaft auf Dein Ziel hinzupreschen. Nimm die Hinweise, die günstigen Gelegenheiten und die Lenkung höherer Mächte wahr! Sonst wirst Du Dich vor lauter falsch verstandener Zielstrebigkeit in ein Gefühl der Überforderung hineinmanövrieren. Dieses Gefühl der Überforderung ist immer ein Zeichen dafür, dass sich der betreffende Mensch mit eigener Willenskraft und Anstrengung vorwärtszubewegen versucht …, statt der universellen Kraft zu erlauben, ihn zu bewegen.

Im Fluss sein – sich von der universellen Kraft bewegen lassen

Hinterfrage Dich:

- »Habe ich versucht, mich aus eigener Willenskraft heraus in die Richtung meines Ziels zu bewegen?«
- »Bin ich aus dem Vertrauen herausgefallen, aus der Kraft, die größer ist als ich selbst?«
- »Habe ich mir zu sehr den Kopf zerbrochen über die Frage, wie ich das nur erreichen soll …, statt meine Willenskraft einzusetzen, um mich von jeglichen negativen Einflüssen abzuschirmen und mich einfach auf meine Vision – auf das, was ich wirklich will – zu fokussieren?«

Deine bewusste Umprogrammierung

Laut Carl Gustav Jung geht jedem Fortschritt eine Krise voran. Je größer die Krise, desto größer die Chance, voranzukommen.

Aus Verwirrung kann eine Ordnung entstehen, die auf einer höheren Ebene liegt als jene Ordnung vor der Verwirrung.

Schau Dir Deine Resultate an …, und wenn sie Dir nicht gefallen, ändere sie, indem Du die dahinterliegende Programmierung bzw. Deinen Geist veränderst.

Die Zeit ist gekommen, dass wir uns selbst von den mentalen Fesseln der Vergangenheit befreien. Den Heilungsprozess beginnen wir, indem wir uns selbst mit der Vielzahl von wunderschönen Bildern in Verbindung bringen, die wir in unserem Geist formen können. Und indem wir tatsächlich erwarten, dass wir die physische Manifestation jedes einzelnen dieser Bilder erleben werden. Sieh eine strahlende Zukunft vor Dir!

Entspanne Dich, kreiere schöne Wunschbilder in Deinem Geist und bleibe damit in Verbindung

Du kannst alles kontrollieren, was in Dein Unterbewusstsein hineingeht. Und Du hast die gottgegebene Fähigkeit, die alte Konditionierung zu verändern. Indem Du das tust, verwandelst Du Dein Leben.

Es nützt nichts und wäre unglaublich ermüdend, Dein *Verhalten* zu kontrollieren und Deinen *Willen* gegen Dich selbst einzusetzen. Sobald Du die Konzentration verlierst, gleitest Du in Dein altes Muster zurück.

Die meisten Menschen denken, sie könnten ihre Resultate (willentlich) verändern, indem sie anders handeln. Allerdings lautet die eigentliche Frage: »Warum handeln wir denn auf eine bestimmte Weise? Was ist die Ursache unseres Handelns?« Die eigentliche Ursache ist das, was in unserem (unterbewussten) *Geist* vor sich geht. Der Körper ist in Wirklichkeit nichts anderes als eine Marionette; der eigentliche Strippenzieher aber ist der Geist.

Wir können unsere vom Unterbewusstsein angestoßenen automatischen Reaktionen nicht mit unserem Willen und Bewusstsein steuern oder beherrschen. (Das wird Dir anhand all der vielen »guten Vorsätze« klar, die Du jemals getroffen, aber eben auch wieder gebrochen hast.) Wir müssen also unser *Unterbewusstsein umprogrammieren,* um es dauerhaft zu unseren Gunsten zu beeinflussen. Dann ändert sich alles.

Es gibt zwei Arten, wie Du die Informationen, die in Deinem Unterbewusstsein einprogrammiert sind, verändern kannst:

1. durch ein überaus starkes emotionales Erlebnis (z.B. Schock);
2. durch konstante Wiederholung.

Den »Autopiloten«, das Unterbewusstsein, neu programmieren: durch Wiederholung lebensdienlicher Gedanken

Du kannst Deinen Autopiloten nicht zerstören, sondern musst ihn *neu programmieren* – durch die *Wiederholung* neuer Gedanken, denen bald entsprechende Gefühle und Handlungen folgen werden.

Gedanken erzeugen Gefühle (d.h. die bewusste Wahrnehmung der eigenen Schwingung), und diese wiederum erzeugen Handlungen bzw. Verhalten. **Jeder Gedanke, den Du Deinem Unterbewusstsein, Deinem Kraftzentrum, wiederholt eingibst, wird zu einer Gewohnheit werden.** Sobald Gedanken zu einer Gewohnheit werden, werden sie sich so lange ausdrücken, bis Du sie durch eine neue Gewohnheit ersetzt hast.

Solltest Du bei Dir negative Gedanken wahrnehmen, baue bewusst positive Ideen auf und lass Dich gefühlsmäßig vollkommen darauf ein. So ändert sich Deine Schwingung und schließlich Deine Realität.

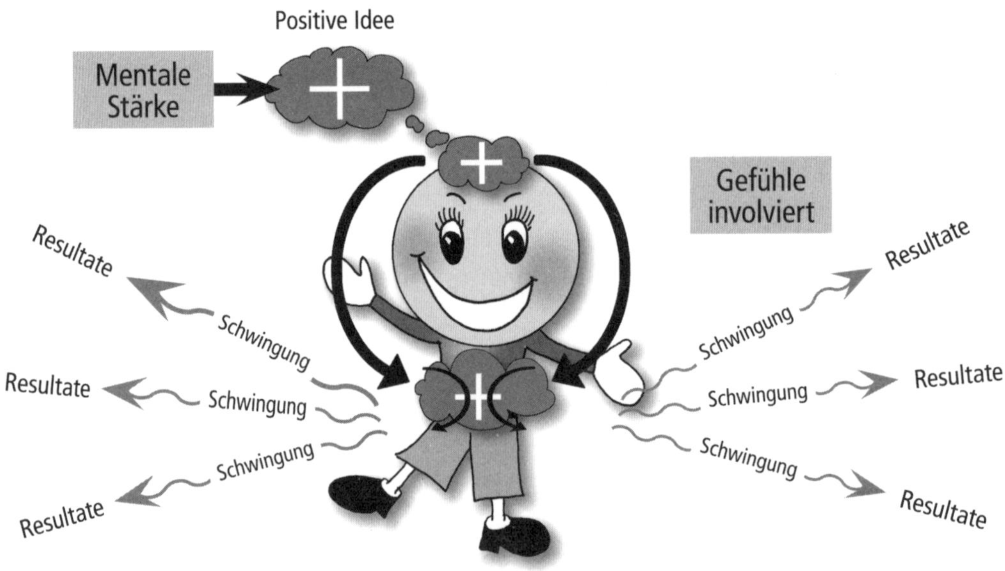

Die (positiven) Gedanken, die Du Deinem Unterbewusstsein *wiederholt* übergibst, werden schließlich dort fixiert. Dadurch baust Du neue Gehirnzellen auf und nimmst neue (bessere) Gewohnheiten an, ohne dass es noch einen bewussten Gedanken braucht.

Eine Idee muss mindestens 66 Tage wiederholt werden, damit sie zur neuen Gewohnheit wird

Doch Achtung, laut einer Studie von Philippa Lally (University College, London) und ihrem Team dauert es ungefähr 66 (oder mehr) Tage (nicht nur 21 oder 30, wie oft zu lesen), bis sich eine neue Gewohnheit wirklich verankert hat! Schon die Lateiner wussten: »Repetitio mater studiorum est« – »Wiederholung ist die Mutter des Lernens«. Das trifft nicht nur auf den schulischen Lernstoff zu, sondern auch auf unsere alltäglichen Gewohnheiten. Das heißt, Du könntest innerhalb eines Jahres nacheinander fünf alte durch fünf neue, erwünschte Gewohnheiten ersetzen.

Dein Zauberstab:
Du veränderst Dein Leben zum Positiven, indem Du eine schlechte Gewohnheit nach der anderen durch eine gute ersetzt.

Indem Du diese Gedanken hegst, baust Du neue Gehirnzellen auf.
Sooft Du eine Idee wiederholst, stärkst Du diese neuen Gehirnzellen.

Wir wissen nicht, wie Du die Dinge beeinflussen kannst, die Dir in Deinem Leben widerfahren, aber wir wissen, wie Du beeinflussen kannst, was sie aus Dir machen!

Wenn Du einer scheinbar negativen Situation erlaubst, Deine Einstellung zu bestimmen, wirst Du darauf reagieren. Doch in den meisten Fällen ist dies unangemessen. Klüger wäre es, objektiv zu bleiben und dadurch eine Situation zu erschaffen, in der Du gewinnst. Dein Geist ist das Einzige im Universum, über das Du Kontrolle haben kannst. Bedenke, dass Gewinnertypen auch die Niederlagen als Lernprozesse und als Chancen zum Wachstum begreifen.

Ist Dir jetzt klar, dass Du Dein Leben sofort verbessern könntest, wenn Du nur *eine einzige* unerwünschte Gewohnheit ändern würdest?

Sei zu jeder wachen Stunde absolut bewusst.
Entscheide bewusst, was Du denkst.
Suche Dir Menschen aus, die gewinnen;
mische Dich unter diese Leute; tue, was sie tun.
Geh in die Stille, sei immer bewusst und aufmerksam.
Nimm die Menschen so, wie sie sind,
und lass sie, wie sie sind.
Konzentriere Dich auf Deine eigenen Gedanken.
Sei ein Beispiel, ein Vorbild, ein Leuchtturm.

Um Deine Resultate zu verändern, musst Du also zuerst Deine Gedanken ändern. Durch die Kontrolle Deiner Gedanken kannst Du auch Deine Gefühle entsprechend beeinflussen. Wünschenswerte Resultate sind immer die Folge einer positiven, wünschenswerten Einstellung (Gesamtheit aus Denken, Fühlen und Handeln).

Deine Resultate offenbaren Dein Denken über Dich selbst: Nutze diesen »Spiegel«, um Dich nach Wunsch zu verändern

Wenn »Einstellung« eine Medaille ist, sind »Gewinnen« und »Verlieren« die entgegengesetzten Seiten derselben Medaille. Wenn Du wissen willst, wie Deine innere Einstellung ist, schau Dir Deine Resultate an: Sie sind ein genauer Spiegel dessen, was Du eingespeichert hast. Deine Resultate geben Dir ein Feedback darüber, wie weit der Prozess Deiner Programmierung vorangeschritten ist.

Oder wie es James Allen (1864–1912), ein Pionier der Persönlichkeitsentwicklung, sagte: *»Wir denken im Verborgenen, doch es zeigt sich, dass unsere äußere Umgebung unser Spiegel ist.«*

Von der Imaginationskraft Viktor Frankls, die ihm die Hölle des Konzentrationslagers und alle Verluste, die er im Dritten Reich erdulden musste, zu überleben half, erzähle ich in meinem Buch »Die Reichtumsblaupause«. Ich empfehle Dir Frankls Buch »... trotzdem Ja zum Leben sagen«, um einen Eindruck zu bekommen, wie mächtig es ist, den eigenen Geist frei von allen Impulsen der Rache zu halten und am Guten festzuhalten.

*»Man kann einem Menschen alles wegnehmen,
außer einer Sache: die Freiheit, die eigene Einstellung
zu jeder gegebenen Situation selbst zu wählen.«*

(Viktor Frankl)

Deine Lebensumstände mögen weniger brisant und weniger widrig sein, doch um sie zu verbessern, brauchst Du eine lebendige Vorstellung bzw. ein Bild von Dir als einem erfolgreichen, glücklichen, gesunden Menschen. Mehr Informationen findest Du unter *www.gewinnbringende-praxis.de/autopilot.*

Ich muss Dich darauf vorbereiten: Es ist kein leichter Weg, das neue Verständnis im Unterbewusstsein zu verankern. Manche Menschen brauchen oder bevorzugen dabei die Unterstützung von Mentoren, Lehrern usw. Ich habe mir immer gute Trainer gesucht, so wie es Sportler tun.

Ein radikaler Umgebungswechsel ist oft hilfreich, um Dein Selbstbild verändern zu können. Wer Dich bereits kennt, will keine Veränderung und hemmt Dich oft in Deiner Entfaltung. Bis zu Deinem »Durchbruch« solltest Du eher nach der Empfehlung von Bob Proctor verfahren: »Besuch sie nicht mehr so oft und bleib nicht mehr so lange.«

**Handle so, als ob es
unmöglich wäre, zu scheitern!**

Ein Beispiel:
Eine Klientin von mir brachte ihren elfjährigen Sohn in ein Seminar mit. Irgendjemand in der Position einer Autorität hatte bei dem Jungen (nennen wir ihn hier einmal Erik) eine »Lernbehinderung« diagnostiziert und der Familie mitgeteilt, dass sie nicht viel von ihm erwarten sollten. Deshalb erwartete auch Erik selbst nichts von sich. Man kann sich leicht vor-

stellen, welche desaströsen Auswirkungen dies auch auf die schulischen Leistungen des Jungen hatte; er war das Schlusslicht in der Klasse, sein Selbstbewusstsein war »im Keller«.

Im Seminar bauten wir bei ihm quasi neue Gehirnzellen auf, nämlich dass Erik alles tun könne, was er will, und dass die Lernbehinderung eine Fehldiagnose war. Während des Seminars sprach ich den lebhaften Jungen immer wieder direkt an; er war wirklich »bei der Sache«. Außerdem brachte ich Eriks Mutter bei, wie wichtig ein Schulwechsel für ihn sei, denn die bisherigen Lehrer und Mitschüler waren ja geradezu auf seinen Misserfolg programmiert; und die Lehrer an der neuen Schule sollten seine Zeugnisse am besten nicht zu sehen bekommen.

Monate später erhielt ich von Eriks Mutter einen Brief, in dem sie mir von den höchst erfreulichen Veränderungen in seinem Leben berichtete: Er hatte begonnen, sich Ziele zu setzen, weil er nun davon überzeugt war, alles tun und erreichen zu können. Seine Schulnoten wurden immer besser – er wurde schließlich sogar ein Einser-Schüler, außerdem Klassensprecher, und er fand neue Freunde.

•••

»Das Bild, das du in deinem Geist veränderst,
das Bild, das du in deinem Herzen trägst,
dieses Bild wird dein Leben sein
und dieses Bild ist, was du sein wirst.«

(James Allen)

Eine *einzige* Idee kann auch bei Dir zu einem großen Fortschritt führen. Mach eine Art Mentaltraining, höre Dir wiederholt z.B. Audioaufnahmen mit positiven Botschaften an, die Ordnung und Klarheit in Deinem Geist schaffen und die Verwirrung verschwinden lassen. Die Botschaften müssen Dein Unterbewusstsein erreichen und dort ihr förderliches Werk vollbringen. Wenn ich etwas Bedeutungsvolles lese, das ich mir zu eigen machen will, lese ich es wieder und wieder und wieder, um diese Idee in meinem Geist zu implementieren. (Siehe das »Textkauen« im Unterkapitel »Informationsdiät«, S. 111.)

Du hast diese Ideen eventuell schon in anderen Büchern gelesen oder irgendwo gehört. Es reicht allerdings nicht aus, sie nur zu lesen oder zu hören; das wird Dir nicht nützen. Du musst sie *verinnerlichen* und Dich *aktiv und bewusst* mit ihnen befassen, damit sie in Deinem Leben fruchtbar wirken.

Eine passende Meditation findest Du unter *www.gewinnbringende-praxis.de/affirmation.*

To do

** **Schau Dir Dein Leben genau an und untersuche Deine Resultate in unterschiedlichen Lebensbereichen. Setze mindestens drei dieser Resultate in Beziehung zu Deiner Einstellung bzw. Deinem Paradigma.**

** **Welche wünschenswerten Resultate möchtest Du haben? Und welche Einstellung hilft Dir dabei, diese Ergebnisse zu bekommen?**

- Was wirst Du sofort bzw. innerhalb der nächsten Tage tun, um diese Resultate schließlich zu erreichen?

** **Welchen Wunsch hast Du, den Du Dir bisher nicht erfüllen konntest?**

- Welche Hindernisse stehen Dir im Weg? Und wie wirst Du diese Hindernisse beseitigen?

Deine Verwandlung anbahnen

Schritte zu einem lebensverändernden Bewusstsein

1a. Verstehe, wie Du konditioniert bist.
1b. Sieh ein, warum Du die Resultate bekommst, die Du bekommst.
(Siehe »Bringe Ordnung in Deinen Geist«: »Deine Konditionierung«, S. 384 ff.)

2a. Begreife, wie Du Deine Konditionierung/Programmierung verändern kannst.
2b. Schaffe Ordnung in Deinem Geist und in Deinem äußeren Leben.
2c. Baue neue Gehirnzellen auf.
(Siehe »Deine bewusste Umprogrammierung«, S. 398 ff.)

3. Sei dankbar.

4. Fühle und sieh Dich als Mensch, der aus der Fülle des Reichtums, der Gesundheit, des Lebensglücks schöpft.

5. Sei unbekümmert, hab Vertrauen in die höchste Quelle der Liebe.

6. Steh zu Dir selbst, lass Dich von niemandem irritieren.

Rufe Dir in Erinnerung:

- Energie IST einfach. (Sie umgibt uns, sie durchfließt uns, nichts kann ohne diese Energie existieren.)
- Energie kann weder erschaffen noch zerstört werden; ein Vakuum existiert nicht.
- Sie ist schon immer da und wird immer da sein.
- Sie ist zu 100 Prozent gleichmäßig an allen Orten und zu allen Zeiten vorhanden; sie ist allmächtig und allwissend.

Die Gesetze der Aerodynamik waren z.B. schon immer da – es hat nur lange gedauert, bis die Menschen sie nutzen konnten. Die Gebrüder Wright »zapften« mit ihren Erfindungen einfach etwas an, das längst da war. Zuvor fehlte eben das nötige Bewusstsein.

Um Erfolg bzw. Geld anzuziehen, musst Du zuerst ein Erfolgs- bzw. Reichtumsbewusstsein entwickeln und Deine Schwingung entsprechend erhöhen.

Übrigens: Ein Weg, um augenblicklich in eine höhere Schwingung zu gelangen, besteht darin, anderen zu helfen.
Und je positiver Deine Schwingung ist, desto wohler werden sich andere bei Dir fühlen.

Egal, welche Aufgaben Du in diesem Universum erfüllen möchtest: Gedanken werden Wirklichkeit, und alles beginnt letztlich mit einem Bild.

Zunächst solltest Du also Gehirnzellen der Wahrnehmung von Dir als einem (erfolg)reichen Menschen aufbauen. Wiederhole diese Ideen des Wohlstands so lange, bis die Saat bei Dir in Deinem physischen Leben in ihrer ganzen Pracht erblüht.

Daher werde ich hier die Ideen des Wohlstands, der stressfreien Fülle, des Erfolgs etliche Male auf unterschiedliche Arten formulieren. Wir wollen die Ursache setzen, damit Bilder auf der Leinwand Deines Geistes entstehen, und zwar so lange, bis ein klares Bild von der Größe, die Du bist, und von dem Wohlstand, den Du zu haben verdienst, dauerhaft in Dir verankert sind.

Auch Gesundheit ist ein geordneter Zustand der Schwingung – und um sie zu erreichen bzw. aufrechtzuerhalten, musst Du Dein induktives Denken nutzen. Das heißt, wenn Deine Gedanken richtig zusammengebracht werden, bauen sie wiederum schöpferische Gedanken auf, die in die Schatzkammer Deines unterbewussten Geistes eingepflanzt werden.

So änderst Du Deine alte Konditionierung und kannst Deine Welt buchstäblich viel schöner aufbauen, als Du es Dir jemals zuvor vorstellen konntest.

»In deinem Wesen liegt ein schlafender Samen,
der, wenn er aufgeweckt und in die Handlung
gebracht wird, dich zu Höhen aufschwingen wird,
die du niemals zuvor auch nur gehofft hast zu erreichen.«

(Napoleon Hill)

Anerkenne den verborgenen Teil Deiner Persönlichkeit und Deines Potenzials. Mach eine Gewohnheit daraus, Dich immer wieder zu »sehen«, wie Du für sehr gute Arbeit sehr gut bezahlt wirst von Klienten, die mit Dir überaus zufrieden und glücklich sind. Stell Dir vor, was Du mit dem Honorar tun würdest, und beginne in Deinem Geist, diese Dinge zu tun. Du weißt, dass Dein Unterbewusstsein nicht den Unterschied kennt zwischen mentaler Vorstellung und wirklichem Tun.

Sooft Du mit Dir selbst sprichst, sage Dir, wie prima es sich anfühlt, (erfolg)reich zu sein und in der Fülle zu leben. Beglückwünsche Dich, ein/e erfolgreiche/r Therapeut/-in bzw. Coach zu sein, sieh mit Deinem inneren Auge und höre, wie Dich andere beglückwünschen. Damit änderst Du die Schwingung, in der Du Dich befindest. Je reicher Du Dich fühlst, desto mehr von Deinem Potenzial wirst Du anzapfen können.

Es ist ein unumstößliches Gesetz:
Bevor Du etwas in der physischen Welt haben kannst, musst Du es mental besitzen.

Du hast bereits alle notwendigen mentalen Werkzeuge, um *alle* Deine Ziele, Träume und Wünsche zu erreichen. Fang an und sieh Dich immer wieder, wie Du Deinen Traum bereits lebst, wie Du sehr viel Geld besitzt. Mach eine Gewohnheit daraus.

Und beachte dabei auch die folgenden Voraussetzungen:

- **Dankbar sein:** Es ist nicht schwierig, für etwas dankbar zu sein, das man bereits in den Händen hält, aber es ist eine große Kunst, für etwas dankbar zu sein, das man bislang nur im Geist sehen kann. Erkenne zum einen, was Du bereits hast, sei aber auch schon jetzt dankbar für Deinen (erwünschten) großen Praxiserfolg. Vergegenwärtige Dir an jedem Praxistag, was gut lief, wo Du gute Entscheidungen gefällt hast, welche wohltuenden Begegnungen Du hattest usw., und sei dankbar dafür. Und sieh Dich bereits jetzt mit all dem, was Du Dir noch wünschst, und fühle Dankbarkeit, (schon jetzt) all dies zu haben bzw. zu sein.
  Notiere in Deinem Logbuch bzw. Wunder-Tagebuch (siehe im Abschnitt »Master-Schritt 1«, S. 328) regelmäßig die vielen Gründe, warum Du dankbar bist.

- **Dich reich fühlen und sehen:** Es ist etwas vom Klügsten, was Du tun kannst. Sobald es Dir gelingt, Deinen unterbewussten Geist davon zu überzeugen, dass Du den Reichtum, die stressfreie Fülle willst und dass dieser Erfolg für Dich gut ist, wird Dein Unterbewusstsein unweigerlich nach Wegen suchen, wie sich Deine erdachten Gefühle des Reichtums in materieller Form manifestieren können.
  Je dankbarer Du bist und je mehr Du Dich als der reiche Mensch erkennst, desto wohler wirst Du Dich mit Reichtum fühlen.

- **Unbekümmert sein:** Achtung, wenn Du wirklich etwas Bestimmtes (z.B. Geld) haben willst, darfst Du Dir keinerlei Sorgen machen, ob Du es wirklich bekommen wirst oder nicht, denn solche Zweifel sabotieren Deinen Erfolg. Die entsprechende Schwingung ist maßgeblich: Wir ziehen in unserem Leben an, worauf wir uns konzentrieren – und das wäre in diesem Fall die Sorge, den Kummer, den Mangel usw.

- **Dich nicht von anderen irritieren bzw. manipulieren lassen:** Es gibt immer Menschen, die Dich von einer Veränderung abhalten wollen, sei es, weil sie Dir etwas missgönnen oder sich davor fürchten, Dich als Freund zu verlieren, oder weil sie glauben, Du würdest Dir selbst damit schaden usw. Laut Napoleon Hill haben übrigens gerade jene Menschen, die sich am leichtesten von anderen beeinflussen lassen, am meisten Schwierigkeiten damit, Geld zu verdienen.

To do

Wer möchtest Du sein?

** **Die Resultate, die Du jetzt in Deinem Leben hast, sind die physische Manifestation der Bilder, die Du in Deinem Unterbewusstsein hast und die Dein Leben steuern. Bist Du mit Deinen Resultaten hundertprozentig zufrieden?**

[ ] Ja [ ] Nein

** **Schreibe alle unbefriedigenden Resultate auf, die Du verändern möchtest.**

- Welche Resultate möchtest Du stattdessen erreichen?
- Kreiere emotional untermalte Bilder auf der Leinwand Deines Geistes, um diese Resultate zu erzielen, und rufe sie täglich und wiederholt auf. Wie sehen die Bilder aus? Beschreibe sie.

** **Nimm Dir für diese Aufgabe möglichst viel Zeit: Beschreibe (schriftlich) die Person, die Du sein möchtest! Prüfe, ob Du es wirklich ernst meinst. Wenn ja, lies Dir die Beschreibung so oft wie möglich durch. Tue alles, um Dich als diese Person zu »entpuppen«, und unterlass alles, was dem entgegensteht.**

Wenn Du zu der Überzeugung gekommen bist, dass Du unendliches Potenzial hast, und Dich nur darauf konzentrierst, dann kannst Du auch finanziell frei werden.

Ich erinnere mich noch genau an die Szene, in der ich mich als Student entschied, diese Umprogrammierung auszuprobieren. Wenn es je misslingen sollte, weil diese ganze Lehre vielleicht schwachsinnig war – na und, was hatte ich zu verlieren? Aber wenn es gelingen würde, wäre dies die größte Entdeckung meines Lebens.

Was hast Du zu verlieren, wenn Du es ebenfalls probierst? Es könnte etwas vom Klügsten sein, das Du jemals tust.

Du bist damit in der gleichen Situation wie Deine Patienten/Klienten. Manche sind vielleicht chronisch krank und haben von einem Arzt gesagt bekommen, sie müssten sich damit abfinden, diese und jene Medikamente zu nehmen und mit Einschränkungen zu leben. Mit dieser »Negativ«-Programmierung kommen sie zu Dir in die Praxis. Nun öffnest Du ihnen eine neue Perspektive: »Es geht auch anders.«

Deine Patienten/Klienten müssen Dir einen Vorschuss an Vertrauen geben, dass es funktionieren könnte; um z.B. gesund zu werden, müssen sie an etwas glauben, das größer ist als das bisher Geglaubte – so wie Du jetzt den Vertrauensvorschuss brauchst, um den Inhalt dieses Kapitels bzw. Buches für Dich zu konkretisieren und umzusetzen.

Sobald Du selbst die Erfahrung gemacht hast, dass die gewünschte neue Programmierung erfolgreich ist, wirst Du es ausstrahlen und wie ein Leuchtturm sein.

• • • To do • • •

* Finde anhand des Lebensrades (siehe »Dein Lebensrad«, S. 378 ff.) heraus, in welchen Lebensbereichen Deine stärksten Erfolgsverhinderer liegen, die zugleich Deine größten Wachstumschancen sein könnten.
* Wie bist Du im Hinblick auf Geld/Reichtum konditioniert?
* Warum bekommst Du im Bereich Finanzen bzw. Wohlstand die Resultate, die Du bekommst?
* Wie kannst Du Dich umprogrammieren?
* Was kannst Du jetzt konkret tun, um mehr Reichtum und Fülle zu erreichen?
* Würden wir heute in drei Jahren miteinander sprechen: Was müsste sich in Deinem privaten und beruflichen Leben ereignet haben, damit Du mit Deinen Fortschritten sehr glücklich bist? Hast Du Ideen, wie Du das zuwege bringen kannst – und wenn ja, welche?
* Welche bisher unerwünschten Situationen möchtest Du jetzt bewusster angehen und zu einem besseren Ergebnis bringen?
* Welche Hindernisse stehen Dir bisher noch im Weg? Kommen Dir Gedankenimpulse, wie Du die Hindernisse beseitigen könntest?
* Welche wünschenswerten Veränderungen wirst Du *sofort* und innerhalb der nächsten Tage anpacken?
* Wofür bist Du in diesem Moment dankbar? (Frage Dich das so oft wie möglich!)

• • •

Kreation Deines Wohlstands und der Zugangswege

Du bist der geistige Architekt Deines eigenen Schicksals: Egal, wie groß die Hindernisse sein mögen – halte kontinuierlich das Bild Deines persönlichen Wohlbefindens und Reichtums in Deinem Geist. Durchhaltevermögen ist dabei ein wesentlicher Erfolgsschlüssel. Halte Dein erwünschtes Bild Deiner selbst unerschütterlich auf der Leinwand Deines Geistes!

Um es mit Johann Wolfgang von Goethe zu sagen: *»Bevor wir etwas erreichen können, müssen wir zuerst etwas sein.«*

Gehe also ganz in Deiner Idee auf, noch ehe sie sich manifestiert hat. Sei bereits das, was Du sein willst, und handle entsprechend. Dann werden eines Tages die Resultate folgen.

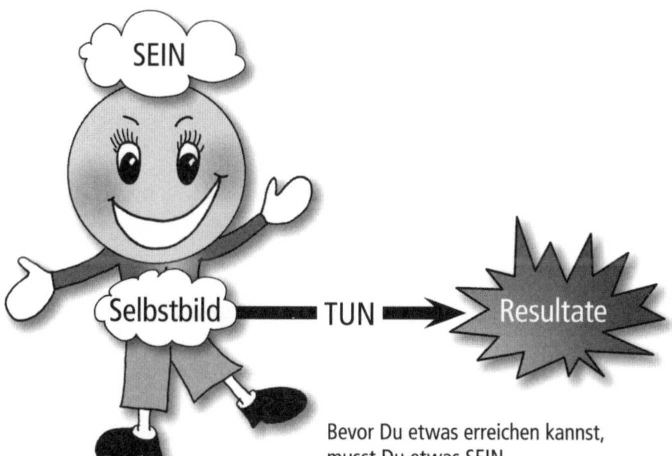

Bevor Du etwas erreichen kannst, musst Du etwas SEIN.

Leland Val Van De Wall, ein Lehrer Bob Proctors, kam zum folgenden Fazit:

- 5 Prozent der Bevölkerung stehen am Morgen auf und sind sich vollkommen bewusst, was in ihrem Leben passiert, und sie bringen bewusst Dinge in Bewegung.

- 15 Prozent der Bevölkerung stehen am Morgen auf und sind sich irgendwie bewusst, was in ihrem Leben passiert, und sie erlauben den 5 Prozent, ihnen zu zeigen, wie sie dafür sorgen können, dass sie in ihrem Leben Dinge in Bewegung bringen.
- 80 Prozent der Bevölkerung stehen am Morgen auf und fragen sich: »Was passiert hier?«

Die meisten Menschen fangen erst dann an zu denken, wenn ihnen das Wasser bis zum Hals steht. Doch wir können die Wahl treffen, selbst zu denken und zu der 5-Prozent-Gruppe zu gehören: Von diesem Tag an leben wir ein Leben nach unseren eigenen Regeln und Vorstellungen – dann sind wir wirklich frei.

Wir müssen nicht *mehr* schaffen und schneller machen, sondern wir sollten bewusster und kreativer werden, um Handlungen besser und effektiver auszuführen.

Überlege immer wieder:

1. Was wäre eine bessere Art, das zu tun, was ich tue?
2. Was wäre eine bessere Art, mit Geld umzugehen?
3. Was wäre eine bessere Art, meine Beziehung zu stärken?
4. Was wäre eine bessere Art, mit meinen Kindern umzugehen?
5. Was wäre eine bessere Art, mein Einkommen zu erhöhen?

Statt zu fragen, ob Deine Idee richtig oder falsch ist, solltest Du die folgende Frage stellen:

»Wird mir diese Idee helfen, von dort, wo ich momentan bin, dorthin zu gelangen, wo ich gerne sein will? Wird mir die Idee helfen, mein Ziel zu erreichen und meinen Traum zu verwirklichen?«

Falls Dein Filter des klaren Denkens zu dem Ergebnis kommt: »Ja, diese Idee bzw. dieser Gedanke wird die Qualität meines Lebens positiv verändern«, dann solltest Du diesen Gedanken sofort in Handlung umsetzen.

Falls der Gedanke an den Weg zu Deinem Ziel Ängste bei Dir auslöst, lass Dir sagen: Du wirst so oder so nicht dort bleiben, wo Du gerade stehst.

Komfortzonen sind ein täuschender, gefährlicher Aufenthaltsort; wir sind dort nur vermeintlich sicher. Das Leben bringt in jedem Fall Veränderung. Lass Dich also von Deiner Idee in Richtung Deines Zieles führen, sonst entfernt es sich von Dir.

Du hast die Macht, jede Idee, die Du wirklich verfolgen willst, zu entwickeln. Solange eine Idee nur in Deinem bewussten Geist ist, wird sie kaum eine Auswirkung auf Deinen Körper oder auf Deine Handlungen haben. Erst wenn Du diese Ideen nimmst und sie dem Teil Deines Geistes übergibst, den wir »unterbewusst« nennen und der im Solarplexus beheimatet ist, wirst Du dank dieser starken Energie eine entsprechende Ausstrahlung gewinnen; Deine Lebenskraft nimmt zu, Deine Anziehungskraft wird verstärkt, sodass Du Deine Lebensumstände verändern kannst.

Günstige versus unkluge Gewohnheiten – der Unterschied

Der Unterschied zwischen heißem Wasser und Dampf, mit dem eine Lokomotive *angetrieben* werden kann, liegt bei nur 1 Grad.

Erfolglose Menschen haben es sich zur Gewohnheit gemacht, Dinge *nicht* zu tun, die sich erfolgreiche Menschen zur Gewohnheit gemacht haben. Es sind die kleinen, feinen Dinge, die den Unterschied ausmachen: der eine Anruf, den sie tätigen; das eine Gespräch, das sie geschickter führen; die eine Angstmauer, die sie überschreiten.

Der Unterschied zwischen Gewinnen und Verlieren ist so fein wie die Klinge eines Rasiermessers. Oder wie Arnold Schwarzenegger sagte:

»Die letzten drei oder vier Wiederholungen sind das, was den Muskel wachsen lässt. Diese Schmerzzone trennt den Champion von jemand an-

derem, der kein Champion ist. Das ist das, was den meisten Menschen fehlt, wirklich den Mumm zu haben, weiterzumachen und einfach zu sagen, das sie durch den Schmerz hindurchgehen, egal was passiert.«

Der Fußballer Gerd Müller ist bisher der erfolgreichste deutsche Nationalspieler und deutsche Bundesligaspieler. In 1204 Pflicht- und Freundschaftsspielen schoss er insgesamt 1455 dokumentierte Tore, also 1,21 Tore pro Spiel.

Doch »der Bomber«, wie man ihn nannte, hat auch einen negativen Rekord zu verzeichnen, nämlich insgesamt 12 verschossene Elfmeter – mehr als jeder andere bisherige Bundesligaspieler. Nicht zu reden von den erfolglosen Versuchen Müllers, ins gegnerische Tor zu treffen …

Was zählt? Gerd Müller wird natürlich in Erinnerung bleiben als der Fußballspieler, der die meisten Tore schoss.

Somerset Maugham, ein erfolgreicher Autor seiner Zeit, stellte seinem Roman »The Razor's Edge« (»Auf Messers Schneide«) ein Zitat aus »Katha-Upanishad« (d.h. »Der Tod als Lehrer«) voraus, das ich etwas anders übersetzt habe, als es in den deutschen Buchausgaben zu finden ist:

»Die scharfe Klinge eines Rasiermessers entlangzugehen, ist schwierig – deshalb sagen die Weisen, dass der Pfad zur Erlösung hart ist.«

Der Protagonist fragt den großen Meister, was das Geheimnis des Lebens sei. Die Antwort darauf:

»Es gibt einen langen Pfad, der dort durch die Berge geht, und dieser Pfad ist sehr schmal, und während du wanderst, kannst du das Gleichgewicht verlieren und auf der einen Seite herunterfallen, oder du kannst das Gleichgewicht verlieren und auf der anderen Seite herunterfallen.« Und dann fügt der Meister hinzu: *»Aber ein Mensch, der diesen Pfad bis zum Ende geht, ohne dabei zu fallen, ist erfolgreich.«*

Bei der Erstverfilmung des Romans gab es für alle acht Hauptdarsteller jeweils ein Double für die anstrengenden Szenen und für den ermüdenden Teil der Aufnahmen. Die acht Hauptdarsteller verdienten zusammen die für 1946 unglaublich hohe Summe von einer halben Million Dollar. Nun rate, welches Honorar für die acht Doubles anfiel … Nur rund 1,3 Prozent davon, nämlich zusammen 6534 Dollar. Waren die Hauptdarsteller wohl tatsächlich so viel begabter und fähiger?

Du erkennst, dass Du es richtig gemacht hast, wenn Du in Deiner Arbeit immer mehr Wert schaffst, als Du es von den Klienten als Gegenleistung bekommst. Was ist der größtmögliche Wert, den Du geben kannst?

Im Kapitel »Fokuszeit« (S. 113 ff.) hast Du Deine Aufgaben in eine Prioritäten-Reihenfolge gebracht, um jeden Tag zuerst das jeweils Allerwichtigste zu erledigen. Allein dieser Kniff wird für einen großen *Unterschied* sorgen, weil er Dich davon abhält, Dich mit unwesentlichem Kleinkram zu verzetteln und darüber das wirklich Wichtige zu vernachlässigen.

To do

* **Welche neuen, erwünschten privaten Gewohnheiten wirst Du von jetzt an umsetzen?**
* Welche Handlungen würden in Deinem Leben sofort einen deutlichen Unterschied ergeben?
* Bringe sie in eine Rangfolge. Mache Dir zuerst die erste Handlung zur Gewohnheit (ca. 66 Tage einüben!), danach die zweite, dann die dritte usw.

Weil wir uns so sehr danach sehnen, im großen Stil zu gewinnen, meinen wir, es müsse eine geheime, sehr komplizierte Formel für den Erfolg geben. Doch die Dinge, die uns erfolgreich machen, sind klein. Der rasiermesserscharfe Unterschied liegt vielmehr in der bereits oben angedeuteten Formel von Albert E. N. Gray:

»Der gemeinsame Nenner des Erfolges, das Geheimnis für Erfolg von jedem Menschen, der jemals erfolgreich war, liegt in der Tatsache, dass er es sich zur Gewohnheit gemacht hat, Dinge zu tun, die erfolglose Menschen nicht gerne tun.«

Heraus aus der Komfortzone

Erfolglose Menschen scheuen das Unangenehme, sie bleiben lieber in der Komfortzone, tun etwas, das ihnen keine Angst bereitet. Dagegen wollen erfolgreiche Menschen unbedingt angenehme *Resultate* haben.

Willst Du angenehme Dinge tun … oder lieber angenehme Resultate haben?

Mach Dir die Handlungen, die angenehme Resultate bringen, zur Gewohnheit. Das heißt, übe sie zunächst mindestens 66 Tage lang ein, bis Du sie routiniert erfüllen kannst, als würde es sich ums Zähneputzen drehen. Wahrscheinlich bist Du nur einen Schritt davon entfernt, das Leben zu leben, von dem Du bisher vielleicht nur zu träumen wagtest.

Verpflichte Dich, Aufgaben zu vollenden, die auf Deiner Prioritätenliste stehen!

To do

* Notiere spontan drei Dinge, von denen Du weißt: Wenn Du sie umsetzen würdest, wärst Du mit Deiner Praxis viel erfolgreicher als jetzt.

* Welche neuen Gewohnheiten können Dein Einkommen steigern bzw. sogar vervielfachen?

- Ordne auch diese beruflichen Gewohnheiten nach Prioritäten und übe sie der Reihe nach jeweils ca. 66 Tage lang ein.

Das Vakuum des Reichtums

- Lass die alten Gedanken, Ideen, Vorstellungen, Pläne und Dinge los, die letztlich nichts anderes als Hindernisse auf Deinem Weg zur Freiheit sind.

- Was immer Dein erstrangiges Ziel ist: Um es zu erreichen, musst Du dafür den nötigen Raum schaffen.

- Werde zu dem Instrument, durch das die schöpferische Kraft hindurchfließen kann, damit sich Dein Ziel in der Realität manifestieren kann. Je leerer Du wirst, desto besser kann sich diese Kraft durch Dich hindurch ausdrücken.

Das Wohlstandsgesetz des Vakuums

Ich gebe hier die Pointe einer Geschichte meines Mentors Bob Proctor wieder (mit großem Dank für seine Erlaubnis). Ich hatte das darin angesprochene Gesetz früher schon unbewusst angewandt, doch nachdem ich es von ihm wirklich kennenlernte und es bewusst bedachte, wandelte sich mein Leben drastisch.

Sooft das Leben eine Veränderung erfordert, ist ein einziger mutiger Schritt vonnöten.

Zuweilen muss etwas Altes aus dem Leben weichen, noch bevor etwas Neues in Aussicht ist; etwas Überholtes muss entfernt werden, ohne es sofort durch etwas »Besseres« ersetzen zu können. Das heißt, es entsteht zunächst ein Vakuum.

Als Bobs Tante Marge beim Blick auf ihre Fenster rief: »Ich hasse diese Vorhänge!«, konterte Bob: »Nein, du liebst sie, sonst hättest du sie nicht so nah bei dir.«

Es dauerte nur Minuten, bis Tante Marge eine Leiter holte und sich (trotz des vehementen Widerstands ihres Gatten) von der Quelle jahrelanger Frustration befreite ...

Bedenke: **Du hast Dich mit allem arrangiert, was Du in Deinem Leben hast.** Die einzigen Dinge, die Du in Deinem Leben hast, sind die Dinge, die Du liebst oder mit denen Du in Harmonie bist. Wenn ein Mensch in enger Verbindung mit etwas bleibt, dann nur, weil er in einer harmonischen Resonanz mit dieser Person oder mit diesem Gegenstand ist.

Wenn Du etwas Neues willst, schaffe (zuvor) den Raum dafür.

Tante Marges Vertrauen in die Weisheit ihres Neffen und ihre Erkenntnis der Wahrheit waren offenbar durchschlagend: Kurze Zeit später verschenkte sie auch die alten Wohnzimmermöbel, ertrug eine Weile das Vakuum und richtete sich nach und nach neu ein.

To do

* Was hast Du um Dich herum, obwohl Du es »eigentlich« nicht magst?
* Warum verschenkst Du es nicht einfach und schaffst Raum für das Gute, das Du wirklich haben willst?

Beachte: Dieses Gesetz lässt sich auf jeden Bereich Deines Lebens anwenden. **Trenne Dich von allem, was nicht mehr stimmig ist.**

Das fängt bei den ungetragenen Kleidern in Deinem Schrank an, geht über die (un)gelesenen Bücher in Deinem Regal, die Dich ohnehin nicht mehr interessieren, und die geerbten Vasen, die Dir nie gefallen haben, womöglich bis hin zu irgendwelchen Arbeiten, die Du ohne Lust, aber mit Hängen und Würgen nur wegen des Geldes erledigst, und zu Beziehungen, die Dir nicht guttun.

Im Rahmen dieses Buches fordere ich Dich sogar auf, Dich von den »C-Kunden« zu lösen, mit denen Du Dich ohnehin schwertust (Vakuum schaffen ...), um mehr Zeit für Deine »Crème de la Crème«-Kunden zu haben. (Siehe »VIP-Liste mit ›Crème de la Crème‹-Patienten und -Klienten«, S. 136 ff.)

Es ist ein niemals endender Prozess, Raum zu schaffen für das Gute, das Du wirklich willst. Entscheidend ist, dass Du Altes loslassen musst, bevor Du für das Neue Raum schaffen kannst. Du musst die Leere des Vakuums unter Umständen eine (lang erscheinende) Weile aushalten. Aber weil die Natur kein Vakuum dulden mag, wird der Raum so bald wie möglich gefüllt.

Verschenke Dinge, die Du nicht mehr haben möchtest – außer Du brauchst den Erlös dringend für eine wichtige Investition, die Du Dir sonst nicht leisten könntest

Ich gebe Dir den Rat, die Dinge, die Du nicht mehr willst, zu *verschenken,* falls Du den eventuellen Erlös (Geld) nicht unbedingt *jetzt* brauchst. Verkaufe sie nicht, denn sonst ist das Geld das Einzige, was Du in diesem Handel bekommen wirst. Du kannst nie zu viel geben. Wenn Du gibst, wirst Du empfangen, wenn auch nicht an der Stelle, an der Du gegeben hast. Doch aus irgendeiner Quelle wirst Du etwas »zurückbekommen«. Dies ist ein universelles Gesetz.

Beim Gesetz des Vakuums geht es darum, die Leere auszuhalten, ohne sie gleich mit etwas Neuem zu füllen. Dadurch entsteht Raum für die Seele, Impulse aus der höheren Welt zu empfangen.

Das Gesetz des Vakuums gilt auch für die mentale Welt. Sooft Du neue Ideen übernehmen willst, musst Du zuerst willens sein, einige alte Gedanken loszulassen.

Hüte Dich in diesem Zusammenhang vor Unentschlossenheit (»Soll ich loslassen oder lieber nicht, weil ...?«), denn sie erzeugt Verwirrung – die häufigste Ursache dafür, dass Menschen zurückgehalten werden, Großartiges in ihrem Leben zu erreichen. Du kannst nicht gleichzeitig in zwei verschiedene Richtungen reisen. Bei Zweifeln musst Du Dich für eine der Ideen entscheiden, bevor Du Dich in Bewegung setzen kannst.

Lass nicht jeden »Unrat« in das heilige Vakuum hereinplatzen

Und gib Acht, dass das Vakuum geradezu geschützt wird, damit nicht jeder »Mist« in diese Leere hereinbricht! Das Vakuum ist wie ein Sog. Bevor etwas Neues einzudringen versucht, frage Dich, ob es wirklich genau jenes ist, wofür Du Platz gemacht hast! Beobachte außerdem feinsinnig, wie aus der tiefsten Tiefe Deiner Seele sowohl Ängste als auch Träume in diesem Vakuum emporsteigen.

Meine Familie und ich zogen zwar in eine möblierte Finca in Spanien ein, doch mit der Zeit mochten wir das Mobiliar nicht mehr. Nach einigem Zögern wagten wir es, uns von allem Ungeliebten zu trennen ..., und lebten dann eine ganze Weile in einem ziemlich leeren Haus. Wir mussten regelrecht der Versuchung widerstehen, irgendetwas hineinzustellen. Doch schließlich fanden wir genau die Möbel, mit denen sich jedes einzelne unserer Familienmitglieder wohlfühlte.

Das Gesetz des Opfers

Was geschieht, wenn Du an etwas Altem festhältst, weil Du Angst hast, dass nichts Besseres in Dein Leben kommen wird? Du verhinderst damit, dass etwas Neues in Dein Leben Einzug halten kann. Opfer bedeutet hier: **Du musst etwas von niederem Wert aufgeben, um etwas Höherwertiges zu bekommen.**

Die meisten Menschen verkehren das: Sie geben etwas von höherem Wert auf, um etwas von niederem Wert zu behalten.

Ein Raucher sollte z.B. »ein Opfer bringen« und seine Nikotinsucht aufgeben. Indem er etwas von niederem Wert aufgibt – eine eventuell kurze »Entspannung« beim Rauchen –, könnte er etwas Höherwertiges erhalten, nämlich bessere Gesundheit. Doch wenn er sich dagegen sträubt, opfert er das Bessere.

Warum fällt es Menschen so schwer, jetzt auf etwas von niederem Wert zu verzichten, um später etwas Höherwertiges zu bekommen?

Sie sind von ihrer Natur her auf den primären Gewinn aus. Disziplin ist nötig, um die »Begierde« nicht sofort zu befriedigen, sondern das größere Ziel im Blick zu behalten.

Wenn Du eine Gewohnheit aufgibst, die Dich vielleicht an dem hindert, was Du wirklich willst, ist das ein Opfer für Dich. Doch Du gibst sie auf, um etwas Höherwertiges zu erreichen. Gewinne Freiheit, indem Du Dich von Überholtem befreist!

Lass auch Zweifel und Selbstzweifel, Gedanken des Mangels und der Begrenzung los. All das sind erstarrte Energiemuster. Alle Arten von negativen Gedanken haben die Neigung, den Fluss der kreativen Energie in Dir zu blockieren.

To do

* Schau Dir sämtliche Gebiete Deines Lebens an: Wo findest Du etwas, aus dem Du buchstäblich und metaphorisch »herausgewachsen« bist und das Dir den Weg versperrt für Deine weitere Entwicklung?

* Ein guter Startpunkt ist Dein Kleiderschrank: Welche Kleidung passt nicht mehr zu dem Menschen, der Du sein willst? Sortiere sie aus und gib alles, was noch gut tragbar ist, in den Sammelcontainer einer sozialen/diakonischen Einrichtung.

* Räume Dein Leben auf und trenne Dich von allem, was für Dich (und Deine Familie) nicht mehr stimmig ist: die Wohnungseinrichtung und alle Gegenstände; die Beziehungen; die täglichen Gewohnheiten oder Rituale; die Glaubenssätze und Weltanschauungen ...

Dein Körper ist ein Instrument, durch das eine schöpferische Energie fließt. Ein Knick in einem Gartenschlauch, mit dessen Hilfe man Schmutz entfernen möchte, wird den Wasserstrom jedoch versiegen lassen, sodass das Wasser allenfalls tröpfelnd verfügbar ist. In der gleichen Weise behindern negative Konzepte in unserem Geist den Fluss der Energie – der Energie, die Blockaden wegspülen könnte und die Resultate im Leben erfrischend erneuern würde.

»Gottes Geschenk an dich
sind mehr Talente und Fähigkeiten,
als du jemals in einem einzigen Leben nutzen kannst.
Dein Geschenk an Gott ist es, in diesem Leben so viele
Talente und Fähigkeiten wie möglich
zu entwickeln und zu nutzen.«

(Steve Bow)

Lass alle Hindernisse, alle mentalen »Knicke« los, dann findest Du heraus, dass an der Quelle kein Mangel an kreativer Energie herrscht, sondern die gesamte Fülle der Schöpferkraft dort hervorsprudelt.

Fixiere in Deinem Kalender einen Aufräumtag, an dem Du Ordnung schaffst.

To do

**** Lege nach und nach die folgenden drei Tabellen an und fülle sie spontan aus, jeweils innerhalb von 5 Minuten.**

Du darfst Raum schaffen für das Gute, das Du wirklich willst. Erstelle jetzt eine Liste möglichst vieler Bereiche in Deinem »äußeren« Leben, in denen Du ein Vakuum schaffen wirst. In die rechte Spalte schreibst Du jeweils das Zeitlimit, bis zu dem Du dieses Vakuum geschaffen haben wirst.

Lebensbereich	Vakuum geschaffen bis … (Datum)

Schaffe Raum für neue Konzepte und neue Weltanschauungen!
Zeichne eine Tabelle mit zwei Spalten: Erstelle auf der linken Seite eine Liste der alten, hinderlichen Glaubenssätze. Schreibe jeweils auf die rechte Seite das neue, förderliche Konzept, das Du jetzt für wahr hältst.

Altes Konzept	Neues Konzept

Lege eine zweispaltige Tabelle an. Schreibe in die linke Spalte Deine wichtigsten Talente und Fähigkeiten, die Du entfalten möchtest. Notiere in der rechten Spalte, wie Du die betreffende Begabung entwickeln wirst (z.B. Seminarbesuch, Training etc.)

Talente und Fähigkeiten	Entwickeln durch …

Deine Heldenreise

Am Ende dieses Buches will ich Dir noch einen Booster obendrauf geben, der Dich motivieren soll, Deine Lebensgeschichte tiefer zu verstehen sowie Deine Persönlichkeit zu entwickeln und zu Deinem Wohlgefallen zu entfalten.

Deine Entscheidung, die Anstrengungen einer Therapeuten- oder Coaching-Ausbildung auf Dich zu nehmen und Prüfungen zu absolvieren, ist Teil Deiner einmaligen Heldenreise. Ich möchte, dass Du Dir Deines eigenen, persönlichen Aufbruchs zur Heldenreise bewusst wirst, damit Du Dich Deinen Patienten/Klienten wirklich als sympathischer Experte bzw. als sympathische Expertin und als Autorität präsentieren kannst. Menschen hören nur auf Menschen, die sie mögen und die authentisch sind.

Patienten werden sich immer fragen: »Mit welchem Recht mischt sich der/die Therapeut/-in in mein Leben ein? Was hat er/sie selbst erlebt?« Deine eigene Heldenreise bildet hier den Schlüssel, der Dich glaubwürdig macht. Wir wollen nicht auf Lehrer, Meister, Ratgeber hören, die von der »Kanzel« oder vom »Thron« herab sprechen; wir möchten es mit jemandem zu tun haben, der selbst gerungen hat.

Im Sommer 1996 las ich als Mittzwanziger Joseph Campbells Buch »The Hero with a Thousand Faces« (erstmals 1949 erschienen; dt. »Der Heros in tausend Gestalten«). Ich steckte damals in einer tiefen Krise – war ich doch inzwischen sehr unglücklich mit meinem Studium der Geschichte, Germanistik und Anglistik, bei dem ich kurz vor dem Abschluss stand, um Gymnasiallehrer zu werden. Noch während der Lektüre verstand ich auf einmal jede Station meines bisherigen Lebens; es war, als hätte mir Campbell eine Blaupause dessen gegeben, was in Zukunft passieren würde.

In der Universitätsbibliothek in Freiburg hatte ich einen großen Bestand an Astrologie-Werken entdeckt – und somit meine wahre Berufung. (Bereits meine Mutter und eine Tante hatten sich nebenberuflich mit Astrologie befasst.) Etliche Leute kamen schon zu mir, um sich von mir astrologisch beraten zu lassen. Ich wusste, ich wollte Menschen begleiten und beraten. Joseph Campbells Buch ermutigte mich nun, den Weg zu gehen, der für mich stimmig war – wobei der Weg alles andere als einfach wurde.

Ich studierte zwar noch, fing aber zugleich mit dem Aufbau einer Praxis an. Die Entscheidung, meine Berufung zu leben und das bisherige Berufsziel »Lehrer« aufzugeben, war wohl der härteste Kampf meines Lebens, voller Selbstzweifel und Ängste.

Eine solche Heldenreise ist archetypisch: Zu jedem Zeitpunkt, überall auf der Welt, unabhängig von Erziehung, Bildungshintergrund oder Kultur ereignen sich Heldenreisen von Menschen, die diesen Weg beschreiten. Überall gibt es nur eine Handvoll Menschen, die diesen von der Norm abweichenden Weg auf sich nehmen.

»Die Wahrheiten, welche die religiösen Lehren enthalten,
sind doch so entstellt und systematisch verkleidet,
dass die Masse der Menschen
sie nicht als Wahrheit erkennen kann.«

(Sigmund Freud)

Bei der Beschreibung der Heldenreise folge ich nun der Blaupause von Joseph Campbell. Wir sind damit in guter Gesellschaft, denn viele Drehbuch- und Romanautoren orientieren sich an diesem Muster, u. a. George Lucas für die Konzeption von »Star Wars« oder Joanne K. Rowling für »Harry Potter«. Ich empfehle Campbells Buch wärmstens.

Der Weg des bewussten, initiierten Menschen folgt einem bestimmten Pfad. Du musst nicht jede einzelne Phase erlebt haben bzw. erleben.

Andererseits durchlaufen wir die Heldenreise u.U. nicht nur ein Mal in unserem Leben, sondern immer wieder, und gelangen nach Vollendung jeder einzelnen Reise wie auf einer Spirale um eine Ebene höher hinauf, wo der Zyklus der Stationen von Neuem beginnt.

1. Station: Aufbruch

Der Held sieht über den Tellerrand, geht aus seinem Alltag hinaus, z.B. Gautama Buddha, der behütet aufgewachsene Prinz, der über die Palastmauern hinausschaut.

Phase 1 – Berufung

Irgendetwas im Menschen »ruft« ihn – weg von dem, was er bis jetzt tut, hin zu etwas anderem. Ein Ratgeber an der Schwelle, ein Mentor, ein Traum, ein Buch, eine innere Stimme, irgendeine Kraft oder eine Lebenskrise sagt ihm, dass er eine andere Aufgabe habe.

Beispiele: Es war nicht meine Sache, Gymnasiallehrer zu sein; ich habe eine andere Aufgabe. – Oder bei einer Teilnehmerin eines meiner Onlinekurse: Sie »wusste« während eines Shiatsu-Workshops mit einer Shiatsu- und Tanztherapeutin beim meditativen Tanzen, was sie von nun an machen wollte. – Wieder eine andere Teilnehmerin war in einem tiefen Burn-out gewesen und hörte ihren »Ruf« während eines Erfolgsseminars bei einem bekannten Rhetorik- und Persönlichkeitstrainer. – Nach dem Tod seines Vaters und dem Mauerfall hatte ein weiterer Teilnehmer bereits seine Doktorarbeit fertig; er hatte an der Charité einiges erlebt und warf die Schulmedizin hin, bevor er Heilpraktiker wurde.

Phase 2 – Weigerung

Wir hören die Berufung, aber wehren uns: »Nein, ich will nicht ..., ich habe Angst ..., ich will es nicht hören ...« Wir vergraben uns in unserem bisherigen Leben, denn: »Was sollen bloß die anderen sagen?«, »Ich werde meine Eltern enttäuschen«, »Ich mache mich lächerlich ...« Wir wollen den sicheren Hafen nicht verlassen; das Unbekannte ängstigt uns.

Beispiel: Obwohl ich im Herzen kein Lehrer mehr sein mochte und bei der Lektüre von Campbells Buch ein »Erwachen« hatte, immatrikulierte ich mich wieder fürs nächste Semester und nahm außerdem einen Kurier-Job bei einer Autovermietung an, d.h., ich flüchtete förmlich vor meinen Einsichten.

Phase 3 – Übernatürliche Hilfe

Diese übernatürliche Hilfe muss zunächst nicht unbedingt wie ein erfreuliches Wunder aussehen; sie kann auch als Warnsignal dienen.

Beispiel: Ich hatte einen besonderen, tiefsinnigen Kollegen in der Autovermietung, der an Krebs erkrankte und schließlich starb. Die Begegnung mit ihm machte mir klar, wie kostbar das Leben ist. Zur gleichen Zeit hatte ich mit einem der Wagen einen Zusammenstoß mit einer Straßenbahn, der wie ein zweiter Weckruf für mich war. Ich wusste, ich kann nicht weitermachen wie bisher.

Phase 4 – Überschreiten der ersten Schwelle

Die Tatsache, dass Du außerhalb des etablierten medizinischen Systems anderen Menschen Deine Hilfe anbietest, beweist, dass Du eine Schwelle überschritten hast, die andere nicht überschreiten. Du hast eine Gefahrensituation bewältigt.

Welche Ängste musst(est) Du überwinden, um diesen Schritt zu meistern? Ängste, wie sie die Männer hatten, die mit Kolumbus unterwegs waren und sich davor fürchteten, vom Rand der Erde herabzufallen?

Beispiele: Bei mir war die Schwelle mein Eingeständnis, dass ich mit dem Beruf »Gymnasiallehrer« den richtigen Pfad verfehlt hatte. Mir kam es so vor, als hätte ich sechs Lebensjahre in den Sand gesetzt. Wie sollte ich es meiner Mutter sagen, die sich sehnlich wünschte, ihr Sohn solle einmal Oberstudienrat oder sogar Oberstudiendirektor sein? – Ein Teilnehmer an einem meiner Onlineseminare schrieb in den Chat: »Ich hatte Angst, von meinem Vater rausgeworfen zu werden. Er war sehr stark. Dramatisch ist, dass er kurz bevor ich meine Zulassung zum Studium erhielt, starb – als ob er auch für mich einen Weg frei gemacht hätte.« Damit hatte quasi der Hüter der Schwelle archetypisch den Weg geebnet. – Eine Teilnehmerin schrieb: »Meine Mutter und meine Schwester sind absolute Anhänger der Schulmedizin. Der Beginn der Heilpraktiker-Ausbildung hat das Verhältnis v.a. zu meiner Mutter sehr verschlechtert. Aus ihrer Sicht war das sehr egoistisch, so viel Zeit in eine Ausbildung statt in meine Kinder zu stecken.« – Eine andere Teilnehmerin: »Angst davor, wieder zu büffeln. Und was passiert, wenn ich die Prüfung nicht schaffe? Das viele Geld und die verlorene Zeit …?« – Ein Teilnehmer: »Ein guter Freund warnte mich vor dem wirtschaftlichen Ruin, denn als Heilpraktiker würde ich die Menschen nicht erreichen. Leider fällt mir diese Warnung immer wieder ein.«

Phase 5 – Im Bauch des Fisches

Nachdem sich Jona dem göttlichen Auftrag, nach Ninive zu gehen, aus Angst widersetzt hatte, wurde er im sturmgepeitschten Meer über Bord geworfen und von einem großen Fisch verschlungen (siehe die biblische Geschichte gegen Ende des Alten Testaments). Sobald Du die Schwelle überschritten hast, bist Du für Deine bisherige Umwelt »gestorben«.

Beispiel: Meine Mutter verzieh mir erst auf dem Sterbebett, dass meine berufliche Leidenschaft nicht der Vermittlung der englischen und deutschen Sprache im etablierten Schulsystem galt, sondern dass ich aufblühte, indem ich Menschen beraten und begleiten konnte. An dieser Stelle war ich für meine Mutter gleichsam »tot« gewesen; sie machte sich darüber lustig, dass ich »Guru spielen« würde.

Tot sein heißt, Du kannst nicht mehr aus dem Bauch des Fisches heraus, es gibt kein Zurück mehr, Du hast die Schwelle überschritten, Du musst das jetzt durchziehen, bist scheinbar verschlungen vom Nichts.

Campbell schreibt: *»Die Vorstellung, dass die Überquerung der magischen Schwelle in eine Sphäre der Wiedergeburt führt, findet in der ganzen Welt ihre Darstellung im Bild des Walfischbauches, das in der Tat Symbol des Mutterschoßes ist. Anstatt die Mächte der Schwelle zu besiegen oder niederzuschlagen, wird der Held ins Unbekannte geschlungen und scheint getötet zu sein.«*

Du bist Deiner Berufung gefolgt, aber wie gefangen in Deiner Entscheidung. Für Deine bisherige Welt bist Du wie tot, aber in Deiner neuen Welt lebst Du noch nicht.

Beispiele: Eine Teilnehmerin eines meiner Onlineseminare: »Ich musste für eine gute Ausbildung 500 km weit wegziehen und gute Freunde hinter mir lassen, also in eine Stadt, in der mich niemand kannte, und ohne zu wissen, ob ich diese drei Jahre finanziell wirklich stemmen kann.« – Ein Teilnehmer: »Das kam dann, als ich das Studium aufgab. Ich war wieder am Anfang, diesmal im Vakuum, im Abstieg. Ich lernte Krankenpflege, wurde dort gemobbt, weil ich kritisch war. Dann kam die Heilpraktiker-Phase. Ich zog dreimal um, von B. nach W., dann ins Ausland, wollte fliehen, und doch kam der Heilpraktiker.«

Allein indem Du durch diese erste Station hindurchgegangen bist, hast Du Dir voll und ganz das Recht erworben, Therapeut/-in zu sein. Du bist nicht einfach einer Laune gefolgt, Du hast einen heftigen Weg bewältigt.

Das Wissen um diese Phasen half mir, diesen Weg zu gehen. Begreife sie als Teil Deiner Biografie, Deiner Geschichte, Deiner Authentizität!

•••

In der folgenden zweiten Station geht es gewissermaßen »ans Eingemachte«. Auch hier gilt: Du musst nicht jede einzelne Phase durchgemacht haben bzw. durchmachen. Entscheidend ist, dass Du auf dem Weg zum Ziel schweren Prüfungen begegnet bist bzw. noch begegnest, und für die bestandenen Prüfungen erhältst Du Belohnungen.

2. Station: Initiation (»Einweihung«)

Joseph Campbell schreibt: *»Nachdem der Held einmal die Schwelle überquert hat, bewegt er sich in einem Traumland, erfüllt von seltsam fließenden, mehrdeutigen Formen, wo er eine Reihe von Prüfungen zu durchstehen hat. Diese Phase des Abenteuers gehört zu denen, die die Mythenerzählungen besonders bevorzugen, sodass eine Weltliteratur entstanden ist über ihre Prüfungen und Gottesurteile. Der Held wird insgeheim gelenkt von den Ratschlägen, Amuletten und verborgenen Kräften des mystischen Helfers, den er vor seinem Eintritt in diesen Bereich getroffen hat. Manchmal entdeckt er auch erst hier, dass es eine gnädige Macht gibt, die ihn überall auf seiner Fahrt ins Außermenschliche stützt.«*

Phase 1 – Der Weg der Prüfungen

Eines der bezauberndsten Beispiele für das Motiv der Prüfung ist nach Campbells Ansicht die Suche Psyches nach ihrem verlorenen Geliebten Cupido, wenngleich hier die Hauptrollen vertauscht sind: Nicht der Geliebte will die Braut gewinnen, sondern die Braut ihren Liebhaber.

Welche furchtsamen Abgründe und welche Prüfungen musstest Du auf Deinem Weg meistern? Um die Heilpraktiker-Prüfung zu bestehen, musstest Du Dich vor einer Kommission bewähren und Dein Wissen beweisen. Das war mit Sicherheit eine der schwierigsten Prüfungen, mit der Du konfrontiert warst.

Beispiele: Für mich war damals die größte Prüfung, Klienten zu gewinnen und Menschen klarzumachen, welchen Vorteil sie von einer astrologischen Beratung haben. Astrologie hatte damals eine Art Jahrmarktcharakter. – Eine Teilnehmerin eines meiner Onlineseminare, die eine Behinderung hat: »Als fremde Menschen, denen ich von meinem Vorhaben erzählte, mir aufgrund meines Handicaps unterschwellig die Fähigkeit absprachen, das, was ich anbiete, auch durchzuziehen.« – Ein Teilnehmer: »Meine seit rund zehn Jahren dauernde Prüfung ist die Trennung von Partnerin und Familie in einem unserer Nachbarländer, weil ich dort meine Berufung nicht so leben kann; dort gibt es in diesem Sinne keine Heilpraktiker.«

Es ist, als wollte Dir das Leben die Frage stellen: »Meinst du es wirklich ernst mit diesem ungewöhnlichen Weg?«

Phase 2 – Begegnung mit der Göttin (einerseits mystische Hochzeit, andererseits dunkle Seite der Göttin)

Nachdem Du durch die Prüfungen gegangen bist, ist es laut Campbell das letzte und höchste Abenteuer nach Überwindung aller Schranken und Ungeheuer, die »mystische Hochzeit« der siegreichen Heldenseele mit der göttlichen Weltenmutter zu zelebrieren, d.h. Dich mit Deinem höheren Wesen zu verbinden. Und zwar unwiderruflich. Nach den Prüfungen bist Du ein anderer Mensch, Dein Leben ist anders geworden. Du vermählst Dich mit Deiner Intuition.

Was war Deine Vermählung mit der Göttin – was war Deine übersinnliche Belohnung?

Beispiel: Für mich war es dies: In den bis zu drei Stunden dauernden astrologischen Sitzungen konnte ich eine Nähe zwischen dem Klienten und mir und einer dritten Kraft herstellen, die größer war als ich, größer und dichter als alles andere, was mir jemals zuvor begegnet war. Teilweise wusste ich nicht einmal mehr, was ich sprach; die Worte kamen wie in Trance aus mir heraus. Doch die Leute waren begeistert. Jede einzelne Beratung war für mich eine Begegnung mit der Göttin; die unglaubliche Energie warf mich beinahe um.

Phase 3 – Das Weib als Verführerin

Durch die bestandenen Prüfungen und die Begegnung mit dem Göttlichen gilt einem die materielle Welt nicht mehr als erstrebenswert.

Beachte: Etliche Menschen in helfenden und heilenden Berufen bleiben in dieser Phase stecken, wenn es ums Thema »Geld« geht: Sie lehnen das Weltliche, das Profane als Verführerin ab und halten es für nicht rein genug. Doch wir tun etwas, das von höherer Natur bzw. göttlich ist, und dies ist uns nur längerfristig möglich, wenn wir für diese Arbeit ein

Honorar nehmen. Wir müssen den weltlichen Teil der Aufgabe annehmen, anstatt ihn als bösen Verführer zu sehen.

Phase 4 – Versöhnung mit dem Vater

Die Gottesbilder klaffen weit auseinander: vom strengen, richtenden, rächenden Herrscher bis hin zum barmherzigen, verzeihenden, liebenden Vater. In Dir gibt es eine Instanz, die mit flammendem Schwert wütet: »Du Sünder, was maßt du dir an, was machst du da, wer hat dir die Erlaubnis gegeben, das zu machen? Arbeitest du überhaupt richtig und sorgfältig? Lebst du selbst all das, was du von deinen Patienten verlangst?« Du gehst mit Dir selbst perfektionistisch und gnadenlos ins Gericht; nichts hat vor Deinen Augen Bestand, nichts ist gut genug.

Versöhnung mit dem Vater bedeutet für uns in helfenden und heilenden Berufen: Barmherzig sein mit uns selbst, Gnade walten lassen. Sag Dir: »Es ist gut genug! Ich bin gut genug!« Vergegenwärtige Dir den hilfreichen Gedanken: »Ich selbst bin nichts ohne die höhere Führung«, und verstehe Dich als Medium, als Mittler/-in zwischen einer höheren Macht und den Menschen.

Phase 5 – Apotheose

Apotheose bedeutet, dass ein Mensch in den Status eines Gottes oder Halbgottes erhoben wird. Im Buddhismus sind Bodhisattvas bekannt, d.h. Wesenheiten, die nicht mehr inkarniert sein müssten, weil sie vollkommen sind, aber aus Barmherzigkeit weiterhin inkarnieren und eine gottähnliche Güte ausstrahlen.

In dieser Phase wertet und urteilt man nicht mehr, weil man sich mit der harten Seite in sich selbst versöhnt hat; man ist nicht mehr unversöhnlich gegenüber der Welt und lässt Mitgefühl mit anderen walten, man hat etwas transzendiert und gelangt reinen Herzens in einen »göttlicheren« Zustand. Man handelt, hilft oder unterstützt nicht mehr aus dem Ringen um Anerkennung.

Phase 6 – Endgültige Segnung

Die Krönung der Heldenreise ... Nun bist Du angekommen, Du hast es erreicht, bist der »Schamane« geworden und hast den höchsten Segen, den der unzerstörbare Leib braucht.

Zugleich wohnt in dieser Phase jedoch die größte Gefahr: Du könntest in Deiner Glückseligkeit bleiben – aber Du musst unbedingt zurück in die Welt, zu den Menschen, um Deinen inneren, gleichsam göttlichen »Auftrag« zu erfüllen!

•••

3. Station: Rückkehr

Phase 1 – Verweigerung der Rückkehr

Du darfst nicht dort bleiben, wo es gerade so schön ist, sondern musst aufbrechen, um das Geschenk, das Du auf Deiner Heldenreise bekommen hast, an die 95 Prozent der Menschheit weiterzugeben, die diese Reise nicht unternehmen. Das ist Deine Aufgabe – aus diesem Grund wurdest Du überhaupt berufen!

Wenn der Held seine Aufgabe gelöst hat, den Beistand einer menschlichen oder tierischen Personifikation gefunden hat und zur Quelle vorgedrungen ist, bleibt ihm der Rückweg mit der »Trophäe« – wie Campbell es ausdrückt –, die das Leben verwandeln soll. Der Segen liegt in der Erneuerung der Gruppe, des ganzen Planeten, der ganzen Welt.

Vielen fällt das sehr schwer; sie entziehen sich der Verantwortung. Die Ich-Bezogenheit, die auf vielen Heilpraktiker-Webseiten zum Ausdruck kommt, lässt auf eine Verweigerung der Rückkehr schließen. Auch Buddha zweifelte, ob er die Botschaft von seiner Einsicht weitergeben könne. Manche Heilige sterben sogar lieber im Zustand übernatürlicher Ekstase.

Du kommst aus der Unterwelt, von Deiner Heldenreise zurück, möchtest aber lieber in Deinem Elfenbeinturm verweilen, weil Dich die anderen »eh nicht verstehen werden«. Doch jetzt hast Du etwas zu geben – Du musst nur erkennen, dass Du etwas hast, was das Leben anderer Menschen erleichtern könnte. Du musst zurück, sonst bist Du ein »Steinbuddha«, jemand, der im Samadhi verharrt. Ein Bodhisattva ist erst dann glücklich, wenn alle anderen ebenfalls glücklich sind: Christus kann nicht beim »Vater« im Himmel glücklich verweilen, solange die Menschheit leidet.

Verweigerst Du Deine Rückkehr? Weigerst Du Dich, das, was Du als Segnung bekommen hast, anderen zu vermitteln? Oder sagst Du: »Ich weiß zwar nicht wie, und ich habe Angst, für dieses Geschenk (meine Erlebnisse, Erfahrungen, Einsichten, Erkenntnisse) ausgelacht oder verspottet zu werden, trotzdem will ich sie mit anderen teilen.«

Laut Christian Friedrich Hebbel (1813–1863) gilt: »Alle edlen Menschen gehen durch die Hölle des Lebens, die anderen stehen davor und wärmen sich die Hände.«

Phase 2 – Magische Flucht

Du hast durch Deine Heldenreise einen Schatz errungen, den Du den Menschen zu bringen hast. Allerdings wollen Gegenkräfte Dich daran hindern. Unsere Kultur/Gesellschaft erschwert Dir das Leben mit dem, was Du tust …

Du musst diese Mächte überwinden!

Phase 3 – Rettung von außen

Während Du eine »heikle Ladung« mitbringst, wirst Du von Kräften gerettet, die dafür sorgen, dass Du den auf Deiner Heldenreise gewonnenen Schatz zurückbringen kannst.

Phase 4 – Rückkehr über die Schwelle

Du musst eine Brücke bauen zwischen der Stelle, wo Du stehst, hin zu dem Ort, an dem andere sind. (Siehe auch Deine Marketing-Aktionen.)

Du kannst nicht mit der Sprache, die Du auf Deiner Heldenreise gelernt hast, den Menschen helfen, die zurückgeblieben sind, sondern musst üben, die Sprache der Welt zu sprechen; Du sollst *in* dieser Welt, aber nicht *von* dieser Welt sein, um schließlich als »Herr (oder Herrin) der zwei Welten« agieren zu können. »In dieser Welt sein« bedeutet, dass Du mit Deiner Arbeit Geld verdienst; aber Du darfst nicht Dein Seelenheil davon abhängig machen.

Phase 5 – Herr/Herrin der zwei Welten

Nun bist Du fähig, zwischen beiden Welten ein und aus zu gehen und Deine erworbenen Heilkräfte einzusetzen. Alle Prüfungen, die Du bewältigt hast, dienen letztlich dazu, Dich zum »heilen Heiler« zu machen.

Bleib nicht auf der Insel der Seligen, wo Du allenfalls von ein paar Gleichgesinnten umgeben bist, die in den gleichen Sphären schweben wie Du! Erfülle Deine Mission in dieser Welt. Lass andere in dieser Welt von Wahnsinn, Verrücktheit, Krankmachendem, Materialismus, Kapitalismus usw. an Deinen Fähigkeiten und Qualitäten teilhaben, die Du entwickelt hast.

Die Szene der Verklärung Jesu (Matthäus 17,1–13 bzw. Lukas 9,28–36) verdeutlicht diese fünfte Phase: Hier ist Jesus nicht mehr aus Fleisch und Blut, sondern verwandelt sich in eine Lichtgestalt.

Nach Deiner Rückkehr von der Heldenreise bist Du eine Brücke, die zwei Welten miteinander verbindet, bzw. ein Pontifex, ein Brückenbauer. Du kannst souverän auf der Brücke hin und her tanzen, um Menschen im tiefsten Sumpf ihrer Materialität, ihrer Krankheit und ihres mangelnden Zugangs zur Spiritualität abzuholen und sie auf die andere Seite hinüberzuführen, wo sie wieder mit ihrem wahren Sein in Verbindung kommen. Du kannst nicht auf Deiner Seite stehen bleiben und erwarten, dass sie Deiner Einladung folgen; Du musst sie abholen, dort wo sie stehen.

Hier fühlst Du Dich nicht mehr als jemand »Besonderes«, denn Du bist auf der Reise all Deinen Schattenseiten begegnet; Du weißt, Du bist menschlich, verführbar, ängstlich – ein Mensch wie alle anderen –, aber

Du hast Dein Menschsein in einer Intensität gefühlt, durchlebt, durchlitten, die Dich von anderen Menschen unterscheidet. Andererseits hast Du Deine Göttlichkeit in all ihren Facetten erlebt; Du weißt, wie unvereinbar es scheint und wie schwer es ist, beide Seiten zusammenzubringen.

Dieser innere Bruch, die Segnung, die Du erlebt hast, wird Dich auf einer höheren Ebene erfolgreich sein lassen. Dann hast Du das ultimative Ende dieses Zyklus der Heldenreise erreicht (die jedoch immer wieder auf einer höheren Ebene von Neuem beginnen wird). Nun hast Du die Freiheit zum Leben.

Phase 6 – Freiheit zum Leben

Du bist weder hier noch dort verhaftet, sondern wahrhaftig frei. So kannst Du andere Menschen führen und die Welt ein Stück besser machen – das ist Deine Aufgabe. Menschen haben ein Gespür dafür, ob jemand eine solche Reise schon hinter sich hat und authentisch ist oder nicht.

•••

Befasse Dich nun mit Deiner eigenen archetypischen Heldenreise, um jederzeit in der Lage zu sein, diese Geschichte zu erzählen. Dadurch wirst Du glaubwürdig, weil zutage tritt, dass alles, was Du jetzt zu geben hast, hart von Dir erarbeitet wurde. So können sich andere Menschen mit Dir verbinden und Dich als liebenswert erkennen.

To do

* **1. Station: Aufbruch**
Nimm Dir Zeit, um zu beschreiben, was bei Dir in den unterschiedlichen Phasen geschehen ist.

- Phase 1: Berufung
- Phase 2: Weigerung
- Phase 3: Übernatürliche Hilfe
- Phase 4: Überschreiten der ersten Schwelle
- Phase 5: Im Bauch des Fisches

* **2. Station: Initiation**
Welche Prüfungen musstest Du auf Deinem Weg bestehen? Beachte, dass Du nicht jede einzelne dieser Phasen erlebt haben musst. Entscheidend ist, dass Du auf Deinem Weg schweren Prüfungen begegnet bist und dass Du für die bestandenen Prüfungen belohnt wurdest.

- Phase 1: Der Weg der Prüfungen
- Phase 2: Begegnung mit der Göttin (mystische Hochzeit, aber auch dunkle Seite der Göttin)
- Phase 3: Das Weib als Verführerin
- Phase 4: Versöhnung mit dem Vater
- Phase 5: Apotheose
- Phase 6: Endgültige Segnung

* **<u>3. Station: Rückkehr</u>**
Wenn der Weg durch die Prüfungen vollendet ist und die Aufgaben gelöst sind, steht die Rückkehr in die normale, alltägliche Welt an. Beachte, dass Du auf Deinem persönlichen Weg nicht zwingend alle Phasen durchlebt haben musst. Entscheidend ist in dieser 3. Station, dass Du von Deiner Heldenreise ein Geschenk mitgebracht hast, das Du aus Mitgefühl an Deine Mitmenschen weitergeben möchtest.

- Phase 1: Verweigerung der Rückkehr
- Phase 2: Magische Flucht
- Phase 3: Rettung von außen
- Phase 4: Rückkehr über die Schwelle
- Phase 5: Herr/Herrin der zwei Welten
- Phase 6: Freiheit zum Leben

Sei und bleib im Kontakt mit Deiner Geschichte. Fühlst Du, dass alles, was zu Deinem Heldenweg gehört, kein Opfer ist, sondern aus tiefer Liebe zu dieser Welt geschehen ist?

Lass uns außerdem Deine Heldenpersönlichkeit konkreter erfassen und für die Menschen erfahrbar machen, denn das bisher Erläuterte wäre vermutlich manchem »zu esoterisch«.

Was Du im Inneren erfahren hast, soll nun im Außen dargestellt werden, damit Du eine Brücke und zugleich der Brückenbauer sein kannst.

DU Held/Heldin

Die archetypische Reise, die wir zuvor behandelt haben, wird von den allermeisten jener Leute, die erfolgreich sein wollen, vernachlässigt. Dennoch ist sie unverzichtbar.

Damit Dir Menschen folgen, musst Du sie abholen und ein überzeugendes Konzept haben; sie müssen eine Autorität in Dir sehen, jemanden, der es wert ist, dass man ihm folgt. Ein Held muss aber nicht absolut vollkommen sein. Er hat seine eigene Geschichte, seine Fehler und Schwächen usw.; Helden müssen weder schön noch besonders intelligent sein.

Meine Mutter wuchs in der DDR, auf Rügen, zur Zeit des Stalinismus auf. Der Aufbau einer Heldengeschichte kann auch missbraucht werden: In ihren Schulbüchern gab es märchenhafte Geschichten von »Väterchen Stalin« und »Väterchen Lenin«. Als meine Mutter im Alter von 8 Jahren kurz nach Stalins Tod mit ihrer Mutter unter abenteuerlichen Bedingungen in den Westen immigrierte, sah sie in Westberlin erstmals die westliche Konsumgesellschaft und wunderte sich, warum die Menschen fröhlich herumgingen, ohne über Stalins Tod zu trauern. Natürlich wurde sie deshalb ausgelacht.

Auch etliche Politiker unserer Tage missbrauchen weltweit das Konzept, dass Menschen dazu neigen, einem Helden zu folgen.

Von der »Heldengeschichte« eines gewissen NS-Diktatoren gar nicht zu reden: vom kleinen, einfachen Gefreiten im Ersten Weltkrieg, der von der Kunstakademie verschmäht wurde, zum Führer … Er schaffte es sogar, den Begriff »Führer« in der deutschen Sprache im Prinzip unbrauchbar zu machen, sodass man vielmehr weniger verdächtig vom »Anführer« reden muss.

Du sollst also ein »Anführer« werden, um Menschen aus ihrem »Jammertal« der Krankheit hin in das gelobte Land der Gesundheit zu begleiten. Die Geschichte von Mose, der das Volk Israel aus der ägyptischen Knechtschaft herausführte, steht hier als Paradigma: Kaum geboren, wurde er im Binsenkörbchen auf dem Nil ausgesetzt, von einer ägyptischen Prinzessin aufgefunden und großgezogen usw. Du kannst seine Geschichte im 2. Buch Mose (Exodus) nachlesen.

Der Weg ist nicht einfach – kein flotter Durchmarsch auf einer Schnellstraße. Du begegnest Hindernissen, die zu überwinden sind.

Das Konzept, das ich Dir im Folgenden gebe, damit Menschen zu positiven Lebensveränderungen bewegt werden, muss unbedingt auf ethische Weise eingesetzt werden!

Sechs Komponenten, um ein Held/eine Heldin zu sein

Du brauchst hier keine fix und fertige, druckreife Erzählung von Deiner Heldenrolle niederzuschreiben. Dennoch wirst Du in diesem Teil des Buches die Bausteine Deiner Geschichte erfassen.

Merkst Du, dass Du bei dieser Anordnung (Bild mit Kreisen) den inneren Kreis von außen nicht erkennst? Die Zahl Sieben ist heilig. Das siebente Prinzip – hier: DU als Held oder Heldin – offenbart sich nur durch die anderen Prinzipien.

1. Superkräfte

»Superkräfte« heißt nicht unbedingt »übernatürliche Kräfte«, mit denen Du Blinde sehend machen und Lahme wieder gehen lassen kannst. Trotzdem hast Du bestimmte besondere Kräfte und Fähigkeiten. Und innerhalb Deiner Zielgruppe bist Du bekannt für diese spezielle Superkraft.

Hast Du z.B. …

- eine Spürnase für übersehene Krankheitsgründe?
- heilende Hände, die Schmerzen förmlich wegschmelzen lassen?
- »Augen« in den Händen, die die richtigen Körperpunkte treffen?

Und für was willst Du in Deinem Markt bekannt sein?
Was sollen die Menschen über Dich sagen?

Beispiele: »Geh zu … (Dein Name)! Er/sie hat mir geholfen, mit meiner Behinderung Frieden zu schließen.«

»Er/sie bringt nicht nur den Darm, sondern das gesamte Leben ins Gleichgewicht.«

»Er/sie ist ein exzellenter Mentor, bei ihm/ihr bin ich total gut aufgehoben.«

»Die einzigartigen Herzensqualitäten von … (Dein Name) ließen meine inneren Wunden heilen.«

To do

* Welche besondere(n) Fähigkeit(en) hast Du im Bezug auf die Problemlage Deiner Zielgruppe? Was sind Deine Superkräfte, die Dich Wunder wirken lassen?

* Und für was willst Du in Deinem Markt bekannt sein?
Was sollen die Menschen über Dich sagen?

2. Ursprung

Deine Herkunft ist von zentraler Wichtigkeit für die Menschen. Deine Patienten/Klienten möchten markante Stationen Deines Lebenswegs kennen und wissen, welche Erfahrungen Du als Persönlichkeit mitbringst.

Lebensläufe wie diese sind typisch: Einst ein Banker … – und nach einer schweren Lebenskrise fand eine komplette Richtungsänderung statt, weg vom Finanzwesen, hin zur Ausbildung als HP für Psychotherapie.

Manche »entrückte« spirituelle Leute heben sogar darauf ab, eine Reinkarnation von Maria oder Jesus bzw. von einem Erzengel oder einem Pharao zu sein. Und andere sind stolz, zumindest das offizielle Medium (Channel) einer transzendenten Wesenheit zu sein.

Selbst Jesus Christus, die zentrale Figur unseres christlichen Kulturkreises, hat in der Bibel eine eigens erzählte Ursprungsgeschichte: Er inkarnierte nicht als abgehobener Gott, sondern wurde als kleiner Mensch in einem Stall geboren, weil seine Eltern wegen der Volkszählung nach Bethlehem wandern mussten und es dort vor lauter Trubel keinen Platz mehr in der Herberge gab. Man kann sich mit diesem Gotteskind, das die Kalamitäten des Lebens kennt, verbinden. Herodes wollte einen Machtverlust verhindern und ließ alle Jungen unter zwei Jahren töten, sodass Josef auf die Anweisung eines Engels seinen Sohn nach Ägypten in Sicherheit bringen musste. Welch ein Beginn einer Heldengeschichte! Jesus machte als Jüngling eine Handwerkerlehre bei seinem Vater, und erst durch ein besonderes Erlebnis, die Taufe im Jordan durch Johannes den Täufer, kam der Heilige Geist über ihn, sodass er zum Christus wurde (Matthäus 3,13–17). Sogar *der* Gottessohn hat demnach eine Geschichte, die ihn »sympathisch« macht.

Meine Superkraft als Paartherapeut stammt aus meiner eigenen kaputten Herkunftsfamilie und den leidvollen Folgen. Meine Eltern ließen sich scheiden, als ich noch nicht einmal drei Jahre alt war, und ich litt jahrelang unter ihren auch vor Gericht ausgetragenen Konflikten. Weitere Partnerschaften meiner Eltern gingen ebenfalls in die Brüche. Ich hatte also kein Modell für eine gute Beziehung. Daher verliefen auch meine eigenen ersten »Versuche« mit Frauen alles andere als glücklich.

Als ich Michaela, meiner jetzigen Frau, begegnete, musste ich erst lernen, wie Beziehung geht, und entschied mich gleich überkompensierend für eine Ausbildung in Paar- und Familientherapie.

Eine gute Bekannte, die ursprünglich aus Vietnam stammt, wurde einst als eines der letzten Kinder infolge von Polio aus ihrem Heimatland ausgeflogen und in Deutschland von einer Pflegefamilie aufgenommen. In der Auseinandersetzung mit einer fremden Kultur und mit der Einsamkeit sind ihr nach eigener Aussage Superkräfte gewachsen.

Ein anderer Mensch hatte vielleicht Krebs und wurde auch dank einer bestimmten Ernährungs- und Lebensweise geheilt, ohne Chemotherapie, sodass er diesen Erfahrungsschatz anderen vermitteln möchte.

Manche ecken bereits als Kinder mit ihren besonderen Kräften in ihrer Umgebung an.

Wieder jemand anderes erzählt: »Ich habe zwei Berufe gelernt und wurde immer unglücklicher. Ich hatte schließlich scheinbar *gar keine andere Wahl,* als genau das zu tun, was ich jetzt tue.«

Ja, das ist die Heldengeschichte: keine Wahl zu haben. Vielmehr gilt: »Es« hat Dich gewählt! Das ist Be-RUF-ung im Wortsinn. Man kann sich nicht als Papst und schon gar nicht als Dalai Lama bewerben – man wird berufen.

Da gibt es also etwas in Deiner Biografie, was Dich gezwungen hat, ein Risiko einzugehen, das Du normalerweise gescheut hättest. Doch trotz Deines Zögerns musstest Du es tun, um dem inneren Ruf zu folgen.

Welche Station in Deiner Biografie hat Dich gleichsam dazu genötigt, die Richtung zu ändern und den neuen Weg einzuschlagen, um Dir selbst treu zu bleiben?

To do

* Was ist *Deine* Ursprungsgeschichte?
* Wie kam es, dass Du Dir diese Superkraft erworben hast?

3. Fehler & Schwächen

Erst die Charakterfehler und Schwächen machen jemanden zu einem wirklichen Anführer aus Fleisch und Blut. Es reicht nicht, sich vor die Menschen zu stellen und zu sagen: »Ich bin der geborene Anführer, ich habe magische Fähigkeiten, und alle, die sich mir anvertrauen, werden die Erleuchtung in der fünften Dimension erlangen.«

Selbst im genialsten und einflussreichsten Buch der Weltgeschichte, im Neuen Testament, ist der zentrale Held, Jesus Christus, mit solchen Schwächen ausgezeichnet: Im Tempel wird er *wütend* und vertreibt die Händler. Und in der Nacht vor seiner Verhaftung zeigt er sich im Garten Gethsemane als ein Gott in menschlichem Körper, der *große Angst* hat. Er fragt seine eingeschlafenen Jünger: »Könnt ihr denn nicht eine Stunde mit mir wachen?« (Matthäus 26,40) Und er fragt Gott: »Abba, mein Vater, alles ist dir möglich; nimm diesen Kelch von mir«, aber als Gottessohn fügt er hinzu: »... doch nicht, was ich will, sondern was du willst!« (Markus 14,36)

Fehler und Schwächen gehören zum Menschsein. Sie erlauben den Menschen, sich mit uns zu verbinden, und unser Vorbild bleibt erreichbar; erst Fehler und Schwächen machen uns zu Anführern aus Fleisch und Blut.

Wenn ein Edelstein kleine Einschlüsse hat, wird er einzigartig und kostbar. Deine einzigartigen Charakteristika machen Dich unverwechselbar und heben Dich aus der Menge heraus.

Selbstverständlich wirst Du gegenüber Deinen Patienten/Klienten nicht alle Deine Schwächen offenlegen. Trotzdem musst Du wahrlich nicht perfekt sein – im Gegenteil.
Du könntest (wahrheitsgemäß) sagen: *»Ich bin eigentlich ein Couch-Potato und mache total ungern Sport; ich weiß also, dass man sich einen Ruck geben muss, um nicht einzurosten.«* Oder: *»Wissen Sie, ich liebe Kuchen, aber ich verzichte wochentags darauf und freue mich dann unbändig auf ein großes Stück Sonntagstorte.«* Oder: *»Ich neige ebenfalls zum Aufschieben – oder wie man heutzutage so schön sagt: zum Prokrastinieren. Aber ich habe mir eine Strategie zurechtgelegt, und zwar ...«* Oder: *»Ich erinnere mich sehr gut an Stimmen,*

kann mir aber eher schlecht Gesichter merken.« Oder: *»Ich habe eine Schwäche für hübsche Handtaschen.«*

Was mich und eine meiner Unzulänglichkeiten betrifft und was Leute kaum ahnen, die mich als Mentor, Referent, Seminarleiter usw. kennen: Ich habe eine sehr introvertierte Seite und ziehe mich auch in Pausen und im Privatleben am liebsten zurück.

Es ist eine Frage der Bewertung: Was empfindest Du selbst als (D)eine Schwäche oder Unzulänglichkeit?

Wegen welcher »Schwächen« kann man sich mit Dir verbinden? Darüber solltest Du Auskunft geben können.

To do

* Was sind Deine Charakterfehler, Schwächen, Ecken und Kanten, was ist die kleine Macke in Deiner Persönlichkeit?

4. Einzigartige Persönlichkeit

Nehmen wir Eckhart Tolle als Beispiel: Über sein Erscheinungsbild bzw. seine Outfits kann man geteilter Meinung sein, und sein Sprechtempo lässt an eine S-l-o-w M-o-t-i-o-n denken ..., aber ich l-ie-b-e ihn, er ist großartig, ein Genie! Die Menschen hören ihm völlig gebannt zu – und dabei ist es gerade auch seine einzigartige Art, Stille zu produzieren, die ihn zu einem Meister macht.

Oder Robert Franz: Sein Wortschatz besteht aus rund 200 Wörtern, er hat lila Haare, geht meist barfuß und stilisiert sich als Oberrebell, der politisch dafür einsteht, dass alle Menschen das bekommen, was die Pharmaindustrie verhindern will. Ich finde, auch er ist auf seine Art ein genialer Typ, auch wenn er mich mit ein paar Ideen, die teilweise ins Blasphemische und Geschmacklose abgleiten, provoziert.

Vielleicht warst Du früher ein Buchhalter und bist ganz nüchtern und trocken. Wunderbar, dann ist das Deine Persönlichkeit.

Eventuell bist Du ein Spaßvogel, der selbst über die eigenen Dramen mit Galgenhumor Witze machen kann.

Ein Teilnehmer an einem meiner Onlineseminare sieht sich z.B. als »eigentlich sehr konservativ«; trotzdem ist er als Sexualtherapeut tätig.

Ein anderer Teilnehmer sagt: »Als Stier möchte ich das Leben genießen, aber mein Aszendent Skorpion treibt mich dazu, den Dingen auf den Grund zu gehen, was sehr anstrengend sein kann.«

Und eine Teilnehmerin: »Ich bin sehr asketisch in meiner Lebensweise, alles andere als eine Partymaus ..., manchmal sehr langweilig.«

Ja, selbst wenn Du eine völlig langweilige Person bist, kann gerade dies zu Deiner Einzigartigkeit beitragen und eines Deiner Markenzeichen sein.

Du sollst also keinesfalls eine künstliche Persönlichkeit erschaffen und Dich zurechtbiegen. Doch Du kannst wählen, welchen Teil Deiner Persönlichkeit Du mehr präsentieren willst als die anderen Anteile.

To do

* Was macht Dich als einzigartige Persönlichkeit aus? Welche Komponenten sind es?

5. Dein »Warum«

Bevor ein Patient/Klient Dir folgt, will er zunächst mit gewissem Misstrauen wissen: Was ist Dein Motiv? »Warum macht der/die das eigentlich? Meint er/sie es ernst mit mir? Oder geht es ihm/ihr etwa nur ums Geldverdienen, um Macht und Anerkennung?«

Dieser Skepsis musst Du mit Deinem (echten, wahren!) »Warum« begegnen:

- Für was stehst Du, worum geht es Dir?
- Weshalb machst Du diese Arbeit, was motiviert Dich, was treibt Dich wirklich an? Was hat Dich dazu gebracht, z.B. Deine Karriere in einem gut bezahlten Job aufzukündigen, um Dich in das Wagnis einer freiberuflichen Praxistätigkeit zu stürzen?
- Für wen machst Du das?
- Für welche Werte stehst Du?
- Was ist Dein Beitrag, mit dem Du die Welt verändern möchtest?
- Was ist Deine größere Vision?
- Für was genau willst Du in Deinem Markt das Synonym sein? *(Beispiel: Eckhart Tolle ist in seinem Markt das Synonym für Meditation und Stille.)*

Du brauchst ein aufrichtiges, authentisches, emotionales »Warum«. Gefühle sind bedeutend!

Mein persönliches Warum: Ich biete ein Jahres-Training zum Thema »Strategischer Heilpraktiker – Praxis mit Erfolg« an und veröffentliche dieses Buch, weil ich nicht möchte, dass Menschen in helfenden und heilenden Berufen wegen Klientenmangel in ihrer Praxis scheitern. Ich selbst habe viele Jahre mit diesem Thema gerungen. Ich habe Bücher über Marketing gewälzt, um meine Praxis auf Touren zu bringen …, doch all das, was vielleicht in Versicherungen oder im Verkauf funktioniert, hat bei mir – bzw. in helfenden und heilenden Berufen – nicht geklappt. Also musste ich einen eigenen Weg finden.

Ich möchte anderen mein Wissen vermitteln, damit sie sich leichter tun als ich damals.

Weitere Beispiele: Ein Teilnehmer eines meiner Onlineseminare schreibt: »Ich möchte, dass meine Klienten kein so hohes Lehrgeld für das Erreichen ihrer persönlichen Freiheit bezahlen müssen wie ich.« – Ein anderer Teilnehmer: »Ich hasse das Gefühl der Ohnmacht im Angesicht einer Krankheit. Deshalb möchte ich diesen Menschen mit meinem Heilwissen beistehen.«

Eine gehandicapte Heilpraktikerin, die selbst gleichsam wie eine Inkarnation des Lachens und der Fröhlichkeit wirkt, hat das Motiv, anderen zu vermitteln, dass man als Mensch mit Behinderung ein sehr glückliches Leben führen kann. – Ein sehr starkes »Warum«!

Entdeckst Du auf beliebigen Heilpraktiker-Webseiten eine Angabe über das »Warum« dieser Therapeuten?

To do

* **Was ist Dein »Warum«?**
  Welches ganz tief in Dir liegende Motiv bringt Dich dazu, am Morgen aufzustehen und ausgerechnet dieses Tagewerk zu beginnen?

6. Gemeinsamer Feind

Man kann sich auch mit anderen einverstanden fühlen oder solidarisieren, indem man gemeinsame Vorlieben und Prinzipien hat oder wenn man gemeinsame Feindbilder entdeckt.

Dieser Punkt birgt Dynamit – wenn Du ihn einsetzt, dann unbedingt mit einer ethisch einwandfreien Haltung!

Mit unserer Firma *Praxis mit Erfolg* stehe ich dafür, dass Menschen in helfenden und heilenden Berufen lernen müssen, sich selber zu vermarkten. Und ich stehe dafür, dass sie anders ticken und deshalb für die Vermarktung ein anderes System brauchen. Ich stehe *dagegen,* dass man sagt: »Ich will doch einfach nur die Patienten behandeln, und dann ist alles gut.« Ich stehe auch *gegen* konventionelle Marketing-Ansätze, die alle Selbstständigen über einen Kamm scheren. Ich habe etwas *gegen*

Mythen wie »Es braucht drei Jahre, bis eine Heilpraxis läuft«. (Nein, wenn Du es klug anfängst, kannst Du das in 1–2 Jahren schaffen.) Ich habe etwas *gegen* Ausbildungen, die Menschen keine Perspektive geben, wie man die teuer erkauften Methoden vermarkten soll. Ich habe etwas *gegen* die Ansicht, man müsse sich nicht um das Marketing für seine Praxis kümmern.

Als Paar- und Familientherapeut machte ich es mir zur Regel, mir nicht nur einen der Partner anzuschauen, sondern alle beide – selbst wenn ich einmal die Klage »Mein Mann ist böse« *kontern* musste: »Ihr Mann ist böse, weil er es mit Ihnen offenbar nur aushält, indem er böse ist; das ist eine Anpassungsreaktion. Wie verhalten Sie sich denn, sodass er sich böse zeigt?«

Vielleicht wehrst *Du* Dich gegen den exzessiven Einsatz pharmazeutischer Mittel. Oder Du stehst *gegen* eine bestimmte Sichtweise auf Krankheiten? Eventuell gehört es zu Deiner Philosophie, es sei ein krankes Konzept, überhaupt von »Krankheiten« zu sprechen, anstatt die Symptome als Anpassungsreaktionen des Körpers an unnatürliche Situationen aufzufassen?

Der einfachste Weg ist es sozusagen, gegen etwas zu stehen, das weit verbreitet ist. Unter uns gesagt: Sich in Europa gegen die eigenwillige Politik eines amerikanischen Präsidenten zu äußern, ist keine große Mutprobe und nicht besonders aufsehenerregend. Will heißen: Suche Dir gegebenenfalls ein Feindbild, das weniger verbreitet ist, z.B. etablierte falsche Glaubenssätze.

Was ist also Dein kämpferischer Standpunkt? (Wie es angeblich von Martin Luther überliefert ist: »Hier stehe ich und kann nicht anders! Gott helfe mir, Amen!«)

Beispiele: Ein Teilnehmer eines meiner Webinare: »Ich hasse die Gleichmacherei des Menschen in Medizin und Psychologie. Ich hasse die herzlosen Behandlungsleitlinien jeden Tag. Es lässt mir keine Ruhe, ich komme immer wieder darauf zurück.« – Eine Teilnehmerin: »Die alle paar Jahre geänderten Vorschriften für eine angeblich unbedingt einzuhaltende Ernährungsform nerven mich total: Erst soll man wegen des Cholesterins den Eier- und Butterverzehr minimieren, und nun gilt, dass man am besten täglich zwei Eier und lieber Butter statt Margarine zu sich nehmen soll? Erst müssen Diabetiker Fruchtzucker verwenden, und inzwischen gilt das als eine der schlimmsten ›Sünden‹ für sie. Und allen Menschen soll quasi der gleiche Mix an Nährstoffen vorgesetzt werden. Ernährung muss individuell sein! Die *eine* optimale Ernährungsform für alle gibt es nicht. Empfehlungen wie in der Ernährungspyramide der DGE (Deutsche Gesellschaft für Ernährung) sind halt- und sinnlos.«

Also notiere, *für* was Du stehst *»im Gegensatz zu …«*. Als Aufmerksamkeitsfänger eignet sich am besten jede weit verbreitete, fest etablierte Meinung, die bisher kaum jemand hinterfragt.

To do

* Was ist Dein Standpunkt:
Gegen was stehst Du –
aber vor allem: ***FÜR*** was stehst Du?

Schlusswort

Vor 25 Jahren, als ich meinen Weg als Therapeut begann, hätte ich mir genau so ein Buch wie dieses gewünscht. Damals war ich beseelt von dem Wunsch, Paaren, die in einer Krise steckten, zu helfen, auf liebevolle Weise wieder zueinander zu finden. An Idealismus fehlte es mir nicht. Denn als Scheidungskind der frühen 1970er-Jahre hatte ich am eigenen Leib erlebt, was eine kaputte Ehe/Partnerschaft für alle Beteiligten bedeutet.

Aber sehr schnell durfte ich feststellen, dass Idealismus und gute Arbeit allein nicht als funktionierendes Marketingkonzept taugen. Seitdem ist bald ein Vierteljahrhundert vergangen, in dem ich mein eigenes Marketingsystem entwickelte, es in meiner eigenen Praxis mit großem Erfolg anwendete und beständig optimierte.

Immer wieder wurde ich von Kolleginnen und Kollegen gebeten, dieses Wissen in eine Form zu bringen, in der auch sie davon lernen und profitieren könnten. Doch wie es so ist, wenn man selber eine erfolgreiche Praxis führt: Es fehlte einfach an der Zeit und der Dringlichkeit, dies zu tun. Und so war dieses Vorhaben zwar ein Herzprojekt, blieb aber trotzdem lange auf der buchstäblichen »langen Bank« liegen.

Dann, im Herbst 2014, ereignete sich eine entscheidende Zäsur in meinem Leben: Meine Mutter lag im Sterben. Es war mir wichtig, sie während ihrer letzten Lebensmonate zu begleiten. Diese Zeit war überaus intensiv, sie verlangte mir und meiner Familie alles ab. Nachdem meine Mutter gestorben war, fühlte ich mich unglaublich leer und konnte mir nicht vorstellen, jemals wieder als Therapeut oder Coach tätig zu sein.

Ich erlaubte dieser Leere, einfach da zu sein, in dem Wissen, dass sich früher oder später ein neuer Weg zeigen würde. Ein halbes Jahr lang wurde meine Geduld auf die Probe gestellt. Ideen kamen, Ideen gingen. Bis zu dem Nachmittag, an dem ich während der täglichen Meditation mit meiner »Leben-im-Griff-Methode« (www.LebenimGriff.jetzt) eine innere Stimme hörte, die sehr klar und eindeutig war: Ich sollte das Wissen darum, wie ich mehrfach eine Praxis zum Erfolg gebracht hatte – als Therapeut und als Coach –, mit meinen Kolleginnen und Kollegen teilen.

Jetzt begann die wirkliche Herausforderung. All das Wissen und all die Erfahrung waren mehr oder weniger in meine unbewusste Kompetenz übergegangen. Ich musste erst einmal mühsam rekonstruieren, welche Schritte ich selber gegangen war. Und so arbeitete ich mehr als zwei Jahre daran, dieses Praxis-Erfolgs-System zu erarbeiten, das jetzt, weitere zwei Jahre später, in diesem Grundlagenwerk vorliegt.

Vor der Veröffentlichung dieses Werkes war es mir wichtig, dieses Know-how auch eingehend in der Praxis zu erproben. Also vermittelte ich die Inhalte dieses Buches einer aufgeschlossenen und motivierten Gruppe von 50 Heilpraktikerinnen und Heilpraktikern über die Dauer von eineinhalb Jahren. So konnte ich sicherstellen, dass die Konzepte tatsächlich in der Praxis funktionieren, konnte Optimierungen vornehmen und Perspektiven hinzufügen, die mir bisher in dieser Form noch nicht bewusst gewesen waren.

Der Geschichte dieses Buches ist es geschuldet, dass viele der Beispiele aus dem Bereich der Naturheilkunde stammen. Doch richtet sich dieses Buch explizit an alle Selbstständigen, die in helfenden, beratenden, heilenden Berufen tätig sind, also Heilpraktiker/-innen, Therapeut(inn)en und Coachs gleichermaßen.

Dich, liebe Leserin, lieber Leser, möchte ich zum Abschluss mit folgenden Worten ermutigen:

Wenn Du Menschen helfen willst, wenn Du der Welt etwas zu sagen hast, wenn Du eine Botschaft hast, dann bedeutet das: Es gibt Menschen, denen Du helfen solltest!

Ich bin davon überzeugt: Es ist Deine tiefste, innerste Mission, anderen Menschen mit Deiner Erfahrung, Deinen Talenten und Deinem Können zu helfen.

Und wenn es Deine Berufung ist, anderen Menschen zu helfen, dann ist es Deine Aufgabe, genau diese Menschen zu finden und sie so lange zu begleiten, bis sich ihr Leben zu ihrer vollsten Zufriedenheit entwickelt hat.

Nach meiner Erfahrung mit Klienten aus dem Bereich der helfenden, beratenden und heilenden Berufe gibt es letztendlich nur zwei simple Gründe, warum jemand nicht so erfolgreich ist, wie es seinem/ihrem wirklichen Potenzial entspräche:

1. Er/sie weiß nicht, was genau zu tun ist, um erfolgreicher zu werden.
2. Er/sie weiß, was zu tun ist, tut es aber nicht.

Du bekommst mit diesem Grundlagenwerk all die notwendigen Informationen, um den Erfolg zu erreichen, den Dein Herz begehrt. Du findest hier die erforderlichen Strategien, Techniken und – ja, auch das – Abkürzungen. Indem Du diese Impulse umsetzt, wirst Du Deine Praxis zu neuem Leben erwecken.

Jeder Mensch strebt im Innersten seiner Seele nach Heilung und wartet insgeheim auf jemanden, der ihn daran erinnert und ihn dann auf diesem Weg zum vollkommenen Wohlbefinden begleitet. Das ist – nach meinem Verständnis – die wahre Aufgabe von Menschen in helfenden, heilenden und beratenden Berufen.

Ich vertraue darauf, dass das Ende dieses Buches nur der Anfang sein wird. Der Anfang einer erfolgreichen, gewinnbringenden Praxis – für ein neues, erfülltes und beglückendes Leben, im schönsten Beruf der Welt: anderen Menschen zu helfen. Möge dieses Werk dazu beitragen.

Alexander Mark

Über den Autor

Alexander Mark ist einer der führenden internationalen Business-Coachs mit über 20-jähriger Praxiserfahrung. Bereits als 25-Jähriger eröffnete er seine erste Praxis in Freiburg, damals als Paar- und Familientherapeut. Seit gut eineinhalb Jahrzehnten konzipiert und begleitet er darüber hinaus Weiterbildungs- und Selbsterfahrungsprogramme, die seinen Teilnehmern zu lebensverändernden Durchbruchserlebnissen und meilensteinhaften Erfolgen verhelfen.

Schon sehr früh hat Alexander Mark aufgrund seiner Erfahrungen als einziges Kind einer alleinerziehenden Mutter eine Vision einer geheilten Welt entwickelt.

Er studierte zunächst Geschichte, Germanistik, Anglistik/Amerikanistik fürs Lehramt an Gymnasien und später Sozialpädagogik (Diplom). Außerdem ist er Astrologe in dritter Generation, ausgebildet u.a. bei Dr. Peter Orban. Um seiner Vision gerecht zu werden, hat er das Erbe seiner Großmutter in Aus- und Weiterbildungen (u.a. zum Heilpraktiker) investiert.

Im Jahr 2014 wurde er durch ein tiefgreifendes Ereignis dazu veranlasst, seiner Vision neuen Raum zu geben. Das Unternehmen *Praxis mit Erfolg* ist für ihn eine Herzensangelegenheit. Als Experte für Praxisoptimierung begleitet er jetzt Selbstständige in helfenden und heilenden Berufen dabei, ihre wahre Berufung in eigener Praxis zum Erfolg zu führen.

Alexander Mark lebt mit seiner Frau und den fünf gemeinsamen Kindern in der Nähe von Alicante, Spanien.

•••

Webseite des Autors: *www.AlexanderMark.eu*

Webadrese von *Praxis mit Erfolg* – Deutsche Gesellschaft für Selbstständige in helfenden und heilenden Berufen: *www.praxismiterfolg.de*

Verlagsseite des Autors mit zusätzlichen Infos und aktuellen Veranstaltungshinweisen: *www.gewinnbringende-praxis.de*